머 리 말

작금의 교회의 여러 가지 문제들의 원인은 어디에 있는가? 교회의 문제는 그 원인이 어디에 있는가? 교회 중에서도 목사에게 있는가? 성도에게 있는가? 장로에게 있는가? 그러면 교회에서 무엇이 문제인가? 모두 온 나라가 그리고 교회들과 목사들과 그리고 성도가 모두 문제가 있다고 하는데 어디에서 무엇이 문제인지는 정확하게 그 원인을 알고 있는가? 그러면서 자기 자신과 자기 교회는 개혁적이며 다른 교회가 개혁되어야 한다고 한다. 세상이 교회와 성도와 목사를 비판하면 사탄마귀의 역사로 돌린다.

성경은 문제가 없는데 성경을 잘 못 배운 것일까? 아니면 하나님 말씀인 성경은 옳은데 번역을 잘 못한 것일까? 하나님 말씀인 성경의 번역은 잘 되었는데 그 말씀을 해석하는 신학자, 목회자들이 해석을 잘못하고 있는 것인가? 다 옳은데 목회 적용에서 문제가 있는 것일까?

필자는 하나님의 인도하심으로 그 은혜로 말미암아 주님께서 직접 이 글을 쓰게 하셨다. 그 원인을 연구하여 책을 출간하게 되었다. 하나님이 주신 사명과 소명으로 이 책의 출간을 준비하였다. 성령의 인도하심으로 영감과 계시를 주신 주님께 감사와 영광을 올린다.

번역의 원인이 기복교가 되었다.

 문제는 번역에 있다. 기복교가 된 기독교의 문제는 번역에 있다. 잘 못된 번역이 하나님과 예수님의 뜻과 의가 번역에 문제가 있었다. 언어 소통의 문제이다.

 성경이 세상의 복으로 번역되었기 때문에 신학이 세상의 기복 신학이 되었고, 믿음이 기복적 믿음이 되었고, 목사가 기복적인 신학을 배워서 기복적인 성도로 양육하였고, 기복적 믿음으로 신앙생활을 하게 된 것이다. 신학과 신앙과 교회는 모두 돈의 문제이다. 세상 사람과 회사와 기업의 문제와 같다. 이윤이 기업의 생명이다. 교회와 신앙은 돈이 생명이 된 것이다. 예수는 돈 벌이의 수단이요 방법이 된 것이다.

문제의 핵심이다.

 이 문제를 알아보기 위해 우리의 역사와 우리 역사에 영향력을 준 역사, 그리고 한국 교회의 역사 가운데에서 성경 번역의 역사와 교회사와 그리고 그 역사 가운데 오늘의 우리의 신앙의 발자취와 경로 등에서 오늘 한국 교회의 현주소와 그 상태와 현상을 보면서 어떻게 개혁과 혁신을 해야 할 것인지 진단하고 기도하는 기회의 책이 되기를 소망하면서 이 책을 출간하게 되었다.

 중국사와 한국사, 복의 역사적, 성경적, 세상적 개념 연구와 함께 어떻게 개혁적 신학이 되어야 하며 성경의 개역(改譯), 번역(飜譯)은 어떻게 되어야 할 것인지 함께 기도하기를 바란다. 성경이 원어적 개념과 뜻을 바르게 번역되기를 간절히 소망한다. 하나님과 예수 그리스도의 기뻐하시는 뜻대로 번역되는

2

성경이 출간될 수 있기를 간절히 기도한다. 주님께서 이 부족한 종을 통하여 역사하신 그 사명과 소명을 감당케 하실 줄 믿는다.

어떤 숭고한 믿음도 참 아름다운 신앙도 우선은 물질적인 축복이 먼저가 된 기복(祈福)교 한국 교회에서 아내도, 자식도, 성도도 돈이 먼저가 된 사회 현실에서의 믿음은 나중이 되었다.

복(福) 낳고 믿음 낳지, 믿음 낳고 복(福) 낳지 않는 한국 기복교 교회와 그 신학에 환멸과 자괴심은 나를 자폐증환자, 우울증 환자로 만들었다. 어디가 더 나에게 복이 되는가를 계산하고 저울질하는 매우 지혜롭고 현명한 손익계산서적 신앙이 참으로 안타깝다.

믿음의 고난과 고독, 핍박과 어려움과 시련과 아픔과 가난 속에서도 청렴과 청빈과 소박함과 근면과 소탈함, 단아함, 무던함, 우직함, 꾸밈없는 신실한 목회자와 성도들이 많이 있다.

없어서 감사, 부족해서 감사, 가난해서 감사, 아파서 감사, 고난 받아 감사, 어려움에 감사, 배우지 못함에 감사, 외롭고 슬퍼서 감사, 알아주지 않아도 감사의 믿음이 이 땅에 얼마나 많은지 모른다. 한 영혼을 위해 평생을 헌신하며 섬기며 사는 저 산간벽지에 빛도 없이 이름도 없이 오직 주님의 사명과 소명을 기뻐하며 자유하는 참으로 아름다운 목회자들이 많다. 이러한 분들 때문에 우리가 덤으로 묻어 사는지 모른다.

목   차

2부. 한글 성경 번역의 역사 / 217

1부. 영향을 준 나라들

*중국-인도-일본-몽골(원)-로마-영국-네덜란드-미국-
*이스라엘, 예수 그리스도
*기독교 개혁의 나라들
*기독교(캐톨릭과 개신교를 포함)의 한민족 한반도 유입과 전래의 역사

1. 너무 늦게 전래 된 기독교

언제부터 기독교가 우리 민족에게 전래되기 시작했을까? 중국과는 오랜 역사 아니 거의 모든 역사와 함께 이어져 온 역사에서 왜 기독교만이 매우 늦게 들어왔을까? 중국에는 모든 문물과 문화 사상들이 교류되지 않고 왕래되지 않은 것이 없었는데 그리고 중국에 들어 온 것은 한민족에게 오지 않거나 모르는 것이 극히 별로 없었는데 왜 기독교만은 늦어졌을까? 다른 것들은 거의 모두 한민족에게 소개되고 번성한 것은 별개로 할지라도 왜 기독교는 불교나 유교보다는 오랜 역사 동안 한민족에게 알려지지도 못하고 뿌리가 내려지지 못하고 왜 18~19세기에야 들어왔을까? 그러면 그 이전에는 전혀 들어오거나 알고 있지 못했을까? 라는 의문이 있을 수 있다.

우리 한민족의 역사 가운데에서 지역의 한계가 지금의 한계를 국한한 것은 아니지만(보통 우리 민족의 지역을 한반도로 국한하는 경향이 있지만) 우리 민족에게 여러 종교와 문화, 철학,

가치, 문명이 존재하고 이어져 내려온 가운데에서 대표적인 것들 중에서도 불교와 유교(주자학이라고도 하고 종교가 아니다라는 학설도 있지만)가 그 대표적이며 왕권 강화와 함께 백성들과 민족에게 가장 많은 생활에 영향을 많이 가져오고 형성해왔다고 하는 것은 일반적이며 상식적이라고 할 것이다. 불교를 국가 종교로 삼았던 시절에는 유교를 탄압하지 아니하고 공존하였으며, 또한 각종 미신과 토착 종교들을 탄압하지는 않았다. 여기에는 또한 한국 전통적인 무속 신앙도 함께 해 왔다는 것도 일반적이며 상식적이라 부정할 수 없는 현실이며, 과거였다.

멀리까지 올라가기보다는 가장 대표적 역사성이라면 삼국시대(고구려, 백제, 신라) 고구려와 고려 그리고 조선 시대라고 할 것이다. 아니 지금도 그렇고 혼재한 현실이다.

이러한 발해, 삼국시대, 고구려, 고려, 조선 시대는 중국과의 관계를 빼놓을 수 없을 것이다. 중국의 역사와의 관계를 세계사의 모든 관계에 영향을 빼놓지 못하지만 특히 동남아와 한민족 그리고 일본까지 그 영향권에 있을 것이다. 지금은 과거 옛날보다 더 속도와 양이 훨씬 많아졌다고 할 수 있다. 지금은 경계도 없어졌다.

2. 문자와 언어의 역사성

그것은 문자가 그 증거가 되며 문자가 역사를 쓰고 있기 때문이다. 문자는 언어이다. 문자는 역사 그 자체이다. 언어는 생활이다. 언어는 현실의 상태이다. 언어는 이어져 있다. 갑자기 생기는 것도 아니요 갑자기 없어지는 것도 아니다. 모든 언어는 그 문자 단어 표현 하나 하나에 역사성을 지니고 있다. 그 형성과 소멸도 역사성을 가지고 있다. 어떤 문자나 글은 그 시대 정신을 담고 있다. 문화와 문명의 변화와 변천은 언어의 변화와 변천을 알 수 있다. 특히 요즈음 새로운 알 수 없는 줄임말이나 은어, 속어 등이 일반화되는 것은 그 속도와 정도가 심히 우려되는 경우도 있다.

지금은 인터넷과 정보 통신의 첨단화와 교통과 인적 교류가 감히 상상할 수 없는 수준으로 치닫고 있는 현실에 의아해 하고 당혹스럽기까지 하다.

또한 외국어 통역과 번역에 대한 웹이 더욱 발달하고 동시통역 동시번역 등의 기술이 발달할 것이라면 외국어의 공부도 필요 없을 시대가 곧 도래 하여 실현되고 실생활에서 사용되는 날이 이제 되었다.

우리는 한국인이기에 한글로 글을 쓰고 기독인이기에 예수 신앙에 대한 글을 쓰고 있지만 모든 생각과 글과 의사(意思)가 온 세계와 우주에도 바로 동시에 전달되고 전파되는 날이 이제 왔다. 우주에 살고 있는 우주인에게 선교(宣敎)할 시대가 다가 왔다.

우리 민족은 전통적으로 불교와 유교의 풍습과 관습 하에 자란 한국인이지만 기독교에 대한 생각으로 가득한 생활 속에 있다는 것은 무엇을 의미하는 것일까? 또한 필자는 영어라는 언어를 전공하게 되어 언어학적으로 신앙을 접근하게 되는 계기를 갖게 되었고 또 한편으로는 우리 한민족이 중국이라는 관계 속에서 불교 유교 등에 영향을 받았으니 그 부분에서부터 문제의 요인을 찾아야 할 것이다.

3. 기독(基督), 개신(改新), 예수(Jesus), 그리스도(Christ) 용어

오늘날 현재 우리가 말하는 '기독교'의 '기독'이라는 말의 언어 글자 단어는 어떻게 형성되었고 어떻게 사용하게 되었을까? 그리고 무슨 의미와 뜻을 가지고 있는 말이며 언어이며 글일까? 아무런 개념도 없이 우리는 그냥 사용하고 생활하고 있는 것이 과연 기독교 신앙을 굳게 지키며 생명까지도 바쳐야 한다고 찬양하고 기도하고 예배하는 모습은 과연 어디에 무엇을 기인하고 어떤 궁극적 목적과 이유가 있는 것인가? 한번은 생각해 보아야 하지 않을까?

어린 학생들이 기독은 무슨 뜻이에요? 하고 물어본다면 어떻게 대답할 것인가? 기독교(基督教)에서 '基'자는 무슨 뜻이예요? '督'자는 무슨 뜻의 '독'자예요? 하고 물어보면 한문 많이 아시는 분은 무슨 대답을 하실지 궁금하기도 하다.

필자는 '기독교'를 '크리스트교', '예수교'로 표기하고 부르고 싶은 생각이다.

그리스도는 구세주, 구원자라는 뜻이므로 그 뜻을 나타내는 표현을 쓰는 것이 합당하게 여겨진다. 특히 개신교는 그리스도교 또는 예수교로 표기하고 표현하는 것이 좋을 것 같다. 그리고 더 중요한 것은 호칭의 통일성이다.

4. 전제(前提)

16

먼저 독자들께 이 책의 모든 부문에서 전제 조건을 드리고자 한다.

이글은 필자의 견해와 주장 또는 어떤 현상과 상황을 쓰고 있는 것이지만 어떤 주장도 아니라는 것을 말씀드린다. 오직 독자의 생각만을 갖도록 하며 이 글을 통하여 어떤 또 다른 새로운 독자 자신만의 영감과 계시를 갖는 요인이 되기를 바랄 뿐이다. 더욱이 이 글이 옳고 그름을 유도하고 좋은 계시와 영성의 결과를 가져오기를 바라는 것이다. 그리하여 더욱 훌륭한 책과 생각이 한국 교회와 신학 더 나아가 예수 그리스도를 더욱 영화롭게 하였으면 하는 소망이다.

한편으로는 옳고 그름과 한편으로는 다름과 틀림을 구별하는 분별의 지혜가 더욱 중요하다는 점을 강조하고 싶다.

다름은 틀림과 그름이 아니라는 것이며 다름은 주님의 영광과 영화를 위한 화평과 화합과 연합을 위한 것일 뿐이다. 서로 인정하고 사랑을 요하는 개체일 뿐이다. 그러나 모두 다 그렇지는 않을 경우가 있다. 그래서 지성과 영성이 기본이 되어야 한다.

진리를 더욱 진리 되게 하는 소망 일 뿐이다. 더 구체적 소망이라면 한국 교회가 주님의 가장 기뻐하시고 원하시면 우리를 구원하신 그 구원의 목적이 오직 예배와 전도(선교)에 있음을 깨닫고 올바른 예배와 올바른 전도(선교)에 질적 부흥의 성령의 새바람이 불기를 간절히 소망한다. 양적 부흥도 좋지만 이제 강성한 주의 군사들의 질적 성장이 한국교회에 있기를 기도한다.

필자의 신앙관도 항상 변화되어 왔고 그 때 그 때 상황과 여건상황에 따라서 바뀌고 애매모호하게 답할 때도 많다는 것이다. 마음 속에 확고하게 가지고 있으면서 대화 시에 상대에 따라서 상대를 배려하고 존중하는 차원에서 확실하고 확고하게 말하지 못하는 경우도 있다.

그러나 필자는 한국 신학과 한국 교회가 오늘날 이 시대에 분명히 지양(止揚)해야 할 것들과 지향(指向)해야 할 것들을 제시하는 목적과 뜻으로 필자가 이 글을 쓰게 된 동기이며 의도라는 것은 확실하다. 주님께서 이 시대적 소명과 사명을 감당케 하기 위해 역사하신 은혜로 이 종을 사용하시는 줄 믿는다.

5. 이름과 부름과 표기

우리나라에서 기독교 즉 그리스도교(CHRISTIANITY)라는 표기, 단어, 문자, 언어는 어떻게 형성되었는가? 오늘 우리가 쓰고 있는 기독(基督)은 CHRIST '그리스도'의 한자 음역(소리 나는 대로 한자로 적고 표시함)인 '기(基)리(利)사(斯)독(督)'에서 줄여서 맨 앞 중국어 발음 기(基)와 맨 마지막 발음 독(督)의 두 글자의 한자를 합하여 기독(基督)이라고 쓰고 발음은 한글 발음으로 '기독'이라고 한 것이다. 중국어 한자 중국발음은 딴 것이 아니다. 단지 한자만 가져왔을 뿐 아무런 의미가 없는 기독이며 단지 소리, 음(音)만을 표시한 한문 한자이다. 중국의 모택동(毛澤東)을 중국어 발음으로 마오저뚱이라고 부르는데 우리는 모택동이라고 부르는 식과 같다. 그러나 우리는 한 자의 우리 음(音)을 쓰지만 중국의 한자를 쓰고 원음은 쓰지 않는다.

중국은 포르투갈어 CRISTO의 음역, 소리 나는 대로 따라서 '지리스뚜'에 가장 비슷하고 가까운 자기 한자음인 '지(基)리(利)스(斯)뚜(督)'로 쓰고 '지리스뚜'로 읽고 발음하고 말한다. 우리나라는 여기에서 두 글자 '기독(基督)'을 따 와서 '기독(基督)'이라 쓰고 '기독'이라고 읽고 말한다. 그러니까 표음문자인 한자의 뜻은 전혀 없이 문자만을 한글 표음으로 (음(音), 발음, 소리는 가져오지 않고) 사용하고 있는 것이다. CRISTO는 '기름부음 받음'이라는 뜻의 그리스어 '크리스토스'의 음역이며 영어로는 '크롸이스트' CHRIST이며, 우리나라는 '그리스도'라고 말한다.

그러므로 중국 한자에서 따온 글과 말에서 중국 사람들은 基督(기독)이라 쓰고 '지뚜'라고 읽고 말한다.

기독교는 오늘날 한국에서는 천주교와 개신교를 합하여 부르는 경향이 있다. 그러나 개신교에서는 기독교에서 천주교와 함께 부르는 것에 대한 약간의 거부감이 있는 것 같다. '개신교'라기 보다는 '예수교'로 통칭해야 한다는 생각이다. 다른 별개의 별칭이 있었으면 하는데 아직까지 마땅한 호칭을 만들거나 통용해 오지 못하고 있는 것 같다. 필자는 그냥 '예수교'라고 하고 싶은 생각이 든다. 그리고 공식 개신교는 대한예수교장로회 등으로 공식적인 교단이 있기 때문이기도 하다.

그것은 이미 개신교 즉 예수교만으로도 이미 가장 큰 국가적 신앙으로 자리 잡고 있으며 그 영향력 또한 크다고 할 수 있기 때문이다. 필자는 '한국예수성회'나 '한국예수교성총회'라고도 하면 어떨까 싶다. 노회는 '한국예수성노회' 등으로 좋을 것 같아 보인다.

천주(天主)교(敎)는 '하느님'이 주인이라는 뜻이다. 하늘은 영어로 sky라는 일반 명사가 아니고 heaven 천국(하늘나라, 하느님 나라)이라는 추상명사의 뜻이다. 천주교는 하늘의 의미에서 하느님으로 부른다. 그러나 하느님, 하나님, 성부, 등의 영어의 호칭은 모두 'God'이다. 거의 모든 종교가 절대적 어떤 신에 대해서는 호칭이 'God'이라고 하면 소통이 되고 통일적 의미로 이해된다. 그리고 카톨릭이나 개신교나 주님이라고 하는 것은 한자로는 주(主)라는 주인(主人), 군주(君主)를 의미하며 영어로는 'Lord'라고 한다. 카톨릭(Catholic) 교회라고 하는 'catholic의 의미는 '보편적인', '만민의', '보통의', '만유의', '우주의'의 뜻으로 'universal', 'universe'의 뜻으로 '평범한'의 뜻이다. 더는 '전체에 따른', '전체에 의하여'라는 뜻이다.

이는 모든 것을 포함하고 함축하며 모든 것을 포용한다는 의미가 있다. 매우 광범위하며 다양성을 포용하고 있다. 그것은 범종교적이며 다원적이며, 특별성을 배제한다는 의미이다.

이것은 이단을 포함하고 이단이 없다는 의미이기도 하다. 그러므로 미신까지도 포함한다는 것이다.

그러나 카톨릭은 베드로에 국한 한 사도 베드로교적 성격으로 집착하는 경향이 깊어져 가고 있는 경향이며 지금도 더욱 사도 베드로적인 중심을 강하게 하고 있다.

이에 반해 개신교는 프로테스탄트(protestant), 퓨리탄트(puritant)의 청교도적이며 장로교와 감리교 등 칼빈주의와 알

미안주의 신앙으로 대별되어 왔다. 천주교와의 차별과 구별을 하기 위한 것이었다. 프로테스탄트는 구교와의 저항적인, 반항적인, 반대적인 표시이다. '퓨리탄트'는 puritant 청교도, '순수함', '순결함'을 강조한 신앙적 표시이다. 하나님의 하나는 삼위(三位)일체(一體)의 하나라는 뜻이다. 성부(聖父) 하나님, 성자(聖子) 예수님, 보혜사(保惠師) 성령(聖靈)의 하나 됨을 의미하는 것이다.

천주교가 마리아적 그리스도교, 베드로적 그리스도교, 태양신적 다원적 그리스도교, 교황무오적 그리스도교, 교황이 모든 것의 우선적 신앙교리를 주장하는 것이다. 천주교가 베드로 대성당을 중시하고 베드로의 사역을 중시하는 근거는 마16장 18절~19절의 "너는 베드로라 내가 이 반석 위에 교회를 세우리니 음부의 권세가 이기지 못하리라 내가 천국 열쇠를 네게 주리니 네가 땅에서 무엇이든지 매면 하늘에서도 매일 것이요 네가 땅에서 무엇이든지 풀면 하늘에서도 풀리리라"하는 주님의 말씀을 근거로 하고 있다. "교회"와 "열쇠"를 베드로에게 말씀하신 것을 강조하고 있다. 물론 여기 이 책에서는 신학적인 면을 논쟁할 수 없다.

6. 통계와 숫자, 그리고 위상과 영향력

2015년 기준 통계를 따르면 개신교인수는 967만 명, 천주교인수는 389만 명, 불교는 761만 명이었다.

또한 한편으로는 유교가 종교인가 아닌가에 대한 논쟁이 여전히 계속되고 앞으로도 계속될 것이지만 유교에 대한 영향은 상당히 깊이 박혀 있다는 사실이다며 현실이다.

우리는 이러한 현실 속에서 이에 대한 역사적인 면을 좀 더 깊이 알아보기를 원하면서 그 근원과 뿌리를 찾아보려고 한다.

이것은 우리나라 한국과 그리고 우리의 한민족의 아이던터티 identity를 밝히는 것이기 때문이다.

우리 민족에 전래 전승된 기독교의 역사를 볼 때 우리는 천주교와 개신교를 구분하기엔 부적절한 부분이 있다. 이는 우리 민족에 들어온 기독교를 천주교와 개신교를 구분할 수 없는 것은 전래될 당시는 천주교와 개신교가 구분할 수 없었기 때문이기도 하지만 개신교가 정착되지 못한 때이기도 하다.

한편 예수 그리스도가 부활 승천하신지 2천여 년이 지난 현재 세계 제1의 종교가 되었고 세계 인구 65억 명 가운데 그리스도교인은 모든 기독교 예수교의 모든 종파를 합할 때 22억 명으로, 33%로 3분의 1을 차지하고 있다.

그러면 한반도에 전래된 기독교, 예수교는 언제인가?

천주교회의 공식 설립년도는 1784년인데 개신교의 공식 설립년도는 1885년이다. 천주교와 개신교의 한국 유입 년 수를 기준으로 100년의 차이를 보이고 있다. 한국 예수그리스도교는 천주교를 포함할 때, 230년의 역사를 벌써 이루고 있다. 1500년의 역사를 간직한 불교의 한국역사보다 훨씬 짧은 기간 동안 제1의 종교가 되었다.

7. 기독교의 한민족 전래의 수수께끼

그러나 우리는 역사 속에서 기독교의 한반도 유래 전래 전승을 우리의 역사 속에서 깊이 들여다 볼 필요가 있다.

우리 민족은 매우 종교성이 강한 민족이다. 종교성이 강한 민족은 영적, 지적 성숙도가 높다고 할 수 있을 것이다. 우리 민족의 오늘날 뛰어난 민족성을 보이고 나타내고 있는 것은 민족의 피에 현현이 흐르고 있는 혈통적 유전적 종교성이 강하게 흐르고 있기 때문이다. 세계의 어떤 민족보다 그 종교성, 지적 능력, 감성이 매우 강한 민족이다.

세계사에서 그 유래가 없는 순혈 혈통을 유지하고 있는 이 작은 민족은 없다. 작은 소수의 민족이면도 순혈의 혈통을 유지하고 있는 것은 지리적인 면도 있다고 할 수 있지만 그것은 종교성이 강한 민족이기 때문이다. 이스라엘이 그 대표적 민족성이다. 사실 이스라엘도 그들은 세계 여러 나라로 흩어진 디아스포라(diaspora) 민족이어서 그 순혈성을 어느 정도는 잃어 버렸지만 그들이 유지하려고 하는 노력과 그 순혈성을 주장하기 때문에 그렇게 인정하고 그들이 스스로 주장하기에 알려진 것이지 실제는 그렇지 않은 면이 있다.

그러나 세계사에서 가장 신속한 속도로 성장을 이룬 종교는 이슬람을 말하지 아니할 수 없다. 주후 622년에 시작된 이슬람은 14세기경에는 중동과 지중해 그리고 서양을 지배한 종교가 되었다.

지금도 아르메니아 정교는 인도와 사마르칸트와 아르메니아 등 중앙아시아를 거쳐 중국과 몽골에 전파되었다.

왜 기독교는 1800년이 지나 조선 말기에 한반도에 들어온 것인가?

 주전 6세기경에 창시한 불교는 1세기 중엽에 경상남도 김해 일 대에 형성되었고 가야국에 전래 되었다는 기록이다. 이는 김수로왕의 황후 허황옥이 인도에서 왔다는 역사는 1세기 초중엽 인데 매우 시사하는 면이 크다. 이 당시 때, 가야는 이미 세계와 교역을 넘어 인적 교류인 왕비를 맞이하였다는 것은 정치적 거래인 것이다. 그냥 우연히 황후가 왔다고 볼 수 없다. 어떻게 황후를 우연히 맞이할 수 있겠는가? 이는 인도와의 여러 분야 에서 물류와 사람과 문화적 정치적 교류와 왕래가 자주 있었다 는 증거이다. 이때 왕비 한 사람만 왔을 리 없다. 이는 많은 수 종들과 보필하는 수행 인원과 그리고 인도의 특별한 생산품과 물자와 문화적인 도구들도 같이 가지고 들어 왔을 것이다. 이미 인도에는 사도 도마의 전파가 있었다는 역사적 사실이 있다. 그 후 4세기 중엽에 고구려, 백제, 신라에 불교가 국가 종교로 번성하게 되었다. 불교와 비슷한 시기에 시작된 공자(孔 子;B.C.551~479)의 유교는 기자조선에 들어왔으며 삼국시대에 는 국가 형성의 기초가 되었다.

 622년에 아라비아 반도에서 발생한 이슬람교는 8세기 말엽에 통일신라 시대에 모습을 나타냈다. 고려 속요 '쌍화점'에서 무슬림의 존재가 확인되었고, 세종대왕이 무슬림에게 조선 복장을 입으라고 명했던 것을 보면 무슬림들은 신라, 고려, 그리고 조선 초기에 한반도에 살았음을 알 수 있다.

 7~8세기는 통일신라의 장보고가 중국 및 아시아의 바다를 통하여 무역을 번성케 하였던 시대이다. 이는 무역이 물자만을 교

류하는 것이라기보다는 모든 문명과 문화를 교류하는 것이다.

불교, 유교, 이슬람교는 실크로드를 통해서 한반도에 들어왔다. 내륙 실크로드와 해상 실크로드는 기원전부터 아시아의 서쪽 끝과 동쪽 끝의 문물이 상호 교류하는 문명의 대동맥이었다. 실크로드의 동쪽 끝인 한반도는 이 길을 통해서 세계와 교류했다. 실크로드의 가장 큰 수요처는 로마였다. 실크로드는 중국, 인도 등 동방의 모든 생산품과 물자와 문명과 문화를 로마와 중국을 연결하는 통로였던 것이다. 오히려 실크로드의 중심에 이스라엘 팔레스타인, 안디옥이 있고 고린도도 있었고, 또한 바그다드와 소아시아와 다마스커스도 있다. 세계 최대 최장의 제국인 로마의 국교인 예수 그리스도교가 당시 동양의 최고 문명국가인 중국에 들어와 있을 때 한반도에 전해지지 않았을 리가 없다.

또 다른 방향에서는, 일본보다 당시 선진국이며 모든 문화와 문명과 물자가 일본보다 앞서 있던 한반도보다 일본에 들어와 있던 예수 그리스도교가 한반도에 들어오지 않았을 리 없다. 참으로 이상하다. 이미 한반도에서는 중국과 인도와 일본 등 동남아와도 교류와 무역이 빈번한 상태였던 시대이다. 특히 해상 왕 장보고의 무역도 대단한 역할을 하였던 역사를 가지고 있다.

'삼국사기'에 따르면 가야국의 불교는 인도 아유타국의 공주인 허황옥(33~89년)이 해상 실크로드를 통해서 배를 타고 가야에 도착할 때 전해진 것이라고 한다. 고구려, 백제, 신라의 불교는 북인도와 중국을 연결하는 대륙 실크로드를 타고 한반도에 들어 왔다. 일설에는 가야 시대 인도의 공주를 통하여 인도에 들어온 예수교가 들어왔다는 증거가 있다고도 한다.

이슬람교는 해상 실크로드와 대륙 실크로드를 교차하면서 신라, 고려, 조선에 소개되었다. 8세기 초기에 승려 혜초 (704~787년)는 거의 4년 동안 실크로드를 통해 중국, 중앙아시아, 사마르칸트, 아르메니아, 페르시아, 아라비아 일대를 여행하고, 중앙아시아 여러 나라를 지나 파미르 고원을 넘어 중국으로 돌아오는 인도의 불교 성지 순례를 했다. 혜초는 그의 여행기 '왕오천축국전'에 각 나라에 산재해 있는 불교, 힌두교, 조로아스터교, 이슬람교 그리고 동로마 제국의 동방 그리스도교에 대해 기록했다. 통일신라의 해상왕 장보고의 시대와 거의 같은 동시대이다. 1세기 가야국 시대에도 인도와 교류를 했는데 통일신라시대 해상왕 장보고는 8세기에 중국을 비롯한 국제무역을 했던 것으로 혜초 보다 더 훨씬 많은 교류가 있었을 것이다.

지금으로부터 1,300여 년 이전에 고구려 사신과 혜초는 대륙과 해상 실크로드를 통해 페르시아와 중앙아시아까지 여행을 하였고, 이슬람교 또한 이 길을 경유하여 고대 한반도에 들어왔다. 그렇다면 이슬람교보다 620여 년 이전에 생겨난 예수교는 왜? 이 땅에 그토록 늦게 전래 되었을까?

불교와 이슬람교가 알고 있는 실크로드를 예수교는 찾지 못하고 미로에서 헤맸을까? 가장 먼저 가장 번성했던 그 때에 혜초는 그리스도교를 몰랐을까? 왜 전하지 못했을까?

8. 역사 연구의 부재인가 아니면 전래가 없었는가?

그러나 우리는 기독교에 대한 역사 연구가 부족했다는 것을 알 수 있다. 이에 대한 실마리를 실크로드의 서쪽 끝자락 지중

26

해에 자리 잡은 중앙아시아의 시리아의 안디옥에서 찾을 수 있다. 안디옥은 지중해를 통해 유럽의 그리스와 로마 문명을 아시아 대륙에, 중앙아시아와 페르시아와 중국의 문명을 유럽 대륙에 전하는 실크로드의 요충지였다. 예수가 십자가에 못 박혀 죽고, 부활 후 얼마 되지 않아 안디옥에는 교회가 생겼는데, 이곳에서 예수를 믿던 사람들을 크리스천 christian이라고 불렀다. **'크리스천'이라는 단어의 발생지가 안디옥교회**이다. 중국은 언제부터 기리시단 즉 크리스천(그리스도)라는 단어를 사용하게 되었을까?

안디옥 교회에서 파송된 사도 바울은 주후 67년에 로마에서 순교할 때까지 지중해, 그리스, 로마, 스페인 일대에 그리스도교를 전파했다. 그런데 놀라운 사실은 바울이 로마에 그리스도교를 전파하기 이전에 예수를 믿는 사람들이 이미 로마에 정착하고 있었다는 사실이다. 우리는 초기 주님을 전파하는 것이 꼭 사도들이나 제자들에 의해서만 전파되었다고 생각하거나 선입관을 갖고 있는 경우가 많다. 사도 바울이 이탈리아의 작은 항구 도시인 푸데올리에 도착했을 때도 이미 그리스도인들이 있었다. 사도 바울이 먼저 로마에 그토록 가고 싶어 했던 그 이전에 세계 가장 크고 강력한 대제국의 수도에 이미 그리스도인들이 상당히 많이 있었다는 사실이다. 오늘날도 전도는 어떤 목회자나 전문 전도자, 사역자가 하는 것보다 일반 평범한 별로 열심히도 하지 않은 성도들이 더 전파는 잘한다는 사실이다. 억지로 열심히 하기보다는 그냥 생활 가운데에서 일상의 성도가 더 자연스럽게 주님을 증거 하는 경우가 많다는 사실이다. 목사님은 평생 전도 한 사람 못하는 경우가 허다하다. 전도 방법과 기술은 가장 많이 알고 있는데 전도는 되지 않는다. 나가서 열심히 전도해도 한 사람도 평생 데려오지 못 하는 경우도 많다. 아이러니가 아니고 신비하다. 주님이 하시는 일이다. 노력이나 열심으로 되는 일이 아니다. 그렇다고 노력이나 열심을 무시하거나 하지 말라는 것이 아니다. 더욱 노력과 열심을 해야 한다는 뜻이다. 이는 주님이 우리를 구원하신 뜻이요 믿음의 사명이요 소명이다. 믿음은 우리가 뜻하지 않고 바라지 않아도 오직 하나님의 섭리와 은혜와 그 경륜으로 로마의 박해를 통하여 예수님의 표적과 이적, 치료, 치유 등을 경험한 수많은 군중들, 이방인들은 보고 듣고 한 것들을 열방에 흩어지게 함으로 인하여 예수 하나님을 전하고 증거 하게 하신 결과일 것이다. 예수님의 사도 외에 직제자만도 수백 명이었다고 할 때, 그 가족들과 그 가족들 주변으로 확대한다면 수천 명의 직접 예수님을 목격하고 경험한 사람들이 이스라엘 유대인과 그리고 이방인들이 로마의 지독한 식민 통치의 영향으로 열방에 흩어져서 예수 그리스도를 전하였을 것은 명약관화(明若觀火)하다.

역사에 이름을 남기지 않고 사라진 상인과 노예들이 각 나라를 이동하면서 예수의 가르침과 표적을 전파함으로써 이스라엘을 지나 시리아, 중앙아시아, 중동, 로마까지 자연스럽게 그리스도인들이 생겨났다. 전 세계를 지배한 로마의 국교인 그리스도교가 한반도에만 알려지지 않았다는 것은 너무 이상하고 이해할 수 없는 역사이다. 로마는 중국의 비단 등 당시 문명국의 물자들을 사용하고 있었다. 비단은 중국 이외에서는 나오지 않왔다. 당시 중국은 비단을 외부에 나가는 것을 통제하고 있었다. 요즘 표현으로 하자면 수출제한 품목이었다. 비단 수출 비자visa허가제를 실시하고 있었던 시절이었다. 당시 세계에서 가장 강국이며 모든 물건이 로마로 들어가던 시대였다. 모든 것은 로마로 통한다는 세상에서 이다. 여기서 역사의 아이러니와 허구를 동시에 의심할 수밖에 없다. 이렇듯 그리스도교는 사도와 제자들이 교리를 전파하기 이전부터 이름을 알 수 없는 수많은 사람들에 의해 여러 나라로 퍼져 나갔다. 아니 전 세계로 퍼져 나갔다고 해야 할 것이다. 당연한 추측이다. 아무리 인터넷이 없고, SNS가 없고, 유튜브가 없던 시대라 할지라도. 믿음은 버섯의 포자와 같아서 바람에 날려 강을 건너고 산을 건너고 바다를 건너서 퍼져 나가는 것이 신앙이다. AI(조류독감) 전염병보다 더 전염성이 강하다. 새가 전하고 바람이 전했다. 동방 박사가 찾아오는 것처럼.

예수의 제자들과 이름을 알 수 없는 사람들에 의해 터키와 유럽 일대에 예수의 가르침이 전파된 후, 그리스도교는 1세기 후반에서 4세기 초반까지 로마 제국에 의해 많은 박해를 받게 되었다. 이 때 많은 박해를 받았던 그리스도교인들 뿐만 아니라 당시 세계를 지배하던 로마에 왕래하던 사람들이 침묵하지 않았을 것이다. 발 없는 소문은 천리 길도 더 간다. 전도는 버섯의 포자처럼 바람을 타고 전파 된다. 전도는 성령의 바람이 한다. 전도는 빛이 한다. 빛이 비치는 곳은 전도가 된다. 빛이 있는 곳에 주님도 계시기 때문이다. 공기 있는 곳에 주님도 계신다. 사람 사는 곳에 주님은 계시기 때문이다. 믿음은 공기이고 호흡이기 때문이다. 사도시대에 이미 예수 그리스도의 이름과 그 믿음은 인도와 중국을 통해 한반도에 들어왔을 가능성을 배제할 수는 없다.

사도행전에서 성령 강림으로 인해 12사도에게 외국어(방언)의 은혜가 역사하심은 모든 사도의 예수님을 열방에 전파할 것을 역사하신 사건이었다. 사도들은 그 성령의 은혜를 받고 모두 열방으로 조약돌로 제비를 뽑고 지역을 담당하여 흩어진 교회의 모습으로 이방 언어(방언은사＝불의 혀처럼 갈라지고 나누어진 언어)를 가지고 흩어져 주님을 전파했다.

물론 그 외의 많은 예수의 직제자들도 예수님의 가르침을 여러 나라에 전파하였다. 우리는 보통 예수님의 제자하면 12제자를 생각하게 되는데 당시 예수님의 직접 가르침을 받은 12 사도 외에 직제자가 70명은 누가복음 10장 1절에 나온다. 직접 70명을 세워서 전도를 보낸다. 그러나 그 당시에 수천 명씩 몰려드는 사람들 중에서 제자가 되고자 따르는 사람은 매우 많았을 것이다. 120여 명 이상 되는 것으로 역사가들은 증언하고 있다. 수천 명이 모였을 때가 여러 번 있었을 것이기에 예수님을 따르는 무리가 아주 많았으며 그 무리들 중에는 이방인들도 많이 섞여 있었을 것이며 이들이 이방으로 흩어져 예수님의 이적과 표적을 증언하였으며 전파하였을 것은 명확한 사실일 것이다. 사도 빌립은 지금의 터키 수도인 이스탄불에서 설교를 하였다. 사도 요한은 예수의 어머니 마리아와 함께 또한 터키의 에베소에서 그리스도교를 전하고 그곳에서 생을 마쳤다. 예수님의 어머니 마리아도 물론 이곳 에베소에서 생을 마감하고 사도 요한은 예수님의 십자가에서의 유언을 지키며 최후까지 예수님의 육신의 모친이신 마리아를 보필하였다. 스페인의 그리스도인들은 사도 베드로와 사도 야고보의 사절단이 스페인에 그리스도교를 전했다고 믿고 있다.

9. 1500년여 년 동안 세계를 지배했던 기독교를,
세계 문화, 문물의 중심지 로마를 몰랐다?

 특히 12 사도들의 예수님을 전파에는 얼마나 적극적이며 그야말로 사도라는 이름대로 목숨을 아끼지 아니하고 오직 새 생명의 예수님을 어떻게 전했는지 외경에는 어느 정도 알 수 있다.

 정경에는 나타나지 않았지만 오순절 성령 강림 이후 바로 조약돌 주사위로 전도 지역을 담당하는 결정을 하였다고 한다.

 베드로는 로마로 갔고, 안드레는 스코틀랜드로, 야고보는 스페인으로 갔다. 요한은 에베소로 갔고, 빌립은 러시아 남부 스키티아와 히에라 폴리스로 갔다. 바돌로매는 아르메니아로 갔고, 도마는 인도로 갔다. 마태는 카스피해 아래로 갔다가 이디오피아로 갔고, 알패오의 아들 야고보는 시리아로 갔다. 다대오는 시리아와 아라비아와 페르시아로 갔고, 시몬은 터키와, 북 아프리카와, 아르메니아와, 영국 런던과, 페르시아를 두루 갔다. 가롯 유다 대신 사도로 세워진 맛디아는 아르메니아와 이디오피아로 갔다.

 그리고 사도 중에 순교를 하지 아니한 사도는 요한 한 사도밖에 없다. 물론 사도는 아니지만 사도 중에 사도라고 할 수 있는 막달라 마리아도 순교를 하지 아니한 인물로 여겨지고 있다. 막달라 마리아는 죽을 때까지 신앙의 절개와 순결을 지켰다고 전한다. 막달라 마리아는 예수님의 생애에서 가장 중요한 역할을 한 제자다. 사도 중에 사도요, 제자 중에 제자이다.

사도들의 순교 역사를 외경 안드레행전에서는 안드레는 그리스에서 사형을 당하였는데 x자형 십자가에 순교 당했으며 4일 간이나 십자가에 달려 있었다고 한다. 야고보 사도는 예루살렘에서 참수 당했으며, 도마는 인도에서 순교 당했으며, 빌립은 터키에서 십자가에 순교했으며, 다데오는 페르시아에서 도끼에 난도질 당 했으며, 마태는 예루살렘에서 암살 당 했으며, 맛디아는 에티오피아에서 살해 당 했으며, 물론 사도행전 8장 26절에서 40절까지의 에디오피아 여왕 간다게의 모든 국고를 맡은 관리인 내시의 영향인지는 모르지만, 그래서인지 아프리카 국가들 중에 가장 크리스천이 많은 나라가 에티오피아라는 사실이다, 요즘은 유럽의 크리스천보다 아프리카의 크리스천 비율이 훨씬 많아졌다는 별로 놀랍지도 않은 사실이다. 아프리카는 기독교화되어 가고 있는데 유럽은 이슬람화가 되어 가고 있다는 현실이다. 유럽이 중동 난민을 받아 들이고 있는 것은 현재 유럽의 이슬람 무슬림 주민이 10~15% 정도 되기 때문에 정치적으로 선거에서 표를 얻기 위해서는 무슬림 주민들의 뜻에 어긋나서는 선거에서 이길 수 없기 때문에 중동 이슬람 무스림을 받아드리고 있다. 앞으로 많은 문제가 있을 것을 예상하면서도 그렇다. 또한 이슬람의 자금과 수쿠크의 자금으로 인하여 생기는 문제는 앞으로 유럽뿐만 아니라 우리나라에도 심각한 많은 문제를 야기하게 될 것이다. 작은 야고보는 예루살렘에서 순교 했으며, 바돌로메는 아르메니아에서 가죽이 벗겨지는 처참한 순교를 당했고 하며, 베드로는 지금의 바티칸 성당 자리에서 십자가에 예수님처럼 바로 죽을 자격이 없다고 거꾸로 죽음을 당했으며, 정확하지 않지만 바울도 로마에서 참수 당했는데 피가 나오지 않고 우유가 나왔다는 설까지 있을 정도이다.

이는 정확한 정경이지는 않지만 어떠하든지 모두 순교를 처참하게 당했다는 것이다. 이외도 사도가 아니면서도 예수님이 살아 계실 때 예수님의 직계 제자는 약 120여 명~ 150여 명이 되었다는 것이 기독교 역사 연구가들의 의견이다. 그러나 그 이상이 되고도 넘쳤을 것으로 보인다. 수천 명이 따르는 광야에서 예수님의 이적과 표적을 경험한 군중들이 그 이적과 표적을 보고 그냥 가슴 속에 담아 두지만은 아니 하였을 것이기 때문이다. 그들은 모두 각자 흩어진 곳에서 오히려 사도나 제자들 만큼이나 전도에 열심이었을 것이다. 이들의 전도가 더 순수하고 꾸밈이 없어 효과와 능력이 높았을 것이다. 이러한 제자들의 순교와 카타콤에서의 생활과 그리고 예수 그리스도의 증인이 된 이름도 없이 아무런 표시도 없이 로마의 박해에 죽어간 신앙의 순교자들은 이루 말할 수 없이 많다는 것이 상식이다. 이 엄청난 순교의 역사는 바로 세계를 지배한 하나님의 역사이다.

10. 중국을 통해 들어온 기독교

초기 예수님의 십자가와 부활과 그리고 승천 이후 오순절 성령 강림 이후에 흩어진 사도들 중에서 동방 특히 인도를 중심으로 한 전도는 12제자들 중에 도마와 함께 갔다는 바돌로매를 중심으로 한다. 인도인들의 전설에는 바울이 소아시아에서 전도할 때, 도마와 바돌로매는 동방으로 진출하여 도마는 인도에서 바돌로매는 중국에까지 들어가 전도했다고 전한다.

더 구체적인 사례는 남인도 말라바르(Malabar)교회가 갖고 있는 역사적 전통과 전승에 따르면 처음으로 사도 도마가 인도 동쪽 해안에 있는 마드라스에 도착하여 전도하다가 점차 서쪽으로 옮겨 말라바르에 정착하여 전도 활동을 벌인 것이라고 한다. 그의 전도 활동은 중국에까지 확산되었다고 한다.

그 후 기독교가 로마의 국교로 정립된 후 주후 431년에 에베소 공의회에서 어거스틴이 주동이 되어 예수님의 어머니 마리아를 '하나님을 낳은 자'(Theotocos)라는 주장에 대하여 '그리스도를 낳은 자'(Christocos)라고 끝까지 주장하여 주교에서 파면되어 추방당한 네스토리우스파는 451년 칼케톤(Chalkedon) 공의회에서 네스토리우스파를 이단으로 확정하면서 교회를 '앗시리아교회' 혹은 '갈대아교회'라고 부르면서 독자적인 교회의 전통과 역사를 수립해 나갔다.

이들 네스토리우스파는 489년에 동로마 황제 제노(Zeno)에 의해 에뎃사에서 추방당하고 니시비스(Nisibis)로 옮겨 신학교를 재건하고 로마 서방교회와는 다른 전례와 신학 전통을 확립하여 이어갔다.

주후 647년에는 페르시아가 회교국인 아라비아에 의해 멸망당한 후에 칼리파(이슬람교의 수장직)(Khalifa)의 신임을 얻어 계속 교세를 확장하여 나갔고 762년에는 오히려 본거지를 바그다드로 옮겨 반전의 계기를 삼았다.

페르시아에 근거를 둔 네스토리우스파는 7세기 초반부터는 본격적으로 전도자들을 파송하기 시작했고, 인도와 아라비아에 전도사를 보냈는데 인도에서는 말라바르에서 중점적으로 활약하였다. 이러한 상황에서 중앙아시아를 통하여 뚫린 문명과 문화 그리고 물류의 비단길을 타고 중국에까지 진출하게 된다. 중국에서 네스토리우스파는 경교(景敎)라고 하는 기독교 명칭으로 활발한 전파 활동을 하였다.

그리하여 알로펜(Alopen, 아라본(阿羅本)을 단장으로 하여 네스토리우스파 전도단이 중국에 도착한 것이 635년이다. 당(唐)나라 태종(太宗) 때였다. 당나라 태종은 재상 방현령(房玄齡)을 보내 이들을 환영하였고 당나라의 수도 장안(長安)에 머물게 한 후에 경전을 한문으로 번역하도록 배려하였다. 이는 대단한 배려와 환대였다. 중국 최초의 황제가 인정한 공식적인 중국어 번역 성경이었다.

이 네스토리우스파에 대한 한자 명칭은 여러 가지였다. 그들이 페르시아에서 왔다고 하여 페르시아(바사라는 명칭은 바벨론을 멸망시킨 다니엘이 총리를 지냈던 다리우스 황제의 나라명)의 한자 음역인 '파사(波斯)'를 붙여 '파사교(波斯敎)'라고 도하고 후에는 그 교(敎)가 로마에서 전해온 것으로 알고 로마를 의미하는 한자 '대진(大秦)'을 넣어 '대진교(大秦敎)'라고 불렀다. '대진승(大秦僧)'은 네스토리우스파 신도를 의미하고, 대진사(大秦寺)는 그 네스토리우스파 교회당으로 불렀다. 그러다가 '광명정대한 종교'라는 의미가 담긴 '경교(景敎)'란 칭호가 사용되기 시작하면서 '대진(大秦)경교(景教)'란 명칭이 널리 사용되게 되었다. 즉 로마기독교라는 뜻이다.

이 당시 로마를 중심으로 한 서방교회와 비잔티움을 중심으로 한 동방교회가 반목하고 있는 때이지만 지중해를 중심으로 한 유럽과 그리고 소아시아 등 세계를 지배한 로마의 중심 신앙으로써 세계에서 가장 강력한 제국의 종교로서 중국도 그 위세를 알고 그만한 대우를 하였을 것이다. 그만큼 그 당시 세계를 지배한 기독교가 이미 되어 있었다는 사실을 중국의 또 하나의 동양 제국으로써 모를 리 없었을 것이다. 중국의 물류 특히 비단의 유일한 수출국인 중국은 나침반, 화약, 동성전의 무기, 전술 전략, 종이, 도자기, 등 모든 문명의 선진국이었다.

한편 알로펜이 이끄는 예수전도단을 환영하고 장안에 정착하도록 배려한 당(唐) 태종(太宗)은 638년(신라 선덕여왕 7년)에 경교(景教)를 조정이 인정하는 종교의 하나로 선포하였고 장안 의령방에 사원(교회)을 건축하여 '대진사(大秦寺)'라 칭하였으며 승려(목회자) 21명을 두어 선교하도록 하였다. 태종에 이어 고종(高宗) 대에 이르러서도 경교(예수교)는 계속 보호를 받았다. 고종은 경교를 '참 종교의 뜻'인 '진종(眞宗)'이라고 하였을 뿐만 아니라 전국에 경사(景寺)(교회당)를 건립하였고 알로펜에게 '진국(로마)대법주(鎭國大法主)'란 칭호를 붙여줄 정도로 후대하였다.

이후 1백여 년 동안 경교는 삼이사(三黃寺＝회교, 조로아스터교(祆教), 경교(景教)의 하나로 국가의 보호를 받으며 융성하였다.

845년의 금교령 이후 경교는 약 4백 년 동안 자취를 감추었다가 몽골족이 세운 원나라에 이르러 재흥하는 현상을 보였다. 원은 몽골족으로 우랄 알타이산맥을 근거로 하여 성립되었고 그들의 세력 범위는 동쪽으로는 만주와 한반도, 북쪽으로는 러시아와 키에프, 서쪽으로는 페르시아와 폴란드까지 그 세력의 범위가 확장되었다. 이들은 몽골족이 변방을 점령한 후 중국 대륙의 송(宋) 왕조를 멸망시키고 원(元)이라는 왕조 국가를 건설하여 중국을 통치하게 되었다.

이것을 계기로 당나라 말기에 박해를 피해 변방에 은둔해 있었던 경교도들과 알타이 산맥을 중심으로 한 시리아 문화를 흡수해 살고 있던 돌궐 계통의 위그로, 네이만, 온구이트 족들 가운데 네스토리우스파 신도들이 몽골족을 따라 중국에 들어오게 되었다. 바로 이들을 통해 중국에서 경교가 재흥하게 되는 결과를 가져왔다.

원나라(몽골제국, 서양사에서는 훈족)에 다시 부흥한 네스토리우스파는 경교(景敎)라는 명칭을 쓰지 않았다. 대신 '야리가온(也里可溫)' 혹은 '아이개온(阿爾開溫)'이란 칭호가 붙여졌는데 '복음을 섬기는 자' 또는 '복음을 받들어 섬기는 자'란 뜻을 지니고 있다. 몽골족은 변방 부족을 효과적으로 통제하기 위해 결혼 정책을 사용했는데 칭기스칸이 아내로 맞이한 케라르트(Kerart)족 공주가 독실한 기독교 신자로 칭기스칸 영내에 예배당을 지었으며 케라르트 출신의 아리가온들이 몽골의 수도 카라코룸에 진출하여 상당한 권세를 누리기도 하였다. 쿠빌라이 자신은 불교도였으나 '야리가온'에 대해 우호적인 태도를 취하였는데 1289년 숭복사(崇福寺)라는 교회를 설립하여 '야리가온'에 대한 업무를 관장케 하였다.

로마 교황 사절이 되어 몽골을 1275년 방문한 아버지 니콜로(Nicolo)를 따라 몽골에 도착한 마르코 폴로는 쿠빌라이의 총애를 받으며 17년간 원(元)나라의 조정에서 봉사하였는데 그동안 듣고 본 바를 나중에 본국에 돌아가서 쓴 책이 바로 '동방견문록'이다.

동방견문록은 진강에서의 십자사(교회)의 건립뿐만 아니라 중국의 서북지압, 내몽골지방, 화복과 화남은 물론 서남지역인 운남(雲南) 지역에 산재한 '야리가온'들의 행적에 대해 상세한 언급을 하고 있어 원나라 초기의 기독교 이해의 기초자료가 되고 있다. 원대에 적어도 47개 지방에 야리가온 사원(교회)들이 건립된 것이다. 즉 원대에 야리가온(예수교인)이 지역적으로 폭넓게 있음을 알 수 있다.

그러나 원대의 역사가 변방족의 지배의 역사였던 것과 같이 야리가온은 외래 종교로 몽골족의 지원을 받으며 지배계층의 종교로 정착했다.

본토민인 한족에서 유래된 종교가 아니라 몽골족과 함께 지배자로 도래한 종교였기에 그만큼 중국에 토착되기도 어려웠고, 원대의 야리가온(기독교인)은 경전 번역에 소홀했을 뿐만 아니라 예배 시에는 시리아(아람) 말을 사용하였고 시리아어(아람어)로 된 기도서와 경전을 그대로 사용함으로 외래종교란 인식을 오히려 강하게 부각시켰다. (예수님 당시에는 아람어가 헬라어와 로마어가 함께 공용어로 사용되었다. 예수님도 사도 바울과 사도들이 아람어를 사용하셨다.)

이처럼 야리가온(기독교)이 지배계층의 외래종교로 인식되었기 때문에 1368년 한족(중국의 주류 민족)이 다시 일어나 명나라를 세우고 원나라를 멸망시켰을 때 야리가온도 함께 소멸되었다. 명나라에 들어오면서 만주족을 비롯한 외래 민족에 대한 견제가 강화되고 중국에 남아 있던 이방민족들도 한족화(漢族化) 됨에 따라 외래 종교로 인식되었던 야리가온이 자리할 위치가 사라지고 만 것이다.

11. 몽골제국(원)의 훈족이 유럽에 도미노 영향
게르만족, 바바리안족(야만족) 등을 서로마로 밀어내기

잠간 몽골의 제국시대를 더듬어 보자. 종교의 온전한 자유의 제국 melting pot. 종교의 자유를 누린 몽골에서 고려는 기독교를 받아드리지 않았을까?

세계를 지배하고 고려를 40년간 지배한 몽골에서 고려는 기독교를 몰랐을까?

몽골군의 시작은 칭기스칸을 중심으로 한 평원에서의 유목민족이었지만 기마병을 중심으로 한 마장 마술의 군대로 신속하고 정확한 공격으로 순식간에 적의 심장을 공격하는 공격술 이었지만 중국을 점령하면서부터는 중국의 화약과 전술, 전략과, 공병술과 인재들을 발탁하고 우대정책으로 군대까지 점령한 나라의 군대까지 받아들여서 더욱 고도의 전력을 갖추게 된다. 특히 화약, 나프타, 기름, 석유 기름불덩어리 등을 무기로 쏟아 부으면서 감히 상대가 되지 않을 만큼 신속하면서도 대군의 물량공세에 남아날 수가 없었다. 게다가 무시막지한 살상과 그 공포의 소문을 미리 퍼뜨려 상대 적군으로부터 극도의 공포감을 갖도록 하여 기를 꺾어 놓은 심리전에까지 능란하였다. 적을 점령 후에는 점령 지역의 모든 인재와 군을 우대하며 관용으로 받아 드렸다. 특히 어떤 종교에도 편향성을 갖지 아니하고 오히려 그들의 종교의 다양성을 관용하며 장려하기까지 하였으며 그들을 몽골족화하는 정략을 폈다. 이는 동서양을 막론하고 특히 서양에서의 절대 권력자들의 종교의 일체성을 강요한 것과는 매우 대조적이며 혁신적 정책이었다.

 1240년 12월 몽골기마군단은 러시아의 가장 큰 도시이면서 고도(古都)인 키예프를 공략하여 한 달 만에 함락하고 만다. 여기에서 러시아도 처음 본 공성(空城) 무기들이 등장한 것이다. 말 위에서도 잠을 잔다는 마술에 뛰어날 뿐만 아니라 속도가 매우 빠른 몽골의 기마군대는 그 속도가 그 시대에는 가공할 만한 속도전을 자랑하고 있었다. 다시 유럽을 공격하기 위해 두 갈래로 군대를 나누어 한쪽 기마군대는 서유럽의 폴란드를 거쳐 독일로 향하는 부대이며 다른 한 군대는 헝가리를 지나 빈으로 진격할 예정이었다.

1241년 3월 24일 폴란드의 크라코프는 몽골 군대의 공격에 채 한 달로 견디지 못하고 점령되고 말았다. 다음은 독일의 레그니차의 하인리히 2세(슐레지엔 영주)와 프랑스 연합군이 몽골에 대항 하였으나 수적으로는 우세한 유럽 연합군은 몰살을 당함으로써 몽골군에게 점령되고 말았다.

 헝가리의 10만 대군은 5만 몽골군과의 대전에서 몰살을 당하는 치욕적인 처참하고 참혹한 패배를 당하고 만다. 이는 중세 유럽을 전멸시켰으며 기사계급이 무너지는 계기가 되었다. 이 전쟁으로 헝가리 인구의 3분의 1이 죽음을 당했다. 보통 유럽의 군대가 2차대전시에도 하루 30~50km를 이동하는데 당시 몽골군은 하루 160km를 이동하는 상상도 할 수 없던 이동속도인 것이다. 군대가 하루에 서울에서 충청도까지 가는 거리이다. 전 유럽이 초토화 되었고, 이는 기독교 종말론으로 확산되는 소문까지 일어나며 또한 태양의 일식이 1241년 일어나서 최후의 심판과 지옥불이 떨어진다는 등 곧 온다는 종말론에 공포의 세상이 되었다. 유럽은 신의 형벌, 죄의 심판 등 극악 잔인한 소문을 몽골군이 일부러 퍼뜨려 모두 공포에 떨게 하여 기를 꺾어 모든 군대와 백성이 두려운 공포의 대상이 되게 했다.

이제 도나우강(독일어)(영어:다뉴브강)을 앞에 두고 몽골군은 척후병을 보내 빈과 프랑스 공격에 대한 준비를 하고 있는데 프랑스는 공포와 두려움으로 전쟁을 준비하고 기다리고 있는데 아무런 소식과 징후가 없었다. 갑자기 이해할 수 없는 일이 일어났다. 계속해서 아무런 징후가 없는 것이다. 프랑스 루이 9세는 갑자기 이해할 수 없는 일이 일어남에 당혹감까지 들었다.

이는 몽골의 대 칸이 서거하여 몽골군이 철수 하여 고향으로 돌아갔기 때문이다. 이는 칸의 죽음으로 인하여 지도부의 모임이 있어야 하기 때문에 모든 군대를 이끌고 복귀한 것이다. 참으로 세계사에 매우 흥미로운 현상이다. 페르시아만, 헝가리, 중국까지 극동에서 서유럽까지 거의 점령을 눈앞에 두고 일어난 일에 서유럽은 감사의 기도를 드렸다. 그것은 몽골이 다음

칸을 세우기 위한 회의를 해야 하기 때문이었다. 칸이 사망하면 무조건 부족회의, 지도자회의를 열어 다음 칸을 선출해야하기 때문이었다.

 반세기 전만 해도 야만족 유목민에 불과했던 몽골이 고도의 신무기를 동원한 병력과 전술, 전략, 뛰어난 병법 등으로 세계 최대의 제국을 이룬 것은 무엇 때문인가? 그리고 이 몽골제국이 주는 세계사적 영향은 어떤 것인가?

1241년 빈 군대는 외곽 순찰 중에 소규모 전투에서 몽골군 장교를 한 사람을 생포했다. 그런데 이 생포된 장교를 심문하던 유럽군대는 소스라치게 놀랐다. 그는 영국 사람이었다. 그 몽골 장교는 영어뿐만 아니라 아랍어, 몽골어도 잘 할 줄 아는 지식인이었다. 영국왕의 마그나카르타(대헌장) 서명을 돕던 자였다. 몽골군의 점령지의 모든 나라 사람들을 관용하여 대우하고 잘 활용함인 것이었다. 몽골이 점령지에서 그 점령국가의 당대 최고 인재들을 영입하여 자연스럽게 동화될 수 있게 모든 편의를 제공하여 몽골민과 같은 민족처럼 대하였던 것이다. 그리고 점령지의 군대를 영입하고 그의 필요한 모든 무기들도 군대와 함께 다른 전쟁에 함께 참가하게 하는 것이었다. 특히 중국의 투석기, 화약, 나침판 등 중국의 군대의 첨단 무기와 공성무기들을 적극 받아들인 것이다. 중국어와 그리고 문화, 사상, 종교, 기술, 전술, 전략 등 필요한 것은 모두 받아 활용한 것이다.

 1258년 이슬람 최대도시 바그다드, 바그다드는 열흘을 견디지 못하고 함락되었다. 남은 성들은 아랍 출신 무기 기술자들이 참가하여 점령하였다.

이러한 점령지의 백성들과 특히 군대와 무기를 그리고 인재들을 적극 받아들여 자국민화하는 정책으로 시행한 것의 근원은 '발주나 맹약'이라는 것 때문이다.

1203년 칭기스칸은 양아버지의 배신으로 19명만 같이하여 도망하여 발주나 호수에서 발주나 호수 흙탕물을 마시고 맹약을 맺는데 이를 발주나 맹약이라고 한다. 중국의 통일을 이룬 삼국지의 유비, 관우, 장비의 3인의 도원결의가 있다면 몽골제국의 기초에는 19명의 충성 맹세를 한 발주나 맹약이 있었다. 이는 의형제로 칭기스칸에 신의와 충성을 맹약하고 의형제가 되었는데 이들 중에는 형제 한 사람만을 빼고는 모두 타민족 정복자들이었다. 이들은 모두 타종교, 타민족으로서 무슬림, 불교, 기독교, 등 모두가 서로를 인정하고 관용하며 오직 신의와 충성으로 몽골 하나의 민족이 되었다는 것이다. 온전한 종교와 신앙의 자유와 관용이 이루어졌다. 이들은 모두 타민족, 타 점령지의 출신이면서도 한 나라, 한 민족으로 변하였으며 관용과 신뢰로 한 민족이 된 것이다. 유럽 사람들은 '몽골군대는 용(龍)도 훈련시켜 데리고 다닌다' 할 정도로 모든 사람을 몽골화 했다.

1254년 프랑스 루이 9세는 수도사 기욤 드 루브룩을 몽골과의 관계 개선사(특사, 간첩, 첩자)을 위한다고 하지만 갑자기 침략을 하지 않고 되돌아간 몽골에 대해 언제 또 침략을 올 것인가에 대한 두려움과 함께 몽골 수도 카라코룸에 루브룩을 보냈다. 루부룩은 도착하자마자 칸에게 성경책을 선물로 주었다. 칸을 이것이 무엇이냐? 라고 물었다. 르부룩은 '신의 말씀'이라고 했다. 그러자 칸은 신이 인간에게 5손가락을 주신 것처럼 여러 가지 행복을 인류가 추구할 수 있도록 여러 가지 방법을 주셨다고 했다. 이는 칸이 모든 종교가 평화롭게 공존하는 관용의 땅이라는 것이었다.

　몽골의 수도 카라코룸에는 남서쪽에는 칸의 궁전이 있고, 중앙에는 중국인과 무역상들의 거리가 있으며, 북쪽에는 무슬림 거주지가 있으며, 무슬림 지역을 지나서 북쪽 끝에 기독교인들을 위한 교회와 크리스찬 거주지를 만들었고,

교회를 갈 때는 무슬림지역을 지날 때는 십자가와 깃발을 들고 지나갔다.

어떤 종교적 탄압이나 갈등도 없이 서로 존중과 관용으로 대하였다. 그것은 칸의 통치 철학이었다.

　수도 카라코룸에는 소림사 지부, 기독교인들의 교회, 정령 숭배자, 무당, 주술사, 등도 있었다. 몽골은 모든 다양한 종교가 모이는 것을 허용했으며 기독교 교회, 이슬람 모스크, 불교 사원, 등이 있었다, 다양한 인종, 다양한 종교와 언어를 가진 이들이 모여 하나의 법 아래 평화롭게 공존하며 절대적 평등한 대우를 받는 제국이었다. 이를 위해 서로 토론과 논쟁을 시키기까지 했다. 서로 종교지도자끼리 토론의 장을 마련하여 논쟁하다 나중에는 결론이 나지 않으면 마유주(馬乳酒)를 마시며 취하여 크리스찬은 찬송가를 부르고, 불교도은 눈 감고 조용히 명상을 하고, 무슬림은 큰소리로 코란을 암송하는 등 다른 종교가 한 곳에서 서로가 다르면서도 다름을 인정하고 공존하며 관용으로 대하였다.

　이는 당시 다른 나라에서는 다른 종교를 인정하지 아니 하였

다. 특히 한 도시에 공존하기는 어려웠다. 이슬람 세계에서도 기독교인과 유대인이 있었고 심한 규제와 탄압을 받으며 과대한 세금을 내야 했다. 때로는 잘못이 있을 때 재산 몰수나 사형까지도 서슴치 않았다.

이슬람 통치 아래서는 불교와 힌두교는 아예 금지되었다. 기독교 세계에서는 더욱 심각했다. 같은 기독교일지라도 종파가 다르면 같은 기독교인이라도 이단으로 죽이는 것이 당연했다. 교리의 원칙에 순종하지 않는다면 살 권리도 없다고 했다.

종교적으로 매우 관용적이지 못한 사람들이 카라코룸에 와서 무슬림이 기독교인과 함께 이야기해야만 한다는 걸 목격 했다. 기독교인은 불교도와 대화를 나눠야만 했다. 불교도는 도교신도들과 이야기를나눠야 했다. 의무적이었다. 과히 혁명적 사고 였다.

같은 시기에 서양의 기독교 국가와 이슬람 국가의 종교 탄압은 국가의 공식적인 정책으로 통치하였다. 통치자의 종교에 절대 복종하지 않으면 죽음이 외에는 다른 선택이 없었다. 교리에 어긋난 교부들은 화형에 처했다. 1555년 교회는 이단으로 의심되는 사람은 고문해도 좋다는 마녀 사냥이 공포로 몰고 갔다.

몽골의 동서양의 교류제도는 오늘날의 DHL, EMS 등 퀵 배달 서비스제도 같은 극동 몽골에서 유럽까지 10일 내로 전달되는 속달 파발꾼 제도가 있었다. 8,000km를 일주일에서 10일 만에 전달되는 몽골에서 서양까지의 8,000km에 달하는 '얌' 제도라는 역참(驛站)제가 시행되었다. 과히 혁명적 , 혁신적 배달, 전달 체계 시스템을 당시에 갖추고 있었다. 파발꾼에게는 '패자

(牌者)'라는 통행증, 신분증을 가지고 역참에서 역참으로 신속하게 말을 타고 정보나 필요한 모든 것들을 전달하고 배송하는 역참제(驛站制)였다. 오늘날의 우체국 같은 제도이다. 또한 20만 마리의 말이 수 천 개의 역참을 연결하여 항시 대기 중으로 여행자들을 여행할 수 있는 시스템을 형성해 놓았다. 오늘날의 역을 연결하는 교통 제도 시스템이다. 세계를 하나의 네트워크로 연결한 것이다.

이를 통해 물류와 학문과 기술, 정보, 문화, 문명, 세상의 변화, 등을 전해주는 역할을 한 것이다. 이로 인해 서아시아의 천문학, 역법, 지도학, 등이 동으로 전해졌으며, 중국의 인쇄술, 화약, 화기, 나침반, 등 동양의 첨단 기술과 의술 의학이, 종이, 비단 등 특산품이 전달되었으며 그 생산 제조 기술도 전달되었다.

이로 인해 중국의 의사가 바그다드에 갈 수 있었고, 베니스 상인이 중국으로 가고, 고려의 종이가 이슬람도시에서 사용되었고, 이슬람 강철이 중국에서 사용되었다. 사람과 사상, 의약품, 그리고 재화와 물건 상품 등이 이곳에서 저곳으로 이동했다.

징기스칸 이전까지만 해도 직접적 접촉은 없었지만 느리게 동서로 교류와 이동이 있었다. 그 이후 사상, 재화, 의약품, 종교가 끊임없이 빠르게 이동했다 이는 근대 세계의 시스템의 토대가 되었다고 할 수 있다.

1555년 프랑스에 돌아온 프랑스 기독교 수도사 기욤 드 루브룩은 몽골 여행기 '루브룩 여행기'를 써서 유럽에 전했다. 뉴욕대 역사학 교스 제인 버뱅크는 현대 세계를 형성하는데 가장 흥미로운 영향을 준 제국은 몽골제국이라고 생각한다고 했다.

 몽골 이후 유럽에는 혁명적 변화가 일어 났다. 특히 화약을 사용하기 시작했다. 몽골 같은 대학살적 침략에 대비해야 했다. 몽골의 영향으로 유럽은 문명의 가장자리에서 문명의 중심으로 변화하기 시작했다. 유럽이 가장 큰 혜택을 받았다. 역사상 가장 방대한 제국인 몽골은 문명의 전달자가 되었으며 최초로 세계화에 가장 큰 영향을 끼친 제국이었다.

 1230년에서 1270년 때가지 40여 년간 고려는 몽고의 지배를 받았다.

이 시기에 몽골의 문화, 문명, 종교의 대 교류 시대에 기독교의 전래는 어떠했는가?　동양과 서양의 대 교류 시대에 과연 기독교의 한반도의 전래는 어떠했는가?

 경교(기독교 동방교)의 중국 전래는 645년경인데　그 후에 한반도로

경교(기독교 동방 네스토리우스파)의 한국 전래 가능성을 제일 먼저 언급한 학자는 영국인 여류 고고학자 고든(E. A. Gordon)이었다. 기독교의 동양전래 및 기독교, 불교 교류에 대해 연구하였던 그는 한일합방 무렵에 한국에 4년간 머물면서 불교 사찰을 살펴보고 한국 불교와 경교(기독교 동방 네스토리우스파)의 연결 가능성을 제시하였다.

 특히 그는 경주 불국사 석굴암의 신장(神將), 관음상(觀音像), 나한상(羅漢像), 제석천상(帝釋天像) 등에서 페르시아의 경교적 흔적을 볼 수 있다고 주장하였으며 통일신라시대 능묘에 나타나는 십이지상(十二支像) 부조나 능 앞의 무인상(武人

像)에도 경교(기독교)적 영향을 찾아볼 수 있다고 주장하였다. 그는 자신의 이 같은 연구를 기념하기 위해 중국 장안에 건립되었던 '대진(로마)경교(기독교 동방정교)유행중국비' 모조비를 금강산 장안사 경내에 세우기도 했다.

12. 기독교가 중국에서 한반도에
개신교의 한반도로의 전래

이제 개혁교회의 한국 전래에 대한 역사적 증거들을 알아 보자.

비록 토마스 선교사가 조선에 대한 선교의 뜻을 이루지 못하고 세상을 떠났지만 조선 선교에 대한 노력은 끊임없이 계속되었 다. 그 중에 하나가 토마스 선교사를 조선에 파송한 알렉산더 윌리엄슨이었다. 윌리엄슨은 스코틀랜드태생인데 일찍이 런던선 교회 소속선교사로서 1855년에 중국에 와서 그리피스 존 (Griffis John) 등과 같이 상해에서 선교하던 중, 토마스 목사의 생사도 알아 볼 겸 조선에 대한 사정을 알려고 1867년 만주에 내왕하는 한인들과 두 차례 접촉하였다. 윌리엄슨은 조선 인 상인들과 여행자들에게 진리의 말씀과 서적들을 주면서, 대화할 수 있는 기회를 가졌다. 그 달 귀국 도상의 조선 동지사 (冬至使)(매년 동지 절기에 중국에 보낸 조선의 사절단) 일행 을 만나, 이들이 가지고 있는 기독교에 관한 지식에 놀랐다. 중 국어를 유창하게 구사하는 동지사(冬至使)는 북경에서 여러 선 교사들을 만났으며 런던선교회도 방문했다는 사실을 일러주었 다.

중국에서 활동하였던 토마스 선교사나 윌리엄슨 선교사 같은 분들 외에 조선 선교에 관심을 갖고 있던 존 로스(John Ross, 1841~1915년)와 존 맥킨타이어(John Mcintyre, 1837~1905년)선교사가 있었다. 이들은 처남매부지간이었다. 일찍이 1892년 조지 길모어(George W. Gilmore)는 자신의 '경성에서 본 조선(Korea from its capital)'에서 한국개신교의 복음화의 시작은 중국 우장에서 활동하는 존 로스 목사의 노력에 기인한다고 지적할 만큼 존 로스는 한국개신교 선교에 지대한 영향을 미쳤다. 존 로스는 제임스 그레이슨이 한국의 첫 선교사라고 부를 만큼 알렌, 언더우드, 아펜젤러 입국 이전에 한국 선교의 초석을 놓았던 개신교 선교사였다.

1872년 존 로스는 선교사로서의 소명을 받고 아내 스튜어트와 함께 그 해 8월에 출발하여 그 다음 달 스코틀랜드 연합 장로교회 선교부가 있는 만주 영구에 도착하여 중국어(한족어)와 만주어(만주족어, 청나라 초기 궁중의 지배층이 사용하였지만 현재는 거의 소멸)를 배우는 한편 만주 우장을 거점으로 선교 활동을 전개하기 시작했다. 1873년 아내가 첫 아이를 출산하다가 갑자기 세상을 떠나면서 큰 위기를 만났지만, 로스는 결코 선교를 포기할 수 없었다. 갓 태어난 자신의 아기를 돌봐 줄 사람이 절실하게 필요했던 로스는 영국에 있는 누이동생 캐더린 로스에게 도움을 요청했고, 그녀는 선뜻 오빠의 요청을 받아들였다. 그리고 같은 선교지에 와서 사역하던 총각 선교사 존 맥킨타이어가 그녀의 헌신적인 모습에 감동을 받고 청혼하여 둘이 결혼했다. 로스는 1881년 재혼할 때까지 7~8년을 여동생 캐더린의 도움 속에 홀로 지내며 한국 선교를 위해 헌신할 수 있었다.

로스는 아내와의 사별에도 불구하고 1873년 가을, 조선의 복음화를 위해서 산동 지역 특히 서간 지역으로 1차 선교여행을 떠나며 조선 선교의 열정을 불태웠다. 만주 우장을 떠난 존 로스는 봉천 홍경을 거쳐서 압록강 상류 임강 부근까지 건너갔다. 거기서 우연히 조선인촌을 발견했다. 이미 윌리엄슨에게 토마스 선교사 순교에 대한 이야기를 들어 조선이 어떤 나라라는 것을 잘 알고 있었던 그였지만, 조선인들에게 복음을 전하고 싶은 욕망을 억누를 수 없었다. 사공을 찾았지만 나서는 뱃사공이 없어 배라도 빌려 비밀리에 도강하려고 했으나 배를 빌려 주는 사람조차 없었다. 당시 조선은 쇄국정책으로 외국인과 접촉만 해도 처형되던 상황이었기 때문에 존 로스 선교사를 태워다 줄 사공이 한 사람도 없었던 것은 당연한 일이었다. 그래서 존 로스는 조선에 입국하는 것을 포기하고 '개국(開國)의 날'이 오기를 속히 이르기를 하나님께 기도하면서 귀로에 오를 수밖에 없었다. 마침 한 사람의 한인과 친하게 되어 자기가 갖고 있었던 **한문 성서** 몇 권을 그에게 전하고 돌아왔다. 그의 노력은 헛되지 않았으니 배포한 성경을 읽고 수년 후에 여러 명의 사람이 예수를 믿게 된 것이다.

계속해서 조선에 대한 선교에 관심을 갖고 있던 로스 선교사는 1873년 가을 만주의 조선인들의 고을 고려문을 방문했다. 로스 선교사는 조선인 촌 고려문에서 조선어 선생을 만날 수 있을 것이라는 기대를 가지고 그곳에 가서 중국인 여사(旅舍)에 여행 짐을 풀고 매일 시장에 나가 조선인을 만났으나 별 소득이 없이 만주 영구로 돌아갔다.

1874년 4월말에서 5월초 로스 선교사는 자선사업가 아딩톤 (R. Arthington)의 재정 후원으로 서기를 동반하고 다시 만주 조선인 마을 고려문에 가서 자신의 한글 어학 선생을 찾기 시작했다. 서기를 통해서 만난 사람이 바로 평안도 압록강 변의 의주 출신 이응찬 이었다. 이응찬은 한약재를 잔뜩 싣고 만주 조선인 촌 고려문으로 가기 위해 압록강을 건너다, 갑자기 남서풍을 만나 거센 파도에 배가 전복되어 싣고 가던 모든 물건들이 물에 잠기고 말았다. 다행히 그는 물에서 나왔으나 물건은 찾을 길이 없게 되었고, 갑자기 무일푼의 신세가 되고 말았다.

1874년에 이응찬은 진퇴양난의 위기의 순간에 로스 선교사 일행을 만나 그이 어학 선생을 하면서 로스 선교사의 사역을 지원한 것이다. 본래 한학에 뛰어난 이응찬의 지도를 받으면서 로스이 어학 실력은 하루가 다르게 발전했다. 이응찬의 한글 어학 지도로 로스는 1877년 조선어 한글 교본 '한영문전입문(韓英文典入門, A Corean-English Premer)를 저술하였으며, 1879년에는 '한국, 그 역사, 생활 습관'(Corea, It's History, Manners and Customs), 1875년에는 '예수성교문답'과 '예수성교요령'도 출판하였다.

이응찬은 로스를 도우면서 기독교에 대해 긍정적으로 생각하기 시작하였고, 그를 좀 더 적극적으로 도와주고 싶은 생각이 강하게 일어났다. 그래서 이응찬은 1875년 만주 조선인 촌 고려문에 가서 백홍준, 이성하, 김진기, 등 의주 청년 세 사람을 포섭하는 데 성공하였다. 이응찬을 비롯하여 네 사람의 조선의 평안도 의주 젊은이들을 확보한 존 로스 선교사는 한국 선교를 위해서 먼저 선행되어져야 할 것이 성경 번역이라고 보고 그때부터 본격적으로 성경 번역에 착수했다. 로스 선교사는 말씀이 기독교의 핵심이요 전도의 중심이라 보았다. 성경 번역, 한글 성서 간행에 전력하여야 한다고 믿었던 복음주의자 이었다. 선교사로서 가장 적절하고도 고귀한 생각을 품고 있었다.

이들 네 명의 의주 청년들은 선교사, 세관관리, 병원장 등 그곳 외국인들의 어학 선생으로 일하면서 이응찬과 함께 로스의 성경 번역 사업을 지원했다. 이들이 한 일은 성경을 한글로 번역하는 일을 위해 한문 성경을 수차례 정독하는 일이었다. 이 과정을 되풀이하는 동안 말씀을 통해 역사하시는 성령께서 이들의 마음을 움직이셔서 예수를 믿기에 이르렀다. 그로부터 4년 후 1879년에 네 사람 모두가 맥킨타이어에 의해 세례를 받았다.

한국인 신앙의 입구 의주와 최초의 장로 서상륜

이 일이 있은 후, 같은 평안도 의주의 청년인 서상륜이 동생 서경조와 함께 홍삼 장사를 하기 위해서 만주 영구까지 오게 되었다. 그런데 서상륜은 그곳에서 심한 열병에 걸려 목숨이 위태로운 지경에 빠지게 되었다. 이때 로스가 이들을 만나게 되어 그는 즉시 서상륜을 그곳 선교부가 관리 운영하는 병원에 입원시키고 정성을 다해 간호해 주었다. 이에 감동을 받은 서상륜은 퇴원을 한 후 같은 해인 1879년에 로스 선교사로부터 세례를 받았다. 4년 후 1883년에는 김청송이 그 뒤를 이어 세례를 받아 이제 세례를 받은 젊은이는 모두 여섯 명으로 늘어났다. 이미 이들이 중심이 되어 조선인들의 신앙공동체가 형성되어 정기적으로 예배를 드리고 있었다.

주목할 만한 사실은 이 조선인 신앙공동체를 이끌었던 지도자가 조선인이었다는 사실이다. 이것은 조선인에 의한 조선교회가 이미 복음 전래 초기부터 실행에 옮겨졌음을 보여주는 것이다. 이보다 더 크고 빼놓을 수 없는 공헌은 역시 성경 번역 이었다..

13. 한문성경을 한글성경으로 번역

번역의 주교본이 한문성경, 그 당시 초창기는 한글성경보다 한문성경이 주류, 특히 번역 장소가 중국 땅에서의 번역은 중국 '한문' 일 수밖에.

초창기의 한글 성경 번역 과정은 한국인 번역자들이 선교사들과 함께 한문 성경을 읽고 나서 그것을 한글로 번역하면 선교사는 그것을 다시 헬라 원문과 대조하여 될 수 있는 대로 헬라 원문에 가깝게 다듬는 방식이었다. 그러니까 한국인들이 중국 한문 성경을 한글로 먼저 번역한 후에 선교사가 헬라 원문에 가깝게 다듬는 과정이었다는 것은 매우 시사하는 바가 크고 중요하다. 한국인들의 신학과 신앙 그리고 중국어, 한국어, 헬라어, 히브리어, 영어에 대한 개념과 그리고 더욱 중요한 것은 성령이 인도하시는 영성과 계시의 문제는 어떠했는지 알 수 없다.

1879년 존 로스는 안식년으로 본국에 머무는 동안 서방세계에 한국선교의 중요성을 환기시켜 주는 중요한 역할을 하였으며, 스코틀랜드 성서공회로부터 새로 번역될 한글 성경의 출판에 필요한 비용을 보조받을 약속을 받아내었다.

안식년을 마치고 중국으로 돌아온 로스는 1881년에 봉천에 인쇄소를 설치하여 중국인의 도움을 받아 한글로 된 첫 개신교 문서인 '예수성교문답'과 '예수성교요령'을 그해 10월에 인쇄하였고, 이어 성경 인쇄에 들어가 **1882년 3월에 누가복음을 처음 인쇄하고, 5월에는 요한복음을 발행했다.**

한글을 전혀 모르는 중국인 식자공으로는 한글 성경전서를 완간 할 수 없어 한국인 식자공을 구하게 되었는데, 그가 바로 서간도 한인촌 출신 김청송이었다. 비록 '그는 둔하고 느려서 무슨 일이나 네 번 이상 가르쳐 주어야 비로소 깨달아 알았고 손이 너무 떠서 두 인쇄공이 3,000장을 인쇄하는 동안에 겨우 4페이지 밖에 조판을 하지 못할 만큼 천성적으로 느렸지만 매우 성실한 사람이었고 또한 치밀한 성격의 사람이었다. 그 치밀함 때문에 인쇄되어 나오는 복음서를 자세히 읽게 되었고, 그 결과 마침내 스스로 기독교로 개종하게 되었던 것이다. 말씀으로 성경 번역 과정에 참여한 이들의 마음을 여신 하나님께서 다시 성경을 인쇄하는 과정에서 전혀 예기치 않게 말씀을 통해 한 영혼을 구원으로 인도하신 것이다.

누가복음 최종 원고가 완성되어 인쇄에 들어가려고 할 즈음 동지사 일행 중의 한 사람이 돌아가는 길에 봉천 교회에 들렀다. 이때 로스와 맥킨타이어가 그 원고의 교정을 부탁해 그가 원고를 서울로 가지고 가서 교정을 완료한 후에 다른 동지사

편에 그것을 돌려 보냈다.

존 로스와 맥킨타이어가 번역에 사용한 성경은 중국어 성경, 헬라어 성경, KJV. ERV(English Revised Version) 등 네 종류의 성경이었다. 당시 번역이 진행된 곳이 만주 우장이었고, **이미 오래 전에 한문 성경이 출판되어 사용되었기 때문에 한문 성경을 주된 교본text으로 사용한 것은 자연스러운 일이었다.** 그러나 로스와 맥킨타이어는 번역의 정확성을 기하기 위해 중국어 성경 외에 헬라어 성경과 앞서 언급한 두 권의 영어 성경을 사용했다. 한국인 조력자들이 한문 성경을 가지고 한글로 번역하면 로스와 맥킨타이어는 헬라어 성경 및 영어 성경과 대조하여 수정하고 헬라어 성경사전 및 주석을 참고하여 어휘의 통일을 기한 후에 수정된 원고를 헬라어 성경과 대조하여 읽어 나가면서 마지막 수정 작업을 진행해 나갔다.

1882년 3월에 누가복음을 처음 인쇄하고, 5월에는 요한복음을 발행한 데 이어서

1883년에는 재 교정된 누가복음과 사도행전 합본이 3,000권, 재 교정된 요한복음이 5,000권 발행되었고,

1884년에는 마가복음과 마태복음이,

1885년에는 로마서, 고린도전.후서와 갈라디아서, 에베소서가 출판되었고, 1887년에는 신약 전권이 완간되었다.

언더우드와 아펜젤러가 성경 번역을 위해서 공식적인 모임을 시작한 것이 1887년이었음을 생각할 때, 이미 존 로스의 신약 성경이 완간되었다는 것은 대단히 앞선 일이었다.

로스와 맥킨타이어 역(譯) 한글 성경은 첫 작업치고는 여러

가지 면에서 볼 때 상당한 수작이었다. 비록 로스 역(譯)이 평안도 사투리가 많아 서울 지역에서 사용하는 데는 불편이 많았지만, 고유명사를 헬라어 원문대로 표기한 것이나 또한 당시 이응찬이나 백홍준이 모두 평안도 의주 출신으로 상업에 종사하던 몰락 양반 가문이어서 한학(?)에 일가견을 갖고 있었고, 한학이 지배적이었음에도 불구하고 존 로스와 맥킨타이어가 성경번역을 하는 데 한글과 한문을 혼용하지도 않고 한글로 번역했다. 그러나 한글의 한계성을 벗어나지는 못 했다. 그것은 우리나라의 한글이 글자만 한글을 사용했다고 하지만 한문에서 온 단어 문자를 벗어날 수는 없었다. 한 가지 놀라운 사실은 성경번역에 기여한 이들은 복음을 전하기 위해서 권서인(勸書人:성경을 권하는 사람들))이 되어 자기의 고향으로 돌아와 자신들이 만든 성경을 보급하는 일에 중요한 역할을 했다는 사실이다. 이렇게 한국에는 정식 선교사가 들어오기 이전에 한글로 성경이 번역되어 한국인에 의한 복음 전파가 놀랍게 진행되었다.

외국의 선교 과정을 보면 선교사가 피선교국에 들어가서 그 나라 글과 말을 배워가지고 성경을 번역했기 때문에 시간적으로 선교 개시 이후 여러 해가 지나서야 비로소 그 나라 성경을 갖게 되는 것이 일반적이다. 그런데 우리나라의 경우는 복음이 전래되기 이전에 이미 우리나라 청년들이 외국에 가서 복음을 받고 선교사와 합작하여 성경을 번역하였으며, 외국 선교사가 정식으로 한국에 입국하기 전에 이미 성경이 한국에 반입되었으며, 선교 이전에 한국인에 의해 교회가 먼저 세워지게 되었다. 귀하게 만들어진 우리말 성경은 권서 사업을 통해 한국에 반입되어 널리 보급되었다.

14. 한문 기독교 서적의 도입

1879년 말, 2명의 개종자와 십여 명의 구도자가 평안도 의주에 거하게 되자, 맥킨타이어는 기독교 서적을 요구하는 그들의 굶주린 상태를 외면할 수 없어 서적 운반을 자청하는 한 한국 상인을 통해 과학서적을 포함한 한문 성경과 한 꾸러미를 보냈다. 그러나 불행히도 이 짐은 국경에서 압수되었고, 편지가 개봉되어 의주의 백홍준은 3개월간 투옥되었다. 천주교 신자가 아닌 까닭에 풀려나기는 했으나 거의 모든 재산을 잃은 백홍즌은 그럼에도 불구하고 "자신을 위해 돌아가신 주를 위해서 핍박을 받은 것을 즐거워한다."는 신앙고백을 맥킨타이어에게 하였다.

1882년 3월, 로스 선교사는 일단 한글성경의 반포가 가능한 만주 한인촌을 대상으로 전도하기로 하고, 김청송을 '최초의 완성된 복음서르 가진 전도자' 겸 최초의 권서인으로 삼았다. 그는 자신의 고향인 즙안현을 중심으로 수천 권의 복음서와 소책자를 팔았다.

15. 믿음의 고을 의주, 미(未)제본(製本) 복음서의 밀반입

만주에서는 성경을 반포하는 것이 가능하였으나, 당시에 조선은 외국 종교 서적의 유입을 엄금하여 어떻게 이 신간 한글 성경을 조선에 수입할까 하는 것이 큰 문제가 되었다. 당시 의주 사람들은 이미 오래 전부터 성경 번역이 진행되는 것을 알고 있었으므로 한글성경에 대한 강렬한 요구가 있었고, 또한 백홍준 등의 전도 활동이 잘 진행되고 있었다. 그리하여 개종자들과 그의 친구들이 무보수로 성경을 전달하는 일을 자청하였고, 별 사고 없이 수백 권의 복음서가 평안도 의주로 흘러 들어갔다.

고향에 돌아온 평안도 의주 청년들이 이곳에서 열심히 전도하여 신자들이 생겨나게 되었고, 백홍준이 요리문답을 운용하면서 더욱 신자들이 증가하여, 1885년에는 약 18명의 신자들이 모여 예배를 드리는 예배처가 생겨났다.

백홍준은 맥킨타이어 목사에게 세례를 받고 로스 목사의 권서인으로 본국에 들어와 전도하다가 언더우드 목사에게 전도사로 임명을 받아 사역한 것으로 알려졌다. 사역을 하던 중 백홍준은 2년간 봉천 감옥에 수감되었는데, 그 이유는 만주에 있는 선교사와 내통한다는 죄명이었다. 백홍준이 내통했다는 선교사는 로스 목사였을 것으로 추정되며, 그는 1894년 봉천 감옥에서 옥사하였다. 백홍준의 옥사를 두고 차재명은 그가 편찬한 '조선예수교 장로회사기'에서 자연사한 것이 아니라고 기술하고 있으며, 김해연은 '한국기독교회사'에서 백홍준의 죽음을 개신교 최초의 순교자가 된 것이라고 기술하고 있다.

서상륜은 1882년 4월에 로스 목사로부터 세례를 받고 6개월간 봉천에서 성경 사업을 돕다가 10월 6일 권서인으로 의주를 향해 출발하였다. 서상륜의 성경 밀반입 행로에 대해 여러 책은 그가 국경에서 검거 투옥되었다가 친척 관리의 도움으로 밤에 탈출하여 의주에 도착, 전도한 것으로 되어 있으나 사실과 다른 듯하다. 서상륜은 국경 검문소에서 성경을 압수 당했디만, 첫 밀반이라 아무 일 없이 의주로 돌아왔는데, 며칠 후 검사관이 서상륜을 찾아와서 그 택들을 읽어본 결과 좋은 것들이므로 사람들에게 나눠주라고 하면서 여러 권의 책을 옷 속에서 꺼내 놓았던 것이다. 서상륜은 이 우호적인 검사관으로부터 전해 받은 성경과 소책자로 의주에서 전도하다가 경성(京城)에 잠도(潛到)하여 '복음(福音)전포(傳布)'란 책방을 경영하게 된다. 그러나 성경이 없어 곤란을 겪게 되었고, 이에 로스 목사는 1883년 봄에 김청송을 통하여 수백 권의 성경을 전달했다.

서상륜은 김청송으로부터 전해 받은 복음서를 서울에서 장사하고 있는 친구들에게 나눠주면서 은밀히 전도하였다. 그리고 김청송도 평양 권서 활동을 성공적으로 수행한 후 봉천으로 돌아갔는데 이는 뒷날 평양교회의 밑거름이 되었을 것으로 추정된다. 한편 로스는 이보다 앞선 1883년 봄에 봉천을 지나가는 조선 북경 사절단에게 성경을 전달하려고 복음서 200권을 따로 준비해 두기도 하였다. 그리하여 1883년 8월에는 6천 권의 복음서가 거의 배포될 수 있었다. 이러한 일련의 사실에 고무된 존 로스는 이듬해 1884년 봄 묄렌도르프 부인의 주선으로 인천 해관(海關)을 통해 6천여 권의 성경을 서상륜에게 전달한 듯하다.

16. 다른 시각으로 본 한민족 기독교 전래

앞에서 한국에 기독교의 전래 역사에 대해서 개략적으로 살펴보았다. 이제 좀더 살펴보기로 한다. 다른 각도에서 보기로 한다.

카톨릭의 분화

요즈음은 카톨릭하면 로마 교황청의 천주교를 생각하기 쉽다. 우리나라는 특히 카톨릭이 명동 성당을 중심으로 한 한 분파가 있기 때문이다. 동방교회는 우리나라에 현재 거의 없다고 해야 할 것이다. 로마 교황청을 중심으로 한 구교를 서방교회라고 부르고 콘스탄틴노플(지금의 이스탄불, 즉 비탄티움)을 중심으로 한 구교를 동방교회라고 부르는데 여기에서 좀 비슷한 분화된 구교파는 그리스정교, 러시아정교, 아르메니아정교는 좀 더 개혁적인 구교라고 할 수 있으며 여기에서 좀 더 개혁적이면서 개신교에 가까운 영국의 국교인 성공회는 개신교에 가까운 구교와 개신교와의 중간 단계적 개혁교파라고 할 수 있다. 성공회에서도 스코틀랜드가 더 먼저 개혁적이었다. 기독교파는 2만여 교파까지도 이른다고 한다. 약간의 교리가 다른 점 때문에 한 개의 다른 교파로 분리하기도 한다.

오늘날 카톨릭에서 서방 교회, 동방 교회 하는 표현은 서방 교회는 베드로 사도를 중심으로 하는 로마 카톨릭을 말하며, 동방 교회는 그리스 정교 즉 베드로의 친 동생인 안드레 사도의 중심적 카톨릭과 러시아 정교, 아르메니아 정교 등을 말하는데 이는 동로마제국의 콘스탄티노플(비잔티움)(지금의 이스탄불)을 중심으로 하는 동방 카톨릭을 일컫게 된다. 또한 지금도 이집트의 알렉산드리아에는 마가 사도가 창시한 콥트교가 있고 알렉산드리아정교회도 아프리카에는 에디오피아에 구교의 정교회와 개신교세가 상당하게 있으며, 칼케톤 공의회에서도 세계 3대 그리스도교 학파의 하나로 알려진 알렉산드리아학파와 안디옥학파, 로마학파로서 특히 알렉산드리아는 세계 최대의 도서관과 서적이 있었으며 학문의 발달로는 세계에서 학자들이 공부하러 몰려들었던 곳이다. 당대에 영국 옥스퍼드나 케임브리지, 다시 미국의 하버드, 예일, 프린스턴 등의 아이비리그처럼 세계 학문의 중심지 였기 때문이다. 에티오피아에도 여러 다른 교파가 있다. 이는 사도행전의 에디오피아 여왕 간다게의 국고를 맡은 내시가 빌립의 전도를 받고 세례를 받은 사실로 미루어 이미 기독교가 전파되어 상당한 기독교 국가가 된 역사적 고증은 많다. 물론 발생 되었다가 사라진 교파도 많다. 필자의 생각은 교파가 훨씬 많을 것으로 추측된다. 신자 개개인이 한 교파라고도 할 수 있다. 종교의 자유에서 뿐만 아니라 한 교회 내에서도 사람마다 목회자 마다 각각 신앙과 신학에 대한 견해가 다르기 때문에 있을 수 있다. 신앙인의 수 만큼이나 신앙관도 다르기 때문이다. 알렉산드리아 마가의 콥트교도 단성론을 주장하여 이단으로 규정되었다. 그러므로 예수님 단성론, 또는 2성론, 삼위성 삼위일체론 등이며 베드로교파, 안드레교파, 등 사도에 따라, 그리고 제자에 따라, 또한 지역에 따라, 전통 풍습에 따라, 토속 종교에 따라, 목회자나 교회 지도자의 지식과 학식에 따라, 나라의 정치에 따라, 이루 말할 수 없이 많을 수밖에 없다. 어떤 사람은 계시에 따라, 꿈에 따라, 성경의 해석에 따라, 또한 외경도 많아서 외경을 중시하는 정도에 따라, 등등이다.

 예수님의 제자들과 이름을 알 수 없는 사람들에 의해 터키와 유럽 일대에 예수의 가르침이 전파된 후, 그리스도교는 1세기 후반에서 4세기 초반까지 로마 제국에 의해 많은 박해를 받게 된다. 우상을 만들고 다신교를 숭배하던 로마 제국에게 유일신 하나님을 믿는 그리스도교는 눈엣가시였다. 일제 강점기에 일본인이 조선인들에게 신사참배를 강요한 것처럼, 로마 제국은 그리스도인들에게 다신교 숭배를 강요했다. 이는 예루살렘 유대교 유대인들에게는 더욱 심각한 탄압이었고, 세계 곳곳에서 로마의 다신 숭배와 로마 황제 숭배를 강화할수록 저항은 더해 갔다. 다신교 숭배를 거부하는 사람들은 감옥에 가거나 순교했다. 그리스도인들은 자신의 믿음을 지키기 위해 세대와 세대를 뛰어넘어 고난과 시험, 고통과 죽음의 희생의 면류관을 써야 했다. 이는 바로 영광의 면류관이며 십자가의 영광이었다.

17. 세계를 지배한 기독교

그리스도인들에 대한 로마 제국의 박해는 콘스탄티누스 1세 (306~337년)가
서기 313년 밀라노 칙령을 발표함으로써 종결되었다 그 후 그리스도교는 로마 제국의 공식 종교가 되었다. 콘스탄니누스 1세의 밀라노 칙령은 그리스도교의 대전환점이 되었다. 그러나 혼합주의와 다원주의의 시작이었다.

콘스탄티누스 1세는 로마 제국의 모든 병사들에게 한 주가 시작되는 첫 번째 날에 하나님을 경배하도록 칙령을 내렸다. 이는 안식일이라는 개념도 있었지만 명칭을 Sunday라는 태양신 숭배 사상이 함께 했다. 이날은 예수의 부활을 기념하는 날로 지금의 일요일이다. 그리스도교에서 매주 일요일에 예배를 드리는 것이 이 때 정착되었다. 이는 날짜를 중시하는 것도 또한 율법적으로

빠질 수 있다. 또한 사제들의 사제복이 화려해지고 성가대가 발달했으며, 성당의 표준 설계도가 장려되어 어디를 가나 성당의 내부 구조가 비슷해졌다. 그러나 주일이 영어로 Sunday가 된 것는 로마 카톨릭이 태양신 숭배 사상을 교회로 수용했기 때문이라는 역사적 증거도 있다. 로마 카롤릭의 상징 표시에는 태양의 표시가 실제 있기 때문이다.

콘스탄티누스 1세는 유럽과 아시아의 경계인 지금의 터키 이스탄불에 새 로마 건설을 목표로 수도인 비잔티움을 세웠는데, 비잔티움은 후에 콘스탄티누스의 도시라고 불리는 콘스탄티노플이 되었다. 이로써 비잔티움이라고 불리는 동로마 제국 시대가 열렸으며, 콘스탄티노플로 수도를 이전함으로써 천 년 이상 서방 문화와 동방 문화가 만나서 융합하는 비잔티움 문화가 꽃을 비우게 되었다.

콘스탄티노플은 서방 그리스도교와 동방 그리스도교를 나누는 지리적, 문화적, 그리고 종교적 역할을 했다. 콘스탄티노플을 경계로 유럽 일대는 라틴어를 사용하는 서방 그리스도교로, 터키, 중동, 북아프리카 일대는 그리스어를 사용하는 동방 그리스도교로 점차 분리되어 갔다.

 동방 그리스도교의 중심지는 콘스탄티노플, 이집트의 알렉산드리아, 그리고 최초로 크리스천이라고 불린 안디옥 교회가 있던 시리아의 안디옥이었다. 콘스탄티노플에 있는 대부분의 주교들은 안디옥 교파 출신들이었다. 동방 그리스도교의 한 분파인 네스토리안교인Nestrian Christian의 대부분의 지도자 또한 안디옥 교파였다.

교리 논쟁으로 이단으로 몰리게 된 안디옥 교파들은 중동 지역으로 넘어가 페르시아 교회 형성에 많은 영향을 끼쳤다. 그러나 네스토리안교는 서양 종교가 된 그리스도교에서 이단으로 역사 속에 남게 되었다. 네스토리안교는 서방 크리스트교의 정점인 교황의 교권을 불신했기 때문에 동방의 프로테스탄트라고도 불린다. 로마 교황에 반하는 세력은 모두 이단이었다. 생명을 유지하지 못했다.

동방 크리스트교가 쇠퇴함으로써 로마 카톨릭은 서양의 대표적 종교가 되었다. 서양 종교의 대명사가 된 로마 카톨릭은 중세기 동안 각종 부패에 휩싸였다. 면죄부 판매, 200년 종교전쟁 등 이에 저항하여 1517년에 마르틴 루터가 종교개혁을 일으켰다. 이로 인해 개신교의 모태인 프로테스탄트가 탄생했으며, 유럽의 프로테스탄트 교도들은 종교의 자유를 찾아 미국 대륙으로 이주하면서 그들의 신앙을 지켜 나갔다.

18. 근대 문화의 중심이 된 네델란드/종교의 자유와 관용

신앙의 자유와 권리를 위해 네덜란드 위트레흐트 동맹.
스페인이 세계 최강국이었다가 스페인의 무적함대가 영국의 함대에 무너지면서 그 주도권이 영국으로 넘어갔다고 알고 있다. 그런데 사실은 그 사이에 약 200년에 걸쳐서 세계 최고의 부강한 나라는 네델란드가 차지하고 있었다.

16~17세기에 이 당시의 네델란드의 국력은 세계 최고를 넘어 놀라울 정도였다. 각 시기별로 세계 최대 부국 중에 최고의 나라를 꼽을 때 네델란드라고 하면 믿기지 않을 수도 있다. 당시

세계 최대 강국이라고 알려진 영국에 비해 국민소득이 거의 2배에 달할 정도였다는 사실이다. 2위 경제대국이었던 영국에 비해 2배의 국민소득을 갖고 있었다고 하는 것은 생각해 보기 힘들 것이다. 이는 그럴만한 요인들이 많이 있다. 오늘날의 주식회사, 보험회사, 자본주의 경제 체제, 상업주의, 시장경제 체제, 등 이념과 철학, 그리고 국가 경영 체제 등과 학문, 사상, 등이 네델란드에서 출발하고 성립되고 적용되어 국가에서 시행하고 있었고 세계의 그 영향을 끼치고 오늘날의 자본주의, 민주주의, 시장경제 등은 모두 네델란드의 영향이 가장 크다고 할 수 있다. 그래서 네델란드를 가장 작은 경제 제국이라 하며, 세계 대제국적인 역할과 영향을 끼친 나라라고 해도 될 것이다,

당시 선박을 건조하고 운영하는 선박회사들을 소유한 네델란드는 세계 최강부국이었다. 전 유럽의 선박 보유수의 절반이 네델란드 소유였을 정도 였다.

경제학자 영국의 아담 스미스의 저서 국부론에서는 그 당시 네델란드에 대하여 영토나 인구수는 영국보다 적고 작지만 훨씬 잘 사는 나라로 설명하고 있다. 대표적인 수치로 표시되는 것으로 그 당시 네델란드 정부는 약 2% 금리로 돈을 차입할 수 있었는데 영국은 4%로 절반 정도의 금리를 적용하고 있었다고 하는 것은 국가 신용도와 경제적 수준이 2배의 차이가 나는 것이라고 할 수 있다.

과거 별 볼 일 없던 나라이고 주변국의 침입으로 핍박을 받고 스페인의 식민지로 착취를 받던 작은 나라가 이런 놀라운 부국을 이룰 수 있었던 것은 무슨 연유에서 일까?

앞의 스페인의 식민지라고 언급했지만 스페인에서 1492년에 유대인들의 추방령이 내려지고 그 후에 유대인들은 갈 곳이 없이 흩어져야 했을 때, 그 때 스페인에 거주하던 유대인들이 가장 많이 이주해 간 곳이 네델란드 였다. 그것의 주된 이유는 그 당시 네델란드가 '종교의 자유'라고 하는 사상과 양심의 자유를 가지고 있었기 때문이다. 당시 네델란드는 종교의 자유 뿐만 아니라 사상의 자유, 학문의 자유, 양심의 자유, 정치의 자유, 경제의 자유, 표현의 자유 등 자유라고 하는 이념과 사상이 그들을 끌어 들였다.

당시 15세기 전 유럽은 종교적인 이데올로기에 사로 잡혀 있었을 때에, 신.구교의 대립으로 많은 전쟁으로 백성들을 전쟁으로 죽음을 당할 수밖에 없었다.

모든 나라의 모든 사람이 신교와 구교 중에 하나를 선택해야 했고 그렇지 못하면 죽음과 같은 모진 박해만이 있을 뿐이었다. 여기에 가장 강력한 구교를 지배체제로 유지하고 강화하고 있던 나라가 스페인이었다. 이 때 네델란드는 신교, 구교 여부는 물론 유대인과 같은 다른 유대교 등에 전혀 구애받지 않고 모두를 받아들였다. 자연히 종교가 지배했던 당시 사회상에 염증을 느낀 유럽의 다른 나라 많은 사람들이 네덜란드로 모여 들었고 결국은 사람이 재산이라는 경제학의 원리에 맞게 네덜란드는 엄청난 발전을 할 수 있었다. 반면에 이런 교리에 근거하여 이에 맞지 않는 많은 사람들을 추방한 스페인은 빠르게 쇠퇴되어 가지 않을 수 없었다.

자유로운 사상은 경제부흥 뿐만 아니라 문화에도 부흥을 이루었다. 렘브란트나 고흐 등과 같은 세계 유명 화가들을 배출 했을 뿐만 아니라 역시 무엇보다도 종교에 대한 자유가 종교에 의해서 표현할 수 있는 소재가 제한적이었던 지난 시대보다 유독 네델런드 암스테르담에서는 모든 것을 다 허용하고 주제로 표현할 수 있는 자유가 있었기 때문에 상상의 나래를 펴는 문학, 예술, 사상, 종교, 철학, 과학, 학문이 크게 발전할 수 있었다.

 지금도 네덜란드에서는 대마초 등이 합법적이고 또 성문제도 자유적이며 개방적이며 성매매도 합법적으로 신고하고 세금내고 정상적인 영업이 가능한 나라이다.

 여기에서 말하고자 하는 것은 네덜란드의 종교의 자유가 가져온 세계에 끼친 영향에 대하여 말하고자 한다. 그중에서 칼빈주의 신교가 전 세계에 끼친 영향력에 대하여 증명하고자 하는 것이다. 이는 나중에 영국의 칼빈주의 청교도를 탄생케 하며 미국의 청교도 국가를 탄생케 하는 결과를 낳는다.

 1588년 스페인과 영국의 칼레해전은 유럽에 엄청난 영향을 미쳤다. 이 칼레 해전으로 무적함대 스페인과 영국의 미래를 변화시키는 계기가 되었다. 무적함대 스페인의 무게 추는 영국으로 기울기 시작했다. 해상 지배권은 스페인과 영국의 싸움이었지만 그 사이에 또 다른 큰 변화를 잉태하고 있었다. 이후 인구 200만 명의 네덜란드가 세계의 바다를 지배하는 기회가 보이기 시작했다.

 1555년에 스페인 국왕 펠리페2세가 카를 5세로부터 왕위를 계승받으면서 문제는 시작된다. 당시 네덜란드는 스페인의 식민지 통치를 받고 있으면서 총독으로 신뢰하는 신하 오라네공 빌럼을 총독으로 임명하였는데 당시 칼뱅주의 신교가 네덜란드에서 시민들로부터 지지를 받으면서 종교적 갈등이 스페인 국왕 펠리페2세와 네덜란드 총독 오라네공 빌럼과의 갈등이 시작되었다. 총독 오라네공 빌럼은 구교 카톨릭을 신실하게 믿는 사람이었지만 신교에 대한 저항감이 없었고 칼뱅주의 신교에 호의적이기까지 하며 종교적 편견을 갖지 않았으며 시민들의 종교적 관용과 자유를 지지하고 허용했다. 스페인 국왕 펠리페2세는 강력한 카톨릭 국교를 모든 백성들이 철저하게 교리를 지켜야 한다는 종교적 통일성과 합일성을 주장한 것이며 네덜란드 총독 오라네공 빌럼은 당시의 새롭게 유행한 칼뱅주의의 신교 뿐만 아니라 백성들이 어떤 종교든 선택의 자유로 양심의 자유를 강요할 수 없다고 주장함으로써 전쟁을 치루게 되었다. 군주가 백성들의 양심을 지배하는 것은 옳지 못하다는 것이었다. 이에 오랴네공 빌럼은 종교적 관용과 자유 위에 스페인의 통일을 이루어야 한다고 주장 했다.

이에 스페인 펠리페2세는 새 총독을 공작 알바공 장군을 보내 잔혹하게 비 카톨릭을 탄압하게 됨에 따라 국왕에 대한 지지는 변함이 없었으나 공작 알바공 총독에 대한 반작용으로 오히려 독립 전쟁의 성격으로 급격히 변하는 시민 민중 봉기의 형태로 변질되어 소위 80년 독립전쟁이 되어갔다.

이에 펠리페2세는 종교 탄압을 위해 식민지 네덜란드와 전쟁을 하게 되었다.

총독 알바공은 잔학무도한 종교 재판으로 2년 동안 1만 명 이상의 재판과 1천 명 정도의 사형을 단행했다. 그러나 이 전쟁은 네델란드 시민의 승리로 끝이 났다. 이후 종교의 자유와 관용의 나라가 됨으로 인하여 네델란드에 유럽의 모든 자본과 기술, 물자, 고급 인력이 몰려들어 급증한 부국이 된다. 관용이 승리하고 종교의 자유가 네델란드 번영의 기반이 되었다. 각국의 이민이 몰려들어 17세기 네델란드의 황금시대가 열리기 시작했다.

저지대국가인 네델인란드의 번영의 시작은 바다에서 일어났다. 파격적인 선박 건조기술로 조선업과 해운업을 기반으로 세계의 바다를 지배했다. 이는 세계의 무역, 물류, 그리고 이 조선업과 해운업을 기반으로 주변 업종인 보험업, 무역업, 물류업, 유통업, 서비스업, 특히 유대인들의 전문 업종인 금융업을 중심으로 한 은행업과 보험업, 보석세공업을 중심으로 귀금속 사업 등 유대인들의 디아스포라산업, 즉 유랑민족으로 가지고 이동하기 쉬운 사업, 가지고 이주할 수 없는 사업은 유대인들의 비선호 사업이 되었다. 근대 시장 경제와 산업 자본주의의 기반을 형성하고 완성한 나라가 되었다.

본래 네델란드의 칼뱅주의 신교를 받아들인 주류는 스페인에서 추방된 유대인들이었다. 이들은 본래 스페인 본토에서 알폰소 10세의 통치하에 유대교, 이슬람교, 기독교 등 종교적 관용 정책으로 종교의 자유를 허용한 유럽 최초의 왕이었다. 이로 말미암아 15세기 스페인은 유럽에서 가장 부유한 나라가 되었다. 스페인 왕 알폰소 10세는 카톨릭의 강압에 떠돌던 이교도들인 이슬람교도들과 그리고 유대인 등을 관용하며 그들을 받아들이므로 인하여 이슬람의 과학 문명과 천문, 지리 등 심지어 코란까지도 번역하여 유럽에 소개하기도 하며 유대인들의 금융기법, 보석 세공기술 뿐만 아니라 유대인들의 자문도 구하며 그들을 보호함으로 인하여 유럽에서 가장 경제적 부를 이루는 나라가 되었다.

1492년에 스페인이 리베리아 반도에서 이슬람을 몰아내고 통일을 이루었다.

통일을 이룬 스페인은 이슬람의 지배 땅인 그라나다를 함락하고 그라나다의 알함브라(궁전)의 칙령을 발표하여 스페인의 유대인들은 모두 추방령을 내렸다. 6만 명의 유대인은 빈털터리로 포르투칼로 이주하였다. 그러나 얼마 되지 않아 포루투칼이 스페인에 병합되었다. 유대인들은 또 다시 추방되어야 했다. 그리하여 종교적 관용과 자유가 허용된 네덜란드에 정착하게 되었다.

이후 종교적 패권주의를 이룬 스페인 국왕은 이교도들을 탄압하기 시작하였다. 1494년부터 1530년까지 발렌시아에서만 몰래 믿던 유대인들을 1천여 명 처형하였고 세비아에서는 4천여 명을 화형시키는 상상을 초월한 만행을 저질렀다. 기독교 이외는 오직 죽음으로만 처리했다. 타종교는 왕권에 대한 도전이며 부정이며 도발이라고 단호하게 처형했다. 무슬림을 강제로 개종시켰다.

스페인은 식민지 통치하고 있는 네덜란드에서도 스페인 본토에서와 같은 강력한 카톨릭 단일교주의의 통치로 종교의 관용과 자유를 허용하지 않았다, 그러나 네덜란드 시민들은 오직 종교의 관용과 자유를 주장하며 저항하였다. 이는 정치적인 것이 아니며 왕권에 대한 도전도 아니었다.

칼뱅주의 신교는 영국에서 배를 타고 암스테르담 항구로 전해졌다. 항구도시에 도착해서 재빨리 항구 상인들을 따라 급속히 퍼져 나갔다. 칼뱅주의 신교는 직업vocation = calling 은 소명의식을 뜻하는 하나님이 주신 소명이라고 하여 모든 사람들의 직업은 하나님이 주신 소명이라고 했다. 그러므로 그 상업을 통해 얻은 이익도 당연이 하나님이 허락하신 것이라고 믿었다. 칼뱅의 신교는 이러한 상인들의 직업과 그 이익을 보호해주고 인정해주는 정당한 권리로서의 신앙교리로 상인들에게 확신있는 종교적 신앙적 명분을 줌으로써 확신에 찬 직업의식을 가지고 일 할 수 있는 밑받침이 되어 주었던 것이다.

칼뱅주의 신교는 프랑스인인 칼뱅으로부터 시작되었지만 처음에는 스위저랜드에 망명하여 죽음을 피해서 생명을 유지하기에 급급하였고 특히 당시 카톨릭은 이단에 대한 처형을 철저히 집행해 왔기 때문에 매우 위험했던 것이다. 같은 종교개혁자인 루터와는 다른 면이 있다. 루터는 체제 안에서의 개혁이었지만 칼뱅은 카톨릭 체제 밖에서의 개혁이었기 때문에 이단성을 훨씬 엄하게 적용했던 것이다. 그러나 칼뱅주의 신교는 스위저랜드에서 발하여 영국에서 성장을 하여 네덜란드에서 꽃을 피우고 완성되었다고 할 수 있다.

네덜란드의 일본에 문명과 종교 기독교를 전하면서 조선에도 영향을 끼친다. 이 때 일본으로 가던 하멜은 표류하여 제주도에서 거주하게 되며. 이는 조선에 성경을 전하는 계기가 된다.

또한 일본에 전해진 기독교는 조선으로 전해지며. 야소(예수)교와 기리시단(그리스도)으로 불려진다.

19. 청교도의 역사

청교도의 역사와 그 시작 및 유래에 대하여 알아보기 전에 먼저 그 유래의 순서를 보기로 하자. 먼저는 유대교로 히브리인, 즉 유대인이라고 하기도 하고 이스라엘이라기도 하는 백성 민족들의 신앙이 그 시작이며 그 다음으로 갈라진 신앙이 로마 카톨릭이라고 할 것이며 여기에서 또한 로마 카톨릭을 서방교회라고 하며, 이에 콘스탄티노플의 동방교회, 그리스정교회, 러시아 정교회, 아르메이아 정교회 등으로 분파되고, 다시 1517년 독일의 카톨릭 신부 마틴 루터의 종교개혁으로 인하여 등장한 후에 프랑스 출신 카톨릭에서는 이단인 존 칼뱅으로 인하여 칼뱅주의 개혁 신교가 등장하며 로마 카톨릭과 영국의 국교 성공회 신교와의 중간 개혁교회가 등장하는데 이를 청교도주의 교회, 청교도라고 한다.

청교도에 대한 정의

정의하기는 어렵고 애매하다. 모든 신앙의 교파와 그 발생과 유래를 정확하게 정의하고 언제 어떻게 시작되었는가를 정확하게 밝히는 것은 어렵다. 그것은 하나님만이 아신다. 신앙을 내면적인 것이기 때문이다. 그러나 그것을 어떤 형태로 나타났느냐에 따라 드러난 것만으로 말하기 때문이다. 예를 들어 성경을 언제, 누가 어떻게 썼느냐 하는 문제도 아직까지 그렇게 정확하게 알기 어렵다. 그렇다고 성경의 무오성에 대한 부분과는 별개의 문제이다.

16~17세기 영국의 잉글랜드와 스코틀랜드의 개혁주의 신학과 그 신앙 운동이다. 영국에서도 스코틀랜드가 먼저 청교도, 장로교가 확립되었다. 그러나 그 이전에 루터와 재침례파(anabaptist)를 제외하고 주로 스위스 연방의 개혁주의자 즉 칼뱅, 츠빙글리, 브링거 등을 중심으로 하여 생겼다. 이후에 네덜란드와 영국 등으로 퍼졌다.

이 청교도 신앙은 개혁주의 신학을 그 토대로 하는 신학이다. 즉 오직 성경을 중심으로 하는 성경 근본주의적 신앙이다. 이는 다시 절대적 성경, 하나님의 전적 권능, 하나님의 전적 은혜와 성도의 만인 제사장직과 왕직과 선지자직의 성도의 각자가 교회임을 인정하는 교리의 근본이다. 그러므로 개혁주의, 또는 청교도는 성경주의, 오직 성경이라는 것이다. 성경은 말씀이며 하나님이며, 말씀이 육신이 되어 예수 그리스도께서 이 땅에 오심이다. 그리고 그 말씀으로 부활이 되어 말씀이 부활의 육신이 되며, 말씀으로 다시 오심의 말씀인 성경으로 인하여 이 땅에 다시 재림 오심이 되는 것이다. 이것이 청교도이다.

루터는 '사람들이 다른 책들을 읽느라고 성경을 읽으려 하지 않는다면, 다른 모든 책들을 다 태워버리기를 원 한다'라고 말한 것은 성경이 책 중의 책이요 모든 책을 다 모아도 성경 하나만 못하다는 의미이다. 인류 역사 상 이제까지 나온 책과 앞으로 나올 책을 다 모아도 성경 하나만 못할 것이라는 것은 당연한 것이다. 예수님이 재림하실 때까지는.

이 성경은 '복음'이라는 '복'은 헬라어 '유양겔리온'으로 이는 그리스도의 육신으로 이 땅에 '오심'과 그리고 육신으로 '부활(다시 사심)'과 '하늘에 오르심'과 장차 '다시 오심(재림)'을 뜻하는 전적 은혜를 말한다. 세상적인 복(福)과는 멀다. 전혀 다르다. 아니 반대적인 번역이다. 사탄 마귀적 번역이다.

신학자들은 하나님의 영광과 절대 주권을 강조하고, 성경의 최고 권능을 인정하며, 성찬에 있어서 로마 카톨릭의 화체설(化體設)이나 루터파의 공재설(共在設)을 배격하였다.

또한 재침례파(anabaptist)(재세례파)와는 달리 카톨릭에서 넘어온 사람들에게 다시 세례를 베풀지 않았고, 교회와 국가의 상보적(相補的) 관계를 중요하게 여겼다.

종교, 신앙의 자유와 개인의 양심과 표현, 사상의 자유, 민주주의와 노동과 서로의 사랑과 정직과 청렴, 겸손과 희생의 공동체적 삶과 생활, 사회를 추구하며 검약, 근면과 자본주의적인 상업주의를 지지하며, 직업을 소명으로 하는 성례와 예배와 전도적 삶과 생활로의 신앙의 성도를 말한다.

이는 당시로써는 예수 그리스도의 십자가의 희생적인 결단이며 생명을 오직 그리스도 예수적 삶으로 믿음을 여기는 것이었다.

개혁주의자들은 예정(豫定)론과 언약 신학을 강조하였으며, 율법의 제3용도로 율법이 신앙의 중요성을 강조하였으며 교회 정치와 예배 모범에 있어서도 성경에서 그 중심원리를 찾았다.

청교도란 단어는 '퓨리탄(puritan)'이라고 하는데 1560년대에 처음 사용되었다. 당시에는 그 용어는 경멸적인 의미를 담고 있었다. 자신들만 순수한(pure)척하면서 다른 이를 비판하려는 자들이라는 비꼬는 의미를 지녔던 것이다. 그러다가 이후에 청교도들 스스로도 '퓨리탄(Puritan'이라는 용어를 사용하기 시작했다.

사실은 오늘날에도 'puritan'이라는 영어 단어는 '지나치게 까다롭게 구는 사람'이라는 좋지 않은 의미를 지니는 동시에 역사상 존재했던 청교도를 뜻하는 중립적인 용어로 사용되기도 한다.

루터파와는 다른 점이 있다. 루터파는 율법과 복음을 이분법적으로 구분하였고 성찬식에서의 공재설을 주장하였기 때문에 청교도 신앙, 칼뱅주의 신앙과는 서로 다른 교리로 멀어질 수밖에 없었다.

루터파는 성경 중심이라는 점에서는 칼뱅파과 같으나 루터파는 신앙의인설을 주장하며 칼뱅파는 예정설을 따른다. 그리고 영국국교회(성공회)는 교의는 성경 중심과 예정설로 칼뱅주의 신앙이지만 의식과 예전은 카톨릭을 따른다는 점에서 차이가 있다. 카톨릭은 특히 로마 카톨릭은 교황 절대권이다. 성경보다 위에 있는 권능으로 간주한다. 그리고 성경보다는 교회가 우선이다. 로마 교황청과 로마 성당을 구약의 이스라엘의 예루살렘 성전화 하고 있다. 즉 로마 성당 외에는 성전이 아니라는 것이다, 오직 성전은 로마 바티칸 성전 뿐 이라는 것이다. 교황의 절대권과 성전의 유일성이기 때문이다. 더욱이는 베드로 중심적 교리이다.

20. 대영제국의 탄생과 청교도

16세기의 바다의 전쟁, 새 제국의 탄생

처음으로 해가지지 않은 제국 스페인과 작은 섬나라 영국과의 전쟁.

17년 만에 무너진 제국 스페인의 무적함대 '아리마다'의 허무한 몰락.

그것도 아주 작은 빈약한 민병대와 나라 재정 등 비교도 되지 않는 나라와의 전쟁은 역사란 무엇인가를 제시하는 문제의 답이 있었다.

펠리페 2세 스페인 국왕, 그는 독실한 카톨릭 신봉자이며 카톨릭의 수호자였다. 신앙적 신념이 굳세고 독실했지만 이단에게는 가혹하리만큼 잔혹했다. 펠리페 2세에게는 영국이 신교 이단 국가로 종교적 신념에 따라 정복의 대상이었다. 그는 전 유럽을 종교적으로 통일할 수 있는 기회가 거의 다가와 있었다. 그 대상이 영국이었다. 그래서 펠리페 2세는 영국 여왕에게 청혼을 제안했다. 그러나 기독교 신교 이단 교파 여왕 영국 엘리자베스 1세(1533~1603년)는 냉정하게 거절 했다. 동시에 스페인 국왕에게는 영국 해적선이 스페인의 남미 등 세계 곳곳에서 식민지에서 들어오는 보물, 금 등을 해상에서 약탈하는 해적선들에 골치덩어리여서 영국 여왕에게 강력한 처벌을 요구하였던 것이다. 그러나 영국 여왕 엘리자베스 1세는 아무런 조치들 취하지 않았다. 그러나 여왕은 해적왕 프란시스 드레이크에게 기사 작위를 부여했다. 사실은 해적들의 진정한 배후는 영국 여왕이었다. 영국의 왕실은 당시 무척 왕실 재정이 없어 매우 가난한 왕실이었다. 재정이 한 도시국가의 재정보다 못할 지경이었다. 그래서 군대도 제대로 갖출 수 없었다. 그래서 여왕은 해적 드레이크를 지원하고 반반씩 나누는 동업자이었다.

이에 더욱 스페인 국왕을 참을 수 없게 한 사건이 있었다. 그것은 스페인 국왕의 개인 영지인 네덜란드가 독립전쟁을 하고 있을 때에 병력을 몰래 지원하였던 것이다. 이에 더욱 더한 것은 네덜란드가 칼뱅주의 신교의 종교의 자유와 권리를 위해 독립전쟁을 하고 있다 곳인데 이는 카톨릭 신봉자인 펠리페 2세에게는 도저히 용납할 수 없는 일이었다. 이는 영국의 반카톨릭, 이단 신교와 네델란드의 칼뱅주의 신교는 펠리페 2세에게는 이단에 대한 정복으로 반드시 끝장을 내야 할 명제이었다. 사실 이는 종교적 신념 전쟁인 것이다.

네덜란드는 표면적 명분도 분명 칼뱅주의 신교에 대한 자유와 권리를 주장하며 독립을 요구한 것이지만 그러나 네덜란드가 처음부터 독립을 요구한 것이 아니었으며 펠리페 2세와 카톨릭을 부정하는 것도 아니며 더욱이는 펠리페 2세에 대해 반대하거나 싫어하지 않았고 종교적 자유 안에서의 스페인의 한 나라가 되는, 오히려 스페인과의 통일 국가가 되는 것을 바라고 있었다. 오직 신앙 종교적 자유만을 원할 뿐 그 이상 어떤 것도 바라지 않았던 것이다. 그러나 스페인 펠리페2세 국왕은 왕권에 대한 도전이며 카톨릭에 대한 도전으로 이단을 처벌하고 카톨릭 통일 국가와 유럽 전체를 카톨릭 단일 국가를 이루고자 하였다.

한편 스페인 국왕의 충성스런 총독도 본인도 카톨릭 독실한 신자이었기에 처음에는 시민들의 요구에 따라 종교의 자유만 허락할 것을 제안했으나 거절당하자 나중에는 시민들의 편에서 독립전쟁에 앞장서게 되었다.

 이제 세계제국의 스페인 무적함대 '아르마다'의 맛을 보여줄 때라고 생각했다. 펠리페 2세 국왕의 무너진 자존심과 권위를 드높일 수 있는 이 순간을 기다렸다는 듯이 경력한 응징을 보여줄 것을 결심했다.

영국은 나라 재정이 너무 빈약하고 군대로 모두 스페인과 비교도 되지 않았지만 만만치 않다는 것을 알고 있었다. 그래서 초대규모 공격을 감행키로 했다.

모든 국격을 이 전쟁에 쏟았다. 대제국을 위한 승부수를 던진 것이다.

스페인의 첫 번째 목적은 종교적인 목적이었다. 영국을 이단에서 구해내겠다는 목교와 또 다른 이단 신교 칼뱅주의 네덜란드(스페인 국왕 자신의 개인 속지)를 사탄의 손아귀에서 구해내야 한다는 신앙적 신념과 목적이 강했다. 이는 영국과 네덜란드 2곳을 동시에 점령하는 결과를 가져오는 것이기 때문이기도 하지만 이곳을 점령하게 되면 전 유럽을 완전 카톨릭 단일 제국이 되는 것을 굳힐 수 있기 때문이었다. 제2의 로마제국이 되는 것이었다.

 1585년 펠리페 2세는 영국 침공을 단행했다. '이 세상에서 가장 거대하고 성스러운 함대', '아르마다'라고 펠리페 2세 국왕은 적었다. 스페인에 있는 아르마다 함대와 국왕의 영지인 속지 네덜란드 칼레에 있는 스페인 군대와 합동으로 영국해협을 지나 네덜란드 칼레에서 런던을 공격하는 것이었다.

당시 영국 군대는 매우 적었다. 오합지졸이었으며 아예 보병은 없는 거나 마찬가지였다. 스페인 군대는 보병 중심으로 세계에서 가장 규모가 크고 뛰어난 군대 였다. 실전 경험도 많아 잘 훈련된 군대였다. 훌륭한 장군의 지휘 아래 수만 명의 보병이 많은 승리를 경험했다.

당시 스페인 보병은 핵심 병력이 대규로 네덜란드에 파견되어 독립군과 싸우고 있었다. 엘리자베스 1세 여왕도 스페인 군대가 매우 강하다는 것도 잘 알고 있기 때문에 스페인 보병이 영국 본토에 상륙만 하면 끝장이라는 것도 더욱 잘 알고 있었다. 영국에는 스페인 보병과 싸울 만한 보병 병력이 거의 없었기 때문이었다.

그래서 오직 기대할 수 있는 것은 해군 뿐이었다. 어떻게든 본토 육지 상륙을 막는 것뿐이라는 것을 너무 잘 알고 있었다. 스페인 또한 그렇게 하고 있었다. 양쪽 모두가 서로 잘 알고 있는 것이었다.

이때 영국의 해적 출신, 해군 지휘관, 프란시스 드레이크는 영국 엘리자베스 1세 여왕에게 전제 공격을 제안했다. 목표는 스페인 본토의 보급기지 카디즈였다. 기발하고 담대한 승부수 였다.

1587년 4월 29일,

영국 해군 지휘관 프란시스 드레이크가 이끄는 영국 함대가 스페인의 보급기지 카디즈 항을 선제 기습 공격했다. 불과 36시간의 기습공격이었다. 스페인은 37척의 배를 잃고 수천 톤에 달하는 식량과 화물, 보급품 등이 파괴되었다. 드레이크는 해적답게 스페인의 보급품을 가득 싣고 유유히 사라졌다. 스페인은 졸지에 당했다. 대제국이 졸지에 당한 것이다. 스페인 사람들은 영국 해적 드레이크를 알면서도 몹시 싫어했지만 한편으로는 두려워했다. 왜냐하면 드레이크는 스페인 해군이 도저히 흉내낼 수 없는 속도로 도망한 것이었다. 그래서 드레이크를 '드라코'라고 불렀다. 이는 스페인 말로 '용'이라는 뜻이다. '드라코'는 영어로는 dragon, 용이다. 그는 해적이면서 용맹하고 교활하며 뛰어난 전략가였다. 타고난 뱃놈이었다. 스페인은 드레이크를 좇아갈 엄두도 내지 못할 정도로 매우 빠른 배로 도망하였기 때문이었다.

문제는 배의 성능과 배를 바루는 항해 운항 기술과 기능이었다. 해적들의 뛰어나고 갖추어야 할 기능과 조건, 기술을 능수능란하게 기후와 조류, 바람, 등을 잘 활용할 뿐만 아니라 그날 그날의 기후 환경 여건을 선택하여 작전을 수행하였기 때문이었다.

즉 바람의 방향과 강약과 파도의 높이와 세기, 안개와 물의 수위와 조류의 방향과 속도, 조류의 강도, 항해 기술, 닻을 이용하는 기술 등에 바다의 여건과 기상 상태의 매일 매일 변화하는 시간대별로의 상황을 숙지하고 있었던 것이다.

과히 감동적인 해적의 면모를 가지고 있었던 것이다. 그러나 해적이면서 정상 해군의 지휘관이었다. 밧줄과 도르래의 이용, 다시 원위치로 되돌아오도록 배를 조정했다. 뛰어난 항해 장비와 갤리선이라는 배를 만들어 운항했다. 이 갤리선은 1570년 영국이 건조한 대포도 장착한 전함이었다.

1568년 카리브 해 산후안세 울루아라는 곳에서 새로운 영국 전함을 건조하기 위해 영국의 존 홉킨스와 프란시스 드레이크가 이끄는 선단이 들어갔다. 이 선단의 실주인은 영국 여왕 엘리자베스 1세의 것이었다. 홉킨스와 드레이크는 아프리카에서 납치한 노예들을 아메리카에 팔고 신대륙에서 황금을 얻어 왔다. 그리고 이제는 스페인 함대가 달라졌다. 스페인 함대가 홉킨스와 드레이크가 선단을 이끌고 항구에 들어오는 것을 순순히 받아들였다. 그러나 갑자기 스페인 함대가 맹렬한 공격을 순식간에 쏟아 부어 겨우 한 척의 배만 가지고 구사일생으로 달아났다. 겨우 홉킨스와 드레이크 선단의 선원 200 여명이 죽거나 포로가 되었고 겨우 20명만이 천신만고 끝에 지옥에서 살아나온 듯 영국으로 살아 돌아올 수 있었다. 간신히 생명만을 구한 것이다. 이 사건은 홉킨스와 드레이크의 운명을 바꾸는 계기가 되었다. 극적으로 목숨을 건진 것이다.

그것은 영국과 스페인의 앞날을 뒤바꾸는 계기가 된 것이었다. 또한 삶이 스페인에 대한 복수를 위한 삶과 인생이 되었다. 새로운 전함의 건조의 필요성을 강하게 결심했다.

홉킨스와 드레이크는 새로운 신기술의 전함 건조와 그 디자인에 착수했다. 매우 빠르고 방향 전환과 최고의 신속한 속도와 무장도 최대한 늘릴 수 있는 전함의 건조를 필요로 했다. 스페인 전함을 훨씬 능가하는 안전도도 뛰어난 고성능의 전함을 건조하기 위해 애를 썼다. 그것이 '레이스빌트 갈리온선' 이었다. 당시로써는 과히 혁신적인 신형 최고의 전함이었다. 1570년 대서양에 20여척의 신형 '레이스빌트 갈리온'이 건조되어 등장했다. 스페인 전함으로는 도저히 쫓아갈 수 없는 속도의 전함이었던 것이다.

 다시 돌아가서 펠리페 2세는 카디즈의 기습 공격에 대한 복수로 1588년 5월 28일 무적함대를 영국으로 공격 출정 시켰다. 해군 총사령관은 메디나 시도니아(1550~1619년) 였다. 대형 갈리온선 20척, 탄약선 43척, 수송선 23척, 소형보조선 35척 기타 8척에 선원 8천5백명, 보병 1만 9천명, 어마어마한 함대였다. 무적함대 아르마다의 특징은 주 병력이 보병이라는 것이다. 이는 스페인 군의 전통적 무장이었다. 전쟁의 싸움은 결국은 보병이 한다는 것이다. 보병이 승부를 결정한다는 것이다. 이 보병들은 수영을 할 줄 모른다. 단지 육박전, 상대 배에 승선해서 올라가 일대일 육박전으로 결전을 내는 것이었다. 배는 단지 이동 수단이며 정복은 보병이 육박전으로 하는 것이었다. 그래서 무장 보병이 훨씬 많았다. 스페인이 세계를 정복한 것도 이런 전술 전략으로 세계 제국이 된 것이었다 특히 이슬람 제국 오스만 트루크를 물리치고 제국이 된 것도 물론 최고의 무적함대 아르마다가 있었지만 역시 육군이 최강의 보병이었다. 영국의 육지 상륙 후 보병으로 제압할 계획의 전략이었다.

 반면 영국 함대는 보병이 거의 없는 해군만으로 구성되어 있었고 해군 또한 그나마 병사의 수가 그리 많지도 않았고 스페인과 비교도 할 수 없을 정도로 빈약했다. 항해에 필요한 운항 인력과 대포를 장전할 필요 병력만을 승선 수용했다. 배의 공간도 좁아서 보병을 승선시킬 공간도 없었다.

 1588년 7월 29일.

영국해협 해안 봉화대에 불길이 올랐다.

스페인의 무적함대 아르마다가 나타났다. 스페인 무적함대 아르마다는 스페인 국왕 펠리페 2세의 영지 네덜란드 칼레 항으로 가서 거기서 네덜란드 주둔군과 합동으로 가까운 영국 런던으로 상륙할 계획이었다.

 그러나 영국은 아르마다 무적함대가 네덜란드 칼레 항으로 들어가는 길목을 지키고 있었다. 스페인 해군의 전략은 배를 가까이 대서 갈고리로 상대 영국 배 위로 올라가서 보병이 선상 육박전을 벌이거나 또는 주된 전략으로 곧 바로 육지로 상륙하여 보병전을 벌이는 것이 스페인 군대의 보편적 전략이다. 그러나 영국 전함들은 거리를 주지 않았다. 거리를 두고 포사격만 가했다. 스페인 전함들은 영국 전함들의 움직임을 따라 잡을 수 없었다. 접근전을 허용하지 않았다. 말하자면 권투에서 접근전으로 인타이터를 하는 선수와 아웃 복싱으로 빠른 발을 이용해서 긴팔로 잽을 달리며 타격을 입히는 권투 선수의 싸움 양상이었다. 스페인 전함은 영국 전함의 포탄을 맞기만 했다. 영국군은 접근전을 허용하지 않을 만큼의 거리를 두고 치고 빠지는 신속한 전략으로, 스페인 전함은 단 한 번도 영국 전함에 갈고리를 걸고 올라가지 못했다.

 이는 영국 해군이 스페인 아리마다 무적함대의 전술 전략을 사전에 미리 보아서 알고 대비하고 준비했기 때문이었다. 스페인 군대는 오스만 투르크 이슬람제국과의 레판토 해전에서 대승을 거둔 그 전선과 같은 대형을 이루고 있었다. 영국은 이를 잘 알고 있었다. 그렇지만 영국 해군의 포도 단지 쇠덩어리포탄일 뿐이었다. 그 당시는 화약포탄이 없었던 시대이었다. 화약으로 폭발하는 포탄이 아니었기 때문에 스페인 해군의 피해는 별로 없었다. 물론 영국 해군의 피해도 없었지만 승리한 것도 아니었다. 양쪽 다 패배도 승리도 없었다.

그러나 세계 최강 제국의 무적함대라는 스페인과의 전쟁에서 지지 않았다는 것은 영국으로써는 대단한 것이었다. 이는 전술과 전략이 전쟁에서 얼마나 중요한 것인가를 단적으로 증명했다.

또한 영국의 대포는 주철로 만든 것으로 당시 대포의 제조비용을 획기적으로 절감한 것이어서 성공적인 실험을 한 것이다. 당시는 모두 대포를 청동으로 만드는 것이었는데 제조가격이 너무 비쌌다. 그러나 영국은 저가의 고성능 주철 대포를 생산하는데 성공하여 신무기의 제작에 대혁신을 이루었다. 이로 인하여 유럽의 대포시장을 석권하게 되었다.

이렇게 영국은 전함과 대포의 대혁신으로 새로운 유럽의 강국으로 발돋움하는 계기를 만들었다.

스페인의 펠리페 2세는 신무기에 별 관심이 없었다. 혁신을 좋아하지 않았다. 변화를 원하지 않았다. 카톨릭의 보수적인 신앙은 기존의 체제와 율법을 유지하고 지키는 것이 사명이며 소명이었다. 그의 믿음과 신앙이 자기의 카톨릭 신앙을 지키는 것이었다. 다른 나라를 정복하여 카톨릭 스페인 국가로 통일하는 것만이 유일한 신앙이었다. 배는 운송 수단이며 싸움과 지배와 점령은 보병이 하는 것으로 생각했다. 펠리페 2세는 기존의 질서를 지키고 신뢰했다. 오랜 신앙이 옳다고 믿었기 때문에 신교를 이단으로 취급했고 정복의 대상으로 삼았다.

아메리카 신대륙을 발견하고 유럽의 최강 보병을 가지고 있었지만 전쟁은 이제까지 보병이 해서 세계 무적의 제국을 이룬 것은 강력한 보병이 있었기에 오직 보병 만을 믿었던 것이다.

공성전을 위해 거대한 돌덩어리를 발사하는 큰 대포만을 선호했던 오스만 투르크의 대포 대신 이제 유럽은 기동성이 뛰어나고 발사 속도가 빠른 신속히 연달아 빨리 발사할 수 있는 단거리의 정확도와 성능이 좋은 야포를 제작하는데 열을 올리고 있었다. 작고 다루기 쉽고 기동성이 빠르고 정확한 대포가 시대의 흐름이었다.

이제 영국 해군과 스페인 무적함대 아르마다와의 해전을 위해 스페인 아르마다 해군 선단은 보병을 영국 해안에 상륙할 목적으로 칼레까지의 항해를 계속헀다. 칼레에는 스페인의 네덜란드 주둔군의 사령관 파르마공이 기다리는 것을 믿었다.

1588년 8월 6일 토요일

아르마다 무적함대는 계속해서 영국해협을 따라 북상했다. 네덜란드 칼레에서 자국 스페인군 파르마공의 부대와 합류할 예정이었다. 이제 목적지는 38km를 남겨두고 있었다. 무적함대는 한 척의 피해도 없이 영국 해협을 순항했다.

칼레에서 파르마고의 3만 보병 주 병력을 태우려고 칼레로 가는 중이었다.

스페인의 메디나 사도니아 총사령관은 이미 8일전 네덜란드 파르마공에게 연락병을 파견해 놓은 상태였다. 함대는 해변으로 접근했다. 그러나 비어 있었다. 파르마공이 아직 도착하지 않았다.

메디나 시도니아와 파르마공은 전혀 연락이 되지 않았다는 것
이었다. 무선 시스템이 없었다. 추측 뿐이었다. 파르마공은 전투
에 적극적이지 않았다. 그냥 가까이 올 때까지 칼레 해안 근처
의 그레블린에 도착할 때까지 기다렸다.

매디나 시도니아 사령관이 도착해서 연락이 왔을 때, 파르마
공 은 짐을 꾸리고 있었다.

당시의 소통 연락 수단이 매우 열악했기 때문에 스페인 함대
는 영국 해협에 거의 다 다다른 후에야 합류하기로 했던 파르
마공의 병력이 도착하려면 일주일을 더 기다려야 한다는 소식
을 듣게 되었다. 파르마공의 네덜란드 주둔군이 출동 준비 완료
때가지 아르마다 무적함대 시도니아 사령관은 기다려야 했다.
스페인 선단은 칼레 해안 절벽 옆에 방어가 취약한 곳에 정박
하고 기다려야 했다. 영국 함대는 정확한 상황과 정보에 어두
워 두려운 상태였다. 더 두렵기는 영국이 더했다.

8월 7일 일요일 아침

영국 지휘관 드레이크는 새로운 작전을 제안했다. 화공 작전을
제안했다. 당시의 모든 배들은 목재로 건조 되었다. 가볍고 건
조한 나무를 사용했다. 불에 타기 좋은 소나무의 송진을 방수
물질로 사용했다. 불에 약한 가연성이 높지만 방수 효과가 좋았
다. 돛대와 밧줄, 돛은 사용할 때 소나무의 송진을 사용하고 있
었다. 돛대를 만드는 잣나무도 불이 좋아하는 묵재였다. 돛은
천이라서 불이 너무 너무 좋아하는 재료였다. 밧줄은 타르와 송
진으로 덮여 있어서 불들이 환장하고 달려들었다. 바다에서 배

86

에서 선원들이 가장 무섭고 두렵고 겁나는 것은 불이었다.

드레이크는 이점을 착안했다. 순간 머리에 반짝 불이 붙었다. 영국의 드레이크는 화공선 8척을 준비했다. 8척에 불이 좋아하는 것들을 가득 채웠다. 모든 배에는 화약과 포탄을 두 배로 장착했다. 불이 도화선에 닿자마자 폭발해 공포감이 극대화되었다. 화공선이 공격하기에는 최적의 여건과 기후 기상 상태가 다가왔다. 바람은 영국 함대 쪽에서 아르마다 함대가 있는 쪽으로 강하게 불었다. 또한 강한 바닷물의 조류는 해안선 쪽으로 흐르고 있었다.

화공에 완벽한 기후와 기상 조건과 바다 환경이 형성 되었다. 화염에 휩싸인 화공선이 스페인 선단 속으로 파고들었다. 8척의 화공선은 강한 조류와 강한 바람을 타고 무적함대 아르마다를 향하여 돌진했다.

뜨겁게 달궈진 대포들이 발포되었고 포탄들이 스페인 전함들 위에 떨어지기 시작했다. 기겁을 한 천하무적의 스페인 함대의 전함들은 도망치기에 급했다. 이는 스페인 함대의 해군들이 불이 얼마나 무섭고, 배가 얼마나 불에 취약한가를 경험을 통하여 더 잘 알고 있기 때문에 도망치는 것이 상책이라고 생각한 것이다. 뿔뿔이 흩어진 무적함대의 붕괴를 본 영국의 드레이크 사령관은 최후의 결전을 감행했다.

접근전이었다. 그러나 스페인군이 쇠갈고리를 걸어 영국 배에 오르려고 애를 썼지만 영국군은 쇠갈고리를 걸 수 있는 거리를 주지 않았다. 단지 영국 대포들의 사정거리 안에서의 거리만을 유지했다. 포대의 적중 거리만을 유지할 뿐이었다. 스페인의 무적함대는 아수라장이었다.

포격전에서도 상대가 되지 못했다. 스페인의 대포는 한 발 쏘고 난 후에 다음 발을 쏘는데 많을 시간을 보내야 다시 한 발을 쏠 수 있었다. 그러나 영국 대포는 거리는 짧지만 정확도와 다음 발사 시간을 매우 빠르게 발사하는 대포였다. 배와 대포가 혁신적인 신병기였다.

스페인 군함들은 대포를 한 시간에 겨우 한 발을 쏠 정도였다. 그것도 정확도가 없었다. 스페인은 혁신하지 않았고 준비하지 않았다.

영국은 혁신했고 미리 철저히 준비했으며 전략과 작전이 상대을 알고 그 상대에 대한 허점을 이용했다.

스페인은 과거를 보수했고 영국은 과거를 혁신했다.

스페인 보병은 수영도 하지 못했다. 시도니아 사령관은 무적함대 아르마다를 북해로 철수할 것을 명령했다. 패배한 것이다.

영국을 점령해서 카톨릭으로의 유럽 통일을 열망했다. 영국 국교 성공회와 네덜란드의 신교를 이단으로 처벌하려고 했던 계획이 무너졌다.

펠리페 2세의 스페인 국왕은 실패했다. 이 전투로 해군의 전투 방식을 바꿔 놓은 무기와 전함의 대 변화를 가져왔다.

새로운 대영제국과 사라질 무적함대 스페인 제국의 교대가 보인 전쟁이었다.

바다를 지배하는 새로운 제국의 탄생과 신화가 이루어진 것이 다. 주인공은 엘이자베스 1세 영국 여왕이었다.

최후의 승자는 기독교 신교의 승리였다. 영국과 네덜란드의 칼뱅주의 신교의 승리였다. 이를 계기로 영국과 네덜란드는 세계의 경제 대국이 되어 해상을 지배하고, 무역, 식민지, 등 온 세계에 해상 무역을 중심으로 한 보험제도, 금융자본주의, 상업주의, 산업화, 자유시장경제, 민주주의, 인권 양심과 학문의 자유, 칼뱅주의 개혁주의적 신교 등 오늘날의 역동적 세상을 변화 시키는 엄청난 변화와 번영을 가져온 계기와 기회를 가져오는 기회를 제공했다.

새로운 신교의 부흥을 가져오는 시발점이 되었다.

1558년 왕위에 오른 엘리자베스 1세 영국 여왕은 잉글랜드 역사상 가장 지혜로운 군주로 유명하다. 여왕은 종교가 야기하는 국론분열과 살육을 막기 위해 최선을 노력을 기울였다. 그것은 '중용과 포용의 정신'으로써 영국의 종교개혁을 마무리 지으며 '성공회'의 기틀을 확립하는 것이었다. 엘리자베스 여왕시절 성공회는 국교로 확립되었다. 이것은 프로테스탄트와 로마카톨릭 사이의 양 극단적 대립을 극복하는 잉글랜드 상황 내에서의 가장 합리적인 선택이었다고 할 수 있었다.

말하자면 잉글랜드 교회가 외국, 특히 로마교황의 간섭으로부터 자유로워지고, 스스로 정체성을 찾아가게 하는 일이었다. 수장령, 통일령, 무적함대, 청교도와 같은 말은 다 엘리자베스 1세 여왕 시절에 생긴 일들과 관련되어 있다.

한편, 로마교황청은 잉글랜드의 국교를 저지하기 위해 온갖 방법을 다 동원하였지만 결국은 실패하였는데, 결정적으로는 잉글랜드의 해군이 스페인 무적함대를 격파해 버린 사건 때문이었다.

그 후 잉글랜드는 세계적인 대제국으로 성장하게 되었다.

물론 성공회 안에 흐르고 있는 개신교 프로테스탄트적 DNA의 유산이 있었지만, 그 후로 카톨릭으로의 반작용도 있었지만 크롬웰에 의한 청교도혁명(1642~1651년)의 시대를 거치고 성공회의 요한 웨슬레의 복음주의 시대를 맞이하게 되었다.

21. 영국의 역사와 기독교

A.영국 역사 개요

1) **로마의 영국 지배와 잉글랜드의 통일(BC 5년 ~ AD 9세기)**

2) 영국과 노르만인의 정복 시기(1066년~1485년)

　　①노르만인의 영국 정복과 영국 의회의 태동

　　②영국의 백년전쟁과 장미전쟁

3) 영국의 튜더왕조와 웨일스(Wales)의 통합(1485년~1603년)

4) 영국의 스튜어트왕조와 스코틀랜드(Scotland)의 통합(1603년~1714년)

5) 영국의 하노버왕조(1714년~1917년)

6) 영국의 윈저 왕조(1917년~)

7) 영국의 아일랜드 지배와 아일랜드의 독립

8) 북아일랜드(Northern Ireland)의 갈등과 평화 협상

9) 영국의 식민지 개척사

10) 제2차 세계대전 이후 영국의 양당정치

　　①제2차 세계대전 직후부터 1979년까지 영국의 양당정치

　　②영국 보수당의 집권(1979년~1997년)

③영국 노동당의 집권과 정권 교체(1997년~2010년)

(1)고대부터 절대주의까지
1) 고대 브리튼
신석기 시대의 영국에는 이베리아인이 살고 있었으며, 기원전 6세기경 켈트족이 유럽에서 건너와 정착한다. 기원전 55년에는 **로마 제국의 카이사르가 브리튼 섬을 침략하였고, 그 후 400년 동안 잉글랜드 지역을 지배한다.**
4세기 후반, 게르만족의 대 이동이 시작되어 앵글로색슨족 등이 침략해 오자 로마 군대는 철수하고, 켈트족은 웨일스와 스코틀랜드 지방으로 밀려난다.
6세기에는 바이킹의 침입을 받기도 하지만 9세기 초 웨식스 왕 에그버트가 앵글로색슨 계의 일곱 왕국을 복속시켜 통일된 잉글랜드 왕국을 위한 기초를 마련한다. 10세기 말에는 북쪽에서 온 데인인이 침입하여 데인인 카누트가 왕위에 오른다.

2) 노르만 – 플랜태저넷 왕조
카누트 왕이 죽은 뒤 프랑스 노르망디로 망명했던 웨식스 왕가의 에드워드 참회왕이 돌아와 앵글로색슨 계통의 왕가가 부활하나, 에드워드의 사후에 노르망디 공작 윌리엄이 왕위 계승권을 주장하며 쳐들어와 정복왕 윌리엄 1세가 되어 노르만 왕조를 연다.
1154년에는 앙주 백작 헨리 2세의 등극으로 플랜태저넷 왕조가 시작되고, 뒤를 이은 리처드 1세는 십자군 원정을 주도하고 직접 출정하여 막대한 전쟁 비용을 부담하게 된다.

1215년에는 리처드 1세의 동생 존 왕이 프랑스에 있는 영국 영토를 잃고, 이를 되찾기 위해 무리하게 세금과 군사를 모으는 등 실정을 거듭한다. 이를 견디지 못한 귀족들은 왕권을 제한하는 마그나 카르타에 서명하게 하고, 1265년에는 영국 하원의 기초인 의회가 소집된다.

3) 랭커스터 – 요크 왕조

1337년, 프랑스 카페 왕조의 혈통을 가진 에드워드 3세가 프랑스 왕위를 요구하며 프랑스와 백 년 전쟁을 시작한다. 플랑드르 지방을 차지하기 위해 벌인 이 전쟁에서는 잔 다르크 등이 활약한 프랑스가 승리한다.

이후 영국 내에서는 붉은 장미 문장을 쓰는 랭커스터 가와 흰 장미 문장을 쓰는 요크 가가 왕위 계승권을 놓고 다시 전쟁을 일으켰는데, 이것을 장미 전쟁이라고 부른다.

요크 가의 승리로 에드워드 4세가 왕위에 올랐지만, 이후 랭커스터 가의 왕위 계승권자인 튜더 가의 헨리가 요크 가의 딸과 결혼함으로써 두 가문을 통합하고, 헨리 7세로 왕위에 올라 튜더 왕조의 시조가 된다.

4) 튜더 왕조

헨리 7세는 절대주의의 기초를 확립했으며, 뒤를 이은 헨리 8세는 왕비 캐서린과의 이혼을 계기로 직접 교회의 수장이 되어 영국 국교회를 성립시키며 종교 개혁을 단행하고, 웨일스를 통합한다.

영국 국교회는 헨리 8세의 딸 메리 1세에 의해 무자비한 탄압을 받았으나, 뒤를 이은 **엘리자베스 1세는 영국 국교회를 다시 확립시킨다.** 그녀는 국내 정책을 정비하는 것은 물론 해외 식민 사업을 추진하였고, **스페인의 무적함대를 격파하여 해상권을 잡는다.**

 이 시기에는 부유한 중산 계급인 젠트리와 상인층 대부분이 글을 읽고 쓸 줄 알게 되는 등 전반적인 문화 수준이 높아졌으며, 영국의 절대주의가 최고조에 달한 뒤 점차 쇠퇴하게 된다.

(2) 의회주의에서 현대까지

1) 스튜어트 왕조

엘리자베스 1세는 자식이 없었기 때문에 친척이자 스코틀랜드의 왕인 제임스 1세에게 왕위를 물려준다. 영국의 절대주의는 점점 힘을 잃어가고 있었지만 제임스 1세의 아들 찰스 1세는 시대착오적인 관점에서 의회와 대립하여, 이는 왕의 부당한 권력을 제한하려는 시도인 권리 청원과 청교도 혁명의 계기가 된다.

올리버 크롬웰은 청교도 혁명으로 찰스 1세를 처형하고 공화정을 선포하였으나, 지나치게 청교도적 삶을 강조한 공화정은 오래가지 못했고 크롬웰이 죽자 다시 찰스 2세가 왕위에 오른다. 찰스 2세의 동생 제임스 2세는 영국을 종교 혁명 이전으로 되돌리려 하였으나 **신교도 중심의 의회**에 의해 저지당하고, 제임스 2세의 딸 메리 2세와 윌리엄 3세가 명예혁명을 통해 왕위에 오른다.

2) 하노버 왕조

 제임스 1세의 손자인 하노버 가의 조지 1세가 윌리엄 3세의 뒤를 이으며 시작된 왕조로, 해외 영토에 있어 많은 변화가 있던 시기이다. 1763년 프랑스와의 7년 전쟁에서 승리하여 인도와 캐나다를 얻어 세계에서 가장 많은 영토를 갖게 되었으며, 1783년에는 식민지였던 미국이 독립하고, 1801년에는 아일랜드를 합병한다.

1837년 빅토리아 여왕이 즉위한 뒤 영국 제국은 전성기를 맞는다. 산업 혁명으로 자본주의가 발달하고 선거법이 개정되었으며, 난징 조약으로 중국에 진출해 홍콩을 얻는 등 영국 제국은 계속 커져 간다.

그러나 19세기 말부터 독일, 미국 등의 세력 확장과 국내 경제 불황, 그리고 1914년 제1차 세계 대전으로 영국의 번영은 위기를 맞는다.

3) 윈저 왕조

에드워드 7세의 뒤를 이어 왕위에 오른 조지 5세는 제1차 세계 대전이 일어나자 독일계 성씨를 버리고 윈저 왕가로 이름을 바꾼다.

미국과의 연합을 통해 제1차 세계 대전에서는 승리하지만, 이를 계기로 영국의 국제적 지위는 하락하였고 많은 해외 자치령을 잃어 영국 제국은 붕괴된다.

1922년에는 남부 아일랜드가 자유 국가로 독립하여 북아일랜드만 영국의 영토로 남는다. 1939년 제2차 세계 대전이 일어나자, 영국은 윈스턴 처칠 총리의 지휘 아래 미국과 연합하여 이탈리아, 독일, 일본을 항복시켜 전쟁을 끝낸다.

1952년 엘리자베스 2세가 왕위에 오른 뒤 1950~1960년대에는 경제적 팽창과 번영을 누리지만, 유럽 경제공동체 가입을 거부하고 새로운 산업에 대한 투자 등이 활발히 이루어지지 않아 영국 경제는 침체된다.

이때 1979년부터 12년간 영국을 통치한 보수당의 마거릿 대처 총리가 경제·교육·의료 등의 분야에 과감한 개혁을 추진하여 위기에 빠진 영국 경제를 살리는 데 큰 역할을 한다.

대처는 1982년 아르헨티나와의 포클랜드 전쟁에서 승리하여 대중에게 큰 지지를 얻었으나, 주민세 부과와 유럽 통합에 대한 비타협적인 자세로 당의 반발을 초래해 1990년에 사퇴한다. 대처의 뒤를 이은 존 메이저 총리는 유연성 있는 정책으로 보수당의 집권을 이어 가지만, 1997년 노동당의 젊은 당수 토니 블레어가 승리하면서 18년 만에 정권이 교체되었다.

B. 영국의 기독교 역사

영국에서는 1세기부터 5세기까지 로마의 통치를 받는 동안 기독교(가톨릭)가 들어와 국교로 숭배되었다. 16세기에는 헨리 8세(Henry Ⅷ, 1491년~1547년, 재위 1509년~1547년)의 수장령(Act of Supremacy) 발표를 계기로 성공회가 생겨나서 잉글랜드(England)를 중심으로 영국 각지뿐 아니라 세계 각국에 보급되었으며 스코틀랜드(Scotland) 지방에는 **신교가 일찍부터 들어와 스코틀랜드(Scotland) 국교로 인정받아 왔다.**

오늘날 영국 인구의 71.8% 정도가 기독교를 믿는다. 영국의 기독교는 로마가톨릭교, 침례교, 감리교, 스코틀랜드(Scotland)의 장로교, 퀘이커파 등 그 종파가 다양하며 그 중 **영국국교회 신자가 전체 기독교 인구의 절반을 넘는다.**

17세기 후반부터 영국에 정착하기 시작한 유태인들은 오늘날 약 27만 명에 이르며 그들은 대개 유태교를 믿는다. 이슬람교도는 영국 인구의 2.8%인 160만 명 정도이고 회교 사원이 1,000개 정도 있다. 힌두교도는 56만 명으로 전체 인구의 1%이다. 시크교도 34만 명과 소수의 불교도 등 기타 종교가 9.3%이며 무교 인구는 15.1%에 이른다.

(1) 영국의 성공회(국교國教)

영국에서 16세기 헨리 8세(Henry Ⅷ, 1491년~1547년, 재위 1509년~1547년)에 의해 **가톨릭으로부터 분리된 반(半)개신교**이다. 로마 교황청으로부터 독립성을 획득하였지만 예전은 카톨릭적이다. 영국과 전 세계 160여 개국에 44개의 자치 구역을 두고 있고, 신자 수는 모두 8천만 명으로 추산된다.

성공회(The Anglican Church, The Church of England)의 최고위 성직자는 캔터베리(Canterbury) 대주교로서 30개의 주교 구역을 관장한다. 그 외에 고위 성직자로는 14개의 주교 구역을 관장하는 요크(York) 대주교와 런던, 더럼(Durham), 윈체스터(Winchester) 등을 관할하는 **24명의 주교가 있다.** 대주교를 포함한 주교들은 모두 총리의 제청으로 국왕에 의해 임명되며 상원 의원을 겸직하게 된다.

(2) 영국의 스코틀랜드 국교회

영국 스코틀랜드 국교회(The Church of Scotland)는 장로교의 일종으로서 1707년의 스코틀랜드(Scotland) 통합 조약에 따라 스코틀랜드(Scotland) 국교로 인정받았다. 성인 신자 수는 60만 명 정도이다.

(3) 영국의 자유교회

영국의 자유교회(The Free Churches)란 국교로 확립되지 않은 비국교파 교회로, 스코틀랜드(Scotland)와 잉글랜드(England) 지방의 신교 교회들을 통칭하는 말이다. 그 중 성인 신자가 38만 명인 감리교회가 가장 크다. 그 밖에 성인 신자 수가 16만 명 정도 되는 침례교회 연합, 10만 명인 개신교회 연합, 5만 명에 이르는 구세군 등이 자유교회에 포함된다.

(4) 영국의 천주교회

영국의 천주교회(The Roman Catholic Church, 로마가톨릭교회)는 잉글랜드(England)와 웨일스(Wales)에서 16세기에 성공회가 수립됨으로써 사라졌다가 1850년에 소생하였으며 스코틀랜드(Scotland)에서도 17세기 초에 사라졌다가 1878년에 소생되었다. 1982년에는 요한 바오로 2세(Joannes Paulus Ⅱ, 1920년~2005년, 재위 1978년~2005년)가 교황으로는 처음으로 영국을 방문하였다.

C.청교도(淸敎徒)

(1)개요

장 칼뱅에 의해 발흥된 칼뱅주의 개신교가 영국으로 건너오면서, 영국 국교회의 전통주의와 대립하는 입장에서 우리는 '깨끗하다'는 의미로 라틴어 Puritas 에서 유래하여 기존의 전통주의를 정화(purify)한다는 의미에서 복음주의자들이 퓨리턴(puritan)이라고 자칭한 것에서 유래된다. 일본에서 근대화 시기 이 어휘를 청교도로 번역했다. 맑을 청을 써서 淸교도.

한국에 유교 사상이 있다면 미국에는 청교도 사상이 있다고 보아도 될 정도로 현대 미국에 뿌리 깊게 침투해 있는 가치관이다.

(2)역사

성경중심 신앙과 금욕주의, 강경한 반로마교회 기치로 전통주의에 반대 노선을 취한 탓에 영국 국교회의 수호자인 영국 국왕들에게 탄압을 받아, 종교의 자유를 찾으러 북아메리카로 이주하여 미국의 기원이 되었다고 알려졌다.

청교도들의 정체성이 확립된 건 영국에서의 종교 탄압 때문인데 시작은 영국교회를 국가 교회화 하여 독립시켜 영국 국교회의 수장이 된 헨리 8세 시절이었다.

영국 국교회와 다른 복음주의 개신교단 사이의 관계가 원만한 현재 기준으로 생각하면 헨리 8세가 세운 **영국 국교회(훗날 성**

공회) 세력의 청교도 탄압은 의아할 수 있다. 같은 개신교이기 때문이다. 그러나 **성공회와 종교개혁으로 생긴 개혁교회(우리가 흔히 아는 개신교 이미지의 교단들)의 사이는 복잡하다.**

헨리 8세는 영국 내에서의 교황 수위권을 부정하고 영국 교회 자체를 독립시켜 국가 교회화하여 국왕이 영국 내에서의 교회 수장직위를 차지하는데 목적이 있었을 뿐, 가톨릭에서 이어진 외적인 요소들이나 세세한 교리를 뜯어 고치는 데에는 크게 관심이 없었다. 그래서 당시 영국 국교회는 신앙적으로 프로테스탄트의 정체성을 강하게 가진 교파라기보다는 '**교황 없는 천주교**'와 다름없었다. 그리하여 루터주의에 영향을 받은 윌리엄 틴대일의 영어 성경을 반입하거나 **소지하면 화형**에 처했고, 가톨릭 교리인 화체설(성체 성변화설)을 부인한 옥스포드 신학교수들을 토머스 모어를 대법관으로 기용하여 40명을 고문하고 6명을 화형에 처할 정도였다. 이외에도 종교적으로 가톨릭 신자보단 대륙 신학에 영향을 받은 윌리엄 틴데일 번역 성경 소지자 같은 복음주의자들을 더 많이 처형했고, 가톨릭 교회의 7성사, 가톨릭식 미사에서 거의 달라지지 않은 예배형식, 주교제 등 가톨릭 교회의 기본교리와 외적 요소에 대해선 전혀 바꾸지 않았기 때문에 교황 수위권만을(그것도 영국 내에서만) 부인한 가톨릭 교도나 다름 없었고 **교황의 권위와 권한을 국왕에게 귀속**시킨 것에 불과했다.

결국 성경 중심의 신앙을 기치로 걸고 루터와 칼뱅주의 신학을 기반으로 기존 가톨릭 전통(교황제도)은 물론이고 주교제 등 교계제도와 예배형식 가톨릭적인 교회 전통과 교리들을 전부 거부하는 청교도들은 루터나 칼뱅 등이 주장한 '개혁'의 범주에 훨씬 못 미치는, 다시 말해 개혁신앙이 부족해 아직도 가톨릭적인 요소가 많이 남아있는 교파라는 이유로 영국 국교회의 개혁이 불완전하다 생각했다. 영국 국교회의 대다수 사제들과 신자들은 로마 수위권만 부인하고 기존의 신앙과 전례를 거의 유지했기 때문에 영국 국교회의 개혁을 주장한 청교도들을 박해했다. 따라서 당시 복음주의자들은 탄압을 받는 동시에 심각한 불만을 품고 있었다.

이 당시에 루터주의와 칼뱅주의(츠빙글리)를 복음주의라 한 것은 당시 영국국교회에서도 가톨릭 성향, 루터주의 성향, 칼뱅주의 성향, 그냥 이것도 저것도 모르겠고 상황에 따라 "국왕이 옳다"...는 현실 성향들이 명확히 구분되지 않았기에 전례나 전통보다는 성경중심을 주장하는 개혁 성향 신자들이 자신들을 개신교라 자칭하기 보단 진정한 기독교인이라며 복음주의자라고 칭했기 때문이다.

헨리 8세 사망후, 에드워드 6세, 메리 1세 치하에서 존중과 박해를 한 번씩 겪으면서 잉글랜드에선 종교적 갈등이 격화되었는데, 엘리자베스 1세는 집권 초기부터 개혁주의 성향의 신도들 손을 들어주지 않고 당시 강대국인 스페인의 눈치와 아직까지 상당했던 가톨릭 성향 신자들을 배려하여 중도적인 노선을 취했다. 다시 가톨릭으로는 돌아가지 않는 한편 기존의 관례였던 가톨릭식 전통에도 그다지 손을 대지 않은 것이다. 특히나 국교회에서 주교제는 영국왕 입장에서 상당히 매력적인 통치 수단이었고, 이는 개혁성향 복음주의자들에게 큰 불만으로 자리 잡았다. 일단 엘리자베스 1세 시기에는 왕권이 강력한데다가 메리 1세 때 탄압받던 처지보다는 천지 차이였기 때문에 대놓고 불만을 드러내진 않았다.

결정적인 영향을 끼친 것은 엘리자베스 1세 사후 제임스 1세 때였다. 제임스 1세는 스코틀랜드 국왕 시절 이미 스코틀랜드의 국교가 된 칼뱅주의 교육을 받았고, 교리 상으로는 역시 지지했지만 잉글랜드 국왕이 된 후로는 입장이 조금 미묘해졌다. 영국의 국가교회의 주교제가 왕이 임명하는 권한이기 때문. 그래서 스코틀랜드의 개혁교회처럼 잉글랜드가 변할 것이라고 생각한 잉글랜드 청교도들은 매우 실망을 하게 된다.

1603년 4월 제임스 1세는 청교도 성향 영국 교회 목사 1000명이 서명한 천인청원(Millenary Petition)을 받게 되는데 일단 청교도들은 왕과 국가에 충성함을 강조하는 동시에 영국 국교회의 관습에 대한 개혁을 촉구했다. 그러나 제임스 1세는 교리 상 칼뱅주의에 기울긴 했지만 급격한 개혁으로 긁어 부스럼을 만들려고 하지 않았다. 외국 출신 왕이 즉위하자마자 상당한 세력이 있는 영국교회를 개혁하기 어려운 면도 있었고, 무엇보다 청교도들의 정치관이 마음에 들지 않았기 때문이다. 구체적으로 보면 제임스 1세는 왕권신수설 신봉자였지만 청교도들은 전혀 다른 입장을 취했다. 같은 칼뱅주의의 영향을 받았지만, 칼뱅 사후 8년이 지나서 성 바르톨로메오 축일의 학살 이후 칼뱅주의자들을 국가권력이 탄압하고 국왕이 폭군이라면 퇴출해야 한다는 입장으로 선회했기 때문이다. 그리고 칼뱅주의의 본산인 제네바는 공화국이었다. 그래서 왕권신수설을 신봉하던 제임스

에겐 청교도들이 왕권에 대적하는 세력이었다.

그러던 시기에 때마침 가톨릭 극단주의자였던 가이 포크스 등이 저지른 영국 국회의사당 화약 폭파 음모로 영국 내 가톨릭의 입지가 위태로워지자, 청교도들은 이 기회에 대대적인 가톨릭 탄압을 통해 영국 내에서 가톨릭과 교황의 영향력을 뿌리 뽑길 바랐다. 하지만 제임스 1세는 선대 메리 여왕 시대의 막장 극을 자기 대에 되풀이해서 좋을 게 없다는 현실적인 판단에서 음모에 직접 가담한 자들의 처벌과 성공회의 입지 확대만을 꾀하는 정도로 마무리 지으려 했다. 제임스 입장에선 가톨릭을 때려잡아봤자 이미 정치적으로 가톨릭 세력은 많이 남지 않았고 과격해진 청교도들의 입장만 대변하다간 왕이 바지저고리 신세로 전락할 여지도 있었기 때문이었다.

그러나 이런 왕의 행동이 그동안의 미적지근한 태도에 대한 불만과 함께 스튜어트 왕조의 제임스 1세가 대륙의 30년 전쟁을 강 건너 불구경했고, 특히 사위인 팔츠 선제후 프리드리히 5세가 패망하는데도 소극적인데다가 왕세자의 결혼을 프랑스와 스페인 등 가톨릭 국가와 하려 했고 실제로 왕세자였던 찰스 1세를 프랑스 공주와 결혼시키자 청교도들은 제임스 1세에 반발했다.

그때부터 청교도식 예배를 금하는 탄압이 시작되었다. 그러나 제임스 1세는 청교도들만 탄압한 것은 아니었다. 스스로 가톨릭과 청교도들 사이에서 중용을 지킨다고 선언했고, "교황 추종자와 광신적 청교도들은 양극단의 멍청이들"이라 훈계하며 배격하는 양비론을 취했다. 그러나 제임스 1세의 소망과는 달리 당시 영국의 나랏일은 청교도의 협조 없이는 진행하기 어려웠는데, 헨리 8세 시기 상공업을 기반으로 힘을 쌓아 납세자 중 상당수가 대륙에서 전래된 개혁신학을 받아들였고 이들이 법조계와 학계 정계에 많이 진출한 결과 이 분야에서 청교도들의 세력이 상당했기 때문이었다. 청교도 법학자들이 주장하는 왕권은 주님의 법 아래에서만 효력이 있다는 생각이 왕권신수설을 침해한다고 여긴 제임스 1세에겐 심히 불쾌했으나 청교도 법률가나 신학자들에겐 너무나도 당연한 생각이었다.

반면 제임스 1세의 바람대로 중용을 지키는 충실한 신하인 영국 국교회(성공회의 전신)에 충성을 바치는 신도들은 많지 않았다. 통계적으로 영국 국교회(성공회) 신도 수가 적은 것이 아니라, 국교회와 왕의 입장을 지지하는 사람들은 주로 종교에 관심이 없던 현실주의자였다고 보면 된다. 따라서 개혁신학의 이데올로기로 무장한 청교도가 숫자는 적었지만 제임스 1세와 그후 스튜어트 왕가 시절까지 왕당파에 대한 강력한 반대 세력이 된다.

이러한 배경 속에 청교도 신분으로 박해를 피해 미국에 건너간 메이플라워 호의 사람들 역시 근왕적인 태도를 취했다. 메이플라워 서약(Mayflower Compact)에서 "제임스 폐하의 충성스런 신하들..."이런 식으로 자신들은 왕권에 반대하는 반란 세력이 아님을 분명히 했다. 왕권은 주님의 법 아래 있는 존재라는 것이지 왕권 자체를 부정하지는 않았다. 그러나 이런 사상 역시도 당시 왕권신수설을 신봉하던 스튜어트 왕가 군주들의 기준으로는 충분히 왕권에 위협이 된다고 보았다.

청교도들은 찰스 1세 시절에도 탄압을 받았다. 국교회 켄터베리 대주교 윌리엄 로드의 종교 정책을 비판하면 종교재판소에 끌려가 코와 귀를 자르는 형벌을 받아서 원성이 높았다. 또한 1660년 왕정복고 시기 크롬웰 편을 든 청교도 독립파(회중파)들은 정치적 보복을 피해 네덜란드 등 대륙으로 망명했다. 이들은 영국 국교회 내에서의 개혁을 포기하고 새로운 교회를 설립하여 독립하려는 취지였다. 하지만 찰스 2세의 가톨릭 용인정책은 단순한 불만으로 머무르지 않고 심각한 위협으로 느꼈다. 왜냐면 찰스 2세는 모후가 프랑스 공주이며 루이 14세가 사촌이고, 처가마저 가톨릭 국가인 포르투갈이었기 때문이었다.

청교도 주류는 영국 내에서 소수파였음에도, 상공계급(젠트리, 젠틀맨, 요먼)에서는 상당수를 차지했기에 의회에서 큰 영향력을 가질 수 있었고, 이에 계속 영국에 잔류하며 반국왕 운동을 주도했다. 대표적인 경우가 올리버 크롬웰의 철기군. 영국 스튜어트 왕가가 성공회를 유지하면서 가톨릭에 애매모호한 태도를 취할 때 청교도는 지속적으로 내전에서 의회파를 지지했고, 청교도는 점차로 의회에서 유력해졌다. 이들은 1642년에 일어난 청교도 혁명의 주체가 되고 호국경 올리버 크롬웰은 정권 접수에 성공했다. 그러나 크롬웰은 정권을 잡고 나서 청교도 다수파인 장로회파를 숙청하고, 소수파인 독립파(회중파) 청교도들만이 크롬웰의 통치에 참여하며 매우 불안정한 통치기반에서 고압적 통치를 자행하기 이른다. 통치시기 청교도 세력은 지나친 종교적 엄숙주의 강요에 답답해하는 국민적인 불만을 비롯해, 여러 곳에서 나오는 반대를 철권독재로 찍어 눌렀고, 결국 독재

자 크롬웰이 죽자마자 정치적으로 대대적인 비판을 받았다. 한편 청교도 혁명 당시 채택된 웨스트민스터 신앙고백은 현대 개혁교단(특히 영미권, 한국의 장로교)의 교리에 큰 영향을 주었다.

결국 청교도의 시대는 1660년 찰스 2세의 복위로 막을 내리고, 대대적인 역공으로 많은 청교도 지도자들이 실각하고 청교도는 거의 소멸했다. 그들이 정치적으로 다시 복권의 단계를 밟은건 1688년 명예 혁명 때였으나, 이 시기부터는 이미 국교회(성공회) 우위의 상황이 유지되었기에 그 정치적 중요성은 상실되었다. 하지만 경제 및 문화적으로는 금욕, 근검, 절약 등으로 도리어 우위를 점유했다는 견해가 많은데, 여기서 가장 두드러지는 주장이 막스 베버가 주장한 청교도 자본주의다. 대표적으로 저서 <프로테스탄티즘 윤리와 자본주의 정신>이 있다.

청교도 분리주의자들은 아메리카 대륙으로 건너가기 전 네덜란드 레이덴(Leiden)에서 11년 정도 머문 적이 있었다. 그리고 로테르담 근교 델프샤벤Delfshaven이란 마을에는 이들이 떠나기 직전 머물렀던 교회가 지금도 남아있다. 당연히 네덜란드 개혁교회도 이들과 영향을 주고받았으며, 특히 청교도 신학에 자극받아 일어난 네덜란드의 경건주의 운동을 'Nadere Reformatie'(나데러 레포르마치, 2차 종교개혁)라고 부른다.

(3)칼뱅의 교육관
청교도적 입장에서 타락 전 세상을 가꾸라는 신의 명령(기독교계에서는 문화 명령 혹은 통치 헌장이라 불린다)을 잘 이행할 수 있는 방법 중 하나는 바로 문화와 과학의 본질을 탐구하는 것이라 여겼다. 이러한 점은 중세 시대 가톨릭 수도 공동체 문화와 제세례파들과 대립되는 점이다. 이러한 관점이 17세기 과학혁명과 18세기 산업혁명이 일어나는 데에 중요한 이바지를 했다.

"오직 성경"을 강조하려면 모든 이가 글을 배워야 했고, 중세의. 우둔한 전례와 풍습에 비판적이려면 이성을 바탕으로 인문적 지식이 뒷받침이 되어야 하기 때문이었다.

「주께서 우리가 물리학, 변증법, 수학과 같은 학문에서 불경건한 사람들의 활동과 수고로 도움 받기를 바라시니, 값없이 베푸시는 이 하나님의 선물을 무시해서 우리의 게으름 때문에 마땅한 형벌을 받지 않도록 이 도움을 잘 활용합시다.」
장 칼뱅의 기독교강요 2권 2장 16절 중에서

청교도 교육관은 이성과 논리의 중요성을 역설했다. 그래서 당대에는 이런 공격도 받았다고 한다. "저는 성경으로 더 충만할지 모르는 어떤 박식한 학자의 설교보다, 아무런 연구 없이 그냥 성령의 활동으로 말하는 사람의 설교를 듣는 것이 더 좋습니다." 이성과 믿음의 이분법적인 접근보다는 믿음이 이성을 우선하지만 이성 없이는 아무것도 볼 수 없음을 역설했다.

(4) 청교도 교육 시설
청교도들은 지식 교육에 있어 기독교 밖의 학문을 회피했던 제세례파와 달리 기독교 외의 학문들을 포용했다는 데에 의의

가 있다. 기본적인 교육 방침은 성서에 기반한 신앙인을 교육하는 것이었지만 그에 못지않게 성서 밖의 학문들을 경시하지도 않았다. 사실 이에 영향을 받아 세워진 교육 대학들은 지금도 미국에 많이 존재한다. 그 대표적인 예가 하버드 대학교와 예일 대학교이다. 두 대학은 네덜란드에 망명한 분리주의파였던 청교도 회중교회 출신들이 신대륙으로 건너가서 설립했다. 애초에 하버드 대학교는 목사 양성 학교였지만 시간을 거듭하며 형태가 계속적으로 변했다. 뉴잉글랜드의 첫 열매를 보면 하버드 대학교를 세우던 때의 증언이 생생히 녹아있다.

「하나님께서 우리를 아무 탈 없이 뉴잉글랜드로 데려다 주신 뒤로, 우리는 집을 짓고, 생필품을 마련하고, 하나님께 예배드리기 편한 장소를 세우고, 시민정부를 만들었습니다. 그런 다음에 우리가 간절히 바라고 구한 일 가운데 하나는 배움을 증진하고, 그것을 자손 대대로 물려주는 일이었습니다.」
뉴잉글랜드의 첫 열매(New England's First Fruit(1643))에서

(5) 청교도 정치관
  아메리카에 사람들이 살게 된 것은 스튜어트 왕가의 혐오스러운 폭정과 세속적이고 영적인 폭정에 대한 투쟁 덕분이었다.

「아메리카에서 정착을 계획하고, 실행하고, 완수하도록 이끌었던 것은 종교뿐만 아니라 보편적 자유에 대한 사랑, 성직자, 위계조직, 전제적 지배자들에 대한 증오와 불안, 공포 때문이기도

했다.」
존 애덤스의 『교회법과 봉건법에 관한 논문』(1765)

앞서 영국의 청교도들은 스튜어트 왕가와의 정치적 이념의 차이로 100여 년간 극심한 갈등을 겪었다. 이들은 왕권신수설을 배격하고 칼뱅주의에 입각하여 통치자의 권력을 제한할 것을 주장했고 이는 영국과 네덜란드를 거쳐 미국으로 이주한 청교도들에게도 이어진다. 그리하여 미국은 건국 이전부터 청교도들의 이주로 인구적 특성이 생겨났으며, 이런 주민들이 영국정부의 식민지 압제에 벗어나 국가를 구성했고 독립혁명의 이론적 기반은 칼뱅주의에 영향받은 공화주의와 존 로크의 사회계약설에 큰 영향을 받았다. 따라서 독립헌장에서부터 "모든 사람은 평등하므로 자유롭다"고 선언했다.

프랑스 대혁명이 국가교회인 가톨릭에 반감을 많이 드러냈다면 미국 독립혁명은 청교도 윤리에 영향을 많이 받았다. 현재 세속주의에서 주장하는 대로 미국 건국이념은 종교와 무관하다는 주장은 건국과 독립전쟁 당시 상황을 잘 알지 못하는 것으로 현재 종교의 자유라는 개념이 세속화된 국가에서 어느 종교든지 믿어도 되거나 혹은 종교를 믿지 않을 자유라면 당시 17~18세기 청교도들에게 종교의 자유라면, 수정 헌법 1조에 명시 된 대로 영국 국교회와 같은 국교를 두지 않고, 국교와 같은 지위의 기독교내 특정종파를 인정하기 않겠다는 취지로 보는 게 합당하다. 당시 유럽은 기독교 세계였고 종교냐 아니냐의 문제가 아니라 기독교 특정 교파냐 아니냐가 정치적 갈등의 주 양상이었기 때문이다. 미국 청교도들의 주류는 제임스 1세와 찰스 1세, 찰스 2세의 영국국교회(성공회) 일원화 정책에 반발하여 가장 극심한 탄압을 받던 회중교회나 재세례파들 중심이었기 때문이다.

미국 청교도들의 특징이라면 오히려 현대 미국 자유주의의 원류를 엿볼 수 있는데,

● 국가교회 체제에 부정적이며 국가의 권력과 개입을 최소화한다.

● 개인의 신앙과 양심, 종교의 자유를 주장하고 개인의 성경중심 신앙을 강조한다.

● 자유의지를 강조하기에 개인의 행동에 대한 책임을 엄격하게 묻고, 따라서 금욕적인 윤리관을 갖는다.

이런 전통을 이어받아 개인주의, 제한된 권력, 작은 정부를 주장한다.

⑹ 청교도의 기타 등등

건국 초기 미국으로 이주했던 칼뱅주의자들을 청교도라고 부르는 것 자체가 잘못되었다는 주장이 있다. 미국으로 건너간 이들은 영국국교회(성공회)에서 떨어져 나올 것을 주장한 분리주의자들이고, 진짜 청교도들은 성공회 내부에 남아 저항을 계속한 이들이 자처한 이름이기 때문이다. 그래서 메이플라워를 탔던 이들의 기록에는 청교도(puritan)라는 표현이 전혀 없다. 건국 초기의 미국 이주민들은 자신들을 청교도라 부르지 않았던

것이다.

사실 잉글랜드의 청교도(칼뱅주의자)들은 주교제 교회인 국교회(성공회의 전신) 내부에 머물거나, 회중제를 채택한 장로교회/개혁교회를 설립하거나 아니면 아예 재세례파의 영향을 강하게 받은 침례회로 옮겨가거나, 아니면 성공회 신부 존 웨슬리가 감리회를 창설할 때 아예 감리회 측에 몸을 담는 경우가 많았다. 이들이나 이들의 자손들 중 상당수가 신대륙으로 이주했던 것이다. 사실 '청교도'라고 흔히 칭하는 사람들 중 이런 경우에 해당되는 사람들이 대다수였다. 결국 청교도라는 단어의 원래 의미는 어떤 한 교파의 기독교인 무리를 뜻 한다기보다는 각 교파 내로 흩어진 칼뱅주의자들이었던 것이다.

보통 청교도들을 영국 국교회(훗날의 성공회)와는 뚜렷하게 구분지어서 생각하는 경우가 굉장히 많은데, 정작 국교회 안에 머무른 칼뱅주의자들도 적지 않다. 현재 성공회에는 저교회파라는 청교도(복음주의자)의 영향력을 강하게 받은 분파가 있다.

대표적인 청교도 문학으로는 존 밀턴의 〈실낙원(失樂園)〉, 존 번연의 〈천로역정〉 등이 있다.

그리스도교와 함께 영국 요리를 최악으로 만든 원인 중 하나이기도 한다. 청교도는 철저한 금욕주의를 내세우는데, 요리를 맛있게 하는 것 자체도 금기 취급을 해버린지라 먹을 수 있는 요리 종류와 조리법이 매우 단조로워졌다. 심지어는 요리사라는 이유만으로 처형대상이 되는 시기까지 있었을 정도다

성공회로 이름을 변경한 시기는 19세기이고 16세기 종교개혁

이후 헨리 8세 시절 로마 수위권을 부인하고 국가교회 화하여 영국 국교회가 되었다. 성공회와 대립하였다는 말은 적절치 않다.

영국 국왕이 국가교회의 수장 지위를 차지한건 헨리 8세와 에드워드 6세 시기 뿐이고, 메리 1세 시절엔 다시 가톨릭으로 복귀했고, 엘리자베스 1세 시절엔 수장 지위를 포기했다. 영국 국교회는 오늘날의 성공회로 이어졌지만 오늘날의 성공회와 16세기부터 18세기까지의 영국 국교회와는 큰 차이가 있다.

주교(감독)제도는 청교도들이 폐지를 주장한바 있는데, 에드워드 6세 시절 청교도 교리에 공감한 에드워드 왕이 스코틀랜드의 존 낙스에게 로체스터 주교직을 제시했지만 주교제 자체를 반대했기 때문에 사양한 바가 있었다.

마르틴 루터는 권력에 전적으로 복종하라 했다가 영적인 침해에 대해선 저항을 인정했고, 장 칼뱅은 일단 국가권력에 대해서는 복종하라 했다가 신앙이 탄압받을 경우에 대해선 명확하게 제시하지 않았다.

현대의 민주주의 국민주권과는 거리가 있다. 상위 통치자가 잘못하면 하위 통치자가 뒤엎어야 한다는 수준이다. 그러나 이러한 사상이 훗날 미국 독립혁명에 영향을 주었다.

의회에서 당연히 개신교 세력을 돕기 위해 전쟁 대비 특별과세를 요청했으나 제임스 1세는 별 관심을 보이지 않았다. 이 때문에 세금 내겠다는데도 왕이 거부하는 모양새를 취하자 가톨릭과 내통하는 게 아니냐는 불만이 나왔다.

단순 가톨릭적인 요소를 배격하는 철저한 성경주의 신앙뿐만 아니라 세속군주의 통치 지상권도 포함한다.

이 시기, 크롬웰과 청교도 정권에 의해 영국의 연극 극장들은 모조리 문을 닫아야 했고, 주일에 영업하거나 취미 생활하는 것조차 금지, 지나친 여흥으로 간주되는 노래나 춤 금지 등 너무 지나친 도덕주의로 영국민들을 찍어 눌렀다.

영국 국교회 내부의 개혁을 포기하고, 국교회를 떠나서 새로운 교회 조직 설립을 주장했기 때문에 분리파 또는 독립파, 교회조직은 회중교회를 선호했기 때문에 회중파라고도 불린다. 청교도 혁명당시 청교도 다수는 장로파였으나 크롬웰이 속한 소수파가 여기에 속하며 왕정복고 이후 네덜란드와 신대륙으로 이민을 간다.

미국 건국의 아버지들이 이신론(理神論)자들이 많음을 근거로 음모론이 많은데 미국뿐만 아니라 당시 18세기 서유럽에서도 지식인들 사이에서 이신론(理神論)이 대유행 이었다. 대표적 인물이 볼테르와 루소이었다

아미쉬와 메노나이트들만 연상할 수 있지만 현대 침례회 또한 재세례파의 후신을 자처한다.

이는 가톨릭이나 국교회(현 성공회)에게 시달렸던 것에 대한 반감 내지는 방어 논리라는 시대적 배경이 있긴 하다.

자유의지는 재세례파들이 특히나 강조했는데 각 개인은 자유의지에 따라서만 세례 받아야한다. 유아세례는 유대교의 할례와 같은 것이다. 유아세례와 할례는 사도 바울의 구원론과 반대되는 구원론이다. 유아세례와 할례는 믿음과 구원과는 관계가 없다.

청교도(淸敎徒)라는 어휘 자체만 놓고 봐도 한 교파나 교단을 뜻하기 보다는 특정 부류의 사람을 지칭하는 단어라는 것을 알 수 있다.

22. 영국의 식민지가 된 미국

1607년 신대륙 아메리카에 105명의 이민자가 상륙하여 당시의 처녀 여왕(버진 퀸) 엘리자베스 의 이름을 딴 '버지나아'로 명명된 식민지를 만든 것을 필두로 영국은 대서양 연안을 따라 많은 식민지를 확보했다.

1620년에는 본국의 종교적인 박해로부터 벗어나기 위하여 네덜란드로 이주한 청교도 등 101명(이중 41명만 청교도)이 메이플라워 호라는 180톤의 작은 배에 타고 현재의 매사추세츠 주 코드 곶에 상륙하여(필그림 파더스) 플리머스 식민지를 건설하였다.

1733년에는 조지아 식민지가 형성되어 총 13개의 식민지가 성립되었다.

13개 식민지들은 모두 특유의 기풍이 있었으며 스스로 농지를 경작하는 자영농민이 주류를 이루었다. 1619년 버지니아에서 시작된 노예 사용도 남부의 면화와 담배 등의 농장이 대규모화 하면서부터이며 독립전쟁 때에는 노예 인구가 50만 명에 이르렀다.

영국 본국은 식민지에 대하여 본국과 동등한 수준의 과세를 하지 않고 식민지가 수입하는 상품에 고율의 관세를 부과하거나 식민지에서의 철 생산을 금하는 등 식민지를 본국의 시장 또는 원료 공급지로 확보하는 중상주의 정책을 실시했다.

따라서 식민지는 쇠못 하나까지도 본국으로부터 수입하지 않으면 안 되었다. 그러나 지리적으로 멀리 떨어져 있었던 탓에 정치적으로 식민지 의회를 중심으로 한 자치가 인정되었다.

당시 캐나다와 미시시피 강 유역의 서부(루이지에나) 지역을 지배하고 있던 프랑스와 영국은 치열한 식민전쟁을 전개하고 있어서 영국 본국으로서도 본격적인 식민지 지배를 할 수 없는 상황이기도 했다.

17세기 말부터 간헐적으로 진행되어온 양국의 대립은 7년 전쟁(1755~1763년, 북미에서는 프렌치.인디언 전쟁으로 불린다)에서 영국이 승리하여 영국은 프랑스의 북미 식민지를 모두 빼앗는 것으로 끝났다. 그러나 7년 전쟁으로 영국 본국의 채무가 배로 늘어 북미 식민지를 경영하는 비용을 식민지에 대한 본국 수준의 과세로 해결하지 않으면 안 되는 상황이 되었다.

프랑스와 치른 장기간의 전쟁으로 재정적으로 곤란해진 영국은 1766년 식민지에 대해 인지조례를 제정하였다. 이는 신문, 팜플렛, 증권, 어음, 유언장, 졸업증서, 영수증, 등의 각종 증명서에 본국과 같은 인지를 붙일 것을 의무화하는 것이다. 이에 대해 식민지의 신문 발행자나 법률가, 실업가들은 "대표 없이 과세 없다"(의회에 대표를 보내지 않으므로 본국에 대한 과세의 의무가 없다는 뜻)를 슬로건으로 내걸고 격렬한 반대운동을 펼치는 동시에 본국 제품 불매운동을 전개하여 인지조례 폐지에 성공했다.

1773년에는 홍차를 과도하게 매입하여 재정 위기에 빠진 동인도회사를 구제하기 위하여 영국 정부는 차조례를 공포했다. 이는 동인도회사가 식민지에 세금을 납부하지 않고 차를 독점적으로 판매할 수 있도록 한 조치이다. 이에 대해 유럽에서 홍차를 밀수하여 차소비량의 약 90%를 독점판매하고 있던 밀무역상들이 반발하고 나섰다. 이들을 중심으로 한 반대운동은 차의 하역 저지 움직임으로 번져 나갔다.

 차를 선적한 배 3척이 보스턴 항에 입항하자 인디언으로 변장한 약 60명의 급진파가 배를 습격하여 342상자(7만5천달러)의 홍차를 보스턴 항으로 내던져버렸다(보스턴 티파티사건). 이때 보스턴 항구는 거대한 티포트처럼 바닷물이 온통 붉은색으로 물들어 버렸다고 한다.

본국은 보스턴 항을 폐항하고 집회를 금지하는 등의 강경책으로 식민지에 대응했다. 이로써 본국과 식민지의 대립은 격화되었고 곧이어 독립전쟁이 발발하게 되었다.

 1775년, 본국 군과 1분 안에 전투체제로 돌입할 수 있는 식민지의 민병(미니트 맨)사이에 무력충돌이 일어났다. 식민지 측은 처음에는 "식민지 지배의 완화"를 위하여 조지 워싱턴을 사령관으로 하여 전쟁을 시작했다. 1776년에 본국으로부터의 독립을 주장하는 토마스 페인의 8쪽에 불과한 팜플렛(상식,커먼센스)가 출판되었다. [커먼 센스]는 3개월만에 12만 부가 팔려나갔고 전쟁 목적도 '영국으로부터의 독립'으로 바뀌었다.

 같은 해 7월 4일 필라델피아에서 [독립 선언서]가 되고 식민지는 독립을 선언하였다. 이 선언은 존 로크의 사회계약설에 명시된 '압정에 대한 저항권'을 독립의 근거로 삼았다.

식민지 측은 1777년에 연합규약을 제정해 13개 주states로 이루어진 아메리카 합중국을 성립하였다.

당시 미국은 제철이 금지되어 있어 무기가 빈약했고 식민지 내부의 분열 드으로 독립전쟁 초기에는 고전을 면치 못했다. 그러나 프랑스와 동맹을 맺는데 성공해 백합 문자가 들어간 부르봉가의 총이 대량으로 보급되면서 형세는 역전되었다. 독립전쟁을 '패권국가'인 영국에 압력을 가할 절호의 기회로 여긴 프랑스, 네덜란드, 스페인이 식민지를 지원했고 러시아 등 도 무장 중립동맹을 맺어 식민지를 간접 지원했다. 영국은 고립 되어 결국 1783년 파리 조약에서 13개 주의 독립을 인정하였 다.

독립 실현 이후 중앙정부의 권한을 어느 정도로 제한할 것인가를 놓고 각 주 사이에 대립이 생겼다. 1787년 아메리카 합중국 헌법을 제정해 입법, 행정, 사법의 삼권분립과 주의 강한 권한을 특색으로 하는 연방국가가 성립하였다. 1789년 워싱턴 이 초대 대통령으로 선출되었다.

독립을 달성한 아메리카 합중국은 1809년 나폴레옹 1세가 지배하는 프랑스로부터 1,500만 달러[1에이커 당 약 3센트]에 루이지에나를 사들여 영토를 배로 늘렸다. 계속해서 스페인으로부터 플로리다를 구입하고 멕시코 령이었던 텍사스를 병합(1845)하였다. 1848년 미국.멕시코 전쟁에서 승리하여 그 대가로 캘리포니아를 병합(실제로는 무력으로 얻어낸 것이나 형식적으로는 1,500만 달러에 구입)하여 태평양에 다다르는 대륙 국가가 되었다.

이들 지역은 실제로는 인디언의 거주 지역이었으나 미국인은 '매니페스트 데스티니(명백한 운명)'라 하며 인디언을 강제로 황폐한 토지로 이주시키고 따르지 않는 자는 무력으로 탄압하였다.

인디언 가운데 가장 강한 세력이었던 체로키족은 거주 지역에서 금광이 발견되자 1838년부터 1839년에 걸쳐 겨울에 미시시피에서 오클라호마로 강제 이주 당했다. 이 과정에서 1만2천 명 가운데 4분의 1이 사망했다. 콜럼버스가 아메리카 대륙에 도착한 당시 북미 인디언의 수는 약 100만 명이었던 것으로 추정되나 1890년경에는 25만 명으로 줄었다.

1848년 캘리포니아에서 금광이 발견되자 다음해부터 일확천금을 꿈꾸는 남자들(포티 나이너스, 1849년 금광 경기로 캘리포니아에 밀어닥친 사람들) 약 10만 명이 육로와 해로를 통해 몰려들었다.(골드 러시). 2만 명이 채 못되었던 캘리포니아 인구는 급격히 늘어났고 그 이후 미개척지(변경＝1평방미터당 인구가 2명 이하의 지역)의 개발이 급속하게 추진되었다. 1867년에는 재정이 악화된 러시아로부터 720만 달러, 1헥터당 5센트라는 파격적인 가격으로 알래스카를 매수하였다.

독립전쟁으로 성립한 아메리카 합중국은 실제로는 전혀 통일되지 않은 국가였다. 북부는 강력한 중앙정부를 수립, 국민국가를 만들고자 했으나 영국의 면공장에 면화를 공급하는 남부는 경재적으로 영국과 종속관계에 있어 주권주의를 주장하였다.

남부의 면화 재배는 흑인노예의 노동력을 이용한 것으로 인도적 견지에서 노예제에 반대하는 북부와 남부의 대립은 갈수록 심화되었다.

면화 재배는 토지를 척박하게 해 남부는 끊임없이 새로운 개척지를 찾아 서부로 진출하였다. 서부에 새롭게 생긴 주가 노예제를 인정하는가의 여부는 남부에게는 사활이 걸린 문제였다. 또 합중국 전체에서 노예제를 인정하지 않는 자유주(州)와 노예제를 인정하는 노예주(州)의 수가 각각 어떻게 변화하는가와 멕시코와의 전쟁에서 빼앗은 캘리포니아와 유타, 뉴멕시코가 자유주가 되느냐 노예주가 되는냐 하는 문제는 남부에게는 대단히 중요했다.

남북전쟁(1861~1865년)

독립 이후 아메리카 합중국에서는 영국이 필요로 하는 면화의 대규모 공급지였던 남부와 공업화의 길을 걷는 북부의 대립이 해가 지날수록 심각해졌다. 남부가 노예제 허용, 자유무역, 주(州)의 자립을 주장한 데 반하여 북부는 노예제 폐지, 보호무역, 강력한 중앙정부를 주장했다. 남과 북이 서로 완전히 반대되는 주장을 하는 것이다.

1860년 선거에서 켄터키 주의 가난한 농민의 아들이었던 링컨이 대통령이 당선되었다. 여태까지 남부 출신자가 차지해 왔던 대통령 자리를 북부에 빼앗기자 남부 11개 주는 다음 해에 '아메리카 연합국'을 내세우며 북부로부터의 분리를 꾀했다. 이에 대해 링컨은 성서의 "뿔뿔이 흩어져서는 집을 세울 수 없다"는 문구를 인용하며 분리를 인정하지 않았다.

이에 남부는 실력행사에 나섰다. 남북 전쟁이 발발한 것이

다.(1861년)

전쟁은 처음에는 남부가 우세했으나 1883년 링컨은 노예해방을 선언했다. 310만 명에 이르는 흑인 노예의 해방을 선언하여 유럽과 국내의 지지를 얻고 정치적 우위를 확보하였다. 남북군 합쳐 2만3천명의 사망자를 낸 게티즈버그 격전 이후로 북부가 우세해져 최종적으로 북부가 승리했다.

유명한 '인민에 의한 , 인민을 위한, 인민의 정부(Goverment of the people, by the people, for the people)'는 게티즈버그 전쟁의 전몰자 추도식에서 링컨이 한 연설의 일부분이다. 그러나 이 명문구는 링컨의 생각이 아니라 설교자 파커 씨의 저서에서 인용한 것으로 알려지고 있다.

링컨은 1864년 대통령에 재선된 이후 '그 누구에게도 악의를 품지 않는다' 하여 남부군도 관대하게 대우했다. 그러나 전쟁이 끝난 직후 극을 관람하다 열광적인 남부주의자 배우로부터 등 뒤에서 저격당하여 사망했다.

당시 아메리카 합중국의 인구는 약 3,000만 명이었는데 남북 전쟁의 사상자 수는 무려 62만 명이었으며 전쟁 비용만 해도 50억 달러에 달하여 비참한 내전을 치렀다.

남북 전쟁이 한참이던 때 북부는 경제 성장을 위한 태세를 정비했다. 모리스 관세법(1862년)과 국립은행법(1863년)은 산업의 경쟁력을 강화시켰다. 1862년에 발표된 홈스테드법은 서부에서 5년 간 개척 활동을 한 21세 이상의 시민에게 160에이커(약 20만 평)의 토지를 무상으로 준다는 서부 개척을 한층 촉발시켰다.

1869년에는 대륙횡단철도가 완성되었다. 정부의 토지무상 제공과 건설자금의 저리 대출로 아메리카 합중국의 총철도 길이는 1880년 이후 10년 만에 15만km에서 26,2만km로 늘어났고 이 역시 홈스테드법과 마찬가지로 서부 개발에 박차를 가했다.

그러나 노예해방 선언의 불충분한 이행으로 흑인에게는 참정권도, 토지도 주어지지 않았으며 남부에 대한 북부의 경제 지배는 급속도로 진행되었다. 국내 시장의 확대, 서부 개발의 진전, 값싼 노동력의 급증은 공업을 빠르게 성장시켜 19세기 말 미국은 영국을 앞질러 세계 1위의 공업국이 되었다.

아메리카 합중국은 세계 각처에서 들어온 이민자에 의해 성장했다. 아메리카 합중국 인구는 1850년의 2,300만 명에서 1910년에는 9,200만 명으로 급증했다.

개신교가 등장하기 이전에는 종교의 자유를 생각조차 할 수 없었다. 종교는 모든 생활과 삶과 생각과 행동을 제한하고 규제하는 도구였다. 사상도 과학도 종교가 결정했다. 그런 가운데 중세에 사제들의 독점물이었던 성서가 종교개혁에 의해 평신도들의 손에 쥐어지면서 성서 연구는 두 가지 양상으로 나타났다. 유럽 대륙에서는 성서 비평학이 발달하게 되었고, 섬나라 영국에서는 성서 자체를 연구하는 청교도 노선이 생겨나게 되었다. 영국은 로마 카톨릭과 개신교를 혼합한 성공회라는 독특한 국교를 만들었다. 왕은 대제사장직과 왕직과 군총사령관직을 완전 통제하는 절대적 존재였다. 그러나 로마 카톨릭과는 또 다른 교회 형태를 가지고 있었다.

그러나 영국의 개신교도들이었던 청교도들은 카톨릭의 잘못된 전통들이 가득 찬 성공회를 거부하였다. 그 결과 종교적 박해를 받게 되었고, 그들은 모든 것을 버리고 신앙의 자유를 찾아 여러 나라로 이주하였는데, 그들 중 일부가 새로 발견한 땅 미국으로 건너오게 되었다.

23. 청교도의 나라

미국은 청결한 신앙생활을 하기 위해 목숨 걸고 건너온 청교도들에 의해 세워진 국가였다. 그러나 시간이 지나면서 유럽 전역의 다양한 이민자들이 몰려오면서 그들의 신앙을 지키기가 힘들어졌다. 이런 노력에도 불구하고 미국으로 몰려드는 수많은 비개신교도들과 더불어 과학주의, 상업주의의 발달로 미국은 더 이상 개신교도들의 천국이 될 수 없었다.

그래서 그들은 자신들의 신앙을 유지하기 위해 고립되어 살아가는 방식을 택하게 되었다. 크리스쳔 학교를 만들고 교회를 중심으로 철저하게 세상의 문화를 배격하고 살아가는 마을을 이루게 되는데, 이것이 미국에서 볼 수 있는 메노나이트, 아미쉬, 퀘이커 등 청교도들의 마을들이다.

근본주의와 복음주의 노선

이렇게 고립되어서 고집스럽게 성경말씀을 문자 그대로 믿고 따르며 살아가는 사람들을 '근본주의자'라고 부르게 되었다. 지금은 성서를 문자적으로 믿는 사람들을 총칭하여 '근본주의'로 부른다. 여기에는 보수적인 정통 개신교뿐만 아니라, 안식교와 여호와 증인 같은 종파도 철저히 성서에 기반을 둔 근본주의에서 비롯되었다.

그런데 1940년대에 들어오면서 미국의 근본주의자들 중 일부는 근본주의 신학과 노선에 의문을 제기하기 시작했다. 예수는 우리를 '세상의 빛'이라고 했는데, 세상과 담을 쌓고 우리끼리만 살면 어떻게 세상에 복음을 전할 수 있겠는가 라는 것이었다. 그래서 그들은 근본주의자들의 신학은 받아들이되 세상을 사는 방식은 바꾸어야 한다고 주장했다. 이런 생각의 선두에 선 사람이 빌리 그레함 목사였고, 이와 같은 생각을 가진 사람들을 '신 근본주의' 또는 '복음주의'라고 부르게 되었다.

복음주의는 성경을 하나님 말씀으로 믿고, 예수 그리스도의 복음을 땅끝까지 전하는 것을 삶의 최대의 목표로 삼는 사람들을 지칭하는 말입니다. 여기서 C.C.C.나 네비게이토 같은 복음주의 선교단체들이 나오며, 다른 한편으로는 'Moral Majority'와 'Christian Coalition' 같은 복음주의 정치참여단체들이 나온다. 한국으로 말한다면 '뉴 라이트' 운동과 같은 것이라 할 수 있다. 한국과는 달리 미국의 정치와 선거 판세는 이들 복음주의자들의 동향이 큰 영향을 미친다.

근본주의에서 자유주의로

미국 개신교는 근본주의, 복음주의, 그리고 유럽의 영향을 받은 자유주의 세 흐름으로 나뉘게 되었다. 그리고 대학에서는 점점 자유주의자들이 득세를 하게 되었다. 자유주의자들이라고 하면 맹목적인 믿음 보다는 인간의 이성적인 이해를 중요시해서 과학적이고 합리적인 성서연구를 추구하는 기독교인들을 말한다.

　역사적으로 자유주의자들이 미국 대학에 대세를 이루게 된 이면에는 중요한 사건이 있었다. 19세기 전반 미국 최대의 갑부였던 카네기는 전 재산을 사회에 환원했고, 교육 발전을 위해 1905년에 카네기재단을 만들고 각 대학을 지원하기 시작했다.

　그 당시 미국 대학의 학문 수준은 유럽 대학에 비해 크게 미달되어 있었다. 하버드와 예일, 프린스턴 등 미국 유수의 대학들은 개신교도들에 의해 설립되었고, 학교 재단 이사회의 상당수가 성직자들로 채워져 있었다. 그러기에 대학의 분위기는 이성을 사용하여 분석 비판하기 보다는 신앙으로 믿고 순종하는 것을 미덕으로 삼는 분위기였다.

카네기 재단을 맡은 M.I.T. 총장이었던 프리체트(Pirtchett) 박사는 이러한 학풍이 학문의 발달을 가로막는다고 생각하여, 카네기재단의 지원을 원하는 대학은 재단이사회에서 성직자들을 모두 내보내야 한다는 조건을 걸었다. 당시 지원 금액은 엄청난 것이었기 때문에 대부분의 대학들은 이사회에서 성직자들을 내보내게 되었다. 그래서 미국의 주요 대학들은 기독교 정신보다는 이성을 중요시하는 자유주의 정신이 주류를 이루게 되었다.

한국교회에 대한 영향

　근본주의자들은 자유주의자들이 득세하는 하버드 대학에서 밀려나게 되었고, 그 후 거처를 예일 대학으로 옮겼다. 그러나 예일에서도 밀려나면서 프린스턴 대학을 중심으로 모였지만, 여기서도 밀려나 1929년 필라델피아에 웨스트민스터 신학대학을 설립했다. 한편 복음주의자들은 그들의 신학을 체계화하기 위해 1947년에 훌러 신학대학을 세웠다.

웨스트민스터 신학대학의 근본주의적 신학이 한국에서 총신대를 중심으로 한 보수교단 신학에 지대한 공헌을 하였고, 훌러 신학대학의 복음주의는 한국의 선교학과 교회성장학의 신학적 기반이 되었으며, 프린스턴 신학대학 출신들이 장신대 등 한국의 자유주의 신학에 큰 영향을 미치게 되었다. 그러나 한국에서 말하는 자유주의는 엄밀히 말해 신정통주의 노선을 말하는 것이다.

이와 같이 복음이 유럽을 돌아서 다시 미국을 통해 한국 땅에 들어오는 동안, 그들의 역사와 문화와 전통들, 그리고 그들의 갈등도 함께 묻어 들어왔다. 그 결과 다시 한국 선교사들은 제3세계 선교지에 가서도 한국교회의 교파 갈등을 그대로 선교지에 뿌리고 있다는 것이다.

이제 한국교회도 130 살이 된 지금 미국이 가져다 준 노선 갈등의 산물을 넘어서 우리 토양에서 난 그리스도의 열매를 거두어야 할 때가 되었다. 잠언에 "너는 네 우물에서 물을 마시며, 네 샘에서 흐르는 물을 마시라."(잠5:15) 한 말씀이 있다. 이스라엘은 가나안에 정착하여 그 땅에서 나는 산물로 제사를 드려야 했듯이, 우리도 우리 우물에서 우리 토양에서 그리스도가 어떻게 재배되어 나오는지 열매를 내놓을 수 있어야 할 것이다.

24. 새로운 대제국의 탄생

미국이 영국의 식민지로부터 독립하는 것은 인류 역사상 처음

124

으로 종교의 자유 즉 정교분리라는 법적 제도로 시작되었다는 것은 세계사적을 매우 중요한 획기적인 사건이었다. 종교가 모든 것을 지배한다는 것은 오늘날에서는 지금 자유민주주의 국가에서 종교의 자유를 가지고 있는 나라에서 사는 사람들은 그 종교의 자유라는 것이 매일 마시는 공기를 별로 중요하게 여기지 못하는 것 같은 것이다. 지금도 일부 아니 상당히 많은 나라에서는 종교의 자유와 선택의 자유가 없거나 보장되지 않으며 태어나면서 자동적으로 종교의 선택이 주어지며 평생을 그 종교의 자유가 없이 오직 받는 종교에 따라 절대적 종교 신앙 생활을 하고 있다. 이 절대적 종교 내에서 태어남과 동시에 부여받은 종교에 대해 아무런 생각도 또는 전혀 생각할 수 없는 다른 생각을 갖는 것은 죽을 만큼의 죄라고 하는 제도과 법체제 안에서 사는 사람들에게는 두 가지의 생각이 있을 것이다. 아무것도 생각하지 않고 습관적으로 어떤 면에서는 생리적으로 신앙을 가지고 사는 사람들이 있을 수 있고, 어떤 사람들은 왜 주어진 종교만을 자기 자신의 선택권이 없이 종교를 믿고 행해야 하는지에 대한 생각을 가지고 사는 사람의 두 종류가 있을 것이다. 이런 하나님이 인간에게 주신 일반 은혜 또는 인간의 자유의지를 박탈된 삶을 살아야 하는지에 대한 생각을 할 수 있을 것이다.

그런데 이런 전무후무한 신앙의 자유, 종교의 선택의 자유가 국가의 독립부터 법적으로 보장된 권리로 부여받는 나라가 바로 미국의 독립에서부터 종교의 자유와 권리로 헌법에 부여된 최초의 나라가 된 것이다.

물론 그런 나라가 전혀 없었던 것은 아니다. 영국의 국교인 성공회의 국가 체제 안에서 영국의 퓨리탄, 또는 프로테스탄트라고도 하는 청교도들이 메이플라워호를 타고 건너온 102명의 청교도들이 건너온 것도 종교의 자유를 위해 건너온 것이지만 그전에 벌써 영국에서 그들은 종교의 자유를 원했었고, 또한 그 이전에 네덜란드에서도 캘뱅주의자들이 카톨릭에 대한 독립운동으로 종교의 자유를 얻어 독립했다. 또한 스코틀랜드에서는 장로교의 청교도들의 종교의 자유가 영국 잉글랜드보다 더 일찍 장로교제가 확립되는 종교의 자유가 이루어졌었다. 그리고 또한 그전에 중세시대에 스페인에서도 한때 국왕이 이슬람교도, 유대인, 카톨릭 등에 이교도들에게 종교의 자유를 부여했던 적이 있었다.

이는 더욱 스위스 제네바에서 존 칼뱅주의자들이 이단으로 취급 받으면서도 종교개혁을 이루어가는 과정에서 신개혁교회 목회를 하였던 역사가 있었기 때문에 그런 종교개혁이 계속 이어져 가는 과정으로 진행되고 있는 현상인 것이었다.

모든 종교의 개혁은 어느날 어떤 특정인으로 인하여 갑자기 나타난 현상이 아니라 잘 모르는 사이에 우리 신앙인의 영혼에서 싹뜨기 시작한 그 싹이 아무런 소리도 없이 흩어지고 뿌려져서 하나님의 전적 권능의 섭리와 절대적 은혜와 경륜으로 이루지고 있었던 것이다. 교회에 나가지 않는다고 감옥에 가거나 어떤 핍박이나 박해 또는 손해를 보는 것이 없으며 이단을 믿는다고 세금을 더 많이 내야하거나, 불교를 믿거나, 미신을 믿거나, 아무런 규제나 비판을 받지도 않는다는 것은 지금으로써는 별로 이상하지도 않고 오히려 종교의 자유를 말하고 언급하는 것 자체가 이상할 것이다.

그러나 이런 종교의 자유와 권리가 이루어지기 시작한 것은 그리 멀지 않았다. 1700년대 그러니까 1776년 미국이 독립하기 전에까지만도 세계의 몇 나라만제외하고는 종교를 선택할 자유와 권리가 전혀 없이 그리고 그 종교 행위에 복종하지 않으면 죽음을 당해야 하는 시대에 살았던 온 인류였다. 그리고 절대적 통치자가 바뀌면 또한 그 통치자의 종교를 무조건적으로 완전히 따라야 하는 것이 당연시 되었다. 그리고 절대 군주제에서는 모든 생활, 사상, 양심, 과학, 기술, 학문, 등 자연 현상까지도 그 절대 군주에 따라야 했던 시대였다.

교황의 친구 갈릴레오는 지동설을 주장했지만 지구는 평평하기 때문에 계속해서 가면 낭떠러지에 떨어진다는 설을 부정하여 죽음을 택할 것인지 아니면 자기의 주장을 철회하고 교회의 설을 따를 것인지 택해야 할 때, 지동설을 철회하기까지 했다. 양심도, 철학도, 과학도, 자연 현상도 모두 교회가 말하면 그것이 우주의 질서가 되고, 자연 현상이 되고 진리가 되는 시대였다.

우리나라도 1948년 제헌헌법에 의해 처음으로 법적으로 종교의 자유가 헌법으로 보장되었다. 조선왕조는 유교가 국교로 정하여 있었다.

미국의 독립 이전, 세계의 정치와 종교의 관계

기독교는 처음에는 유대인의 유대교로 출발하지만 이스라엘은 로마의 식민지 상태에서 AD 70년 로마에 의해 예루살렘 성전이 파괴된 후에 유대교로부터 예수님이 오심으로부터 본격적으로 분리된 기독교는 유대교로부터 이단으로 박해를 당하였고, 또한 로마로부터도 황제 숭배 등을 거부함으로 인해 박해를 받은 등 기득권력인 유대교와 제국인 로마 양쪽 세력으로부터 심한 박해와 탄압의 대상이 되었다. 물론 유대교도 로마제국으로부터 탄압을 받는 것은 마찬가지였다. 유대교도 로마황제숭배를 우상숭배로 받아들이지 않았기 때문이었다. 그러나 상당한 유대인들은 많은 개종자들과 겉으로만 나타내는 유대인들이 있었다. 그리고 그들은 또한 이방으로 흩어져 갔다.

로마는 기독교인들을 300년동안 모질고 악질적인 핍박으로 수많은 기독교인들과 유대인들을 죽음으로 희생시켰다.

그러나 AD313년 콘스탄티누스(재위 306~337) 황제가 기독교를 공인한 이후는 기독교가 로마의 하나의 종교로 공인정되었다. 그러나 AD 380년에 테오도시우스 1세 황제의 데살로니카 칙령으로 기독교를 로마의 국교로 선포하였다. 이로 인하여 정교일치로 기독교를 유일 종교로 종교의 자유가 없어졌다. 기독교는 제국의 유일 종교로 모든 지원과 대우를 받는 종교로 채택되었다. 한편으로는 기독교의 모든 정통성과 이단의 기준을 국가(정치권력과 종교권력)가 결정하게 되었다. 같은 기독교라고 할지라도 생각이나 교리나 학설이 다를 경우 이단이라고 인정되면 감옥이나 죽음을 피할 수 없었다.

1453년에는 동방교회와 서방교회로 분열하였다. 즉 콘스탄티노플을 중심으로한 동방정교회와 로마를 중심으로한 기존 교회는 로마 서방교회를 분리되었다.

이는 신앙 종교가 그 지배 지역을 중심으로 그 지역에 사는 사람들은 무조건적을 그 지역을 지배하는 지배 권력에 따라서 종교를 믿어야 하고 다른 종교의 선택의 자유가 없었다. 그 선택을 한다는 것은 이단으로 처벌을 받거나 감옥이나 죽음을 당해야 했다.

이러한 종교적 정치적 체제가 1517년 루터의 종교개혁 때까지 유지되어 왔으나 루터, 쯔빙글리, 칼뱅, 등 종교 개혁자들의 목숨을 건 순교자들의 희생으로

1555년 아우구스부르크 종교회의에서 영주의 종교를 그 지역의 종교로 정하고 카톨릭과 루터교만 인정하는 타협이 이루어졌다. 사람이 태어나면 그 태어난 지역의 영주의 종교를 무조건 따르게 했다. 그 영주가 카톨릭이면 카톨릭을 믿어야 하고, 태어난 곳의 영주가 루터파 기독교이면 루터파 기독교를 믿어야 했다. 그러니까 카톨릭과 루터파 두 개의 종교만 허용했다. 그 영주의 종교를 따르지 않을 경우는 그 사는 영주의 지역에서 떠나야 했다. 즉 영주는 두 기독교 교파 중에서 하나 만을 택해야 했다.

1648년에는 30년 전쟁이 끝나고 1648년 베스트팔렌 조약으로 카톨릭과 루터바 외에 칼뱅파도 인정하게 되었다. 이로 인하여 3개 파로만 선택하게 하였다.

자기가 거주하는 곳의 교파가 싫은 경우는 자기가 원하는 교파의 지역으로 이사할 수 있는 이사 거주 이전의 자유가 허용되었다. 이 3 종파 이외의 다른 종파를 믿는 것은 모두 이단으로

규정하였으며 심한 박해를 하였다. 정부가 공인한 종교를 믿지
않을 경우는 심한 사회적 경제적 불이익과 차별을 받았으며 신
체적 처벌도 하였다. 영국에서도 영국의 국교인 성공회를 따르
지 않은 교파는 많은 박해와 핍박 등 경제적 사회적 불이익을
당하였다. 성공회 대학은 옥스퍼드대학으로써 공직이나 국가직
을 독차지했다. 그러므로 성공회 이외의 교파를 믿는다는 것은
심한 불이익을 받아야 했다. 어떤 국가적 자격조차도 무시되었
다. 성공회 신부이자 감리교 창시자인 존 웨슬리의 가문은 원래
청교도 목사 집안이었다.

 영국의 청교도는 회중교회, 장로교회, 침례교회, 퀘이커로 분화
되었다. 또 다른 한편으로는 일부 청교도들이 미국 등 다른 지
역으로 이주하여 자기들의 신앙의 자유를 찾아 다른 나라로 이
주하였다. 이는 선교로 보아야 할 것이다.

1620년 영국의 박해를 피해 '메이플라워'호를 타고 미국으로
건너간 청교도들을 통하여 영국은 미국의 버지니아주를 시작으
로 식민지를 건설하게 되었다.

 그 당시 영국의 엘리자베스 1세는 처녀였기에 그 별명을 따서
유래한 첫 번째 주 이름을 버지니아주로 명명했다. 물론 엘리자
베스 1세는 죽을 때까지 처녀로 결혼하지 않았고 영국 역사상
가장 명망있고 훌륭한 왕으로 기록되고 있다.

 메이플라워호를 타고 가려고 하였던 곳은 버지니아였으나 폭
풍으로 인하여 극심한 고생 끝에 마음대로 항해롤 할 수 없어
도착한 곳이 메사추세츠의 플리머스에 도착하였다. 그 후에 영
국의 청교도들을 중심으로 로드아일랜드, 코네티컷, 등 동부에

13개의 식민지를 건설하게 되었다. 이러한 시기에 영국 내에서는 국교인 성공회와 청교도간의 갈등과 전쟁이 100여년간 계속되었다. 이러한 국내 사정은 식민지에 대한 통치에 별다른 관심을 갖을 수 없는 형편이어서 다른 한편으로는 미국의 식민지에 있던 청교도들은 더욱 신앙의 자유로운 상태에서 청교도들의 신앙의 비젼을 실현하기에 좋은 환경과 여건이 되었다.

1688년에는 영국에서 명예혁명이라는 대 변혁이 일어나 시민혁명으로 청교도 세력인 의회에 의해 카톨릭 세력인 '제임스 2세가 물러났으며 이후 의회민주주의 발전의 기초가 되었으며 성공회 이외의 다른 교파의 자유가 법적으로 허용되는 시대가 도래하였다.

이후 영국은 국내 정세가 안정되면서 식민지에 대한 관심이 고조되어 다른 열강들과 식민지 개발에 열을 올리게 되었다. 다른 식민지를 가지고 있던 스페인, 포르투칼 등은 남미로부터 금, 은 등을 가져오고 있었지만 영국은 미국 땅에서는 금, 은이 나오지 않아서 어려운 영국 국가 재정을 미국 식민지에서 세금으로 재정을 충당하려고 하였다. 그리하여 각종 모든 서류발행에 대한 인지세와 설탕, 차 등에 세금을 과도하게 매김으로 인한 불만이 고조되었으며,

1701년에 설립된 영국 성공회의 식민지 전도를 위한 선교단체 S.P.G(복음전도협회)가 미국 버지니아주와 남부의 광활한 땅에 비해 (지역에 정착한 영국 성공회 땅에 비해) 너무 부족한 사제들의 수를 영국 본국에 선교를 위한 옥스퍼드 대학 출신의 사제들을 파견하여 줄 것을 요청하여 영국 정부의 적극적 지원

아래 미국 식민지역에 많은 교회 설립과 지원으로 대대적인 세력을 확장하여 북쪽의 기존 청교도들의 지역까지 그 세력이 확장됨에 위기감을 느끼며 본국에 대한 불만이 더욱 더 증폭되어 갔다. 먼저 정착한 북부의 청교도 지역에서는 장로교회, 회중교회, 침례교회, 퀘이커교회 등은 위기와 함께 불만이 쌓여 갔다. 이미 이 종파들은 각각 자기 지역별로 확고한 세력을 차지하고 있었던 형편이었다. 그러나 세금을 많이 내면서도 영국에 의회에 대표도 보내지 못하고 있었다. 자기들의 권리를 주장하여 영국 본국에 반영하거나 의사를 전달하고 관철시킬 아무런 기회도 갖지 못하고 있던 때였다.

한편 성공회는 미국 식민지에서의 세력과 지역이 확장되면서 식민지 성공회는 본국의 본부에서 독립된 별도의 미국의 성공회 본부를 설립할 것을 주장하였다. 이는 기존 장로교, 회중교회, 침례교회, 퀘이커교회 등 개신교는 교세가 앞으로 성공회에 위협과 또 본국 영국에서처럼 어떤 피해 또는 박해를 받지 않을까 하는 두려움에 영국으로부터 정치적 독립의 필요성을 갖기 시작하였다.

1776년 7월 4일 영국의 식민지 13개 주가 모여 영국으로부터 독립을 선언하게 되었다. 이제 영국 군대와 전쟁의 양상으로 변하게 되었다. 그러나 남부를 중심으로 한 성공회는 본국인 영국 편을 들게 되었다. 이후 8년간에 걸친 전쟁 끝에 1783년 9월 3일 영국과 프랑스로부터 '파리 조약'을 거쳐 완전한 독립국으로 인정받게 되었다. 미국의 독립운동에 반대한 남부를 중심으로한 성공회 모든 교회와 사제 등 미국지부는 모두 영국 본국으로 피신 철수하고 미국에서 성공회는 반국가 단체로 규정 되었다.

이에 성공회 내에서 존 웨슬리의 신앙 교리를 지지하던 작은 신앙조직 교파로 있었던 교인들은 미국에서 '감리교'를 설립하여 감리교라는 새로운 교파를 형성하게 되었다. 한편 미국에 남아있던 성공회는 영국의 성공회와의 완전한 단절을 선언하고 '미국성공회'라는 독립된 새로운 종파가 탄생하게 되었다.

미국의 청교도가 중심이 되어 영국과의 독립전쟁을 치렀던 청교도 목회자들이 독립 국가의 정치 체제와 모든 분야에서 상당한 역할을 담당하게 되었다. 이는 칼뱅주의 신앙 원리가 적극적으로 현실 세계에 도전하여 개혁하고 변혁하는데 앞장서는 결과를 가져왔다. 이런 가운데에 버지니아 출신의 학자이며 정치가인 토머스 제퍼슨(Thomas Jefferson, 1743~1826)은 미국의 독립 선언서의 기초를 작성하였으며 미국의 3대 대통령으로 지낸 인물인데 그는 성공회 출신이지만 이신론적이며 이성적인 신앙을 견지하여 신앙의 자유를 담은 법안을 1786년 1월에 '종교적 자유를 확립하기 위한 법안'을 내면서 공직자들애 대해 종교적 판단 금지와 국가 공식 종교 사상을 거부한다는 내용을 연방 헌법에도 적용하였다. 1787년 미국 최초의 헌법에서 '미국의 어떤 공직자도 그 직무를 맡기 위한 조건으로서 종교상의 심사를 받을 필요는 없다'는 것을 적시하게 되었다.

1791년 미국은 1차 수정 헌법을 공포하였다. 내용은 '미국의회는 종교를 국교로 정하거나, 자유로운 신앙행위를 금지하거나 언론 또는 출판의 자유를 제한하거나, 인민의 평화롭게 집회할 수 있는 권리와 불만사항의 시정을 위해 정부에게 진정하는 권리를 제한하는 것에 대한 법률을 제정해서는 안 된다.' 라는 제1차 수정헌법을 제정하여 온전한 종교와 신앙의 자유를 보장하였다.

청교도 제국의 탄생

종교와 정치가 하나 되었던 중세의 체제에서 극심한 회의를 느꼈던 시대에서 16세기~17세기 과학 시대와 자연의 천체 상황에ㄷ 대한 천제 물리학자들의 출현으로 만유인력 등 계몽주의 사상과 이신론과 지성주의 현상이 일어나면서 자연의 섭리와 함께 이런 자연의 섭리가 인간에게도 그대로 동일하게 적용되는 현상을 이해하면서 종교를 떠난 이성주의와 합리주의, 과학의 발달로 인본주의적 지성과 감성, 이성을 중시하는 사상과 철학, 문학, 과학, 예술, 물리, 수학, 천문학 등의 문예부흥의 역사가 시작되었다. 한편 종교적으로는 지난 종교 기독교가 중세 암흑의 역사를 청산하고 새로운 시대에 따른 종교의 개혁 운동이 일어났다.

뉴튼의 영향을 받아 철학자 칸트(1724~1804)와 같은 인물이 등장하여 합리적 이성주의 사상이 주류를 이루는 계몽주의 시대가 되었다. 이에 따라 성경도 신학도 교회도 이성과 합리적 기준과 가치를 중시하고 해석하는 계몽주의 시대의 교회로 변모하기 시작했다. 즉 이신론(理神論 deism)으로써 18세기 계몽주의 시대에 성서를 비판적으로 연구하여 계시와 기적을 부정하거나 의미를 축소시키고 기독교의 신앙 내용을 오로지 이성적인 진리에 한정시킨 합리주의 신학과 그 신앙 믿음으로 보는 것이었다.

 이러한 신앙적 조류 시대에 이성으로는 이해할 수 없고 이해될 수도 없고 설명될 수 없는 성령의 역사를 체험하는 현상들이 일어난다. 특히 이성주의 신앙을 이끄고 있는 지성적이며 지적이 당시의 사제들, 목회자들에게 강력하게 임함으로써 새로운 신비로운 능력인 성령의 시대가 임하게 됨으로써 신앙과 신학의 새로운 도전의 역사가 있게 되었다. 신앙, 믿음이 지식과 합리적 사고와 철학, 학문적인 머리에서 오는 것이 아니라 체험적 신앙인 마음과 가슴에서 나오는 믿음의 신앙을 거역할 수 없는 신앙 운동이 일어났다. 표적과 이적이 역사가 일어남으로써 부흥 운동이 일어나게 되었다. 이러한 부흥운동은 영국에서 일어나 1607년에서 1776년까지 영국의 식민지 였던 미국으로 전해졌다.

 이러한 부흥 운동은 미국에서 불이 따올랐다. 이는 영국의 청교도가 영국의 식민지인 미국에서 대각성 부흥운동으로 승화하는 역사가 일어났다.

 청교도(淸敎徒)Puritan는 영국의 국교인 성공회에 반발하여 칼뱅주의의 투철한 개혁을 주장한 개혁 신교의 하나이었다. 칼뱅 등이 주장한 성경 중심적 신앙으로 당시 카톨릭에서는 이단으로 규정된 신앙이었다.

 영국 성공회의 출발과 기원은 헨리 8세의 이혼문제로 인해 로마 카톨릭으로부터 독립한 영국의 국교로 카톨릭의 전통을 유지하되 신학은 칼뱅주의를 이어 받았다. 즉 예전과 형식은 로마 카톨릭을 따르지만 신학은 믿음의 내용은 성경 중심적인 칼뱅주의 신앙을 따르는 것이다. 하드웨어는 카톨릭이지만 컨텐츠는 칼뱅주의인 것이다. 즉 via media이다.

헨리 8세의 뒤를 이어 9살에 왕위에 오른 에드워드 6세는 헨리 8세 세 번째 부인 '제인 시모어'의 아들이었다. 나이 어린 왕 에드워드 6세의 섭정을 맡은 개신교 칼뱅주의의 '서머셋 공(公)'으로 인하여 개신교 위주의 정책을 취하므로 인하여 카톨릭을 박해하게 되었다. 그러나 에드워드 6세는 16살의 나이로 세상을 떠났다. 이로 인하여 전왕(前王) 헨리 8세의 첫 번째 부인으로 아들을 낳지 못한 스페인 왕가 '합스부르크' 가문 출신인 '캐서린 왕비'의 유일한 혈육인 딸 '메리' 메리 1세가 왕위를 계승하게 되었다. 이에 메리 1세(1516~1558) 여왕은 다시 캐톨릭의 부활을 추진하여 전에 에드워드 6세의 개신교를 박해하여 개신교인의 300여명을 처형하는 피의 역사를 기록하게 되었다. 이로 인해 메리 1세를 '피의 메리'라고도 불렸다.

메리 1세의 죽음의 박해를 피하여 칼뱅주의 개신교의 국가 스위스 제네바로 종교적 망명으로 영국의 개신교들이 피난을 가게 되었다. 제네바는 칼뱅주의 종교 개혁을 이루어 칼뱅주의 개신교의 신정정치 체제를 이루고 있었다.

영국 국왕 헨리 8세가 성공회를 택한 것은 앤 볼린이라는 두 번째 부인과의 재혼을 위해 로마 카톨릭과 결별한 후에 성공회가 시작되었다. 그러나 앤 볼린은 딸 한 명을 낳고 아들을 낳지 못해 간통의 혐의를 받은 후 헨리 8세의 의해 처형된 비운의 왕비였다.

메리 1세 여왕도 오래 살리 못하고 갑자기 죽음으로 인하여 왕을 이을 혈통이 없어 감옥 살이를 하며 핍박을 받고 있던 왕의 유일한 혈통이 비운의 왕비의 외동딸 엘리자베스 1세가 졸지에 왕좌를 계승하게 되었다. 이로 인하여 또한 메리 1세 때 핍박으로 스위스 제네바에 망명했던 칼뱅주의 개신교도들이 영국으로 돌아오게 되었다. 이는 엘리자베스 여왕이 종교의 관용을 시행하였기 때문이다. 그러나 영국의 엘리자베스 여왕은 성공회를 국교를 정하였다.   제네바에서 돌아온 칼뱅주의 개신교 청교도들은 성공회의 카톨릭적 요소를 깨끗이 청소하려고 하는 것에 대한 비아량으로 '너희는 얼마나 깨끗하냐?', '너희는 얼마나 정결하냐?', '청교도들은 얼마나 청소(정결)를 잘 하느냐?'는 비아냥으로 불리던 이름이 그대로 정결주의자 puritan(purify 정결케하다)이라는 이름으로 불리게 되었다. 퓨리탄 청교도들의 신앙적 비젼(칼뱅주의 신정일치국가)을 국가 체제에 이루고자 하였던 영국은 성공회파와 청교도파들과의 종교전쟁으로 비화되는 경향을 보이게 되었다. 이들은 두 파로 나뉘어 싸우는데 그 가운데는 신학적 이론을 주장하는 주류는 영국 왕실파의 카톨릭적 성공회 기반은 옥스퍼드대학교 출신이 되고 반대파인 영국 의회파인 개신교측은 캠임브리지대학교가 중심이 되었다.

이는 다시 왕실의 국교 성공회와 의회의 청교도의 갈등은 후에 찰수 1세 때에 청교도혁명으로 이어지며 의회의 승리는 영국이 의회민주주의로 발전하는 계기가 되었다.

청교도들 중에 일부는 영국 사회에서 칼뱅주의 신앙 비젼을 이룰 수 없다는 생각을 갖는 사람들이 영국이 아닌 세상에서 신앙의 비젼을 이루는 세상이 어디 없을까? 하는 생각을 갖기 시작했다. 이로 말미암아 영국에서 성공회가 더욱 국교로 공고해지자 청교도들은 성공회에 남아있으려는 비분리파와 성공회를 떠나야 한다는 분리파로 나눠지게 되었다. 그리하여 가까운 네덜란드에 이미 칼뱅주의 개신교파가 종교의 자유를 확립되어 있었기 때문에 네덜란드로 건너갔다. 그러나 네덜란드의 지난친 종교의 자유 뿐만 아니라 자유 분방한 생활에 자녀들의 교육으로 인하여 적응하기 어렵기 때문에 영국으로 다시 회귀하였다.

1607년 영국이 이미 미국에 식민지을 개척했기 때문에 미국 버지니아주에 갈 이민자들을 모집하는데 이에 지원하여, 세워진 영국의 식민지 제임스 타운으로 가서 자기들만의 새로운 백지에 신앙 공동체적 비젼을 새롭게 그릴 새로운 세상new world을 찾아 떠나게 되었다. 즉 미국의 새로운 개척지에 칼뱅주의의 신정일치의 세상을 설립하고자 하는 새로운 비젼을 가지고 출발했다. 그러나 출발부터 온갖 혹독한 폭풍과 파도로 천신만고 끝에 목적지도 모르고 도착한 곳이 어디인지 몰라서 그들이 떠나온 영국의 항구 이름을 따라 '플리머스'라고 명명하였다.

신정일치의 신앙세계를 이루기 위해서는 칼뱅주의 미국 청교도의 주요 방침은

1. 유아세례 이후 중생(重生, 거듭남)의 체험이 있어야 하며
2. 전체 교인 앞에서 중생(거듭남)의 체험을 언제 어떻게 했는지 간증해야 하고 그 간증을 전체 회중이 듣고 투표로 확인하는 절차를 거쳐야 교회의 정회원이 되며, 그 후에는 성찬

과 교회에서 투표권, 선거권, 피선거권이 주어진다는 것이었
다. 이는 하나님을 인격적으로 만나는 체험적 신앙의 중요성
을 강조하며, 이들 정회원에게만 국가 정치의 참정권을 주
어야 한다는 것이었다. 즉 시의회와 주 의회에 나아갈 수 있
으며 그들을 뽑을 수 있는 투표권과 선거권을 부여하는 것
이다. 성경과 성령으로 거듭난 사람이 살아가는 세상을 이루
는 것이다.

그러나 세월이 흐르면서 초대 청교도 1세대의 시대가 지나면
서 이러한 정신은 다음 세대에 이어지지 않았고 또한 이민들은 전
혀 신앙과 관련이 없을 뿐만 아니라 청교도 2세대들은 신앙 자
체를 받아들이는 것이 쉽지 않았다.

1620년 영국 청교도가 미국으로 건너온 후 수십 년이 지나자
영적으 침체되었던 미국 청교도에 성령의 불을 지핀 목사가 있었
다. 그 이름은 테오도러스 플레링후이젠 목사(1691~1747) 목사
인데 그는 1720년 네덜란드에서 뉴저지로 건너온 이후에 침체
된 미국의 청교도에 대각성 부흥 운동을 일으켰다.

이때 길버트 테넌트(1703~1764) 장로교 목사가 미국 1차 대
각성운동의 주역으로 활동하여 부흥운동을 이끌게 되었다. 그의
아버지는 스코틀랜드의 칼뱅파 장로교 목사로써 통나무대학(a
log college) 신학교를 세운 윌리엄 테넌트인데 그 통나무대학
이 오늘날의 미국의 명문 대학교 프린스턴 대학교의 전신이 되
었다. 길버트 목사는 내적 거듭남의 체험을 강조하며 부흥운동
을 일으켰다.

한편으로 조너던 에드워드(Jonathan Edwards, 1703~1758)

목사는 예일대 출신으로 장로교 목사로 미국의 1차 대각성운동의 또 다른 주역이 되었다. 그는 13세의 나이로 예일대에 입학하여 17세 때 최우수 학생으로 졸업하였던 천재 목사였다. 여기에 또 한 목사가 영국의 성공회 본부로부터 조지아에 선교사로 파견되어 미국의 부흥운동을 이끄는 부흥사로 또 다른 주역으로 담당하게 되었다. 그의 이름은 조지 휫필드(George Whitefield, 1714~1770) 였다. 그는 영국 옥스퍼드대학교에서 존 웨슬리를 만나게 되며 존 웨슬리의 동생 찰스 웨슬리는 만나게 되어 서로 신앙의 영향을 나누게 되었다.

존 웨슬리는 옥스퍼드대학교 출신으로 성공회 신부로써 미국에 선교사로 파송되었으나 좌절을 겪은 1738년 런던의 '올더스게이트' 거리에서 '모라비안' 집회에 참석했다가 성령 체험을 경험하게 되었다. '모라비안'의 경건주의 신앙의 영향을 받은 체험을 신앙에 접목하게 되었다. 존 웨슬리는 감리교의 창립을 통하여 이후 영국의 산업혁명으로 빈부의 격차가 심한 사회 현상에서 가난한 사회 소외계층을 위해 헌신하게 되었다.

또한 독일의 할레대학을 중심으로 한 독일의 경건주의 신앙에 큰 영향을 받고 고아들을 위한 고아원과 고아들을 위한 학교를 설립하게 된다. 그리고 유럽 전체의 모든 기독교인들이 노예 상인들이 많았는데 노예제도의 폐지를 주장하게 된다. 산업 혁명의 시대에 공장 노동자들을 위한 노조 설립에도 웨슬리의 감리교인들이 협조하게 된다. 지금도 연말에 거리 헌금을 모금하는 사회구제사업을 펼치는 구세군의 교파도 웨슬리의 제자인 '윌리엄 부스'도 감리교에서 분리된 교파의 하나이다. 우리나라에

서 1948년에 시작한 가난한 자들을 위해 1908년에 미국 캔사
스시티에서 태동한 나사렛교회(성결교단)도 존 웨슬리의 감리
교단에서 본리된 교파이다. '나사렛'이란 뜻은 '가난한 사람들
이 사는 동네'란 의미이다. 경건주의의 뜻은 선을 행하고 실천
주의 신학이다.

 미국의 역사를 돌아보면 이해할 수 없는 신비한 역사를 볼 수
있다. 특히 큰 대륙이 다양한 여러 문제들에 휩쌓여 있는 상황
에서 어떻게 대 신대륙이 하나가 되어 청교도 제국이 될 수 있
었을까? 이는 로마 이후 기독교가 개혁된 청교도의 제2의 로
마제국 같은 새로운 제국이 탄생된 것이다.

 미국은 독립전쟁의 승리로 1776년 독립선언 당시 13개 주를
합친 것보다 훨씬 넓은 면적의 땅을 영국으로부터 얻어냈다.
워싱턴 대통령이 취임하던 1789년 미국의 영토는 현재 미국의
면적에 삼분의 일에 약간 못 미치고, 멕시코 전체를 포함한 나
머지 대부분은 스페인의 지배아래 있었다.

하지만 1800년에 스페인은 프랑스의 나폴레옹과 비밀협정을 맺
고 투스카니(Tuscany)와의 교환조건으로 현재 미국 영토의 삼
분의 일에 가까운 루이지애나를 프랑스에 넘겨줬다. 당시 유럽
에서 승승장구하던 나폴레옹은 그곳에 프랑스 식민지 제국을
건설할 야심을 갖고 있었다. 미국인들은 나폴레옹의 프랑스가
스페인보다 위험한 이웃이라고 생각하여 경계하게 되었고, 3대
대통령에 당선된 제퍼슨은 훗날 5대 대통령이 되는 제임스 먼
로를 1803년에 협상 대표로 임명하여 전략적 요충지인 뉴올리
언스만큼은 미국이 얼마를 지불해서라도 확보하라고 지시했다.

그 사이 카리브 연안에서 우여곡절을 치른 나폴레옹은 영국이 해상을 장악하고 상황에서 루이지애나 식민지 건설을 무리하게 추진할 수 없다는 걸 깨달았고, 영국과의 전쟁이 임박한 상황에서 추가 자금이 필요했고, 만일 루이지애나에서 영국과 대결한다면 크게 불리하다는 걸 알았다. 먼로가 이끄는 협상단으로부터 방문 목적을 들은 나폴레옹은 뉴올리언스뿐 아니라 루이지애나 전체를 싸게 팔 의향이 있다고 제안했다. 그 놀라운 소식을 전해들은 먼로와 프랑스 대사 리빙스턴은 주저할 틈이 없었다. **나폴레옹의 마음이 바뀌기 전에 그 제안을 수락하여 당시 미국의 영토 전체와 비슷한 면적의 루이지애나를 단 6천만 프랑으로 사들이기로 계약했다.**

루이지애나 매입 소식은 두 달 후에야 제퍼슨 대통령에게 전해졌다. 헌법을 엄격하게 해석하고 준수하는 것으로 정평 있던 제퍼슨은 그 소식을 듣고 경악했다. 외국영토 취득과 그곳 거주자에게 미국 시민권을 주는 일은 의회의 동의 없이 대통령이 결정할 수 없다는 것이 명백했기 때문이다. 하지만 루이지애나 매입 소식이 전해지자 국민들은 열광했고, 제퍼슨의 인기는 하늘 높이 솟았다. 의회는 한 마디도 따지지 못하고 루이지애나 매입을 사후에 비준했다. 순식간에 미국의 면적은 두 배로 확장되었고, 루이지애나 매입은 제퍼슨 대통령이 남긴 가장 큰 업적으로 지금까지 기억되고 있다.

루이지에나의 역사
예전 캐나다의 아카디아(Acadia)라는 지방에서 살다가 영국과의 식민지 전쟁에서 패해서 이곳으로 밀려온 프랑스 계통의 혼혈과 프랑스 이주민들이 많으며 이들을 '케이준(Cajun)'이라한다. Acadian에서 A가 빠져 케이전이라고 발음하다가 그 발음이 굳어져서 아예 스펠링도 Cajun이 됐다. 이 케이준 프랑스어에서 파생되어 아프리카 이주민과 미국원주민의 언어가 뒤섞인 형태의 크리올어가 생성됐는데, 현재에는 사용하는 사람들이 아직 5,000명 가량 남아있다고 예측된다. 주도의 이름 배턴루지부터도 프랑스어로 빨간 곤봉(바통루주)이라는 뜻. 하지만 지역 언어/방언이 대개 그렇듯 주로 집에서만 쓰는 관계로 엄연히 공용어인 캐나다와는 달리 불어는 점차 구사자수가 줄고 있다. 케이준 영어 구사자의 튜토리얼을 보면 불어의 영향을 많이 받은 것을 알 수 있다. 루이지애나는 스페인과 프랑스의 지배를 받았던 곳이기 때문에 스페인어 사용자들도 불어와 함께 많이 있다. 그래서 프랑코포니의 참관국이 되었다. 하지만 위기 언어 인 불어와 달리 스페인어는 히스패닉의 급 유입으로 되려 증가 세이며 이미 뉴올리언스의 가게들을 보면 멕시코인 이민자가 주인인 경우가 많이 보인다.

 이 미국 내에 아프리카와 프랑스, 스페인의 문화가 독특하게 합쳐져 탄생한 것이 그 유명한 재즈음악이다. 미국에서 탄생한 음악장르 중 가장 유명하다고 할 수 있는 두 가지가 컨트리 뮤직와 재즈인데, 그 재즈가 이 곳 출신이니 이 지역 사람들은 그에 대한 자부심이 실로 대단하다. 크리올계 재즈아티스트도 대거 나왔다. 대표적으로는 킹 올리버(King Oliver)가 있다. 루이 암스트롱의 멘토였으며, 암스트롱이 "그가 없으면 현재의 재즈는 없었다"라고 할 정도로 재즈의 초창기에 지대한 영향을 끼쳤다. 또 Jelly Roll Morton도 있다. 물론 본명은 아니다. Jelly Roll은 롤케익을 뜻하는데, 당시 흑인 은어로 여성의 성기를 뜻하였다고 한다. 그리고 그 유명한 루이 암스트롱이 있다.

이 동네의 요리는 케이준 요리라고 해서 독특한 풍미를 가지는 것으로 유명하다. 케이준 프라이로 유명한 파파이스 역시 루이지애나에서 사업을 시작해 지금에 이르고 있다.

뉴올리언스 역시 원래는 누벨 오를레앙으로, 프랑스 파리 남쪽에 위치한 오를레앙이라는 도시를 기원으로 뉴욕과 같은 방식으로 만든 이름이다. 지방행정의 단위도 카운티County가 아닌 패리시Parish(교구, 사목구를 의미)라는 단어를 사용하며, 주법도 미 50주 중 유일하게 영미법이 아닌 대륙법을 기반으로 한다. 게다가 이곳은 단위 체계도 미국 단위계가 아닌 미터 법을 사용한다! 다만 도로 표지에는 다른 주와 혼동 방지를 위해 마일을 쓰는 듯. 참고로 미국에서 유일하게 미터법만 쓰는 도로는 루이지애나가 아닌 엉뚱하게도 애리조나에 있는 인터스 테이트 하이웨이 19번이다.

그리고 스페인의 영향으로 뉴 이베리아라는 도시도 있고 스페인계 미국인들이 잔존하고 있다. 이 주의 소유권이 스페인 왕위계승 전쟁과 영불전쟁, 그리고 미국 독립 등으로 뒤죽박죽이라 스페인과 프랑스가 계속 서로 토스해 온 곳이다.

미국 내에서도 프랑스적인 분위기와 프랑스 식민지였던 아이티사람 등의 유입이 많아 독특한 분위기를 자아내는 곳으로 인식되고 있고, 3월 달에 뉴올리언스에서 벌어지는 마디 그라 축제는 이곳을 대표하는 관광 상품으로까지 자리를 잡았다. 아이티 인들의 유입 영향으로 부두교에 대한 이미지가 겹치면서 부두교가 관광 상품으로 자리 잡기도하고, 프랜치 쿼터라는 명소가 있다. 얼마나 프랑스적인 것과 연관이 많다는 것을 알 수 있 는 대목이다. 아메리칸 프랜치 루이지애나 밴드 오브 브라더스 에서 나온 의무병 유진 로가 이곳 출신이다. 더 자세히 말하자면 프랑스계 백인과 원주민의 혼혈이다.

히트맨: 블러드 머니의 "까마귀 살인자(The Murder of Crows)" 미션은 이곳의 마디 그라 축제를 배경으로 한다. 과거 루이지애나 전역이 그렇듯 여기도 당연 미시시피 강이 지난다. 미시시피 강의 하구가 여기에 있다.

16세기 초반 스페인 탐험가들에 의해 처음으로 발견되었으며 17세기 프랑스 탐험가들이 들어오면서 식민지화가 시작되었다. 스페인이 명목상으론 갖고 있었으나 프랑스인의 이민을 허용했고 프랑스인들이 미시시피 강을 따라서 정착을 시도한다. 물론 대부분 척박한 땅이라 실제로는 그렇게 많이 정착은 못하고 해안지대에 머물렀던 것이 전부다. 어쨌든 1700년 스페인 왕위 계승 전쟁으로 프랑스 왕 루이 14세가 손자 펠리페 5세를 새 스페인 왕으로 올리자 스페인이 그냥 줘버린다. 그리고 다시 7 년 전쟁에서 대판 깨진 프랑스가 스페인에 도로 넘기고, 나중에 는 다시 프랑스가 반환받다가 미국에 팔아 치운다. 말 그대로 토스.

한편 1803년 나폴레옹 1세는 1500만 달러를 받고 루이지애나

주를 미국에 팔았다. 물론 최종적으로는 이자 지불 등을 통해 2700만 달러 이상이었지만 214만 제곱킬로미터가 넘는 땅의 가격 치고는 너무 쌌다. 한반도 면적이 22만 제곱킬로미터 정도니까 그 크기를 미루어 짐작할 수 있을 것이다. 물론 이러한 판매 과정에는 프랑스와 영국, 스페인, 미국의 이해관계가 얽혀 있었지만 나폴레옹으로서는 역사상 가장 놀라운 토지 매각을 결정했고, 이는 200년이 지난 지금까지 세계 역사를 전혀 새로운 방향으로 이끌고 있다.

　그런데 더욱 놀라운 사실은 그 무렵 루이지애나를 손에 넣고 있던 나폴레옹에게 땅을 팔라고 요청한 미국 제3대 대통령 제퍼슨은 뉴올리언스만을 구입 대상으로 삼았다는 것이다. 지금의 루이지애나는 미국 남부의 한 주에 불과하지만 그 무렵의 루이지애나는 훗날 루이지애나·미주리·아칸소·아이오와·노스다코타·사우스다코타·네브래스카·오클라호마 주를 포함하고, 캔자스·콜로라도·와이오밍·몬태나·미네소타 주 등의 지역 대부분을 포함하는 상상할 수조차 없는 드넓은 땅이었다. 그런데 왜 나폴레옹은 작은 부분을 원하는 미국에게 그토록 큰 땅을 거저나 다름없는 가격으로 넘겼을까?

　사실 나폴레옹은 그 무렵 사사건건 대립하고 있던 영국을 염두에 둔 결과 영국과의 싸움에서 이길 자신이 없었다. 그렇다면 이 땅을 영국에 빼앗기느니 싼 값에 팔아 이득도 챙기고 미국의 환심도 사는 편이 낫다는 판단에 이른 것이다. 이 소식을 들은 제퍼슨은 깜짝 놀라 주저하고 있었는데 여론이 전체 땅의 매입을 원하는 방향으로 흘러가자 돈이 없지만 모두 사기로 결정한 것이다. 하지만 그 땅에 살고 있던 인디언까지 산 것은 아니어서 미국인들은 덤으로 딸려 온 인디언들을 대부분 살육하고 만다.

루이지애나라는 이름은 당시 프랑스 국왕이던 루이 14세의 이름을 따서 지어진것. 그 영역은 요새로 엄청났으나 실제로 개발된 땅은 얼마 되지 않았다. 그 당시엔 "누벨프랑스(영어식으로는 뉴프랑스)"라고 불렸다. 당시 누벨 프랑스는 프랑스령 캐나다와 미국의 중서부를 모두 포함한 훨씬 넓은 땅이었고 자연스레 미국 중서부로 프랑스계 캐나다인들이 들어온다. 대표적 인물이 캐딜락의 이름 모티브가 된 카디약.

게다가 7년 전쟁의 결과로 프랑스는 북미,인도에서 모두 철수하게 되고 현재의 지금의 캐나다 퀘벡, 미국 중부와 중서부에 이르는 광활한 영토를 북쪽과 미시시피 강 동부의 영토는 영국에게, 미시시피 강 서부의 영토는 스페인에게 모두 할양했다. 그러나 나폴레옹 전쟁의 와중 1800년 프랑스가 스페인과의 조약을 통해 미시시피 서부의 옛 루이지애나 영토를 돌려받은 것. **나중에 토마스 제퍼슨 때 나폴레옹 보나파르트에 의해 1803년 미국에 단돈 1500만 달러(7800만 프랑) 루이지애나가 팔리면서 미국의 영토가 되었다.**

미국이 프랑스로부터 매입한 루이지애나는 지금의 '루이지애나 주' 수준의 자그마한(?) 땅이 아니다. 현재 미국 영토의 3분의 1이상이다. 미국의 상하로 중앙 부분이 전부 루이지애나였다. **214만km2였다.** 한반도의 면적이 22만km2이고, 남한의 면적이 10만km2인데, 한반도의 10배, 남한 땅의 20배이다. 당시 미국이 프랑스 나폴레옹으로부터 산 땅이 미국 영토는 거의 두 배가 되었다. 알래스카의 경우와 동일하다. 한편 주로서의 루이지애나는 1812년에 승격되었다.

루이지애나 주지사 일람은 역대 루이지애나 주지사 문서 참조. 재커리 테일러 전 대통령의 정치적 기반이다. 성향은 공화당 텃밭.

루이지애나의 선거 방식은 미국 내에서도 매우 독특하다. 각 정당의 경선이나 후보단일화가 주 법상 불법이다. 이 때문에 출마 의사가 있는 모든 사람은 루이지애나 주에서 시행되는 모든 선거에 의무적으로 출마해야 한다. 한번 후보 등록을 하면 후보 사퇴도 불가능하다. 루이지애나는 결선투표제를 시행하고 있다. 그러니까 1차 선거에서 50%를 넘은 사람은 무조건 당선이고, 1차 선거에서 50%가 되지 않으면 1, 2위가 결선투표를 시행한다. 이 때문에 같은 정당에서 1차 선거에서 1, 2위를 차지하여서 결선투표도 가능하다.

한편 1819년에는 스페인과 대륙횡단조약을 맺으며 텍사스에 대한 주권을 스페인에 인정하는 대가로 플로리다를 넘겨받았다. 그러나 미국 대륙에서 가장 큰 주인 텍사스는 스페인 정착지로 시작해 미국인과 멕시코인 들의 이주지로 성장했는데, 멕시코 정부는 이를 식민도시로 지배하려고 했다. 그러나 미국인들은 이를 거부했고, 놀란 멕시코 정부에서는 급기야 군대를 파견해 백인의 이주를 금지시켰으나 1835년 새뮤얼 휴스턴이란 백인이 멕시코 정부의 조치에 반대하며 텍사스 임시 정부를 세웠다. 이후 텍사스 주민들은 독자적인 정부 수립을 추진했으나 결국

1845년 미국의 한 주로 귀속되고 말았다.

1846년에는 오리건 지역을 병합하면서 서북부로 영역을 넓혀나갔다. 또한 1848년에는 **1500만 달러를 주고 캘리포니아를 구입**했으나 실제로는 멕시코로부터 드넓은 땅을 약탈해 귀속시킨 것이나 다름없었다.

북미 대륙에서 스페인의 영향력은 19세기 들어서 급격하게 축소되기 시작했다. 1811년에 멕시코 독립전쟁이 시작되었고, 1817년에는 플로리다에서 세미놀 전쟁이 일어났다. **그 이후 플로리다는 힘 빠진 스페인에게 짐 같은 존재로** 변했다. **멕시코의 독립이 확정되던 1821년 미국은 스페인에게 플로리다 전체를 거의 공짜로 넘겨받았다.**

1821년 스페인으로부터 독립에 성공한 멕시코의 땅은 현재 멕시코 영토뿐 아니라 현재 텍사스, 캘리포니아, 뉴멕시코, 네바다 주를 포함하고 있었습니다. 그중에서도 광대하고 비옥한 텍사스 지방은 루이지애나와 남부 개척자를 유혹하는 대상이었다. 당시 텍사스는 멕시코의 땅이었지만 멕시코인들이 거의 살지 않았다. 새로 출범한 멕시코의 정부는 미국인들의 이주를 장려하여 텍사스를 개척하려는 미국인들에게 토지를 분양하고 세금도 감면해주겠다고 약속했다. 이에 따라 미주리 주 세인트루이스에서 은행업을 하던 모제스 오스틴(Moses Austin)은 1821년에 자신과 친분이 있던 멕시코 관리에게 미국인 300가구의 이주허가를 신청해 즉시 승인받았다. 하지만 모제스 오스틴은 곧바로 사망했고, 아버지의 사명을 이어나가야 한다는 어머니의 설득에 모제스의 아들 스티븐 오스틴이 그 사업을 계승했다.

일부는 노예를 대동하고 텍사스에 이주한 이들 300가구에게 가구당 177에이커의 경작지와 4,428에이커의 목초지 그리고 세금면제 특권이 부여되었다. 옥수수를 비롯한 여러 곡물들은 심기만 하면 잘 자랐고, 사냥감도 풍부했다. 이주자가 지켜야 할 조건은 가톨릭 신도라야 하고, 멕시코제국의 법률을 준수하며 자치를 시행한다는 것뿐이었다. 그 이후 스티븐 오스틴을 정신적 지도자로 하여 10년 동안 2만 명이 넘는 미국인들이 텍사스에 정착했고, 멕시코인들과 아메리칸 원주민들도 서서히 모여들기 시작했다.

가까스로 독립한 멕시코 제국은 3년 만에 쿠데타로 무너지고 1824년에 멕시코 연방공화국이 탄생했고, 그 이후로도 쉴 새 없이 쿠데타가 일어나 정부가 수시로 바뀌었다. 정부가 바뀔 때마다 텍사스에 대한 정책도 함께 바뀌었다. 공화국 출범 이전 멕시코 제국과의 계약은 수시로 무효화 되어 1830년 이후 세금 징수와 토지 문제로 이주자와 멕시코 당국 사이에 빈번한 분쟁과 충돌이 발생했다. 1834년에 산타 안나(Santa Anna)로 불리는 독재자 안토니오 로페즈 장군이 멕시코의 실권자가 되었다. 산타 안나는 스티븐 오스틴을 체포하여 멕시코시티에 감금했고 텍사스에 난폭한 군정을 실시했다. 오스틴은 1년 후에야 풀려나서 텍사스로 돌아올 수 있었다. 결국 1835년 10월 텍사스는 산타 안나의 폭정에 맞서 공화국을 선포하며 독립을 선언했다. 텍사스의 독립전쟁은 약 6개월간 이어졌고 그 중에서 가장 유명한 알라모 전투는 아직까지도 빈번히 책과 매스컴에 등장하여 미국의 영웅 신화처럼 추앙되고 있다.

알라모 전투는 1836년 2월 샌안토니오의 알라모에서 약 200 여명의 텍사스의 민병대와 산타 안나가 직접 지휘한 4,000여명의 토벌대 사이에 벌어진 격렬한 전투이다. 알라모는 요새처럼 전체가 두꺼운 성벽으로 둘러싸인 예배당, 수녀원, 수도원으로 구성된 전도소이다. 텍사스 민병대는 20배가 넘는 인원에 장총은 물론 각종 대포까지 갖춘 토벌대와 맞서 알라모에서 13일 동안 영웅적인 방어전을 전개했지만 대부분 전사했고, 사로잡힌 5명은 산타 안나의 명령으로 처형되었다. 알라모에서 민병대가 완전 포위되었다는 소식을 들은 오스틴은 미국에게 지원을 요청했으나 냉담한 반응뿐이었다. 하지만 알라모에서 민병대들의 장렬한 전사 소식이 미국 전역에 전해지자 여론이 들끓었고 텍사스 독립전쟁의 분위기는 반전되었다. 미국 각처에서 성금과 물자로 텍사스를 지원했고, 미국 전역의 젊은이들이 텍사스 민병대에 합류했다.

텍사스 독립전쟁 당시 민병대장은 샘 휴스턴(Sam Houston)이었다. 파란만장한 영광의 삶을 살았던 휴스턴은 1793년 생으로 스티븐 오스틴과 동갑이고, 20살의 젊은 나이에 영미전쟁에 참가해서 큰 부상으로 죽을 고비를 넘긴 군인 출신으로 고위 장교로 제대한 후 정치에 입문하여 30살에 연방 하원의원에 당선되었고, 임기를 마친 후 테네시 주지사에 당선된 경력이 있었다. 추문에 휩싸인 후 재판까지 받아 커리어에 큰 흠집이 생기자 샘 휴스턴은 1832년에 텍사스로 정치적인 망명을 한 상태였다. 텍사스 독립전쟁에서 휴스턴은 소장 계급으로 민병대 중에 가장 선임자가 되었다. 알라모 전투 이후 텍사스 민병대의 전력은 크게 보강되어 샘 휴스턴이 직접 지휘하는 민병대는 1836년 4월 수적인 열세를 딛고 San Jacinto에서 멕시코의 군대를 크게 격파하고, 산타 안나를 포로로 잡았다. 당시 멕시코 공화국의 총통이던 산타 안나는 자신의 석방을 조건으로 텍사스의 독립을 허용했다.

텍사스는 독립하여 공화국이 되었고, 1836년 대통령 선거에 출마한 스티븐 오스틴은 자신이 초대 대통령이 될 것을 의심하지 않았다. 하지만 샘 휴스턴의 출마 선언으로 판세는 완전히 바뀌었고, 투표 결과 휴스턴이 무려 77%의 득표로 텍사스 공화국 초대 대통령에 당선되었다. 오스틴의 득표율은 10%에 불과했고, 상심한 오스틴은 선거 후 휴스턴 대통령에 의해 초대 국무장관에 임명되었으나 2달 만에 43세의 나이로 사망했다. 휴스턴 대통령은 애도하며 오스틴을 Father of Texas 라고 불렀고, 이 별명은 아직까지 미국인들에게 받아들여지고 있다.

텍사스는 한반도의 세 배가 훨씬 넘는 크기이지만 당시 작은 도시에도 못 미치는 인구를 갖고 있어 도저히 정상적인 치안으로 국가를 유지하기 어려웠다. 독립전쟁 당시부터 텍사스의 국기는 별 하나를 그린 것이었는데, 그것은 미국 연방의 주가 되기를 소망을 표시하는 것으로 '외로운 별' 론스타(lone star)라는 이름의 유래이다. 텍사스에서 출범해 약탈적인 행위로 악명 높은 론스타 펀드 덕분에 이 별명에 부정적인 인식이 우리에게 있을 수도 있다

하지만 텍사스 이주민들의 소원대로 당장 미국의 주로 편입되는 것은 쉽지 않았다. 노예문제를 둘러싼 연방 내의 갈등으로

계속 지체되었고, 영국을 비롯한 유럽의 열강들은 멕시코와 미국 사이에 텍사스 같은 완충국이 있는 것을 선호하여 텍사스의 미국 연방 편입에 일관되게 부정적이었다. 이렇게 9년 동안 텍사스의 미국 연방편입은 성사되지 않고 있다가, 1845년에 당선된 제임스 포크(James Polk) 대통령이 총대를 메고 텍사스와 플로리다의 미국 연방 주 편입을 밀어붙여 성사시켰다. 미국에서 최초로 50세 이전에 대통령에 당선된 제임스 포크는 유머감각이라고는 전혀 없고 백악관 내에서 파티를 하는 것조차 금지할 정도로 열렬하고도 금욕적인 장로교 신자였다.

포크 대통령은 개신교와 민주주의를 전파하기 위해 북미 대륙 전체로 미국이 확장되는 것이 피할 수 없는 운명이하 신이 명령하신 의무라고 굳게 믿어 대통령에 취임하자마자 텍사스, 플로리다를 주에 편입시키는 것은 물론 뉴멕시코와 캘리포니아까지 미국의 주로 편입시키겠다고 결심했다. 그리고 성공했다. 아직까지도 제임스 포크는 가장 논란이 많이 미국 대통령에 속한다.

텍사스가 미국의 주로 편입되자 연임하던 휴스턴 대통령은 텍사스 주 연방 상원의원에 당선 되어 13년을 보냈고 상원의원에서 은퇴하자마자 텍사스 주지사에 당선되었다.

한편 1819년에는 스페인과 대륙횡단조약을 맺으며 텍사스에 대한 주권을 스페인에 인정하는 댓가로 플로리다를 넘겨받았다. 그러나 미국 대륙에서 가장 큰 주인 텍사스는 스페인 정착지로 시작해 미국인과 멕시코인 들의 이주지로 성장했는데, 멕시코 정부는 이를 식민도시로 지배하려고 했다. 그러나 미국인들은 이를 거부했고, 놀란 멕시코 정부에서는 급기야 군대를 파견해 백인의 이주를 금지시켰으나 1835년 새뮤얼 휴스턴이란 백인이 멕시코 정부의 조치에 반대하며 텍사스 임시 정부를 세웠다. 이후 **텍사스 주민들은 독자적인 정부 수립을 추진했으나 결국 1845년 미국의 한 주로 귀속되고 말았다.**

1846년에는 오리건 지역을 병합하면서 서북부로 영역을 넓혀 나갔다. 또한 1848년에는 **1500만 달러를 주고 캘리포니아를 구입**했으나 실제로는 멕시코로부터 드넓은 땅을 약탈해 귀속시킨 것이나 다름없었다.

이미 텍사스 분쟁에서 알 수 있듯이 그 무렵 아메리카 합중국은 온 땅을 자기 것으로 만들고자 하는 야망에 불타고 있었다. 그런 과정에 캘리포니아 지역에서 미국과 멕시코 사이에 국경 분쟁이 발생했다. 미국이 국경선을 리오그란데 강으로 주장한데 비해 멕시코에서는 그 위쪽의 누에세스 강을 국경으로 주장한 것이다. 그렇지 않아도 미국의 텍사스 합병으로 화가 나 있는 멕시코인들에게 미국의 부당한 요구는 묵과할 수 없는 것이었다. 그러자 미국에서는 외교 관계를 단절한 멕시코 정부에 비밀 사절을 보내 3000만 달러에 뉴멕시코와 캘리포니아를 구입하겠다는 의사를 타진했다. 물론 멕시코 정부에서는 비밀 사절을 만나지도 않고 돌려보냈다. 이 소식을 전해 들은 미국의 포크 대통령은 국경 분쟁 지역의 점령을 명했고, 두 나라 사이에 벌어진 국경 분쟁은 간단히 해결되었다.

1846년 5월 시작된 멕시코 전쟁은 일사천리로 진행되어 파죽지세로 밀고 들어온 미국군이 이듬해 9월에는 멕시코의 수도까지 점령했고, 1848년 2월 두 나라 사이에 강화가 체결된 것이다. 두 나라 사이의 국경은 리오그란데 강, 캘리포니아 지역은 미국에 합병하는 내용이었다. 그 무렵의 캘리포니아 지역은 오늘날의 뉴멕시코 주, 유타 주, 네바다 주, 애리조나 주, 캘리포니아 주를 포함하는 것이니 참으로 어이가 없을 정도의 침략 행위다. 물론 미국은 매우 합리적인 국가인 까닭에 정복이라고 주장하지 않고 거래라고 주장한다. 그 대가로 멕시코에 1500만 달러를 지불하고 멕시코 정부가 미국 시민에게 진 빚을 대신 갚아주기로 했으니까.

그러나 미국의 영토 확장은 여기서 끝나지 않는다. 1867년에는 **러시아로부터 알래스카를 사들였는데, 이때 지불한 금액이 에이커당 2센트로 총 720만 달러였다. 알래스카 전체 면적이 153만 700제곱킬로미터니까 남한 면적의 17배** 정도에 달하는 드넓은 땅이다. 그런데도 이 땅 구입을 추진한 당시 국무장관 윌리엄 슈어드는 아이스박스 하나를 비싸게 샀다는 비판을 들었다니 고작 100여 년 전의 지구는 우스꽝스러워도 한참 우스꽝스러웠다는 생각을 지울 수 없다. 여하튼 미국인들은 나라를 건국할 무렵부터 사업(장사란 말이 더 어울릴 듯한데)으로 시작했으니 오늘날 전 세계를 상대로 모든 문제를 장사로 귀결시키는 것이 이해되기도 한다.

아! 아직 마지막 주가 남아 있다. 하와이인데, **하와이는 사지 않았다.** 하와이 원주민들은 1800년대 초반부터 들어오기 시작한 선교사들을 통해 서구 문화를 받아들였는데, 이후 1851년 하와이의 **카메하메하 3세 왕은 미국의 보호령이 되겠다고 선언**

했다. 참, 남들은 목숨을 걸고 독립하겠다고 나서는데 이들은 앞장서서 식민지가 되겠다고 나서니! 여하튼 이후에도 하와이 인들의 대부분은 미국과 합병하기를 원했고 1900년 급기야 미국 영토가 되었다. 그러나 미국인들은 자신들의 시민이 되겠다고 나선 이 땅과 주민들을 제2차 세계대전 무렵에 해군 기지로 잘 이용하고도 미국의 주로 승격시키는 데는 인색했다. 50번째 주로 승격시킨 것이 1959년의 일이었으니 말이다. 그러니 현존하는 역사를 오래전부터 있어 왔던 기정사실로 받아들이는 독자들이 있다면 모든 역사에 대해서 한번쯤 의문을 품어 보는 계기로 삼는 것이 어떨까 싶다.

마지막으로 하나 더! 미국의 영토 확장열이 실패한 경우도 있다. **1848년 미국 대통령 제임스 포크는 쿠바를 1억 달러에 구입하고자 하였으나 곧 이어 발발한 남북전쟁으로 인해 중단할 수밖에 없었다.**

여담으로 티비 방송 등을 통해서 우리에게 익숙한 식스 플래그스(Six Flags)라는 놀이공원이 있는데, 이 놀이공원은 텍사스에 설립되어 프랜차이즈를 크게 늘렸다. 이 공원의 원래 이름은 Six Flags Over Texas다. 그리고 Six Flags Over Texas는 17세기부터 200년 동안 텍사스에서 6개 국가(스페인, 프랑스, 멕시코, 텍사스공화국, 미국남부연방, 미국)의 국기들이 휘날렸다는 것을 상징한다. 지금도 텍사스의 주도 오스틴에는 이들 여섯 개의 국기들이 펄럭이고 있다. (프랑스의 삼색기는 19세기 중반에 처음)

알래스카

면적은 1,717,854km²로 남한의 17배 정도로 미국에서 가장 넓은 주이며[5] 인구는 2015년 기준 738,432명으로 인구 밀도가 ㎢당 0.4명으로 매우 낮다. 다만 옆동네인 러시아 추코트 반도나 캐나다 북부 지방의 누나부트, 노스웨스트, 유콘에 비해선 인구 밀도가 매우 높은 편이다.

원래는 아메리카 원주민들이 베링 해협을 통해 알래스카로 유입된 후로 상당수 부족들이 동남쪽으로 계속 이동하면서 미시시피 문화와 메소 아메리카 지역의 문명, 안데스 문명등을 건설하며 번성했지만 알래스카에 남던 원주민들은 씨족사회를 이루며 살아가고 있었다.

그러다 17세기부터 러시아가 손을 뻗기 시작했고, 모피 장사꾼들이 알래스카로 정착하게 되면서 본격적으로 러시아령 아메리카로서 러시아의 영향력 아래에 놓이게 된다.

이 모피 장사꾼들이 악질이었는데 알류트인들을 인질로 삼아서 농노처럼 부려먹었고, 알류트인들이 이에 저항하면 보트를 파괴시켜 생존수단 자체를 없애버리는 행패를 일삼았으며 알류산 지역과 알래스카 서부지역의 해상동물을 무더기로 남획해갔다. 더불어 아메리카 원주민 인구를 작살냈던 전염병 문제는 이쪽에서도 예외는 아니라서 알류트족의 80% 가량이 러시아인들을 통해 들어온 전염병으로 사망하는 참사가 벌어지기도 했다.

어쨌든 러시아의 동진은 계속해서 가속화되었는데 19세기 들어서 알래스카 원주민들과의 전투에서 이겨 알래스카 전역을 형식적으로나마 차지하였다. 그러나 러시아인이 해안 지역을 선호한 탓에 내륙 지역은 장악하지는 못하고, 단순히 종주권을 인정받는 수준에 머물렀으며 러시아가 원주민과의 싸움에서 늘 우위에 있던 것도 아니라서 틀링깃족과 세금 문제로 장시간 싸웠다. 사실 스페인처럼 아예 대놓고 밀어붙이기가 불가능 했던 게 거리가 너무 멀어서 이주민의 수가 그리 많지 않았던 데에다가 당시에 비행기 같은 물건이 없었고 시베리아 철도도 깔리던 시절이 아니기 때문에 군대를 보내려고 해도 몇 달간 말을 타고 이동을 시켜야 할 판이었다. 그리고 배로 갈아타야하는 건덤.(...)

여하튼 1867년 크림 전쟁에서의 패배로 인해 재정난에 빠진 **러시아 제국으로부터 미국이 미화 720만 달러를 주고 구입했다.** 황무지나 다름없던 알래스카를 구입하는 데 많은 반대가 있었고, 당시 미국 국민들은 이 일을 두고 당시 국무장관의 이름인 윌리엄 헨리 수어드(William Henry Seward)의 이름을 따서 '수어드의 바보짓', '수어드의 냉장고'라고 조롱했지만…….

결국엔 미국은 러시아를 견제할 수 있는 땅을 얻게 됨과 동시에 무궁무진한 자원이 있는 땅을 얻게 되었다. 당장 금부터 석유까지 별의 별 자원이 나왔다. 특히 석탄은 그 매장량이 세계 1위였다. 딴거 다 버리고 석탄만 팔아도 이득이며, 일단 이민자가 들어오고 나서 집 지을 땅을 파보니 사금이 나오기 시작했고 골드러시로 이어졌다. 또한 그때 당시 석유 가치는 6000억$. 60만 주민들한테 100만$ 나눠줄 양이다.

물론 적어도 자원이 많을 것 같다는 것은 당시의 러시아도 알고 있었다. 그 당시에 이미 무역이 활발하게 진행됐기도 했다.

하지만 당장 돈이 급한지라 당시의 러시아는 알래스카가 가진 전략적 가치 때문에 미국에 이 땅을 판 것이 아쉬울 뿐이었다. 여기에 더해서 당시 러시아가 알래스카를 미국에 팔아치운 것은 단순히 재정난 때문만은 아니었다. 크림 전쟁 기간 러시아는 캄차카 반도에서 영국과 두번의 전쟁을 벌이면서 페트로파블롭스크 항을 포기해야 했으며, 때문에 바다 건너의 영국 식민지인 캐나다와 국경을 접한 알래스카의 방비는 사실상 불가능했다.[8] 러시아 역시 앞서 언급했듯이 알래스카에 자원이 무진장 많다는 건 알고 있었으나, 적국인 영국에게 빼앗기는 것보단 우호적인 미국에게 팔아치우는 것이 더 낫다고 판단했다.[9] 게다가 미국이 알래스카를 획득하면 거꾸로 영국의 식민지인 캐나다가 미국에 포위되는 형국이 되니 이득이라고 판단을 내린 것이다. 다만 이를 감안하더라도 러시아 입장에서는 지나치게 헐값에 판 셈이라 배가 아플 수 밖에 없기는 하다. 당장 알래스카 골드러시 당시에 한 해 만에 채굴된 금값이 720만 달러가 넘은 경우도 있으니…

러시아가 원하는 수준은 아니었지만, 이 알래스카로 인해 실제로 영국과 미국이 갈등을 빚은 적이 있었다. 알래스카 지도를 보면 주노 지역이 해안을 따라 가느다랗게 뻗어 있는 것을 볼 수 있다. 미국은 알래스카 지역을 구입한 뒤 점차 해안 지역을 따라 영토를 더욱 확장했다. 이 지역을 프라이팬 손잡이와 비슷하다고 해서 팬핸들(panhandle)이라고 불렀다. 이 팬핸들이 계속 확장되면서 영국령 캐나다는 태평양 연안을 모조리 상실할 위기에 처했다. 이 때문에 영국과 캐나다는 1903년 팬핸들 문제에 대해 미국과 협정을 맺었다. 이전 1825년 영국-러시아 협정에서 불분명했던 경계선 정의 ("해안선에 위치한 산의 정상부를 따른다" 등) 를 명확히 하여 현재의 국경선을 확정하였다.

냉전 시대가 오면서 이 지역의 전략적 가치가 더욱 높아졌다. 러시아 제국이 여길 팔지 않았다면, 위치상 소련한테 태평양과 북극해로 오가는 '문'이자 미 대륙에서 지상전을 할 수 있는 '교두보'가 되어줄 수 있었을 테니, 알래스카가 소련 영토였다면 미국은 말도 못하게 골치 아팠을 것이다.

제2차 세계대전 당시에는 이곳의 에투 섬(Attu Island)에서 하와이, 괌 등을 제외한 미국 본토에서는 유일하게 전투가 벌어지기도 했다. 일본군은 4,350명이 사망하였고 미군과 캐나다군은 1,481명이 사망하였다.

1959년 7월 3일, 미국의 49번째 주로 편입되었다. 다음 달인 8월 21일엔 하와이도 50번째 주로 승격되면서 지금의 50주 체제가 갖춰지게 되었다.

2017년 3월에 미국 육지에서의 30년만에 최대 유전이 발견되었다고 한다.

금에.석탄에.유전까지 그야말로 천연자원의 창고다. 러시아는 오늘도 배가 아프다

콜럼버스가 발견한 북아메리카의 이름은 처음에는 유럽

사람들이 한 동안 뉴월드new world라고 불렀으나 또한 유럽 사람들은 콜롬버스가 발견했다 해서 이름을 콜롬비아colombia 라고 불렀다. washington D.C.의 이니셜은 district of

Colombia(미국의 뜻)이다. 나중에 정식 이름을 정하여 '아메리고 베스푸치'라는 콜럼버스와 함께 한 중요한 항해사의 이름을 따서 '아메리카'라고 불렀다. 끝에 '아'a발음은 여성 명사를 나타낸다.

영국의 여왕 엘리자베스 1세가 처녀였기 때문에 처녀라는 뜻으로 미국 땅을 한 동안은 '버지니아verginia로 불려지지도 했다. 플로리다는 처음에 스페인 땅이었지만 미국으로 영입되었다.

이후 유럽의 각국들이 탐험을 경쟁적으로 하게 되었다. 프랑스도 영국에 이어 북아메리카 쪽을 탐험하여 지금의 캐나다 지역을 '뉴프랑스'를 개척하였다. 캐나다라는 뜻은 원주민들의 말로 '마을'이라는 의미이다. 퀘벡은 프랑스의 뉴타운인데 원주민들의 말로 '강가'라는 뜻이다. 물론 지명이 점령국의 이름으로 명명한 곳도 많지만 원주민들이 부르는 이름으로 명명된 지명이 많다. 퀘벡을 중심으로 내려오는 지역으로 '루이에지나'는 루이의 땅이라는 뜻인데 이는 나중에 나폴레옹이 미국에 헐값에 팔았다. 브라질은 포루투칼을, 그리고 나머지 남미는 스페인이, 다음은 영국이, 프랑스가, 네덜란드 등 아메리카 대륙을 경쟁적으로 탐험하여 식민지를 건설하였다. 이러한 식민지에 대한 주도권을 유럽 열강들은 서로 나누는 방법으로 탐험을 하였으며, 나중에는 아시아에 대한 탐험과 식민지화를 나누는 방식으로 하였다. 그 예가 필리핀을 미국이, 한국을 일본이, 베트남은 프랑스가, 영국이 미얀마를 식민지화 하는 과정을 가졌다. 한 예로써 남미 대륙 특히 브라질과 아르헨티나의 경우는 스페인

과 포르투칼과의 관계에 교황의 중재로 서로 나누는 선을 긋게
되었다.

미국의 플리머스 공동체
미국의 추수감사절의 본질,
미국의 제일 큰 명절은 크리스마스도 아니고 독립기념일도 아
니고 미국의 추수감사절이다. 매년 11월 3째주 목요일 12시 오
후가 되면 모두 가게 문 닫고
그때부터 3일간 이웃과 함께 함께 합니다. 크리스마스는 가족과
함께 조용히 보내는 명절기이지만 추수감사절은 이웃과 함께
보내는 명절이다. 서로 초청하고 혼자 하지 않는다. 추수감사절
의 유래가 되는 청교도 공동체가 플리머스 공동체이다.
　이야기는 제임스 영국 국왕이다. 영국은 스페인과 함께 세계
정복에 대한 대립과 반목 중에 있었다. 로마가 헤게모니를 잃어
버린 후에 스페인이 세계의 헤게모니를 장악하고 나서 유럽은
스페인의 손에 달려 있었다. 영국의 엘리자베스 1세의 여왕이
등극은 영국으로의 해상권이 넘어오게 된다. 1492년에 콜럼버
스로 인해서 세계 패권을 장악하게 된다. 1588년 영국은 칼레
해전을 통하여 승리하게 됨에 따라 스페인의 패권에서 영국의
패권으로 넘어오게 된다.
　종신 처녀 여왕인 엘리자베스 1세의 치세가 끝나고 후계가 없
어 스코틀랜드의 제임스 국왕을 영국 잉글랜드 왕으로 모셔오
는데 스코틀랜드는 종교의 자유로 인하여 왕권이 그리 강하지
못하였고 스코틀랜드는 장로교로 이미 종교적 자유가 안정적인

나라가 되었다. 이에 비해 잉글랜드 즉 영국은 카톨릭의 체제에서 개혁 신교로의 전환이 다양한 모습으로 나타나고 아직 확정되지 않았다. 그러나 신앙에 대한 개혁이 일어나게 된 것만은 확실하다. 그러나 완전히 카톨릭의 중세적 형태에서 벗어나지 못하고 겉 모양 형식은 카톨릭의 형태를 취하고 있지만 개혁 신교로 변화되기에는 많은 갈등과 혼선이 있었다. 로만 카톨릭을 그대로 유지하고자 하는 보수파와 그리고 개혁 신교로 로마 카톨릭을 완전히 개혁해서 새로운 성경 중심의 새 교회 새 국가를 주장하는 급진 개혁파와 그리고 로만 카톨릭과 급진 개혁파의 중간 단계로 주장하는 청교도 그룹 등으로 다양한 형태의 국가 종교를 주장하는 그룹으로 혼재된 상태였다.

청교도들은 종교가 국가의 통치의 수단이 되어서는 안되고 신앙은 온전히 신앙인들만의 고유의 자유와 그 자유가 보장되는 권리가 되어야 한다고 생각했다. 국가가 정부가 신앙의 단체나 교회를 돕거나 간섭해서는 안된다는 것이었다. 그러나 로만 카톨릭은 국가가 교회에 모든 재정을 완전히 책임지고 부담하며 교회와 사제가 국가와 일체가 되어 있기를 원하고 바라는 정치 종교 일체의 정체제도를 바라는 것이었다. 그러나 오늘날의 영국 국교인 성공회의 형태로 국교로 정해지게 되었다. 교회의 수장은 국왕이며 교회의 모든 재정과 인사권과 임면권, 치리권과 관리 행정도 국가가 책임지고 운영하는 것이었다. 교회도 국가가 건립하고 모든 교회의 필요를 국가가 공급한다. 지금도 명목상으로는 왕이 수장이다. 물론 실질적으로는 사문화 되었지만 상징적인 면에서 수장은 국왕이다.

영국의 청교도들은 스코틀랜드의 제임스 국왕이 오는 것을 환영했다. 스코틀랜드는 장로교적 체제가 안정되어 가고 있었으며 종교의 자유가 확립되어 가고 있었으며, 그와는 반대로 왕권이 약화되고 민주적인 자유가 진행되고 개혁적인 신앙을 갖고 있었기 때문에 청교도적인 신앙을 가질 수 있게 되었다고 생각한 것이다. 그러나 청교도들이 제시한 15개항의 개혁을 요청했지만 모두 거절하고 단 성경의 영어번역을 국가에서 행함으로써 모든 교회에 국왕의 공인된 영어성경을 비치케 함으로써 오늘날까지도 보고 있는 킹제임스성경 버전을 볼 수 있게 되었다.

1602년 42년간의 훌륭하고 성공적인 통치를 마치고 세상을 떠난 엘리자베스 1세 여왕의 뒤를 이을 후손이 없어서 북쪽의 스코틀랜드의 현직 제임스 국왕을 영국 왕으로 모셨다. 엘리자베스 1세의 아버지인 헨리 8세의 가까운 왕족인 제임스 왕은 영국이 스코틀랜드보다는 인구가 10이상 많았고 전임 엘리자베스 1세 여왕이 나라를 잘 통치해서 강력한 제국을 형성해 놓은 상태여서, 게다가 더 크고 왕권도 더 강화되어 있기 때문에 좋아하고 왔다.

25. 이스라엘과 예수 그리스도

예수Jesus라는 말은 그리스어로 '세상을 구원하는 주'라는 뜻으로 쓰였다. 신약성경은 예수를 메시아 즉 구세주, 구원자라고 부른다. '메시아'Messiah는 히브리말로 유대인의 왕 For Jews, the Messiah is the King of the Jews, who will be sent to them by God. 또는 For Christians, the Messiah is Jesus

164

Christi '하나님으로부터 부름소명(보냄사명)을 받은 왕'을 뜻한다. 메시아의 그리스어가 '그리스도' Christ이다. 그러므로 예수를 예수 그리스도라고 칭함은 '세상을 구원하는 왕'이라는 의미이다. 예수 그리스도는 왕 또는 구세주라고 불렀지만 그는 짧은 33년의 생애 동안 왕으로서의 지위와 특권을 철저히 거부했다. 그러므로 한글 번역으로 '예수 그리스도'라기 보다는 '예수 구원자'로 번역하여 이렇게 부르고 말하였으면 좋겠다는 생각을 하게 된다.

'예수'는 이름이고 예수님의 직분은 'Christ'이기 때문에 이름은 고유명사이니까 고유명사 그대로 발음도 함께 고유명사대로 '지저스'로 부르고 직분은 번역해서 그 뜻을 쓰고 부르는 것이 맞지 않나 싶다. 그래서 '지저스 구원자', '예수 구세주', '예수 구원자'라고 하는 것이 좋을 것이다.

 오랫동안 교회 다니시는 성도님들께서도 습관적으로 예수 그리스도를 부르면서 그리스도가 이름으로 알고 그 말의 뜻이 무엇인지 모르는 분들이 많다.

예수님이 구원자 구세주 인지 모르고 '그리스도'라고 하는 것보다 구원자라고 말하면 부를 때마다 구원자 구세주라는 것을 그냥 알 수 있으므로 구원에 대한 확신이 더욱 깊어지리라 여겨진다. 교회에 오랫동안 다니면서도 구원의 확신이 없는 사람들이 얼마나 많은지 참으로 안타깝다. 오직 복만 받을 줄 알았지 구원의 확신에는 관심도 아애 없다는 것이 한국 교회의 현실이다. 그러니 구원의 확신이 없으니 이단이 올까봐 교회 문마다 이단 출입금지라고 써 붙인다. 구원의 확신이 있는 성도라면 교회라면 오히려 이단 환영하고 붙여서 이단이 와서 일단으로 변화되어 일단으로 되어야 할 것이다. 여기서 일단 이단 논쟁할 수 있는 경우가 아닌 것 같다.

탄생

예수님은 이스라엘의 베들레헴이라는 작은 시골 마을에서 태어난 동양 사람이다. 이스라엘 유대는 동양이다. 중동이다. 팔레스타인이다. 팔레스타인의 어원은 블레셋이다. 구약의 블레셋이다. 가나안 6족속 중의 하나이다. 본래는 그들의 땅이다. 그들이 대대로 살고 있는 정착 민족이다. 우리는 팔레스타인이라는 지역에 대한 역사적 의미를 잘 이해하고 공부하고 알아야 할 것이다. 지금의 팔레이스타인이라는 나라가 있다. 세계 분쟁의 근원지이다. 우리는 유대적 친이스라엘적 정서가 있는데 우리가 예수 그리스도를 믿는 것 때문에 친이스라엘적인 부분이 많다. 우리는 기독교인이 많아 그리고 교회에서 친이스라엘적 친 유대주의적 신앙인이 많아서 매우 친 이스라엘적 감정이 많고 깊다. 우리의 믿음도 유대교적, 율법적, 유대주의적 믿음과 신앙이 아닌지 돌아볼 필요가 있다. 그것은 율법적 신앙이라는 관점에서도 깊이 묵상할 부분이 많다. 지금도 교단에서 친유대주의적 친이스라엘적, 친 미국적, 친 보수주의적 설교가 많은 것도 현실이다. 교단에서는 정치적이거나 분파적인 설교는 피해야 할 것이다. 말씀은 어떤 편견도 있어서는 아니 된다는 것이 성경의 말씀이다. 오직 성경은 성경으로 풀어야 하며 성경으로 말하고 성경으로 대답해야 하는 것이 좋을 것 이다. 예수님도, 사도 바울도 사람(세상)을 외모로 보지 말라고 하셨다. 이때의 외모는 영어로 favoritism이다 이 favoritism은 편애라는 뜻이다. 편애하지 말라는 뜻이다. 헬라어로는 '프로소폰'인데 (눈앞에 드러난)앞면, 즉 모양, 곁면을 말하는 뜻이다. 히브리어로는 '파님'인데 '얼굴'을 의미한다. 성경을 벗어나면 편견이 생길 가능성이 높다. 인간적으로 생각하기 쉽기 때문이다.

하여튼 예수님은 팔레스타인 즉 가나안에서 태어났다. 이스라엘이다. 유대 땅이다. 동양이다. 동양 사람이다. 인종적으로 흑인도 아니고 백인도 아니다. 그렇다고 동양인이라고 해서 아시아계도 아니다. 동남아계도 아니다. 인도계도 아니다. 중동 사람이다. 유목민이다. 한 곳에 정착하는 정착민족이 아니다. 양과 낙타 소를 먹이기 위해 목초를 찾아 양과 낙타와 소 염소를 먹일 수 있는 푸른 초장이라면 어느 곳이든지 찾아 그곳에 머무르다가도 더 좋은 목초지가 있으면 옮겨 간다. 철저한 이동 민족, 유목 민족이다. 동양의 대부분 민족은 정착 민족이다. 한 곳에 오랫 동안 아니 몇 세대를 계속해서 머물러 수 백 년을 살아온 민족들이 대부분이다. 인도, 중국, 동남아, 아시아, 한국, 일본 등이다.

유목민의 주식(主食)은 고기이다. 중동의 사우디 아라비아 등 대부분의 민족이 베두인이다. 유목민이라는 뜻이다. 양고기를 주로 먹는다. 특히 어린 양고기를 최고의 음식으로 여긴다. 가장 맛있는 음식이 어린 양 고기이다. 정착민족의 주식은 곡물이다. 농작물이다. 저장 식품이다. 그 대표적이 것이 김치이다. 간장, 된장이다. 물론 최근에는 유목민 등 이동민족도 발효 식품을 많이 먹는다. 그러한 생활은 모든 생각과 습관과 풍습이 다르다.

예수님은 이스라엘 베들레헴이라는 시골 마을에서 태어난 동양 사람이었다. 그의 가르침과 목회는 동양적 목회였다. 예수님의 사진과 그림 영화 또는 교회의 모든 포스터 등은 모두 서양인으로 되어 있다. 잘 생긴 서양 백인의 모습이다. 키도 훤칠하게 크고 외모도 매우 밝고 화려하기까지 하다. 꼭 그럴까? 사실적인 면을 말하려고 할 때 예수님과 우리의 믿음과 신앙에 어떤 부정적인 평가가 될까 염려가 되는 부분이 있다.

우리나라 사람들은 예수님의 외모에 대해서 거의 약간의 착각 또는 망각 속에 있는 것 같아 보인다. 예수님은 서양 사람이라는 것으로 알고 그렇게 표현하고 있다. 거의 모든 교회의 사진들이나 포스터, 그림, 교재, 책, 영화, 연극, 신문, 잡지 등에서 백인으로 나온다. 사실 예수님은 생전에 그렇게 많은 시간을 제 자들과 생활하고 가족과 생활하였는데 글자 한 자, 그림 한 폭, 초상화도 그리고 어떤 표시나 유물도 남기지 않으셨다. 이는 매우 중요한 메시지이다. 어떤 형상도 남기지 않으신 것이다. 그 것을 우상화 되어서는 안 되기 때문일 것이다. 우리는 서양인이 라는 고정 관념에 집착되어 있다. 예수님은 인종적으로 지리적 으로 동양에서 태어났고 동양 문화 속에서 자랐고 탄생할 때도 동방 박사들이 미리 알고 왔으며 경배하였다는 것은 확실히 동 양 동방 사람이라는 것이며 이는 동방이 알고 동방이라는 의미 와 개념이 담겨 있다는 것을 알 수 있다.

'동방' 의 의미는 무엇인가? 동방의 의미는 소망이다. 희망이다. 동방 박사의 경배는 그냥 막연한 의미와 개념이 아니다. 매우 중요한 개념과 의미를 동방 박사는 전하고 있다. 인류의 소망이 동방에 있다는 메시지이다.

예수님의 사도 12명 중 갈릴리 출신이 11명이며 단 유다만이 예루살렘 출신이었다는 것이다. 이는 무엇을 시사하고 있을까? 유다는 예수님을 또한 팔았다. 왜 유일한 예루살렘 유대 출신인데 예수님을 은 30개(현재 시세는 1,200~1,500 dollars)에 배반의 사도가 되었을까?

유다는 열심당원이었을 것을 추측되고 있다. 과연 열심당원으로써 정치적으로 실망해서 예수를 팔았을까? 예루살렘 출신이라 예루살렘의 종교 지도자들, 정치지도자들과 친분 관계가 많이 있어서 쉽게 그들에게 매수 당했을지도 모른다.

의문(疑問)

필자는 앞의 글들을 통해서 왜? 그토록 한반도에는 다른 여러 문화와 종교 등 많은 물류가 왕래되었는데 예수님만이 닫혀 있었단 말인가? 에 의문을 품지 아니할 수 없다.

교부시대와 신조시대

사도들의 시대를 지나서 보드라도 그리스도교 역사에는 신학과 교리 발전에 지대한 영향을 끼친 동양 중동 사람들이 많이 존재한다. 열두 제자를 계승한 그리스도 교회의 아버지라고 불리는 초대 교부 이그나티우스Ignatius와 폴리캅Polycarp은 안디옥 출신이다. 예수와 그의 열두 제자 대부분이 사형장의 이슬로 사라졌던 것처럼 이그나티우수와 폴리캅도 자신들의 목숨을 신앙 때문에 던져야 했다.

폴리캅의 제자로서 초대교회의 변증가인 이레니우스Irenaeus는 터키의 옛 지명 소아시아 사람이었다. 위대한 갑바도기아 사람으로 불리는 니사의 그레고리Gregory와 그의 동생 나지안주의 그레고리와 가이사리아의 바실Basil도 아시아 사람이었다. 갑바도기아는 지금의 터키 중앙에 위치해 있으며, 기독교 성지 중의 하나이다. 가이사랴는 이스라엘 북부에 있으며 지중해의 항구 도시이었다.

나지안주의 그레고리와 가이사랴의 바실은 친구 사이로 두 사람은 325년 니케아 공의회에서 채택한 ['성부(聖父)', '성자(聖子)', '성령(聖靈)'은 하나이다]라는 그리스도교의 삼위일체(三位一體)론에 신학적 이론을 제공한 교부들이다.

이 공의회에서 삼위일체 신앙을 고백한 니케아신조가 생겼다. '신조(信條)'는 영어의 뜻으로 creed인데 I believe in 이라는 의미로 라틴어로는 credo(크레도)에서 유래한 말이며 사도신경에서 신경(信經)은 '신조(信條)'의 높여서 표현한 것이다.

니케아 신조(信條)는 본래 동방 그리스도교에서 그리스어로 사용되었는데 9세기경에 서방 그리스도교는 라틴어로 니케아 신조를 번역하면서 ['성령(聖靈)'은 하나님 아버지에게서 나온다]는 문구에 '아들에게서'를 삽입하여 '성령은 하나님 아버지와 그 아들에게서 나온다'로 바꾸었다. 동방 그리스도교는 니케아 공의회에서 채택한 신조와 삼위일체론을 함부로 변경한 서방 그리스도교를 이단이라고 주장 하였다.

이를 계기로 서방 그리스도교는 니케아 신조보다 짧고 간결한 로마신조를 채택하였다. 이것이 대부분의 '성경' 첫 장에 주기도문과 함께 있는 사도신경이다. 로마 카톨릭의 영향력이 커짐에 따라 니케아신조는 사도신경으로 대체되었고, 그로 인해 사도신경이 서방 그리스도교에 가장 널리 사용되는 신앙 고백이 되어 지게 되었다.

지금도 동방 그리스도교의 분파인 그리스 정교회, 아르메니아 정교회, 네스토리안교는 니케아 신조만으로 신앙 고백을 하고 있다. 반면에 로마 캐톨릭과 영국 성공회는 미사나 세례 때에 니케아 신조와 사도신경을 같이 사용하고 있으며, 예수신교는 사도신경을 주일 예배에서 신앙 고백으로 사용하고 있다.

동방 그리스도교는 동양인 터키의 이스탄불이며 콘스탄티노플이 동방 정교의 본부이며 중심지이었으며 같은 분파인 그리스 정교와 러시아 정교, 아르메니아 정교 등으로 퍼졌으며 도마는 인도에 전도를 하여 그곳에서 순교했으며 4세기에서 13세기까지에는 아라비아, 페르시아, 인디아, 중국, 몽골에까지 퍼져 동북 아시아까지 전파되었다.

의심 많은 도마의 피의 후손들

동양 동방 그리스도교의 형성에 결정적인 전파자는 12 사도 제자 중에 사도 도마Thomas이다.

도마는 1세기 중엽, 인도에 예수님을 전하고, 실크로드를 걸어서 중국 내륙에 들어갔다고 한다. 조선 후기의 실학자 이규경

(1788~1856년)은 그의 저서 '오주문연산고(五洲文衍長箋散稿)'에서 도마가 중국에 들어가기 약 250년 전 한나라 때부터 '천주(天主)'라는 말을 사용하는 하나님을 믿는 종교가 중국에 있었다고 말한다.

7세기 중엽부터 당나라 황실에서는 네스토리안교를 장려했다. 중국 사람들은 네스토리안교를 경교(景敎)라고 불렀다. 경교란 '빛나는 종교'라는 뜻이다. 실크로드를 통해서 7세기 이전부터 중국에 그리스도교가 전파되었다면, 중국의 문명 영향권에 있는 한반도에도 그리스도교가 전파되었을 것이라는 개연성은 상당히 높다고 할 것이다. 불교, 유교, 이슬람교 모두가 실크로드를 타고 중국을 거쳐 한반도에 전래 전파되었는데, 유독 그리스도교만 전파되지 못하였다면 이는 모순이며 아이러니일 것이다.

그러나 경북 경주 불국사에서 7~8세기 유물로 보이는 돌 십자가상과 마리아상이 발굴되었다. 2009년에는 남한산성에서 병자호란 때 임시로 이용되었던 조선 왕의 궁궐 터를 복원하기 위한 발굴 조사에서 통일신라 시대의 유물로 보이는 초대형 기와가 무더기로 출토되었다. 그중에는 '천주(天主)'라는 한문이 새겨진 기와도 나왔다. 발해 땅이었던 남만주 일대에서는 발해 시대 유물인 기와 십자가도 상당수 발굴되고 있다. 이러한 유물들은 역사의 수수께끼로 남아 있는 동방 그리스도교의 한반도 전래를 푸는 단서를 제공하고 있는 것이다.

그러나 그 유물들을 뒷받침해 줄 문헌이 남아 있지 않아 동방 그리스도교의 한반도 전래는 의문을 증폭시키고 있다.

유물과 그것의 사료적 근거는 역사적 사실을 증명하는 지렛대

172

역할을 한다. 그러면 우리 역사에서 조선, 고려, 발해, 백제, 신라, 가야에서 전래된 그리스도교를 기록한 문헌은 존재하지 않을까? 그러한 사실을 기록한 선조들은 없었을까?

인도는 서양의 문화와 문명이 동양 특히 중국으로 들어오는데 반드시 거쳐야 하는 경로이다. 그런 면에서 인도는 매우 중요하다. 인도는 가야와 밀접한 관계가 있다.

2,000년의 역사를 간직한 인도의 기독교
케랄라의 이천 년 인도 기독교의 흔적

인도는 각 지역마다 고유의 문화가 숨 쉬고 있어서 여행하기가 좋은 나라다. 한 나라에 풍성한 문화가 공존할 수 있음을 확인할 수 있다. '신이 사는 땅(God's own land)'이라는 별명의 의미에서 매우 매력적인 여행지임에 틀림없다.

그런데 인도 기독교가 유럽 기독교의 역사보다 더 길다면 믿을 수 있는가? 전승에 의하면, 예수의 열두 제자 중 가장 의심이 많았던 성 도마가 크게 회심하여 포교하러 온 곳이 인도라고 한다. 케랄라 해안에 당도한 성 도마는 예수의 가르침을 전하다 순교했고, 그의 가르침을 받은 신자들이 도마파 교회의 시초가 되었다. 현재까지 수백만 명의 신자를 거느리고 있는 시리안 정교회는 도마파 교회의 전통을 잇고 있는 2,000년 역사의 인도 교회다. 케랄라에 가면 다른 곳에서 볼 수 없는 2,000년 기독교의 숨결을 느낄 수 있다는 것이다.

1498년 포르투갈의 항해사 바스쿠 다가마가 인도 항로를 발견했는데, 그가 닻을 내린 곳은 케랄라의 해안 도시 캘리컷이었다. 이후 포르투갈의 가톨릭 신부들이 포교 활동을 하면서 본격적인 서구 선교사들의 기독교 전파가 시작된 곳이 케랄라였다. 16세기부터 현재까지 케랄라는 기독교 성장의 중심에 있다고 할 수 있다. 인도 정부 통계에서도 기독교인이 약 20퍼센트로 나타났다. 이것은 전국적으로 약 3퍼센트에 달하는 수치로 상당한 비율이다.

인도 세속주의 교육에 영향을 미친 기독교

인도 기독교가 유구한 역사를 가지고 있다고 하지만, 실제 영향력 측면에서 보면 16세기 이후 서구 기독교 선교사들이 포교 활동을 하면서 그 존재감을 보이기 시작했다고 보는 것이 합당할 것이다. 카톨릭과 개신교 모두 현대 인도 사회에 독보적 영향력을 미치고 있는 두 개의 영역이 있다. 그것은 바로 의료와 교육이다. 이 두 영역은 인도가 근대화되는 과정에서 선교사들이 가장 역점을 두었던 사업이다. 최근 인도인 비기독교 학자들이 인도 기독교의 영향에 대한 재미있는 연구 결과를 내놓았다. 인도에서 기독교 교육이 인도 사회의 세속주의를 정착시키는 역할을 했다는 것이다.

그중 한 명인 난디니 차터지(Nandini Chatterjee)의 저서 《인도 세속주의의 형성(The Making of Indian Secularism)》은 기독교 대학과 학교들이 인도 전역에 세워지면서 근대 교육이 시작되었고, 교육에 한해서 계급과 종교적인 차별이 철폐되는 일이 일어났음을 주목했다. 힌두교 브라만을 위시한 상층 카스트의 남성이나 이슬람 귀족층 남성과 같은 특권층의 전유물이었던 전근대 인도 사회의 교육이 근대 기독교 교육 기관을 통해 파괴된 것이다. 그중 대표적인 것이 성 스테판 대학을 필두로 한 델리 대학교의 설립이다. 난디니는 막스 베버(Max Weber)가 주장한 세속주의를 차용하여 인도의 세속화(secularization)를 설명하면서 '종교적인'이라는 말의 반대말로서의 세속주의를 말하기보다 특정 종교의 구속으로부터 자유로운, 달리 말해 종교의 자유가 보장된 세속주의를 언급했다.

인도 독립의 영웅이나 사회개혁가들부터 시작해서 현대 인도 사회를 이끌어 가는 지도자들의 상당수가 기독교계 학교에서 수학했던 사람들임을 알 수 있다. 북부 히말라야나 남부 데칸 고원에 세워진 기독교 기숙학교들부터 시작해서 대도시에 세워진 유수한 대학들 중 경쟁력 랭킹 1, 2위에 빛나는 학교들은 대부분 기독교계 학교들이라는 점에서 학문적 우수성과 함께 기독교적 윤리와 규율을 동시에 배울 수 있어 힌두교 부모들도 앞다투어 자녀들을 보내고 있다.

만약 인도 기독교에 대해서 알고 싶다면 인도 기독교 교육 기관을 방문해 볼 것을 권한다. 이것도 인도 사회와 문화를 이해하는 좋은 방법이 될 것이다.

인도 분리 독립과 기독교인

20세기 인도사에서 제일 중요한 사건은 독립일 것이다. 더욱이 그냥 독립이 아닌 분리 독립이라는 사실을 명심해야 한다. 인도와 파키스탄이 분리되는 아픔을 겪으면서 인도 사회를 휩

쓴 종교공동체주의는 21세기 인도에서도 그 위력을 발휘하고 있다. 1947년 8월 15일 인도가 영국으로부터 공식적인 독립을 선포했지만, 힌두와 시크교도들이 무슬림과 겪어야 했던 피비린내 나는 싸움으로 인해 인도의 미래는 결코 밝지 못했다.

1947년 인도 분단으로 생긴 펀자브의 희생자들

이미 앞에서 여러 번 언급했기에 분리 과정 자체보다 기독교인들의 역할과 관련하여 1947년의 인도를 생각해 보려 한다.

펀자브와 뱅골, 델리를 중심으로 각기 다른 종교 집단들 간의 유혈 투쟁이 심했는데, 유일하게 그 피해에서 벗어나 있었던 집단이 있다. 바로 기독교인들이었다. 이들은 수적으로 소수였고, 인도의 분리와 어떤 종교적 이해관계도 없는 집단이었기 때문이다. 특히 펀자브와 델리에 있는 기독교인들의 대다수는 불가촉천민 출신들이었기 때문에 개종을 했지만 사회적으로 힌두나 타종교인들에게서 받는 대우는 예전과 크게 나아진 바가 없었다. 이들은 예전에도 사회적으로 관심의 대상이 아니었고, 개종 후에도 그 상태는 변함이 없었다.

펀자브가 분리되는 과정에서 수많은 피난민과 인적, 물적 피해를 입은 사람들이 도움을 구하고자 했지만, 도와주는 사람이 없을 때 사회적 약자이자 소수 집단이었던 기독교인들이 이들을 돕기 위해 팔을 걷어붙였다. 델리와 펀자브의 주요 도시에 있는 기독교 병원과 기독교 학교를 중심으로 난민 캠프와 난민 진료소가 설치되었고, 평소에는 인간 대접을 받지 못했던 많은 기독교 하층민이 자원봉사자로 나섰다. 이들에겐 힌두이든 시크교도

이든 무슬림이든 간에 상관이 없었다. 단지 치료가 필요하거나 먹고 자고 안전하게 피할 곳이 없는 이들에게 숙식과 안전을 제공해 주면 그만이었다.

당시 이 일을 진두지휘했던 인도 기독교협의회(The National Christian Council)는 월보 1948년 1월 자의 사설에 이렇게 실었다. "우리가 남녀 및 어린이들의 고통을 덜어 주고, 성스러운 화해자의 역할을 수행함에 있어서 아무 차별 없이 모든 종교 집단에게 봉사하는 특권을 받았다는 것에 대해서 감사하지 않을 수 없습니다."

인도의 수도 델리는 수많은 피난민으로 북새통을 이루었는데, 신병의 위협을 받고 있는 무슬림들 중 파키스탄행을 선택한 자들이 많았다. 이들을 파키스탄으로 안전하게 이주시켜야 하는 인도 정부 관리가 당시 성 스테판 대학(St. Stephen College) 학장에게 보낸 협조문에 보면, 사건의 긴박성과 기독교인의 특수한 역할이 잘 표현되어 있다. "힌두교인이나 시크교인 중 아무도 무슬림들을 도와주려 하지 않습니다. 오직 기독교인만이 이 일을 할 수 있습니다."

델리와 펀자브 주 곳곳에 세워진 난민 캠프에 지역 기독교 지도자들이 책임자로 임명되었다. 마침 당시 초대 보건부 장관이었던 암리트 카우르가 기독교인이었기에 정부와 교회가 협조하는 데 큰 문제가 없었다. 난민을 돕기 위해 전국의 교회에서 팔을 걷어붙였다. 기록에 의하면, 어린이들이 크리스마스 캐럴송을 부르고 받은 돈을 성금으로 보냈고, 벨로르 기독의대생들이 금식하고 모은 돈을 보내기도 했으며, 어떤 기독 병원에서는 환자들이 성금을 모아 보내기도 했다.

인도 기독교인들이 왜 이렇게 열성적으로 난민을 도왔던 것일까? 독립된 인도에서 다수 힌두교인들 틈바구니 속에서 소수의 사회적 약자로 살아가야 하는 처지에 놓인 기독교인들은 인도 국민으로서의 정체성을 보여 줘야 하는 부담감이 있었다. 영국 식민지 시대에 기독교로 개종했다는 이유만으로 이들에게 항상 따라 다녔던 수식어, 즉 '식민지의 앞잡이'라는 말이 오해였음을 입증해야 했다는 말이다. 난민 구호는 그런 의미에서 정부와 사회로부터 기독교에 대한 호감을 살 수 있는 절호의 기회였다. 그렇게 함으로써 이들도 당당하게 인도의 국민으로 살아갈 수 있게 되는 것이다. 이것이 기독교적 박애사상이라는 종교적 동기부여와 더불어 절박함을 더해 준 좀 더 실제적인 이유라고 볼 수 있다.

위 사건과 더불어 교육과 의료 분야에서 지금까지 보여 준 기독교의 역할을 종합해 보면, 비록 소수 종교지만 인도 사회 통합과 발전에 윤활유 역할을 하고 있다는 사실을 확인할 수 있다. 특히 21세기 종교공동체주의의 위협으로부터 사회 통합의 대안으로 세속주의(secularism)를 전파하는 인도 기독교의 긍정적인 영향력이 더욱 필요한 시기인 듯하다.

26. 대한민국의 기독교 역사

현재까지는 조선 시대 이전의 크리스트교 역사에 대한 고문헌은 전해지지 않고 있다.

그러나 1592년부터 1871년까지 300년 동안 전래된 한국 크리스트교의 역사를 집대성한 달레Dallet(1829~1878년) 신부의 '한국천주교회사'에서 사료적 근거의 단서를 찾을 수 있다. 이 책은 1874년 파리에서 출간되었다. 이 책이 참고 자료로 활용한 책은 1844년에 입국하여 1866년 병인박해 때 순교한 다블뤼Daveluy(1819~1866년) 주교가 쓴 '조선순교자역사비망기'이다.

'한국천주교회사'와 '조선순교자역사비망기'는 조선 중엽 이후부터 조선 말기까지 크리스트교가 전래된 기원과 역사를 각종 자료와 서신을 수집하여 편집함으로써 조선 시대 크리스트교 역사를 연구하는 토대를 마련했다. 특히 흥미로운 사실은 이 두 책 모두 참고 자료로 다산(茶山) 정약용(丁若鏞)(1762~1836년)의 '조선복음전래사'를 활용했다는 것이다.

이로 미루어 보면 한국 그리스도교 전래사를 최초로 저술한 이는 다산 정약용이라고 할 수 있다.

정약용의 목민심서의 영성

목민심서(牧民心書)는 정약용의 저서 중에서도 가장 훌륭한 저서로 국가와 백성의 통치 경영서 이다. 백성을 위한 그의 열심과 애국심을 엿 볼 수 있다. 이 목민심서를 통하여 정약용의 생각과 그의 이념과 사상을 알 수 있다. 그의 이러한 국가와 백성을 위한 경영 정신은 어디에서 나왔을까? 요즘 말하는 민생을 위한 책이다. 국민들의 생활 경제를 위한 책이다. 이는 그가 하나님을 믿는 신앙에서 그이 영성이 표출되었다고 할 수 있을 것이다. 나라와 민족과 백성을 위한 충성과 애국심과 사랑을 나타낸 책이다. 정약용은 1784년에 세례를 받았고, 그의 세례명은 요한이었다. 그의 나이 23세 때이다. 성균관 진사로 들어가서 1년이 지났을 때다. 다블뤼 주교의 '조선순교자역사비망기'에 다산 정약용의 신앙을 잘 표기하고 있다.

"조선의 천주교 기원에 관하여 우리가 대부분의 사실을 인용한 자료들은 자주 언급되는 정약용에 의하여 수집되었다. 그는 세례 때 요한으로 불렸다. 그는 시초부터 천주교의 거의 모든 사건에 관계하였고 또 거의 모든 주요 지도자들은 그의 친척이거나 친구였다. 그는 문학과 관직에서 뛰어난 사람으로, 천주교를 배반하는 나약함을 보였다. 그것으로 1801년의 그의 유배가 모면되지는 못했다. 수년 후 특별 사면으로 풀려난 그는 천주교를 열심히 믿으면서 그리스도교인답게 사망하였다. 그는 또 약간의 종교 저술을 남겼다. 우리는 불행히고 너무 간략한, 그러나 매우 잘 작성된 이 기록들을 베끼고 연결하는데 그쳤다."

잘 작성된 기록들이란 다산의 '조선복음전래사'를 뜻한다. 다른 한편으로 달레 신부는 그의 책 '한국천주교교회사'에서 다블뤼 주교보다 더 상세하게 다산 정약용의 말년을 기록하고 있다.

"수년 후에 특사를 받은 정요한은 자기 죄에 대하여 오래고도 진실한 참회를 하였고 또한 모범적인 그의 열심과 극기로써 신도 등을 위로하였고 마침내 교화적인 임종을 하였다. 그는 여러 종교적 저술을 남겼으며 특히 조선에 복음이 전래된 비망기를 남겨 놓았는데 지금까지 이야기한 대부분의 사실이 거기에 수집되어 있다."

1801년에 다산이 유배 길에 올랐을 때는 천주교 박해의 서막이었던 신유사옥(辛酉邪獄)으로 인한 것이었는데, 이때 다산의 막내 형 정약종(1760~1801년)은 끝내 천주교 신앙을 버리지 않아 서소문 사형장에서 참수를 당했다. 다산의 자형이자 천주교 최초 영세자인 이승훈(1756~1801년)도 같은 날 참수 당했다. 신유사옥으로 300여 명의 신도와 청나라 사람인 주문모(1752~1801년)신부가 사형을 당했다. 이들은 예수의 제자들처럼 그리스도교 신앙을 지키기 위해 자신들의 고결한 목숨을 바쳤다.

달레 신부와 다불뤼 주교가 다산이 천주교를 배반했다고 한 것은, 다산이 전라도에서 발생한 진산사건에 충격을 받고 천주교를 거부한 사실을 말한다. 1791년 전라도 진산에서 다산의 이종 육촌인 윤자충(1759~1791년)과 권상연(1751~1791년)이 예수를 믿고 나서 부모의 신주를 불태우고 제사를 폐지하여 조선 양반 사회를 큰 충격의 도가니에 빠뜨렸는데, 이것을 진산사건이라고 한다. 이 사건을 계기로 다산은 천주교를 배교했지만 한번 믿었다는 것을 빌미로 18년 간의 기나긴 유배 생활을 겪어야 했다.

유배 기간 동안 다산은 '목민심서', '경세유표', 등 수많은 저서를 집필했다. 유배에서 풀려난 다산은 향리에서 저술 활동을 계속하는 동안 배교한 것을 뉘우치며서 속죄의 삶을 살며 천주교 신앙을 굳게 지켜 나갔다. 다산은 1836년에 중국 사천 출신으로 이탈리아 나폴리 신학교에서 공부를 한 유방제 신부에게 마지막 성사를 받으면서 그의 험난한 생애를 끝마쳤다.

다산 정약용은 500여 편의 책을 저술했다. 달레 신부와 다블뤼 주교가 그들의 책에 인용한 다산의 '조선복음전래사'는 임진왜란 이후부터 19세기 초반까지 한반도에 전래된 그리스도교 역사를 자신의 개인적 경험과 함께 기록한 책으로 추측된다. 안타깝게도 현재 이 책은 전하지 않는다

다블뤼 주교는 1856년에서 1858년 사이의 어느 때에 다산의 '조선복음전래사'를 수집했고, 다른 많은 자료와 함께 이 책을 보관했는데, 1863년 그가 살던 집에 불이 나서 모든 자료가 타버리고 말았다. 달레와 다블뤼의 책들을 살펴보면 임진왜란 이후 조선 그리스도교 서적들이 유입된 이야기 등이 나오는데, 다산의 '조선복음전래사'를 인용했다고 밝히고 있다. 500여 편의 저술을 남긴 다산의 필력으로 미루어 보면 그는 달레와 다블뤼의 기록보다 더 구체적으로 조선의 그리스도교 전래사를 집필했을 것이다.

그러나 현재까지 알려진 다산의 문헌에는 이 책의 존재가 확인되지 않고 있다. 단지 '여유당전서'와 '다산시문집' 드에 천주교에 관한 단편적 기록만 전해지고 있다. 신유사옥으로 가족과 동지를 잃고, 자신도 모딘 유배 생활을 한 터라 책의 존재를 다른 문헌에 소개하지 않았을 수도 있다.

참수 당한 다산의 막내 형 정약종이 한국 천주교회의 첫 한글

교리서인 '주교요지'를 남겼고, 조카인 정하상(1795~1839년)은 천주교 박해가 부당하다며 천주교의 자유를 주장한 '상재상서'를 집필했다. 정하상은 다산이 임종하고 3년 뒤인 1839년에 일어난 기해사옥 때 참수를 당했다. 형과 조카의 책이 전해져서 초기 한국 천주교사에 귀중한 자료로 활용되는 것에 비추어보면, '조선복음전래사'의 행방은 아쉬움을 더한다.

'조선복음전래사'가 현존한다면 그리스도교가 1784년 이전에 어떻게 조선에 유입되었고, 다른 종교들과는 어떻게 융화되고, 조선 사회에서는 이를 어떻게 수용했는지에 대한 소중한 문헌이 될 것이다. 그러나 다산의 이 책이 현존하지 않는다 할지라도 다행히 그리스도교가 조선, 고려, 신라, 발해에 전해진 징후들을 고문헌에서 찾아볼 수 있다. 그렇다 할지라도 기독교의 역사 연구는 매우 미흡하다고 할 수 밖에 없다. 사도들의 전파가 시작된 것을 생각하고 인도, 중국 등을 고려할 때 참으로 늦은 것이다.

1930년대 조선을 강점한 일본 제국주의가 만주를 점령하고, 중국과 태평양을 향한 무력 침략을 본격적으로 준비하고 있을 때였다. 일제는 대륙 침략을 위해 조선을 병참기지로 만들었고, 조선인을 일본국민으로 동화시키기 위해 무자비한 탄압을 자행했다.

이러한 일제의 탄압에 그리스도의 정신을 저항했던 대표적인 인물이 김교신(1901~1945)이었다. 김교신의 짧은 45년의 삶은 '조선혼을 지닌 그리스도교'의 골격을 세우는 데 바쳤다.

김교신은 1927년에 그가 주필이 되어 창간한 '성서조선' 지에서 잡지 제목을 '성서조선'이라 짓게 된 이유를 다음과 같이 말한 바 있다.

"'조선'이라는 애인에게 보낼 최고의 선물은 '성서' 한 권뿐이어서 둘 중 하나를 버리지 못하여 된 것이 그 이름이었다."

그가 '성서조선' 지에 쓴 '조선지리 소고'는 함석헌 (1901~1989년)이 그 잡지에 기고한 '성서적 입장에서 본 조선 역사'와 쌍벽을 이루는 글이었다. 함석헌의 이 글은 1966년에 쓴 '뜻으로 본 한국역사'로 개정되었다. 김교신은 '조선지리 소고'의 마지막을 이렇게 끝맺고 있다.

"동양의 범백(凡百) 고난도 이 땅에 주집(注集) 되었거니와, 동양에서 선출해야 할 바 무슨 고귀한 사상, 동반구와 반만년의 총량을 대용광로에 달여 낸 엑기스는 필연코 이 반도에서 찾아보리라."

김교신이 말한 엑기스는 조선과 조선인의 혼에 남아 있는 그리스도의 정신이었다. 그는 양정고등보통학교(현 양정고등학교)에서 교직 생활을 할 때도 학생들에게 조선혼을 일깨우고, 조선의 정서를 담은 김치 냄새 나는 그리스도교를 전파하기 위해 혼신의 힘을 다하였다.

그렇다면, 조선인의 혼에 남아 있는 그리스도교 정신이란 무엇을 말하는 것일까?

야소교(일본예수교)

한국 근현대사를 소재로 한 소설을 보면 종종 야소 신자라는 말을 볼 수 있다. 필자도 어린 시절, 이런 소설과 어르신들로부터 직접 야소교 또는 야소 신자란 예수를 믿는 사람이란 말이라고, 또한 이들의 종교가 '야소교(耶蘇敎)'이다고 듣고 배우고 자랐다. 야소는 예수를 한자로 쓴 것이다. 야소교란 말은 1960년대 초반까지 우리 사회에서 널리 사용되었다가, 그 이후 한글 표기에 따라 예수교로 불리게 되었다. 국어사전에 야소교는 예수교의 취음(取音)이라고 정의된다. 취음이란 본래의 뜻에 상관없이 그 음만 비슷하게 나는 한자로 적는 일을 말한다. 우리 사회에서 야소교라는 단어는 1960년 말까지 사용되었다 1960년 12월 1일 동아일보 1면 "장(張)내각(內閣)은 세 번 봐준다"라는 제목의 칼럼에 "야소교가 우리의 국교도 아니다"라는 내용이 나온다. 1960년 이후부터 초반까지 우리 사회에서 널리 사용되다가 그 이후 사라졌다고 볼 수 있다.

흔히 야소교라고 하면 개신교인 기독교를 말하고, 천주교와 구별해서 사용하려는 경향이 있다. 야소교라는 말이 '조선 야소교 장로교회', '조선 야소교 동양선교회 성결교회', '평양 야소교 숭실중학교' 등으로 사용되면서, 자연스럽게 야소교는 개신교로, 야소 신자는 개신교 신자로 통칭되었다. 이 때문에 야소교는 천주교가 아닌 개신교회라는 고정관념이 우리에게 고착화되었다.

그러면 야소교란 말은 언제부터 사용되었으며, 정말 개신교를 뜻하는 것일까? 역사를 거슬러 올라가면 야소교란 말은 개신교가 조선에 들어오기 250여 년 전부터 조선 사회에 회자 되었다. 이는 천주교가 공식 창립된 1784년보다 150년이나 전의 일이다. 다시 말하면 야소교란 말은 17세기 중엽부터 20세기 중엽까지 300년 이상 우리 사회에서 회자된 그리스도교를 통칭하는 용어였다. 더욱이 다산 정약용은 1580년 이전에 이미 조선에 야소교가 알려져 있었다고 하였다. 이렇게 보면 야소교라는 말은 천주교와 개신교를 모두 포괄하는 용어인 셈이다.

천주교와 개신교가 공식적으로 조선에 창설되기 이전에 야소교라는 용어가 어떻게 조선 사회에 널리 사용될 수 었었을까? 조선에 또 다른 그리스도교가 있었다는 것인가? 개신교가 전래되기 전에 이미 조선 사회에는 야소교 탄압에 관한 상소문이 들끓고 있었다.

1881년 11월 송병선(1836~1905년)은 고종에게 8개조의 상소문을 올렸다. 송병선은 1905년 11월 17일 일본이 무력으로 을사늑약을 체결했을 때, 조약의 철폐와 을사늑약의 척결을 주장한 인물이다.

송병선이 고종에게 상소한 '신사(辛巳)봉사(封事) 8개조'를 보면 제8조에 "왜국과의 화의를 배척하고 야소교를 단절할 것"이라고 하여, 야소교 탄압에 관해 말하고 있다. 그의 야소교 탄압 주장은 일본을 배척함으로써 서양과의 외교 통상을 단절해야 한다는 것과 직결되어 있었다. 그는 일본에 의해 나라가 망할 것이라고 하면서 일본과 서양과의 단절을 위해서는 야소교를 배척해야 한다고 했다. 그의 주장에는 야소교에 대한 서슬 퍼런 칼날이 도사리고 있었다.

"신은 왜국(倭國)을 배척하는 것이 바로 서양과 단절하는 것이라고 생각합니다. ,,,,,,,,,,, 삼가 바라건대, 크게 분발하고 힘써서 야소교의 남은 종자들을 베어 죽이고 잡 죽여서 먼저 위엄을 장대하게 하여 굳은 뜻을 보이십시오"
승정원일기/ 고종 18년 11월 30일

송병선보다 15년 앞선 1866년 박주운(1820~?)은 고종에게 양이(洋夷)를 대적할 계책을 시급히 마련해야 한다는 상소를 올렸는데, 이 상소에서 야소교가 백성에게 백해무익함을 주장했다.

"야소교의 괴이한 설은 우리 우주가 생긴 이래 천하의 이제(二帝). 삼왕(三王). 주공(周公). 공맹(孔孟). 정주(程朱)의 도를 바꾸려 하고 있는데, 지혜로운 자는 금은으로 꾀고 어리석은 자는 생각을 미혹케 만들어, 장차 지혜롭거나 어리석은 인민을 모두 자신들을 위해 쓰려 합니다.
승정원일기/고종 3년 9월 3일

순조의 제위기인 1827년 7월 22일, 경복궁 인정전에서 왕세자가 직접 아소교
를 거론했다. 그날 왕세자는 백관들을 이끌고 인정전으로 나아

갔다. 왕세자는 "야소교와 같은 사악한 학문이 인륜을 어지럽히고 교화를 그릇되게 하자, 왕께서 확고한 결단을 내려 어두운 그림자를 제거하셨습니다"라고 말하면서 아버지인 순조의 덕을 칭송하였다"

순조실로/ 27년 7월 22일

순조의 제위기인 1827년 7월 22일, 경복궁 인정전에서 왕세자가 직접 아소교

 개신교가 이 땅에 정식으로 창설되기 58년 전에 궁궐에서는 이미 왕세자가 임금에게 야소교를 거론하고 있었다. 그렇다면 이는 조선 사회에 이미 야소 신자들이 있었고, 야소교란 용어가 널리 회자되었음을 의미한다. 그 당시 조선 사회에 있었던 야소교는 천주교를 말한다. 이로 미루어 보면 야소교란 말은 조선 사회에서 천주교를 지칭하는 보편적 용어였다. 그러므로 야소교를 개신교와 같은 의미로 인식한다면, 이는 잘못된 생각이다.

 19세기에 야소교라는 말이 탄압의 명분으로 사용되었다면, 그보다 앞선 17, 18세기에 야소교는 연구의 대상이었다. 조선 지식인들은 중국 및 일본과 교류할 때, 야소교를 배우려는 지적 욕구로 가득 차 있었다. 조선 지식인들의 야소교 연구가 성행하면서 조선에는 야소교가 퍼져 나가고 있었다. 천주교가 조선에 정식으로 창설되기 30여 년 전인 1753년경, 해서와 관동 지방의 상당수 백성들이 이미 사당을 부수고 제사를 지내지 않으며 야소교를 믿었다. 이 때문에 여러 지방 관청은 교리 확산에 전전 긍긍했다는 기록이 있다.

조선 지식인들과 민중들은 오늘날과 같은 교회와 신부와 목사가 없어도 야소교를 연구하고 이를 수용했다. 조선 지식인들은 야소교를 자신들의 책에 간단히 소개하거나 혹은 교리를 폭 넓게 연구하면서 야소교를 알렸다. '북학파(北學派)로 불리는 박지원(朴趾源)(1731~1783년)은 야소교를 조선에 소개한 대표적 지식인이다. 복학은 청나라의 발전된 기술과 산업 문화를 수용하여 부국강병(富國强兵)과 이용후생(利用厚生)을 실천하자는 것이었다. 홍대용과 박지원은 지적 호기심으로 야소교를 연구하고 알렸으나 야소교에 대해서는 부정적이었다.

박지원이 중국에 가서 보고 들은 것을 기록한 책이 바로 조선시대 기행 문학의 백미라고 하는 '열하일기(熱河日記)이다. 박지원은 중국 기행 중에 중국 학자 왕민호를 만나 열여섯 시간 동안 철학, ㅈ정치, 경제, 천문, 지리, 풍속, 제도, 역사, 문화, 생물 등 거의 전 분야에 걸쳐 대화를 나누었다. 이때 야소교에 대해서도 대화를 나누었다.

" '야소' 라는 말은 중국어에서 어진 사람을 군자라고 하고, 티베트 풍속에서 승려를 라마라고 부르는 것과 같은 뜻의 말입니다. 야소는 한 마음으로 하나님을 공경하여 기르침을 사방팔방에 세우다가 나이 삼십에 극형을 당했는데, 국민이 슬퍼하고 추모하여 야소회를 설립했습니다. 야소의 신주를 공경하여 천주라 하고, 야소회에 가입한 사람은 반드시 눈물 콧물을 흘리며 비통 해하고, 천주를 잊지 않는답니다." 열하일기/곡정필담

이어진 필담에는
"만력[명나라 신종 황제(제위 1573~1620년) 9년(1581년)에

이마두(마테오 리치 신부 중국이름 Matteo Ricci 1552~1610sus
)가 중국에 들어와 북경에 29년을 머물렀습니다. 그는 말하기를,
한나라 애제(哀帝) 원수(元壽)2년(기원전 1년) 에 야소가 대진국
(大秦國 로마제국)에서 태어나 서해(西海) 밖으로 교를 전파했
다고 하였습니다. 한나라 원수 연간부터 명 나라 만련 연간에 이
르기까지 1500년간 이른바 야소라는 두 글 자가 중국의 책에 나타
나지 않았으니, 이는 야소가 바다 끝 너머 밖에서 태어났기 때문
에 중국의 선비들이 혹 들어 보지 못 한 탓이 아니겠습니까?
비록 들은 지 오래 되었다 하더라도 그것이 이단이기 때문에 역
사에 기록하지 않은 것 아니겠습니 까? ”
박지원 곡정필담

  청나라 학자 왕민호와 조선 정조 때 청나라 사절로 북경에서
대화를 나눌 때,
이승훈이 qnrrudd서 그라몽(1736~1812년) 신부에게 베드로란
영세명으로 조선 사람 최초로 세례를 받으면서 조선에 천주교
가 본격적으로 창설된 1784년보다 4년이 앞선다. 박지원은 조
선에 천주교가 창설되기 이전에 이미 야소교에 관해서 잘 알고
있었던 것이다.
  북경에서 돌아온 박지원은 관직에 나아가, 1797년에는 면천군수
가 되었다.
그 당시 면천군(현 당진군 면천면)에는 야소교가 성행했다. 박
지원이 군수로 부임한 이듬해인 1798년, 김필군이라는 한 평민

이 야소교 책자 한 권을 바치며 자수했다. 박지원은 김필군에게 형벌을 내리지 않고 그 책만 불태우고 그를 방면해 주었다. 이 일로 박지원은 충청감사인 이태영에게 면천군수를 사직하면서 편지를 썼는데 그 편지에서 박지원은 중국 한나라 때에 '천주'라는 말을 사용한 것, 중국의 야소교 전래, 북경의 천주 당 등에 관해 상술하고, 야소교가 일본에 전래된 내용까지 전했다. 이 편지에서 박지원은 야소교에 대해 '곡정필담'보다 더 상세하게 전하고 있다. 박지원은 이 편지에서 야소교 신자들이 예수의 뜻에 따라 죽음조차도 불사하고 있으니 관에서 그들을 형벌로 다룰 것이 아니라 교화하는 것이 급선무라고 썼다. 근대 일본 야소교 신자들도 죽음을 두려워하지 않으면서 신앙을 지켰다고 썼다. 편지에 나오는 가또 기요마사(1562~1611년)는 임진왜란 당시 일본의 제2군을 이끌던 장군이다. 박지원은 기요마사가 야소교 신자였음을 밝히고 있다.

서학(西學)(서양학문 ; 중국예수교)

박지원 보다 15년 일찍 영조 41년, 1765년 홍대용은 숙부 홍억(1722~1809년)이 청나라에 갈 때, 사신 일행을 수행했다. 홍대용은 3개월 동안 북경에 체류하며 보고 들은 것들을 소상히 기록하여 조선에 소개하면서 북학파의 거두가 되었다.

홍대용이 북경을 방문하고 돌아와서 쓴 '연기(燕記)'는 절친한 벗 박지원은 물론이고, 이덕무(1741~1793년), 박제가(1750~1805년) 등 소위 북학파에게 지대한 영향을 미쳤다.

홍대용은 북경에 머무는 동안 중국의 여러 학자들 그리고 청나라 황실의 여러 인물들과 교류했다. 그때 홍대용은 북경 상인 진가의 소개로 총친 유군왕의 작은 아들이요, 강희(康熙) 황제의 증손인 양혼이란 인물을 만나게 된다. 홍대용이 진가, 양혼을 처음 만나 필담을 나눈 때는 1765년 1월 16일이었다.

그들의 대화 주제는 서학(西學)으로 이어졌다. 조선에서 서학(西學)은 서양 문물과 야소 신앙을 통칭하는 서양의 학문이지만, 이 필담에서 홍대용은 서학을 야소교라는 관점에서 보고 있었다.

"당신이 서학을 믿음에 있어 이렇듯 정성을 들이니, 장차 무엇을 하려는 것입니까?"

"예배를 하고 '성경'을 읽어서 후생(後生)의 복(福)을 구하기 위한 것입니다. 그리고 서인(西人)의 교(教)는 , 사람이 악한 생각을 하지 못하게 만드는데, 말과 마음이 서로 맞는 것이 복을 구하는 요점입니다."

'담헌서' 외집 7권 '연기' 양혼(兩渾)

여기서 잠깐! 후생(後生)이라고 했다. 이 후생(後生)이 정확하게 무슨 의미일까?

만약 후생(後生)이 후대(後代)나 후손(後孫)을 의미한다면 가문의 복(福)을 의미하겠지만 후생(後生)이 불교(佛教)에서 말하는 전생(前生)의 의미로 쓰였다거나 또는 오는 세상(世上)이나 내세(來世) 등의 의미라면 뜻은 정반대가 될 수 있다. 만약에 내세(來世)적 의미로 쓰였다면 기독론과 교의학적인 올바른 성경 신학을 말 했다고 할 수 있다.

"예배하고 성경을 읽어서 **후생(後生)의 복(福)**을 구하는 것"
이라는 표현(表現)은 신학의 교의학과 기독론의 핵심이다. 후
생(後生)이 무엇인가!
 후생(後生)이 다음 생(生), 새로운 생(生), 천국(天國)을 의미 한
다면 '예수 천국'이며 예수 영생이요, 교리의 핵심이다. 구원 론의
핵심이다. 성경을 통한 구원이다. 말씀을 통한 구원이다. 말씀을
듣고 구원 받는 것이 '말씀 세례'이다.
 정확한 성령론과 기독론, 세례론이다. 후생(後生)이란 바로
천 국(天國)영생(永生)이다. 이것이 바로 복(福)이라는 것이
다. 복(福)의 개념을 정확하게 아주 정확하게 전한 것이다. 그런데
여기에 '복(福)'이라는 개념과 '후생(後生)'이라는 개 념은
상충된 개념이다. 구태여 억지로 해석하자면 역설이라고 할 수
있다.

 그러나 대화의 전개는 그렇지 않다.
진가가 자신이 믿은 신앙의 핵심은 복(福)을 구하는 데 있다고
하자, 홍대용은 유학(儒學)으로도 복(福)을 구할 수 있다고 대
꾸했다.
 구태여 복(福)을 꼭 예수로만 이룰 수 있 는 것 이
아 니 라 는 것 이 다.
 다른 여러 복을 이룰 수 있는 여러 수단들이 있다는 것이다. 다
신론이며 범신론이며, 다원적인 것이기 때문에 구태여 오랜

자기들의 것을 버리고 새로운 잘 모르는 것을 택할 필요가 없다는 뜻이다.

이는 바로 복이라는 것이 오늘날 우리의 문제를 제기한 것이다. 바로 다른 모든 종교와 우상 숭배와 우상종교도 복을 구하는 것이라는 것이다. 그러므로 기독교는 기복(祈福)교(敎)의 일종이라는 것이다. 다른 종교와 조금도 다를 바가 없는 것이다. 무엇이 다른가? 목적이 같은데 별 수단이 무엇이 다른가? 목적을 이룬다면 무엇이 더 좋은 것이라고 할 수 있는가?

유학으로도 복을 구할 수 있다고 대꾸했다는 것은 유학이 복을 구하는 학문이요 유학이 복을 구하는 종교라는 것이다.

그래서 유학은 학문이면서 종교라는 두 가지 속성을 모두 가지고 있다는 것이다. 그래서 더욱 더 과학적이며 학문적이고 비미신적이며 비무속적이라는 것이다. 그래서 조선에서는 미신을 매우 금기했으며 조정에서는 무속이나 무당이나 점술이나 부적이 매우 엄격하게 금기되었으며 이를 믿거나 시행하거나 하는 왕비나 벼슬 가문은 처벌을 강력하게 했던 것이다. 중전도 폐비가 되는 역사가 많이 있었다. 후궁이 중전을 투기하여 부적을 사용하다가 발각 되어 폐위되어 출궁되기도 하였으며, 중전이 임금의 총애를 받으니 부적이나 미신이나 무당굿을 하다가 폐위되기도 하였던 역사들이 있다.

"저는 유학을 숭상합니다. 공부자(孔夫子:공자(孔子)의 높임말)의 가르침에도 사람으로 하여금 이렇게 되도록 할 따름입니다. 참으로 마음에 악한 생각을 끊어서 말에 망발(妄發)이 없다면 어디를 간들 복(福)되지 않겠습니까? "
'양혼(兩渾)'

　진가와 양혼은 홍대용의 말을 듣고 모두 옳은 말이라고 칭송했다. 홍대용이 '연기'에서 진가가 믿는 서학을 그릇된 학문인 사학(邪學)으로 규정하여 야소교에 대해 부정적 생각을 드러냈지만, 야소교를 믿는 진가의 굳은 신앙만은 잘 표현했다.

　홍대용은 진가와 교류하는 동안 독일 선교사로 북경에 들어온 유송령(劉宋齡)August von Hallerstein, 포우관(鮑友管)Anton Goreisi 신부들과도 교류했다. 이들은 청나라의 관상기구를 관장하는 흠천감정의 직책을 맡고 있었다.

　홍대용은 그들과 필담을 주고 받으면서 야소교에 대해 좀더 자세히 알게 되었다. 그는 야소교와 천문학에 대해 나눈 이 필담의 제목은 유송령의 '유'와 포유관의 '포'를 따서 '유포문답(劉鮑問 答)'이라고 했다.

　홍대용은 한 번 더 만나서 더 깊은 필담을 했다.
"무릇 사람이 어려서 배우고 장성해서 행함에는 임금과 어버이를 존귀함을 삼는 것인데, 들으니 '서양 사람들은 그 존귀한 것을 버리고 따로 높이는 것이 있다' 하는데, 그것은 어떠한 학문입니까? "
"우리 나라의 학문은 이치가 매우 기이하고 깊습니다. 선생께서 는 어떠한 것을 알고 싶습니까? "
"유교에서는 오륜(五倫)을 숭상(崇尙)하고, 불교에서는 공적

(空寂)을 숭상하고, 도교에서는 청정(淸淨)을 숭상합니다. 그런데, 당신 나라에서는 어떤 것을 숭상하는지 듣고자 합니다."

"우리나라의 학문은 사람들에게 사랑함을 가르칩니다. 하나님을 높이되 만유(萬有)의 위에 숭배하고, 남을 사랑하되 자기 몸처럼 합니다."
'담헌서' 외집 7권 '연기' '유포문답'

여기서 '사랑'이 아니고 '사랑함'을 중시한다.
'사랑'이라는 단어의 국어 사용의 역사는 그리 오래지 않다. 얼마 되지 않았다.
50년대, 60년대까지만 해도 사용하기에 그리 자연스럽지도 못했으며 많이 자주 사용되지도 않았다. tv방송이나 영화가 많아지면서 사용되기 시작했다. 그것도 특히 드라마나 연극, 영화에서 연인끼리 사용하는 언어의 사용 한계성이 있었다. '사랑'의 어원(語源)은 '사량(思量)'이다. 많이 생각한다는 뜻이다. 그리고 '사람'이라는 말과도 무관치 않다.

"사랑이란 무엇을 말합니까? 특히 그러할 사람이 있습니까?" "공자의 이른바 '교사(郊社)의 예(禮)는 상제(上帝)를 섬긴다'라고 할 때의 그것이고, 도교에서 말하는 '옥황상제(玉皇上帝)는 아닙니다."
유포문답에서

유성령은 홍대용의 질문에 '사랑함'에 대한 대상은 상제하고 하면서, 상제는 하늘의 주제(主帝)에 관해서 묻지 않고, 천문에 관해 묻는 것으로 필담을 마쳤다. 이때는 천주교가 조선에 창설되기 19년 전이다.

북학(北學)파, 서학(西學)과 천주(天主)교와 천학(天學), 야소교(일본예수)

박지원, 홍대용과는 다르게 야소교를 신앙으로 믿는 조선 지식인들도 있었다. 이익(李瀷)(1681~1763년)에게 서학(西學)을 배운 제자들이 성호(星湖)학파를 형성하여 청나라를 통해 서양 문물을 적극 수용하면서 야소교에 눈을 뜨고 있었다. 이익의 '성호사설(星湖僿說)은 홍대용, 박지원, 박제가, 이덕무에게 많은 영향을 끼쳤다. 실제로 그들은 '성호사설'을 애독하고, 북경에 다녀와서 서양 문물과 야소교에 대해 소개하면서 북학파를 형성하게 되었다. 또한 이익의 제자인 신후담(愼候耼 1702~1761년)은 '서학변(西學辨)'을, 안정복(安鼎福 1712~1791)은 '천학고(天學考)'와 '천학(天學)문답'을 써서 야소교를 비판했다.

이익의 성호학파는 다른 말로 '경세치용(經世致用)학파'라고도 하는데, 현실 사회 문제에 대한 개혁을 표방한 학파이다. 경세 지용 학파는 성호좌파와 성호우파로 나누어졌다. 분파의 배경에는 야소교에 대한 관점도 작용하고 있었다.

이때 조정은 천주교를 사교로 규정하고, 북경으로부터 서학서(西學書) 수입을 금했다. 안정복은 야소교를 천학(天學)이라고 불렀다. '천학고(天學考)'의 서문은 이렇게 시작된다.

"서학서는 선조(宣祖) 말년부터 이미 우리나라에 들어와서 저명한 벼슬아치나 큰 유학자들이 보지 않은 사람이 없었으나, 이를 보기를 제자(諸子)나 도가(道家), 또는 불가(佛家)의 글 정도로 여겨서 서재의 구색으로 갖추었으며, 거기서 취택하는 것은 단지 상위(象緯)와 구고(句股)의 기술에 관한 것뿐이었다. 연래에 어떤 사인(士人)이 사행(使行)을 따라 연경(燕京)에 갔다가 그에 관한 책을 얻어 가지고 왔는데, 계묘년1783년과 갑진년1784년 어름에 재기(才氣)있는 젊은이들이 천학(天學)에 관한 설을 제창하여 마치 상제(上帝)가 친히 내려와서 일러주고 시키는 듯이 하였다. ...... 참으로 안타까운 일이다. 그래서 지금 남아 있는 전기(傳記)를 취하여 '천학고(天學考)'를 만들어서 그들로 하여금 이 학문이 중국에 이른 것이 이미 오래고, 우리나라에 들어온 지도 오래며 지금에 시작된 것이 아니라는 것을 알게 하는 바이다.
'순암선생문집' 제17권 '천학고'

안정복은 '천학문답'에서 대화체로 유학(유교)과 천학(야소교)의 차이점을 정리했다.
"야소는 세상을 구제하는 사람을 부른 것이니, 성인이 도를 행한 뜻과 다른 점이 없을 듯합니다."
"그게 무슨 말인가. 야소의 세상(世上)에 대한 구원(救援)은 전적으로 후세(後世)에 관한 것으로서 천당(天堂)과 지옥(地

獄)의 설을 통하여 이를 권면하고 징계하지만 성인이 도릴 행하는 것은 전적으로 현세에 관한 것으로서 덕을 밝히고 백성을 새롭게 하는 것을 통하여 교화를 펼쳐 나간다. 그러니 그 공사(公私)의 차이가 자연히 같을 수 없는 것이다. 설사 그들이 말하는 것처럼 실제로 천당과 지옥이 있다고 하더라도, 사람이 현세에 살면서 선을 행하고 악을 제거하여 행실이 온전하고 덕이 갖추어진다면 틀림없이 천당으로 갈 것이며, 선를 버리고 악을 행하여 행실이 옳지 못하고 덕이 없다면 틀림없이 지옥으로 갈 것이다."

'순암선생문집' 第17권 '천학문답'

대화체는 계속 이어간다.

"야소는 세상을 구원하려고 십자가에 못 박혔는데, 능히 천지 만물을 흔들어 움직이면서도 자신을 못 박은 사람을 하나도 상하게 하지 않았으니, 지극한 인(仁)이 아니고서야 그럴 수 있겠습니까?"

"이것은 위에서 이른바 '원수를 잊고 원수를 사랑하라' 는 것이다. 기인서(畸人書)에, '천주가 사람들에게 덕으로 원수를 갚고 원한으로 원수를 갚지 말라고 가르쳤다'고 하였다. 그런데 원수에는 두 종류가 있다. 만약 나를 해친 원수라면 옛날의 군자 가운데 이렇게 한 자가 많이 있었다. 그러나 임금이나 아버지의 원수를 두고 이런 식으로 가르친다면 의리를 해치는 바가 클 것이다. 이것이 내가 겸애(兼愛)를 주장하는 묵자(墨子)의 부류하고 말한 까닭인데, 이들이 더 심한 자들이다."

'천학문답'

야소교를 신앙으로 받아들인 성호좌파 제자들은 1779년 겨울 경기도 광주에 있는 천진암과 여주에 있는 주어사에서 교리 연구 모임을 열었다. 그때 참여한 이들이 권철신, 권일신, 정약용 형제(약전,약종, 약용), 이벽, 이승훈 등이며, 이들이 조선 천주교 창설의 핵심 인사가 되었다. 그러나 사학인 야소교를 믿는 것은 조선 사회에서 용납될 수 없었으며, 야소교에 심취했던 성호좌파 앞에는 형장과 유배만이 기다리고 있었다.

정조(正祖) (재위 1776~1800년)가 급사한 다음 해인 1801년 신유사옥 때, 야소교를 믿었다는 이유로 정약용의 형 정약종과 이승훈은 같은 날 서소문 형장에서 사형을 당했다. 정약용은 강진으로, 그의 형 정약전(丁若銓)(1758~1816년)은 흑산도로 기나긴 유배의 길을 떠나게 되었다.

또한 소위 을사추조적발사건이 이후 야소교와 서학서 금지에 대한 상소는 벌떼처럼 일어났다. 그럼에도 불구하고 압록강을 넘은 서학서는 계속해서 인쇄되고 필사되면서 말보다 더 멀리 그리고 더 빨리 퍼지고 있었다. 여기에는 개혁 군주 정조의 정학(正學)을 바로 세우면 야소교는 저절로 사라질 것이라는 온건한 정책도 영향을 미쳤다. 그러는 동안 교회가 없어도, 신부와 목사가 없어도, 서학서는 꺼지지 않는 생명력과 운동력으로 조선 땅에 야소교의 길을 닦았다.

1756년 4월이다. 이지항(李之恒)은 부산에서 배를 타고 강원도 연해로 가다가 동해 바다에서 배가 파손되어 일본의 홋가이

도까지 표류했다. 이로 인해 이자항은 1년간 일본에 머물게 되었는데, 그때의 경험담을 일기체로 담은 것이 '표주록(漂舟錄)이다.

이지항은 일본 사람들과 필담한 내용을 이 책에 기록했다. 일본 사람들은 이지항이 머무는 곳에 찾아와 어떻게 표류하여 일본까지 오게 되었는지 자세히 물었다. 말이 통하지 않아 한자로 필담하느라 분주했다. 이지항은 일본에서 야소교를 알게 되었다.

"조선에서는 불법(佛法)을 믿습니까? 신에게 제사를 지냅니까? 유교를 존중합니까? 또 야소교 사람이 포교하고 있습니까?"

'표주록' 27일

일본에 야소교가 전해진 때는 1549년인데, 17세기 초부터는 일본 야소 신자에 대한 탄압이 시작되었다. 지속적인 탄압으로 일본 야소교는 1850년까지 약 250년간 기나긴 잠복기에 들어갔다. 이지항에게 조선에 야소교가 전해지고 있는가를 물은 속내에는 이러한 배경이 있었다.

1643년의 일본 사행 기록인 '재미동사일기'에는 일본 사람들로부터 전해들은 야소교 탄압에 대한 내용이 적혀 있다.

"우리나라는 근래에 남만(南蠻) 야소(耶蘇)의 사법(邪法)을 믿는 무리가 있는데, 길리지단(吉利支丹)이라고 합니다. 그 우두머리라는 자가 천연밀(天蓮密)과 함께 와서 그 법을 퍼뜨리고 있습니다. 그래서 어리석은 백성들이 여기에 현혹되는 자가 가끔 있습니다. 우리 대군(大君)께서 엄한 제도를 내려서 굳게 금했기 때문에 대개는 모두 없어졌지만, 그래도 그 무리들이 혹 변방에 숨기도 하고 혹 해안으로 도망해 간 자도 있지요. 그러니 그 뿌리를 뽑은 것은 가까운 데 뿐이지요. 귀국에도 역시 이런 미신이나 사법이 있으며 이것을 법으로 금하고 있습니까? '계미동사일기' 7월 13일

 일본 사람들이 '예수'를 일본어로 '야소(耶蘇)'로 발음한 것이 우리나라로 들어와서 그대로 '야소'교로 불리게 된 것이다.
 사신 일행에게 조선에도 야소교가 성행하는가를 묻는 이 장면은 약 100년 후에 일본 사람들이 이지항에게 조선의 야소교 상황을 물었던 것과 매우 유사하다. 야소교란 말은 1세기라는 시간을 뛰어 넘어 일본 사람에 의해서 조선 사람에게 알려지고 있었다. 조선에 천주교가 창설되기 약 150년 전의 일이다.
 1644년 여름, 중국인 52명을 태우고 일본 나가사키로 항해하던 배가 전라도 진도 앞바다에 표류하는 사건이 발생했다. 전라감사 목성선(睦性善)은 지체 없이 파발을 보내어 조정에 이 사실을 보고했다. 그때 옆에 있던 신하가 인조(仁祖)에게 간청했다.

 "지난번 일본이 야소교도의 일로 우리에게 자못 소망한 것이 있었으니, 이 배가 원래 장기(長崎:나가사키)로 갈 것이고 보면 여기에서 대마도를 거쳐 보내는 것이 순편할 듯합니다. 그

러니 영리한 역관을 별도로 정하여, 그들을 풀어서 대마도로 넘겨주시고, 배는 돌아가게 하소서.
'인조실록' 22년 8월 8일

선조 말년은 1608년이다. 천주교가 창설되기 176년 전부터 서학서가 조선에 유통된 것이다. 한문 서학서를 통해 야소교가 전파되기 시작하면서 조선 민중들은 쉽게 읽을 수 있는 책이 필요했다. 민중들의 요구에 의해 한문 서학서는 한글로 번역되기 시작했다. 서학서의 한글 번역은 야소교를 조선 사회에 저변 확대하는 계기가 되었다. 한글 서학서의 반향은 조선 지식인들이 한문 서학서를 읽는 것보다 더 뜨거웠다.
1788년, 정조 12년, 이경명(李景明)의 상소를 통해 한글 서학서의 인기를 볼 수 있다.

"근년에 성상의 전교에 서학서 금지가 엄정하셨으나, 시일이 오래되자 서울에서부터 먼 시골에 이르기까지 돌려가며 읽고, 들키지 않으려고 서로 속이고, 또한 보여 주려고 사람들을 유혹하여 서학서가 이르지 않은 곳이 없게 되었습니다. 비록 지극히 어리석은 농부와 무지한 시골 아낙이라 하더라도 그 책을 언문으로 베껴 신명처럼 받들면서 혹은 일을 그만두고서는 외우고 익혀서, 죽는다 해도 후회하지 않는 데 이르렀습니다."
'정조실록' 12년 8월 2일

서학서(西學書)는 성경이다. 야소교(耶蘇教)는 예수교이다.

서학서는 중국어의 표현이다. 야소교는 일본어의 표현이다.

정조는 장령 유하원(柳河源)이 서학서 금지에 대한 상소를 올려 정조가 서학서 금지를 시행하겠다고 전교를 내린 지 3년이 지난 때였다.

정조가 묻는다.

"이경명의 소에서 서학의 폐단을 극력하게 말했는데, 폐단이 과연 어느 정도인가? "

정조의 질문에 좌의정 이성원(李性源)이 답한다.

'신은 그 학설에 대해서는 잘 모릅니다마는 종전에 처분한 뒤에도 여전히 그칠 줄을 모른다면 다시 엄금하지 않을 수 없습니다. "

우의정 체제공(1720~1799년)이 대답한다.

"서학의 학설이 성행하고 있어서 신이 '천주실의'라는 책을 구해 읽어 보았습니다. 거기에는 천당 지옥에 관한 설이 있어서 시골 백성들이 쉽게 현혹됩니다. 그러나 그것을 금지하는 방법 또한 어렵습니다. 그 책에 "하나님이 내려와서 인간이 된 자가 야소인데, 소경의 눈을 뜨게 하고 절름발이를 걷게 하였다." 하였으니, 이것은 허무맹랑한 말입니다. " '정조실로' 12년 8월 3일

조선에 천주교가 전래되기 150여 년 전부터 임금, 조정 대신, 지방 관리, 등이 야소교를 알고 있었던 것은 현해탄을 건너오는 야소교의 영향 때문이었다. 임진왜란, 병자호란을 겪으면서 일

본과 청나라의 무력도발을 경험한 조정은 표류해 오는 야소교 신자들로 인해 외교적 딜레마에 빠졌다 그러는 동안 조선 사회에 야소교라는 말이 회자되면서 이 신앙이 자연스럽게 유입되었고, 동시에 중국에서 들어오는 서학서(西學書)를 통해서도 야소교가 조선에 알려지고 있었다.

서학서는 17세기 초에는 중국을 통해 전해졌으나, 18세기 이후 부터는 조선에서 인쇄되거나 필사되면서 퍼져 나갔다. 1801년 신유박해 때, 천주교인 14명의 집에서만 압수하여 소각한 서학서가 모두 120종 111권 199책이었다고 한다. 소각된 서학서 중에 한글 서학서는 83종 11권 128책이었으며, 한문 서학서는 37종 66권 71책이었다.

한문 서학서 중 대표적인 베스트셀러는 '천주실의'였다. 정조의 말처럼, '천주실의'는 이수광(李睟光)(1563~1628년)의 저서 '지봉유설(芝峯類說)을 통해 1600년대에 이미 조선에 소개되었다.

이수광은 세 차례나 중국에 사신으로 갔다 왔으며, 그때 보고들은 외국과 서양 문물을 집대성하여 소개한 것이 조선 최초의 백과사전인 '지봉유설(芝峯類說)이다. '천주실의'는 마테오 리치 신부가 북경에서 1603년에 간행한 것으로 야소교에 대해 중국 선비가 묻고 서양 선비가 알기 쉽게 대답하는 대화체 형식의 책이다. '천주실의'의 라틴어 제목이 '하나님에 대한 진실된 토론'이라고 한 데서 알 수 있듯이, 이 책은 하나님과 야소교에 관한 교리서였다.

기리시단(吉利是段)(그리스도의 일본음역)
'기리시단'이라는 말

'현종실론' 8년 2월 26일, 일본이 조선에 보낸 항의 서한
"해변에 왕래하는 야소(耶蘇)종문(宗門)의 잔당들을 일일이 기찰하여 통보해 주기로 일찍이 귀국과 약조를 했다. 그런데 아란타 사람들이 표류해 귀국에 도착했을 때 귀국이 통보하지 않았다. 표류해 돌아온 8명은 비록 아란타 사람이지만 그 나머지 귀국에 머물러 있는 자들은 필시 야소의 잔당일 것이다."

표류해 돌아왔다는 아란타 사람 8명은 1666년 9월 전라남도 좌수영을 탈출해 일본 고토 군도에 도착했다. 9월 14일 이들 일행는 나가사키로 이송되었고, 그곳에서 일본 심문관은 그들에게 어느 나라 국민이며 어디에서 왔는가를 물었다. 그들은 네델란드인이며, 조선에서 왔다고 대답했다. 정조가 궁금해했던 아란타라는 나라는 바로 네덜란드였다. 네덜란드 사람 8명은 1653년 8월에 타고 가던 상선 스페르베르Sperver 호가 닷새 동안 계속된 폭풍으로 표류하여, 네덜란드 말로는 켈파르트라 하고 조선에서는 체스라고 부르는 섬에 난파되었다고 말했다. 체스는 제주도를 가리킨다.
이서구가 말한 효종 때란 바로 스페르베르 호가 제주도에 표류한 1653년을 가리킨다. 네덜란드 사람 8명은 1653년부터 1666년까지 13년 동안 조선에서 거주한 뒤 일본으로 탈출했다. 1653년 이들의 배가 폭풍에 남파되어 제주도로 표류해 왔을

때, 당시 제주 목사였던 이원진이 조정에 장계를 올렸다. 장계는 표류해 온 이들이 어느 나라 사람인지 모르겠지만, 살아남은 자는 36명이며 말이 통하지 않고 문자도 다르다고 했다.

일본어를 아는 군사를 시켜 동쪽을 가리켜 물으니, 그들은 낭가사기라고 했다. 그들은 나가사키라고 분명하게 말하고 있었던 것이다. 그런데 이원진이 올린 장계에는 야소교와 관련된 흥미로운 단어가 있었다. 이원진의 장계른은 이러했다.

"왜어(倭語)를 아는 자를 시켜 묻기를 '너희는 서양의 길리시단(吉利是段)인가?' 하니, 다들 '야야(耶耶)' 하였고, 우리나라를 가리켜 물으니 고려(高麗)라고 하였다." '효종실록' 4년 8월 6일

조선 군사가 '길리시단'이냐고 물었을 때, 네덜란드 사람들은 그렇다고 답했다. 조선 군사가 말한 길리시단이란 말은 무슨 뜻일까? 조선 군사는 네덜란드 사람들이 알고 있는 길리시단이란 말을 어떻게 알고 있었을까? 그리고, 조선 군사가 불쑥 내뱉은 길리시단이란 말을 이 사람은 어떻게 알아들었을까?

'길리시단'은 일본 문자 '기리시탄'이 와전되어 음역된 말이다. 이 말은 포르투갈어 'Cristao'에서 유래한 것으로 영어로는 크리스천Christian이며, 우리가 말하는 그리스도교인들 뜻한다. 즉 길리시단이라고 대답한 네덜란드 사람들은 그리스도교인들이었다. 이들이 제주도에 표류했고, 13년 동안이나 조선에 살았다. 조선에 천주교가 설립되기 130년 전의 사건이다.

길리시단의 원어는 그리스어 '크리스티아노스' christianos로, '그리스도를 추종하는 자' 라는 뜻이다. 이 말은 '기름부으심을 받은 자' 이라는 그리스어 크리스토스christos에 라틴어 '이아노스' 가 접미된 단어로, '이아노스'는 누군가에 속해 있는 노예나 가족의 구성원을 뜻한다. 지금의 시리아에 있는 안디옥 교회 교인들을 '크리스티아노스' 라고 부르면서 이 말이 생겨났다.

안디옥 지역의 사람들은 예수 그리스도를 믿는 사람들을 비하하고 핍박하기 위해 '크리스티아노스' 라는 말을 사용했다. 이 단어는 중국 사람은 되놈, 일본 사람을 왜놈이라고 부르는 것처럼 경멸의 상징이었다. 오죽했으면 예수의 수제자인 베드로는 사람들이 '크리스이아노스' 라고 핍박해도 부끄러워하지 말라고 권고할 정도였다(베드로전서 4:16)

'크리스티아노스' 라는 말에는 예수를 믿는 것에 항상 핍박이 따르며, 예수를 믿기 위해서는 이러한 핍박을 각오해야 한다는 의미가 담겨 있었던 것이다.

17세기 초에서 19세기 중엽까지 '길리시단' 이라는 용어는 조선 사회에 자주 회자 되었다.

이렇게 기리시탄이라는 일본어 음역은 조선 사회에 유입되어 여러 가지 유사음으로 변형되었다. 17세기 초에서 19세기 중엽까지 약 250여 년 동안 조선 사회에서는 갈리시단이 야소교와 관련된 말이며, 일본에서는 길리시단 금지령이 내리고 대대적인 박해가 있음을 알아 가고 있었다. 우리나라에서 최근 상영된 영화 '사이런스silence침묵' 이라는 영화는 일본의 기독교 박해와 일본과 서양과의 관계, 특히 네델란드와 일본이 서양 문명을 받아드리고 기독교는 철저히 배격하는 현상을 잘 보여 주고 있는 영화이다. 그래서 오늘날까지도 일본은 기독교 후진국의 모습에서 벗어나지 못하고 있다. 특히 일본의 지도자들은 더욱 반기독교적이다. 오늘날 일본이 선진국이 되는데 네델란드의 역할과 관계가 매우 중요시 되었다. 모든 전 분야에서의 문명과 기술과 문화를 받아드리는데 많은 역할이 되었다. 그러나 기독교만 철저하게 제외 시켰다.

'구진 날에 나막신'이라는 속담이 있다. 비 오는 날에 좋은 신발을 신지 않고 아끼고 별 볼일 없는 것은 쉽게 더러워질 때 사용한다는 의미의 말이다. 정약용이 18년간 유배 생활을 했던 강진 일대에서 나막신이 출토되었고, 그 지역 사람들이 그것을 신었다고 한다. 나막신은 네델란드의 민속 신발이다. 네델란드는 말 그대로 육지가 해수면보다 낮아서 질퍽거리는 지리적 특징 때문에 옛날부터 그곳 사람들은 나막신을 애용했다. 지금도 네델란드에서는 나막신을 신고 다니는 사람들을 볼 수 있다. 이들이 살았던 강진의 전라병영성 일대에는 네델란드식 관개시설과 빗살무늬 방식의 독특한 돌담이 남아 있다. 이들 이방인들 중에 고국인 네델란드에 돌아가 조선을 유럽에 소개한 이가 '하멜표류기'로 유명한 헨드릭 하멜Hendrick Hamel (1630~1692년)이다.

이들 일행이 거주했던 전라병영성은 현재 국가문화재 사적 제397호로 지정되어 있고, 그 옆에는 하멜기념관이 건립되어 그들이 타고 온 범선 모형과 나막신 등이 전시되어 있다.

때는 1927년 일본 고고학 조사단이 중국 안산 일대에 있는 한 고분을 발굴하고 있었다. 조사단은 고분에서 일곱 구의 시신 을 발견했다. 시신 한 구는 아주 완벽한 상태였다. 시신들 머리 맡에는 흙으로 만든 십자가가 놓여 있었다. 조사단은 무덤에서 발견한 송나라 때의 동전으로 시신들이 998년에서 1006년 사이의 것이라고 추정했다.

조사단이 추정한 시기는 고려 제6대 왕 목종(穆宗)(재위 997년~1009년)때였다. 이 지역은 왕건(王建)(재위 918~943년)이 고려를 건국하기 이전까지는 고구려와 발해의 영토였다. 비록 고려의 국경은 압록강 이남이었지만 고분이 발견된 안산 일대 는 많은 고구려와 발해 유민, 그리고 고려인들이 농사를 짓고 살던 지역이었다. 그러면 이 지역에서 발견된 흙 십자가는 고려 인들과 어떤 관련이 있는 것일까?

'책문'이라는 마을과 고려촌

안산 일대는 압록강에서 서북쪽으로 약 150km 떨어져 있다. 안산에서 압록강 쪽으로 내려가면 청나라와 조선의 국경이었던 '책문'이라는 부락이 있다. '책문'과 인접한 조선의 변방 의주 는 중국과의 교류로 북새통을 이루었다. 1765년 중국으로 가는 사신 일행을 따라나섰던 홍대용은 의주 읍리에만 해도 장사를 위해 집집마다 말을 부려서 천 필에 가까운 말이 있었다고 기 록했다. 1780년 사행을 따라나선 박지원도 책문과 의주 주변 풍경을 다음과 같이 묘사했다.

"들판이 평평하고 넓게 트였다. 비록 개간하고 경작하지는 않았지만 곳곳마다 나무를 베어 낸 뿌리가 어지러이 흩어져 있고, 소 발자국과 수레바퀴 자취가 풀 사이로 이리저리 나 있는 것을 보니 임 책문이 가까워졌음을 알겠고, 거주하는 인민들이 대수롭지 않게 책문을 넘나들고 있음을 짐작할 수 있겠다..... 만상 중에서 한(韓)이나 임(林)과 같은 자들은 해마다 북경 출입하기를 마치 제 집의 문과 뜰을 드나들 듯 하여 북경의 장사치들과는 서로 짝짜꿍이 맞아떨어져 물건을 조종하고 값을 올리고 내리고 하는 것이 모두 그들의 손아귀에 달려 있다. 중국 물건의 값이 날로 오르는 이유도 실상은 그들 때문인데도, 온 나라 사람들은 이를 이해하지 못하고 오로지 역관 탓이라고 나무란다.

'열하일기' '도강록(渡江錄)'

책문부락 안에는 많은 조선인들이 살고 있었다. 박지원(朴趾源)은 책문을 넘으면서 고구려와 발해의 옛 영토였던 만주 일대가 고려에 와서 압록강 이남으로 줄었음을 통탄했다. 그리하여 그는 그 일대에 조상 대대로 살면서 조선인들을 안타까워하기도 했다. 그 일대에는 고려 때 부락을 이루고 살던 고려인들이 있었다. 부락의 이름은 고려촌이라고 불렀다.

고려촌은 지금 심양인 봉황성 근처에 자리하고 있었으며, 북경으로 가는 길목에 있었기 때문에 사신들은 이곳을 통과해야만 했다. 만주 일대에는 고려인 집단 부락이 형성되고 중구과의 교류가 활발해지면서 한중 문물이 유통되는 장소가 되어 가고 있었다. 중국의 한문 서학자도 고려촌을 가로질러 들어왔다. 고려촌을 통해 그리스도의 신앙이 조선으로 유입되었다.

John Ross 선교사

1874년 스코틀랜드 연합장로교 소속인 존 로스John Ross(1842~1915년) 선교사가 고려촌에서 의주 상인 이응찬을 만났다. 1879년 이응찬에게 조선어를 배운 로스 선교사는 4복음서와 사도행전을 한글로 번역했다. 이응찬은 같은 의주 출신인 서상륜 등과 함께 한글 낱권 복음을 인쇄하기 시작했다. 로스 선교사는 한글 성경 발행에 대해 이런 기록을 남기고 있다.

"최초 한글 성경 발행이 조미조약 체결과 거의 동시에 이루어졌다는 것은 하느님의 섭리이다. 완고한 '고려문'이 '열린문'이 되면 곧바로 복음이 이 민족 안으로 들어갈 것이다."

국경 일대에서의 서양 선교사와 의주 상인의 만남은 1882년 봉천에서 최초의 한글 '요한복음'과 '누가복음'을 발행하는 것으로 이어졌다. 이렇게 인쇄된 낱개의 복음은 의주, 평양, 황해도 일대의 조선인들에게 전파되었다. 의주 상인 서상륜은 동생 서경조와 함께 황해도 소래에 초가집 하나를 이용해 교회를 세우기도 했다. 이 교회가 조선의 첫 개신교 예배당인 소래교회가 되었다. 조선에 개신교가 창설되기 1년 전인 1884년의 일이다.

고려촌 아래 있던 책문은 말 그대로 국경에 불과했다. 책문을 뛰어넘어 조선에도 고려에도 그리스도교가 유입되고 있었다. 책문은 닫힌 문이 아니라 열린 문이었다. 그곳을 통해 사신들과 의주 상인들은 이방의 신앙을 접했다. 만주 일대에서 발견된 흙 십자가는 만주와 고려 국경 지역에 그리스도교가 널리 퍼졌음을 조용히 말해주고 있다.

고려촌을 통해 최초의 한글 성경이 들어오기 800여 년 전에 그리스도교는 고려인들에게 모습을 드러내고 있었다. 그 당시 만주 일대에 퍼졌던 그리스도교는 동방 그리스도교였다. 1287년, 쿠빌라이에게 저항했던 나얀과 그의 부하들은 만주 일대에 전해진 동방 그리스도교를 믿는 사람들이었다. 나얀의 고려인 부하들 중에는 흙 십자가를 남긴 그리스도교들의 후손도 있었을 것이다.

동방 그리스도교는 고려촌이 있던 만주 일대에만 전파된 것은 아니었다. 동방 그리스도교는 중동에서부터 시작하여 중앙아시아 대륙 그리고 만주 끝까지 연결되는 실크로드의 주요 거점 도시에 산재해 있었다. 13세기를 전후하여 동방 그리스도교는 중동에서부터 고려의 국경 일대까지 동진했다. 중앙아시아에 있는 사마르칸트와 타슈켄트는 동방 그리스도교의 요충지였다.

돈황, 숙주, 감주, 난주, 서안 등의 중구 내륙에도 동방 그리스도교가 있었다. 동방 그리스도교는 원 제국의 수도인 칸발리크를 비롯해 양주, 진강, 항주의 해안 도시에도 형성되어 중국 대륙에 전체에 분포되었다. 이를 미루어 보면, 중국 문물의 집결지였던 고려의 국경 일대에 동방 그리스도교가 들어왔고 그로 인해 흙 십자가가 발굴되었다는 것은 당연한 사실이 아닐까? 고려 당시 세계 대륙에 전파되어 있던 그리스도교를 통해 고려촌에서 흙 십자가가 나온 배경을 유추해 볼 수 있지 않을까?

1271년 마르코 폴로는 아버지와 숙부를 따라서 두 번째로 쿠빌라이를 알현하러 가는 길이었다. 마르코 폴로는 여행 노정에서 사마르칸트에 세례 요한을 기념하는 교회가 세워져 있는 것을 보았다. 사마르칸트는 쿠빌라이의 삼촌인 차카타이가 통치하고 있었다. 요한을 기념하는 교회에는 이적이 전해지고 있었다. 사마르칸트의 군주인 차카타이가 그리스도교로 개종했다는 소식을 들은 사마르칸트의 그리스도교인들은 기념으로 세례 요한 교회를 짓고, 무슬림이 소유하던 아름다운 돌을 가져와 교회의 주춧돌로 삼았다.

마르코폴로가 실크로드를 지나며 목격한 동방 그리스도교는 이슬람교와 공생하면서 그들 각자의 신앙을 지켜 나가고 있었다.

신앙은 공기이다.

전염병보다 더 전염이 잘 된다.

목사, 선교사가 전하는 것보다 일반인이 훨씬 더 전파를 잘 한다.

2부. 한글 성경 번역의 역사

한글 성경의 번역의 역사를 통하여 번역에서의 복은 어떻게 개념되었는가?

1.한글성경의 번역의 역사

먼저 한글성경이 어떻게 번역이 되었으며 언제 어디에서 누구에 의해 번역이 되었는지에 대하여 알아보자.

첫째로 어떤 경로로 한국에 성경이 오게 되었는가?

일반적으로 충남 서천군의 마량진은 한국에서 첫 성경 도래지로 알려져 있다. 영국 정부에서 조선 서해안 해도(海圖)를 작성하라는 명을 받은 영국의 해안 탐사선 알레스트 호와 리라 호가 순조 16년 9월 5일, 충청남도 서천군 서면의 마량진에 상륙했을 때, 함장 머레이 맥스웰(MURRY MAXWELL)과 바질 홀(BASIL HALL) 대령이 마량진 벼슬아치 조대복과 이승렬에게 하려한 장정의 책 한 권을 선물했는데, 이것이 한반도에 전해진 최초의 성경으로 알려져 있다. 이 성경은 영어 성경이 분명하지만 흠정역 성경이었을 가능성이 높다. 이때는 한국을 방문한 첫 개신교 선교사 귀츨라프(KARL FRIEDRICH AUGUST GUZLAFF)가 내한하기 8년 전이었다.

한민족에 대중화된 중국어성경, 한문성경
한문 문화권에서 한문성경은 당연하다.

그후에는 중국어 성경이 한국에 소개된 것으로 추정된다. 중국에서 신천성서(神天聖書)라는 최초의 한문 성경이 출간되었는데, 이 성경은 중국에서의 최초의 개신교 선교사인 영국의 모리슨(ROBERT MORRISON)이 중심이 되어 번역한 성경이었다. 귀츠라프도 이 성경 번역에 일조했다는 주장이 있으나 분명치 않다. 이 한문 성경은 1818~1823년에 발간되었으나 귀출라프가 중국 선교사로 일한 때는 1831년 이후이기 때문이다. 그러나 귀츨라프가 영국에서 모리슨을 만난 이후 동양 선교에 관심을 갖게 되고 1823년 화란선교회 소속 선교사가 되었다는 사실을 고려해볼 때 모리슨의 성경 번역에 도움을 주었을 가능성도 있다. 어떻든 한자 문화권에서는 곽실렵이라는 이름으로 널리 알려진 귀츨라프는 1832년 7월 동인도회사의 통역 겸 승선한 사람들의 건강을 돌보는 의사로 영국 상선 로드 암허스트 호를 타고 우리나라까지 오게 되었다. 그가 산동반도를 거쳐 황해도를 가로질러 서해안 장산곶, 녹도, 불모도를 지나 충남 보령시 오천면의 고대도에 정박한 날은 7월 25일이었다. 이 때 그는 이민회 등 조선 관리들에게 조선 국왕에게 통상을 청원하는 서한과 선물을 보냈다. 선물은 번역된 두 권의 성경과 전도 책자로 추정되는 26종의 도리서(道理書), 그리고 망원경 등인데, 이를 순조 왕에게 바치도록 전달했다. 그는 조정의 회신을 기다리는 17일 동안 고대도 내항에 체류하면서 주민들에게 한문 성경과 전도 문서를 배포했는데 그 성경이 신천(神天)성서(聖書)였을 것이다. 이때 귀츠라프는 주기도문을 한글로 번역했는데 비록 단편적이긴 해도 이것이 최초의 한글 성경 번역이었다. 모리슨의 한문 구약성경(1859년)은 숭실대학교 기독교 박물관에 보관되어 있다.

이때부터 약 30년이 지난 1865년과 1866년 어간에 런던선교회 제레마인 토머스는 두 차례 조선을 방문하고 약 4개월간 조선 영토에 체류했는데 그의 방문 목적은 성경 보급을 통한 선교 개척이었다. 그가 순교하기 전 한국인에게 성경을 배포했는데 그것은 중국어 성경이었다.

윌리암슨에게서 지원받은 "많은 양의 책들"을 전파하고자 했다는 기록이 이를 뒷받침한다. 그가 조선인에게 분배한 책이 어떤 중국어 성경인가에 대해서는 분명히 알 수 없다. 그러나 김양선에 의하면 장사포에서는 홍신길 소년이, 속호정에서는 김영섭과 김종권이, 만경대에선 최치량이 한문 성경을 받았는데, 후일 그들은 강서와 평양교회 설립자가 되었고, 토머스을 죽이려 했던 박춘권은 안주교회의 수뇌가 되었다고 한다.

또 성경을 받아 벽지로 사용했던 영문주사 박영식의 집은 평양 최초의 교회인 평양 장대현교회의 터가 되었다고 한다. 한 가지 흥미로운 사실은 토머스 목사에게 성경을 받아간 한 사람의 조카가 이영태인데 그가 후일 기독교신자가 되었고 , 레이놀즈와 함께 성경 번역 사업에 동참했다고 한다.

성경이 우리말로 번역되기 전에 이러한 경로로 성경이 한국에 소개된 것이다.

그 외에도 북중국에 주재하던 영국선교사 윌리엄슨은 남만주 고려문에서 조선인들에게 성경을 배포한 일이 있고, 1868년에는 북중국 주재 미국인 선교사 마디어가 대동강 하류 연안에서 조선인에게 성경을 배포한 일이 있다.

2. 한글성경 번역

우리나라에 입국하지는 못하고 국외에서 한글 성경 번역에 기여한 인물은 영국의 스코틀랜드 선교사인 존 매킨타이어와 존 로스 였다. 스코틀랜드 연합장로교회는 1862년부터 중국선교를 시작했는데, 메킨타이어는 1871년에, 존 로스는 1872년에 중국으로 파송되었다. 두 선교사는 조선에 입국할 수는 없었지만 조선에 대한 여러 가지 상황에 영적 부담을 느끼고 한글 성경 번역을 의도하게 된다.

이들이 한국인 이응찬을 만나게 되었고, 그의 도움으로 김진기, 이성하, 백홍준 등 의주 청년들과 만나게 되었다. 이들 조선 청년들은 신앙을 갖게 되었고, 매킨다이어 목사에게 세례를 받았다. 로스는 1877년부터 이응찬의 도움을 받으며 한글 성경 번역을 시작하였다. 로스의 안식년 기간 중에는 매킨타이어가 이 일을 계속했다. 이러한 노력의 결과로 최초로 한국어 성경이 출판되었는데, 그것이 1882년 3월 24일 출판된 "예수성교 누가 복음젼셔"와 5월 12일 출판된 '예수성교 요안나이복음젼셔'였다. 두 복음서는 3천 권씩 인쇄되었다. 흥미로운 점은 이 책에서 장은 구별됐으나 절 표시나 구분이 없고, 띄어쓰기를 하지 않았다는 점이다. 그러나 하느님, 쥬(主), 예수, 키리스토 등 하나님 칭호 전이나 후에는 반드시 여백을 두고 있다는 점이다. 이 번역본에서 하나님을 '하느님'으로, 그리스도를 '키리스토'로, 요한은 '요안나이'로 , 세례를 '밥팀네'로 표기한 점도 흥미롭다.

우리말의 '기독교'라는 말도 이 중국어의 발음 '키리스토'에서 기독(基督)의 한자를 한글 발음으로 '기독'에 '교'를 붙여서 '기독교'라는 말이 생긴 것이다.

누가복음과 요한복음에 이어 1883년에는 마태, 마가복음이, 1884년에는 사도행전이 출판되었는데 이때는 5천 권씩 인쇄되었다. 1885년에는 로마인서와 고린도전후서, 갈라디아서, 에베소서 등이 역간되었고, 1887년에는 신약성경이 완역되었다. 이 성경이 순 한글로 번역된 {예수셩교전셔}인데, 보통 '로스역 성경'이라고 불리고 있다. 이것이 한글로 된 최초의 신약전서였다. 위에서 언급한 의주 청년들 외에도 서상륜, 이익세, 최성균 등이 번역에 관여했다. 성경 번역 작업은 스코틀랜드 성서공회의 지원으로 이루어졌고, 봉천의 문광셔원에서 출판되었다.

3. 한글 성경 번역의 대본은 한문 성경(중국 성경)

이때의 한글 성경 번역 방법에는 다소 불완전한 점이 없지 않았다. 이응찬 등 한국인 조력자들은, 중국에서 1864년 간행된 한문 신약성경 '신약전서문리'를 읽고 그것을 한글로 번역하면 로스와 매킨타이어는 헬라어 성경과 흠정역, 그리고 흠정역을 개역한 영어개역성경 등을 참고로 검토한 후 역문을 결정하는 방식을 취했다. 말하자면 한문 신약 성경이 대본으로, 헬라어 성경과 영어 성경은 준 대본으로 사용된 것이다. 이 번역본은 축자적 번역이라기 보다는 의미의 동등성을 중시했다. 또 이 번역본에서는 한문 투의 어휘가 적고 구어체가 많이 사용됐으니,

서북 방언 등 토착 방언이 많이 사용됐다는 점이 약점으로 지적되기도 한다. 그러나 이 신약성경은 국내에서 1900년 {신약젼셔}가 출판되기까지 유일한 한국어 신약성경 번역본이었고, 그 이후 한글 성경 번역에 지대한 영향을 주었다.

한글 성경 번역에 기여한 로스와 매킨타이어의 공헌을 고래해 마삼락(Samuel H. Moffett)은 이들을 '한국의 위클리프'라고 불렀다.

한편으로는 일본에서의 한글 성경 번역의 역사를 보기로 하자. 만주 뉴좡에서 한글 성경이 번역되고 있을 때에 일본에서는 이수정에 의해서 성경 번역이 시도되었다. 지금의 외교통상부에 해당하는 통리외무아문의 관리였던 이수정은 임오군란 당시 민비를 보호해준 공로에 대한 고종황제의 배려로, 수신사 박영효의 비공식 수행원 신분으로 일본에 가게 되었다. 그가 도쿄에 도착했을 때는 1882년 9월 28일이었다. 그는 곧장 친구인 안종수의 소개로 농업행정의 권위자였던 쯔다 센을 찾아갔고 그를 통해 농학은 물론 기독교 신앙을 배우게 된다. 그로부터 3개월 후인 1882년 12월 25일부터 야스카와 목사가 담임하고 있던 쓰키지 교회에 출석하기 시작하였다. 그의 신앙은 급속하게 성장하여 1883년 4월 29일 주일에는 동경의 로게쥬쵸 교회에서 미국 선교사 조지 녹스 목사에게 세례를 받았다. 일본에서 세례받은 첫 한국인이 된 것이다. 세례를 받은 그는 1883년 말에는 7,8명의 한국인 수제자를 얻음으로써 일본에서 최초의 한인 신앙공동체를 형성하기도 했다. 특히 그는 녹스 선교사 등의 도움을 받으며 성경 연구에 전력하였다.

이런 상황에세 미국성서공회 총무였던 루미스(Henry Lumis)에게 한국어 성경 번역을 제의받은 그는 이스카와 목사의 도움으로 **한문 성경을 대본으로 번역**을 시작했다. 그래서 '신약성서 마가전 '(1884년)을 시작으로 '마태전 ', '마가전 ', 그리고 '사도행전 ' 등을 번역했는데, 이렇게 번역한 성경이 '현토, 한한 신약성서 '였다. 이 책은 1887년 요코하마의 영국 및 해외 성서공회를 통하여 출간됐는데 이 번역본은 신약성경 전서가 아니라 복음서와 사도행전만으로 엮은 성경이었고 , 완전한 번역본이 아니라 이름 그대로 한문에 토를 단 성경이었다. 한문에 익숙한 조선인들이 쉽게 읽도록 하기 위한 것이었다.

이수정은 진정한 의미의 번역을 시도하기도 했다. 그가 번역한 첫 책은 마가복음인데, 부피가 작고 내용이 간결했기 때문에 이 책부터 번역한 것으로 보인다. 마가복음 번역본은 1885년 2월 '신약 마가젼 복음셔 언해' 라는 이름으로 요코하마에서 미국성 서공회를 통해 간행되었다. 초판은 1천 부를 인쇄했은데, 그해 4월 언더우드와 아펜젤러가 일본을 경유하여 한국으로 입국할 때 가지고 온 성경이 바로 이 마가복음 번역본이었다. 이수정은 **한문으로 된 마가복음을 주 대본으로** 하되 일본어, 영어, 그리 고 헬라어 원문을 대조하면서 번역하였다고 한다. 이 번역본에 서는 만주에서 번역된 [예수성교젼셔]와는 달리 국.한문 혼용체 를 사용했고 고유명사 표기가 원어에 가깝고 **한문 투의 용어가 많다.**

4. 일본에서 한글 성경 번역, 대본의 한문 성경

이수정은 하나님 칭호를 어떻게 번역할 것인가를 두고 고심했는데 한문 성경에서는 하나님을 '상제(上帝)로, 일본어 성경에서는 '가미'(신神)로 번역했는데, 그는 '천주(天主)'로 번역했다. '천주'는 천주교도들이 이미 사용하고 있었기 때문에 그대로 사용하기로 한 것으로 보인다. 그 밖에 '세례'는 '밥테슈마'로, 그리스도는 '크리슈도스'로 각각 음역하여 헬라어 원문에 충실하려고 하였다. 이 번역본은 가능한 순 한글 역을 지향하되 지식인들의 편리를 위해 중요한 단어는 한자로 표기하고 한글로 토를 달았다. 이렇게 번역된 마가복음서를 '신약 마가젼 복음서 언해'라고 한 것은 유교와 불교계통의 서적의 한글 역을 '언해'라고 했기 때문이 아닌가 생각한다. 이수정 역의 마가복음은 1882년 만주에서 간행된 누가복음 번역본에 이어 한글로 번역, 간행된 두 번째 한글 성경이라고 할 수 있다. 이수정은 계속해 마태, 누가복음서도 완역했으나 빛을 보지는 못했다. 이수정의 1885년 마가복음 번역본은 1887년 언더우드, 아펜젤러, 그리고 한국인 송덕조, 등의 공역으로 개정되어 요코하마에서 재출간되었다.

한편으로 우리나라 국내에서의 성경 번역은 어떻게 진행되었는가?

해외에서 은밀하게 한글 성경 번역이 이루어지고 있을 때, 국내에서는 정치적 변화가 일어나고 있었다. 1876년에는 개항이 이루어졌고 일본에 이어 미국과 외교관계를 수립하게 되자 서양인의 입국이 가능하게 되었다. 이러한 변화의 길목에서 중국과 일본에 파견되어 일하고 있던 미국 선교사들과 일본의 이수정은 한국 선교의 필요성을 강조하였고 선교사 파송을 호소하기 시작하였다.

그래서 1884년 이래로 미국의 북장로교(1884년), 북감리회(1885년), 호주장로교(1889년), 침례교(1889년), 성공회(1890년), 미국 남장로교(1892년), 미국 남감리교(1896년), 캐나다 장로교회(1898년)가 선교사를 파송하고 한국에서 선교 사업을 시작하게 된다.

당연한 일이지만 공인 성경이 없는 상태에서 내한한 선교사들에게 성경 번역은 가장 시급한 과제였다.

5. 선교사들의 한글 성경 번역 작업
국내 번역 첫 한글 성경

이런 현실에서 1887년 2월 7일 서울에 있던 5명의 선교사들. 곧 언더우드, 아펜젤러, 알렌, 스크랜턴, 그리고 애혼은 성서번역위원회를 구성하고 언더우드와 아펜젤러를 번역 책임자로 임명했다. 그 첫 작품이 언더우드와 아펜젤러가 1887년 펴낸 '마가의 전한 복음셔 언해'였다. 그러나 이 책은 제목이 암시하듯이 1885년 일본에서 이수정이 번역한 '신약 마가젼 복음셔 언해'를 개역한 것이었다. 한글 성경이 없는 상태에서 잠정적으로 이 책을 이용하고자 했기 때문에 이 책을 수정하게 된 것이다. 이 외에는 성경 번역 작업이 위원회 차원에서 추진되지 못했고 도리어 성경 번역은 사역의 차원에서 시도되었다. 그것이 아펜젤러가 1890년 간행한 '보라달로마인서(保羅達羅馬人書)'와 11892년에 간행한 '마태복음젼', 1892년에 게일이 펴낸 '사도행젼'과 펜윅(M.C.Fenwick)이 펴낸 '요한복음젼'이다.

이런 상황에서 1890년 영국성서공회는 한국성서위원회에 만주에서 번역된 로스 역 성경의 수정판을 낼 것을 요청했다. 한국의 시급한 현실에서는 수정본이 보다 용이했기 때문이다.

이렇게 해서 아펜젤러가 로스 역 누가복음을 수정했는데, 이것이 1890년에 나온 [누가복음젼]이다. 그러나 성서번역위원회는 이것으로 만족할 수 없었다. 이들은 국내에서 완전한 새로운 성경을 번역하기로 결정했다. 그리고 언더우드와 아펜젤러에게 이 일을 위임했다.

그러나 이 일이 지연되었고 후에는 언더우드 대신 게일이 아펜젤러 대신 스크랜턴이 추진해 1892년 1월 20일 마태복음서가 번역되어 '마태복음젼'이란 제목으로 출간됐다.

이 책은 기존 성경의 수정본이 아닌 **국내에서 번역된 첫 한국어 성경**이었다. 이 성경은 30만부 간행되었다.

국내 첫 성경 번역 위원회

한국어 성경 번역사에서 중요한 변화는 1893년 5월 조직된 상임성서실행위원회였다. 영국성서공회 만주지부 책임자였던 켄무어(A. Kenmure)의 내한을 계기로 성경 번역을 새로운 차원에서 검토하게 되었다. 사역이나 수정본은 한계가 있으므로 보다 완전한 번역본을 위해서는 새로운 기구가 필요하다고 본 것이다. 이런 필요에 부응하여 1893년 한글 성경 번역 사업을 관장할 '상임성경실행위원회'가 조직되었고, 그 휘하에 일을 실행할 구체적인 번역 위원회인 '성경번역위원회'가 조직하기에 이른 것이다. 이때 위원으로는 언더우드, 게일 , 아펜젤러, 스크랜턴 등이었고, 성공회의 트롤로프(M.N.Trollope)는 개인자격을 동참하게 되었다. 1895년에는 미국남장로교회의 레이놀즈(W.D.Reynolds)가 추가로 위원으로 임명되었다. 이 위원회에서 언더우드는 위원장으로, 스크랜턴은 서기로 선출되었다. 성경 번역의 시도와 함께 1895년 성서공회가 설립된 것은 커다란 발전이었다.

 성경 번역은, 각 위원들이 분배된 신약의 책들을 독자적으로 번역하되 그리스어 성경과 영어 개역 성경을 대본으로 번역하고, 한국인 조사들은 한문 성경과 일본어 성경을 준 대본으로 참고하여 선교사들을 돕고, 선교사들은 한국인 조력자들의 도움을 받아 성경 번역을 완성하면 다른 번역자들에게 보내 의견을 청취하고, 이를 다시 원번역자들에게 보내 검토하게 한 후 전체 번역자들이 참가하는 번역자회에서 토론과 표결을 거쳐 통과된 대본을 시안본으로 채택하기로 했다. 이런 번역 과정이 얼마나 충실하게 지켜졌는지는 알 수 없다. 그러나 이런 노력의 결과로 1895년 마태복음, 마가복음, 요한복음, 사도행전이 간행되었는데, **마태복음 외에는 개인역에 가까웠다.** 번역 절차를 거쳐 위원회의 공인 시안본으로 제작하기에는 시간적으로 제약이 많았기 때문이었을 것이다. 마태복음은 아펜젤러가 1892년 번역한 마태복음전을 번역자회가 시안본으로 승인한 것이지만 마가복음(아펜젤러), 요한복음(게일), 사도행전(게일)은 개인 역본이었다. 1896년에는 언더우드에 의해 누가복음이 완성되었고, 1897년에는 언더우드에 갈라디아서, 야고보서, 베드로전.후서가 번역되었고, 1898년에는 로마서, 고린도전.후서, 골로새서, 빌립 보서, 데살로니가전.후서, 디모데전.후서, 디도서, 빌레몬서, 히브 리서, 요한 1.2.3서와, 유사서가 번역되었고 1899년에는 에베소 서가 번역되었고 1900년에는 요한계시록이 번역되었다. 신약의 모든 책들이 번역되자 이들 낱권을 묶어서 한권의 책으로 출판 하였는데, 이것이 국내에서 번역된 최초의 신약전서인 [신약젼 셔]였다. 마태복음부터 로마서까지는 번역자회의 공식적인 의결을 거친 시안본이었으나, 그 이후의 책들은 번역자회의 검토를 거치지 않은 개인 역본들이었다. 그러나 국내에서 최초로 신약을 완역한 일은 감격스런 일이었다. 그래서 이를 기념하여 1900년 9월 9일 서울 정동감리교회에서 신약성경 봉헌 감사예배가 드려졌다.

6. 첫 신약전서가 탄생하다

비록 신약전서가 출판됐으나 만족스러운 번역으로 받아들여지지 않았다. 그것은 고린도전서 이후 계시록까지의 책들은 번역위원회가 수정하거나 독회를 거치지 않은 개인역에 불과했기 때문이었다. 그래서 책이 출판되자 번역자회의 공인을 위한 수정작업이 시작되었는데, 이 일은 아펜젤러, 레이놀즈, 그리고 게일에게 위임되었다. 이 작업을 위해 아펜젤러는 인천을 출발하여 번역자회가 모이는 목포로 가던 중 다른 배와 충돌하는 조난 사고로 한국인 조사 조성규와 함께 순직하는 사고를 당했는데, 이때가 1902년 6월 11일이었다.

이런 상황에서 북장로교 선교부는 게일과 언더우드를, 남장로교
는 데이놀즈를 성경 번역 사업에 전념토록 배려하였다. 결국 이
세 사람의 노고로 성경 수정 작업이 추진되어 1906년에는 성경
번역자회가 공인한 공인 역본 [신약전서]가 출판되었다. 이 성
경이 1938년 [개역신약성서]가 출판되기까지 한국 교회 강단과
성도들이 공인본 신약 성경이 되었다.

 이상과 같은 성경 번역 사업은 선교사들의 노고로만 이루어진
것은 아니었다. 이런 과정에서 한국인 조력자의 수고 또한 적지
않았다. 성경 번역 사업에 참여한 한국인으로는 아펜절러의 어
학선생이자 조사였던 조성규 외에도 게일의 일생 동안의 동료
이자 번역 동료였던 이창직, 정동명, 언더우드의 조사였던 송덕
조, 레이놀즈의 조사였던 김정삼, 이승두 등이 있다.

7. 드디어 구약전서 번역 , 성경 전권 번역이 완성되다.

 구역성경의 번역 작업은 1900년의 '신약젼셔'가 출판된 후 자
연스럽게 구약성경 번역이 시작되었다. 그러나 이보다 앞서 구
약의 책이 번역되기 시작하였는데, 그 첫 책이 피터스
(A.A.Peters)의 사역본으로 1898년 출판된 '시편촬요'였다. 이
책은 시편 전편을 번역한 것이 아니고 저주 시편을 제외한 62
편을 번역한 껏이지만 한국에서의 구약 번역의 효시가 된다. 피
터스는 한국에 온 유일한 유대인 출신 선교사인데 미국성서공
회 파송으로 내한한 인물로서 시편을 번역하기에 가장 적절한
인물이었다. 그 후에도 구약 성경 번역위원, 혹은 수정위원으로

활동하며 성경 번역 작업에 기여하였다.

1900년 이후 구약성경 작업도 번역자별로 구약의 책을 분담하여 번역하기 시작했는데, 아펜젤러는 창세기를, 언더우드는 시편을, 게일은 잠언과 사무엘서를, 스크랜턴은 이사야서를, 레이놀즈는 여호수아서를 맡았다. 그러나 번역 작업은 쉬 이루어지지 못했고 지체되었다. 또 번역자들이 교체되거나 하디(R.A. Hardie), 마펫(S.A.Maffett), 노블(W.A. Noble), 등의 선교사들이 번역위원으로 선임되기도 했으나 단기간 일하고 사임하였다. 이런 상황에서 구약성경 번역을 신속히 추진하기 위해 레이놀즈와 두 사람의 한국인 김정삼과 이승두에게 구약성경 번역의 책임을 일임하였다. 이로써 두 한국인이 공식적인 성경 번역 위원으로 참여하게 된 것이다. 이들은 레이놀즈가 있던 전주에서 번역에 몰두하여 1910년 4월 2일 드디어 구약성경 번역 작업을 완료하였다. 말하자면 구약성경 번역 작업에 10년이 소요된 것이다. 그 결과 1911년 구약성경을 이미 출판된 신약성경과 묶어서 '성경전서'라는 이름으로 빛을 보게 된 것이다. 물론 '구약젼서'가 출판되기 이전 낱권으로 창세기, 시편(1906년), 잠언, 출애굽기, 사무엘전.후서, 말라기(1906년), 열왕기상.하, 이사야 번역본(1908년)이 출판됐으나 이제 이 모든 책들이 한 권으로 묶여 '구약젼서'로 간행된 것이다. 미국성서공회는 이 책을 상(창세기-역대하), 하(에스라-말라기) 두 권으로 출판하였다. **이것이 한국에서 출간된 최초의 성경전서였다.** 이 성경은 성경 원문을 참고했지만 **1901년 미국에서 출판된 미국표준역 (ASV)이** 주 대본이었고, **한문 성경을 참고한 흔적이 짙다.** 이 번역이 이루어지기까지 언더우두, 게일, 레이놀즈, 그리고 한국인 김정삼, 이승두의 노고가 컸다.

8. 완전한 번역은 없다
번역 수정의 긴급한 필요성은 번역의 오류
첫 번역부터 번역의 잘못을 인정함
이 세상에서 그 어떤 성경도 완전한 번역은 없다.

어떤 이들은 흠정역 성경은 완전한 것처럼 말하지만 이 책에도 여러 가지 오류가 있었고, 계속적인 수정 작업이 필요했듯이 [성경젼서]가 출간되자마자 수정의 필요성이 제기되었다.

특히 구약개역(수정번역)이 시급했다. 그래서 먼저 구약을 개역(수정번역)하기로 하고 1911년 '구약 개역자회'를 구성하였다. 개역번역수정) 작업은 대영성서공회가 발행한 긴스버그(C.D.Ginsburg)가 편집한 히브리어 성경이 사용되었다.

이 작업에 헌신한 인물들이 언더우드와 게일 그리고 레이놀즈였다.

성경언어에 대한 해박한 지식의 소유자이기도 했던 레이놀즈는 그동안 성경 번역 작업에 몰두하여 다른 일을 할 수 없었다는 이유로 사임했고, 언더우드가 일본에서 세상을 떠나는 바람에 개역 작업이 순탄하지 않았다.

그러나 1924년 이후 레이놀즈가 다시 번역자로 동참하였고, 후에는 감리교의 케이블(E.M.Cable), 하디(R.A.Hardie), 장로교의 베어드(W.M.Baird), 엘겔(G.Engel) 선교사가 위원으로 선임되어 이 일을 도왔다.

언더우드 이후 개역자회 회장이었던 게일은 자신이 추구하는 조선어풍 번역에 대한 다른 개역자들의 반발로 개역위원직을 사임하고 독자적인 구약성경 번역에 몰두해 사역 구약성경을 출간했는데, 이것이 1925년 기독교 창문사에서 펴낸 [신역신구약전서]이다.

이일에도 한국인 조력자 이원모, 이창직, 이교승의 도움이 컸다. 비록 게일은 개역위원직을 사임했으나 한국성경 번역사에서 그가 남긴 기여와 역할을 아무도 부인할 수 없다.

구약성경 개역 작업은 이런저런 일로 지체됐었으나 피터스, 베어드, 한국인 남궁혁, 김관식, 김인준, 이원모 등이 가담해 이 일을 추진하여 무려 26년에 걸친 작업을 완료하고 마침내 1936년 [구약전서 개역본]이 간행되었다.

이 개역본을 일부 수정하여 1938년에는 보다 완전한 번역본이 출판되었다.

9. 신약 성경 개역(改譯) 계속

신약 개역 작업은 1926년 '신약개역자회'가 조직되면서 시작되었다. 이 일은 감리교의 스톡스(M.B.Stocks), 윈(S.D. Winn), 로스(C. Ross), 레이놀즈, 커닝햄(F〉W. Cunningham), 크레인(J.C. Craine) 등에 의해 추진되었는데, 개역대본으로는 네슬레의 희랍어 성경이 사용되었다. 1937년에는 개정을 완료하였고, 1938년 [신약개역]이란 이름으로 발간되었다. 그래서 구약과 신약이 합본되어 [성경개역]이 출판되었다. 이 공인역 개정 성경이 1952년 한글 맞춤법 통일안에 의거하여 수정을 거친 뒤 [성경전서 개역한글판]이란 이름으로 간행되었고, 1956년 다시 새로운 맞춤법에 따라 일부 수정했고, 1961년에는 815개소의 자구수정을 거쳤는데, 이 [성경전서 개역 한글판]이 오늘에 이르기까지 한국 교회가 가장 오랫동안 사용하는 성경이 되었다.

이외에도 1906년는 애국지사이기도 했던 유성준 장로의 국한문 신약전서와 같은 사역 성경이나, 1912년 이익채 씨가 편찬한 관주성경 등이 있다.

해방 이후의 성경 개역 작업과 출판 기증

해방 이후의 성경 번역에 대하여 해방 후에도 여전히 성경 번역 혹은 출판은 외국성서공회의 후원과 지원을 받았다. 여러 가지로 부족한 한국의 현실을 감안하여 미국성서공회는 1946년 신약전서 5만 권을 기증해 주었고, 1947년 영국성서공회는 [성경전서] 5천 부를 기증해주시고 했다. 1947년에는 대한성서공회가 재건되었고, 1950년에는 한글판 성경전서가 출판되었는데 한글성경에만 사용되는 '성서체'라는 특별한 문체가 사용되었다. 예기치 못한 6,25 동란으로 성서공회 건물이 파손되었고, 10만 권에 달하는 성경과 주요 문서가 소실되는 막대한 손실을 입었다. 그러나 성경 편찬 작업은 피난지인 부산에서 계속되어 1957년에는 점자성경이 신약 10책, 구약 16책으로 완간되기도 했다.

새 번역 성경의 번역시도에 대하여 해방이 되자 성경의 새로운 번역에 대한 관심이 일기 시작했다. 그 첫 시도가 박창환의 성경 사역이었다. 장로회신학교 교수였던 박창환은 1957년 8월 창간된 [기독교계]에 에베소서 사역을 게재했고 이어서 빌립보서, 골로새서를 사역하여 게재하였다. 또 김정준은 시편 사역본을 게재하기도 했다.

순수 한국인 번역 새번역 버젼

1957년 7월, 김정준, 김찬국, 문익환, 박대서느 박창환, 전경연 등은 복음동지회를 구성하고 성경 번역을 시작하였다. 젊은 세대는 고어체로 된 '개역 성경'을 시작하였다. 젊은 세대는 고어체로 된 '개역 성경'을 잘 이해할 수 없으므로 현대어로 번역할 필요가 있었고, 최근의 성경본문 연구를 반영한 새로운 역본이 요구된다는 점에서 번역을 시도하게 된 것이다. 이런 노력의 결과로 1961년 1월 25일에는 [마태복음]을 발간하게 되었다. 이렇게 시작된 성경 새번역 작업은 대한성서공회 사업으로 흡수되었고, 번역위원장에 전경연, 초역 위원에 김철손, 박창환, 이상호, 서기에 정용섭 드이 선임되었다. 대본으로는 네슬 25판이 사용되었다. 이때로부터 4년이 지난 1967년 12월 15일에는 신약이 완역되어 [신약전서 새번역]이 간행되었다 이 성경 번역진은 직보적 학자들로 구성되어 있었으므로 한국 교회 전체의 지지를 받지 못했고, 강단용으로 사용되지도 못했다. 그러나 순수 한국인 학자들로 구성된 번역진에 의해 신약성경이 역간된 일은 경하할 일이었다.

신약 번역을 완료한 성서공회는 구약 번역을 서둘렀다. 그런데 이때 신구교간 합작하여 성경을 번역하기로 합의하고 1968년 2

월 15일 신구교 '성경번역 공동위원회'를 구성하였다. 또 그해 4월 1일에는 '번역위원회'를 구성하여 새로운 번역을 추진하게 되었는데, 번역위원으로는 김정준(위원장), 정용섭(서기), 문익환, 배제민, 최의원 목사, 그리고 천주교 학자인 선종완 신부가 선임되었다. 그러나 배제민과 최의원은 번역정책과 신학적 입장에 대해 견해를 달리하고 곧 사퇴하였다. 이렇게 되자 실제적인 번역 실무는 개신교의 문익환과 천주교 측의 선종완 두 사람이 맡았다. 약 3년간 두 사람의 노력 끝에 신약공동번역본이 1971년 4월 11일 부활절을 기해 출판되었고, 1977년에는 구약까지 완역되어 그 해 부활절을 기해 [성서]라는 이름에 부제로 '공동번역'이라는 표제를 붙인 소위 공동번역 성서가 대한성서공회에서 출판되었다. 이 성경에서 신약은 1971년에 번역된 공동번역 신약성서를 개역한 것이었다.

이 성경은 키텔(Kittell)의 '비블리야 헤블라이카(biblia Hebraica)' 곧 BHK를 기초로 번역되었다. 그런데 이 성경 번역이 신구교간의 타협으로 이루어졌다는 점에서 특히 한국의 보수교회는 이 성경에 대해 매우 비판적이었다.

개신교는 천주교의 요구를 수용하여 '하나님'표기를 포기하고 '하느님' 표기를 취했다. 보수교회는 이 성경은 범신론적인 번역이라고 혹평했다.

또 신구교간에는 외경에 대한 견해차가 있었으므로 카톨릭용 성경에는 구약과 신약 사이에 외경이 포함되어 있었다.

이 성경은 지지를 받지 못했고 강단용으로 채택되지 못했다. 심지어는 번역에 동참한 학자들이 속한 교단에서조차도 외면당했고 단지 참고용 성경으로 활용되고 있다.

그러나 천주교에서는 이 성경을 공식 성경으로 사용하고 있다. 비록 강단용으로 받아들여지지 못했고 상당한 비판을 받기도 했으나 신구교가 공동으로 번역한 최초의 성경이라는 점에서 의의가 있다.

북한에서는 이 공동번역 성경을 일부 수정하거나 북한식 용어로 바꾸어 출판한 것으로 알려져 있다.

10. 개신교 중심의 대한성서공회

한편 현대어 성경에 대하여서는 대한성서공회에 의해 공동번역 성서가 발행되었으나 이 성경은 수용되지 못했다.

그러나 젊은이들도 쉽게 읽을 수 있는 현대어 역을 지향한 젊은 고무적인 일로 받아들여졌다. 이런 분위기에서 현대어 성경 역본에 대한 기대가 높아졌다. 이런 현상은 한국에서만의 경우가 아니었다. 영어권에서도 보다 알기 쉬운 현대어 역본들이 출간되기도 했다. [살아있는 성경]이나 [좋은 소식 성경]등이 이 범주에 속한다. 이런 추세에 부응해 한국의 생명의말씀사는 현대어로 된 성경 번역본을 시도하였다. 그 결과로 1977년에는 신약이 번역 출간되었고, 1985년에는 구약까지 번역되어 신구약이 합본이 [현대인의 성경]이란 이름으로 출간되었다. 이 성경은 누구나 읽을 수 있는 현대어문으로 번역된 점은 장점으로 지적되지만, 그것이 원전의 의미를 얼마나 정확하게 반영하고 있는가 하는 점에 대해서는 크게 의문시되고 있다.

사실 [**현대인의 성경**]은 히브리어나 헬라어 원전 성경을 대본

236

으로 번역하기보다는 현대어 영어 성경본인 [살아 있는 성경]에 크게 의존하고 있었다.

사실 번역 의도도 이 책을 한글 개역 성경과 함께 사용해 어려운 개역 성경을 쉽게 이해하도록 도움을 주려는 동기를 지니고 있었다. 즉 이 역본은 원의(原意)의 정확한 전달보다는 용이한 독서에 더 큰 비중을 두었다. 따라서 [현대인의 성경]이 [한글 개역 성경]을 대체하기에는 한계를 지니고 있었다. 이런 점에서 볼 때 이 성경은 한국어로 출간된 최초의 풀어쓰기 성경이라고 할 수 있을 것이다.

이외에도 아가페 출판사에서 국내 최초로 원문 마소라 본문이 아셰르의 본을 직역한 [쉬운 성경](2001년)이 출간되었고, 2004년에는 남북통일 시대를 대비해 11년에 걸쳐 번역한 [우리말 성경](두란노)이 출간되었다. 2009년 복있는사람에서 출판한 유진 피터슨의 [메시지](신약편) 역시 일상의 언어로 옮긴 성경으로 이 범주에 속한다. 2011년 [모세오경]편도 출간되었다.

앞에서 언급했지만 그동안 한국 교회가 사용해 온 성경은 1900년 국내에서 처음으로 번역된 신약성경, 1911년에 완역된 신.구약성경 번역본인 '힌글개역성경'인데, 1938년 개정을 거쳐 1952년과 1956년 한글 맞춤법 통일안에 의거하여 수정된 성경이라는 점을 지적했다. 이 성경이 가장 오랜 기간 동안 강단용으로 사용되어 왔으나 1938년 개정된 이래 재개정된 일이 없이 오늘까지 사용해 왔다.

이 성경은 오늘의 젊은 세대들이 이해하기 어렵고, 또 번역상에서도 몇 가지 문제가 제기되어 새로운 번역에 대한 요구가 있었다. 이 일은 당연한 일이지만 대한성서공회에 의해 추진되었다. 개역 준비 작업은 1983년 시작되었는데 1993년 8월에는 17개 교단 대표로 구성된 '성경전서 개역한글판 개정감수위원회'를 조직하였다. 성경개역에 사용한 대본으로는 구약은 슈투트가르트 히브리어 성경이었고, 신약은 네슬 알란트판이 사용되었다.

한글개역 성경을 개역하되 보수적인 교회를 포함한 범교회적인 지지를 얻기 위해서 보수적인 학자인 오병세 박사를 개역위원장으로 영입하기도 했다. 이런 노력의 결과로 1995년 11월에 개역개정판 신약이 출간되었고, 1997년 6월에는 구약 개역이 완료되었다. 약 6개월간의 감수와 의견수렴을 거쳐 1998년 8월 31일 [성경전서 개역개정]이 발행되었다. 초판은 3만부 발행되었다. 이 성경에서는 어려운 한자어를 쉬운 말로 고치고 문법이나 어법이 맞지 않는 경우를 수정하였고 어색한 말을 다듬는 등 국어학적인 개정 외에도 원어의 뜻을 보다 분명하게 보여주는 한국어로 대치했다. 개역개정판은 개역 성경의 7만 2천 7백 개소를 수정했다고 한다. 고유명사의 음역은 개역 성경에 따르되 한국 교회가 오랫동안 사용해 오던 익숙한 용어는 바꾸지 않는다는 원칙에 따라 번역되었다.

이런 시도에도 불구하고 이 개역개정판은 상당한 논란을 불러일으켰고, 강단용으로 사용하기를 거부하는 교단이나 교회가 적지 않았다. 대한성서공회는 교계의 여론을 수용, 번역에 반영하여 2000년 새로운 개역개정판을 선보이기도 했다. 일부 교단은 이 책을 개역이 아니라 개악이라고 혹평하면서 여전히 강단용으로 사용하기를 거부하고 있으나 요즘 들어 개역개정판을 사용하는 교회가 늘고 있으며, 대한성서공회가 최근 교단별 성경 활용 현황을 분석한 결과 85~90퍼센트가 개역개정판을 사용하고 있는 것으로 파악된다.

지금까지 한국에서의 성경 번역과 반포사업

개신교는 1895년에 창립된 대한성서공회가 주관해왔다. 물론 초기에는 외국성서공회의 지원을 받기도 했으나 대한성서공회는 성경의 번역과 출판을 관장하는 한국을 대표하는 기구였다.

그러나 1990년대 이후 보수적 교회들은 대한성서공회의 정책과 신학적 입장, 특히 성경 번역과 관련해 불만이 야기되었다. 특히 대한성서공회가 '표준새번역'을 보급하기 위해 한국 교회가 가장 오랜 기간 동안 사용해 오던 개역 성경의 보급과 출판을 중단하려고 했을 때, 표준새번역을 받아들일 수 없는 교회는 성경을 새롭게 번역하지 않을 수 없다고 본 것이다. 표준새번역이란 대한성서공회가 개역 성경의 개정이 아닌 완전한 새로운 역본을 의도하고 1983년 번역에 착수해 1993년 출판한 성경인데, 쉬운 현대어로 번역하고 원전의 의믈 보다 더 정확하게 번역하려고 힘썼다고 말하고 있으나 한국 교회의 지지를 받지 못했다.

이런 상황에서 대한예수교장로회 합동, 고신, 개혁, 고려 등 보수적인 107개 교단은 '한국성경공회'를 창립했다. 창립과 함께 새로운 성경을 번역하기까지 잠정적으로 사용할 목적으로 판권 시효가 끝난 것으로 볼 수 있는 1952년판 개역 성경을 대본으로 부분적인 수정을 하여 1997년 [하나님의 말씀 신구약 성경]을 출판했다.

그러나 이것을 두고 대한성서공회가 인격권의 침해라고 문제를 제기해 이 성경을 사용할 수 없게 되었다.

이에 한국성경공회는 1999년 6월 성경을 새롭게 번역하기로 했다. 이에 성경 번역위원회를 구성하기로 결의하고 구약성경 번역위원에 손석태 박사(위원장)외 14명을, 신약 번역위원으로 황창기 박사(전 고신대총장)외 14명을, 국어문학 팀장에 정효현 박사 외 2명을, 감수위원장에 정규남 박사(광신대학교 총장)을 위촉하고 성경 번역을 시작했다. 번역대본으로 구약의 경우 Biblia Hebrica Stuttgartensia(2nd ed., 1983)의 마소라 본문이, 신약의 경우 Novum Testamentum Greece(27th ed.)와 Greek New Testament(4th corrected ed.)가 함께 사용되었다. 번역 작업은 8년 6개월이 소요되었고, 2007년 [하나님의 말씀, 바른 성경]이란 이름으로 출판되었다. 영문으로는 'The Korean Truthful Version'이라고 명명했다.

한국성경공회는 상당한 기대를 가지고 이 책을 출판했으나 한국 교회의 지지를 얻는데 실패했다. 현재 이 성경을 강단용으로 사용하는 교회는 거의 없다. 한국성경공회 창립의 중심교단이라고 볼 수 있는 대한예수교장로회 합동이나 고신조차도 이 책을 외면하고 있다. 비록 일부의 강력한 주장에 따라 보수적 교회들이 한국성경공회 창립에 동참하고 성경 번역을 시작했으나 대한성경공회에도 이사를 파송하는 등 두 기관에 동시에 동참하고 있었다. 따라서 새로운 성경공회의 창립이나 새로운 성경 번역에 대한 확고한 믿음이 부족했다. 일례로 고신교단의 경우, 원로 학자인 오병세 박사는 대한성서공회의 개역 성경 개정 작업에 깊이 관여했지만 황창기 박사는 한국성경공회 신약번역위원장으로 참여하는 등 같은 교단에서도 일치된 입장을 견지하지 못했다. 성경 번역에서도 믿음 주기에 부족했다.

 대한성서공회는 지난 한 세기 이상 성경 번역과 출판을 관장하는 전통을 계승해왔고 외국 성서공회와의 긴밀한 협조 아래 신뢰를 쌓아 왔으나 한국성경공회는 그런 전통이 없고 성급하게 새로운 성경을 역간하려는 것이 아닌가 인상을 주었기 때문이다. 번역진의 구성에서도 교회적 신뢰를 얻기에는 다소 부족했다. 실제로 새로운 번역이 기존의 번역과 확연하게 다르거나 우수하여 성경 원전의 의미를 보다 정확하게 전달하고 있다는 점을 제시하지 못했다. 이런 측면과 함께 한국 교회가 하나의 성경으로 통일되어 있어야 한다는 심리가 [하나님의 말씀, 바른 성경]의 사용을 기피하게 만든 또 다른 요인이기도 했다. 따라서 이 책을 사용해야 할 이유가 없었다. 이러한 이유로 [하나님의 말씀, 바른 성경]은 강단용이 아니라 참고용으로 받아들여지게 된 것이다.

그럼에도 불구하고 새로운 성경 번역을 계기로 성경원전, 혹은 성경 언어에 대한 관심을 고양시키고 더 우수한 역본에 대한 교회적 관심을 환기시키는 일은 한국 교회의 성숙을 위해 필요한 일일 것이다.

 처음에는 국외의 중국과 만주와 일본에서 한국어 성경이 번역되기 시작했으나 1887년 이래로 성경 번역에 대한 관심이 일어나고, 또 한국성서공회가 조직되어 1890년대부터 국내에서 성경 번역 작업이 시작되었다. 그 결과 1900년에는 신약이, 1911년에는 구약이 완역되어 우리 손에 들려 지게 되었다. 그 이후 여러 종류의 성경이 역간됐지만 1911년에 나온 [성경전서]의 전통이 오늘까지 계속되고 있다. 비록 이견이 없지 않았지만 한국 교회 강단에서 하나의 동일한 성경역본이 사용되고 있나는 점은 매우 다행한 일이라고 할 수 있다.

한국에서 성경은 한글의 보급과 한국사회 계몽에도 커다란 영향을 끼쳤다. 한국에서 성경은 한글의 보급과 문맹 타파에 결정적인 영향을 끼쳤다. 서민들은 성경을 통해 한글을 터득했고, 성경을 통해 천대받은 한글이 우리 글로 정착되었다. 독일의 루터의 독일어판 신약성경의 번역이 독일문학에 끼친 영향이나, 킹 제임스 성경이 영문학에 끼친 영향과 비견될 수 있을 것이다.

11.중국어성경과 일본어성경과 한글성경의 비교

한 예를 들어 '복'에 대하여 3국이 어떻게 번역하고 있는가? 중국어성경과 일본성경, 그리고 우리 한글성경과 똑 같이 복(福)을 복(福)으로 한자로 표기하고 있다.

3. 虚心的人有福了！因为天国是他们的。
4. 哀恸的人有福了！因为他们必得安慰。
5. 温柔的人有福了！因为他们必承受地土。

6. 饥渴慕义的人有福了！因为他们必得饱足。

7. 怜恤人的人有福了！因为他们必蒙怜恤。

8. 清心的人有福了！因为他们必得见神。

9. 使人和睦的人有福了！因为他们必称为神的儿子。

10. 为义受逼迫的人有福了！因为天国是他们的。

11. 人若因我辱骂你们，逼迫你们，捏造各样坏话毁谤你们，你们就有福了！

12. 应当欢喜快樂，因为你们在天上的赏赐是大的。在你们以前的先知，人也是这样逼迫他们。

그리고 현재의 일본어 성경은 '복'을 어떻게 표기하고 표현하고 있는지 알아 보자?

일본어 성경은 복(福)을 한자 행(幸)으로 쓰고 있기도 하지만 복(福), 축복(祝福)을 쓰고 있기도 한다. 행(幸)은 우연(偶然)히 잘 되었다는 의미가 포함되어 있다. 우연(偶然), 자연(自然)도 비성경적인 뜻을 안고 있다. 행(幸)도 복(福)과 같은 의미와 개념이다.

3 心の貧しい人々は、幸いである、／天の国はその人たちのものである。

4. 悲しむ人々は、幸いである、／その人たちは慰められる。

5. 柔和な人々は、幸いである、／その人たちは地を受け継ぐ。

6. 義に飢え渇く人々は、幸いである、／その人たちは満たされ

る。

7.　憐れみ深い人々は、幸いである、／その人たちは憐れみを受ける。

8.　心の清い人々は、幸いである、／その人たちは神を見る。

9.　平和を実現する人々は、幸いである、／その人たちは神の子と呼ばれる。

10.　義のために迫害される人々は、幸いである、／天の国はその人たちのものである。

11.　わたしのためにののしられ、迫害され、身に覚えのないことであらゆる悪口を浴びせられるとき、あなたがたは幸いである。

12.　喜びなさい。大いに喜びなさい。天には大きな報いがある。あなたがたより前の預言者たちも、同じように迫害されたのである。」

행(幸)자는　다행 행이다. 일본어 구어체는 さいわい(행:幸)

3「こころ　の　貧しい人たちは、**さいわいである、**天国は彼らの　ものである。

4.　　悲しんでいる人たちは、さいわいである、彼らは慰められるであろう。

5.　　柔和な人たちは、さいわいである、彼らは地を受けつぐであろう。

6.　　義に飢えかわいている人たちは、さいわいである、彼らは飽

き足りるようになるであろう。

7.　　あわれみ深い人たちは、さいわいである、彼らはあわれみを受けるであろう。

8.　　心の清い人たちは、さいわいである、彼らは神を見るであろう。

9.　　平和をつくり出す人たちは、さいわいである、彼らは神の子と呼ばれるであろう。

10.　　義のために迫害されてきた人たちは、さいわいである、天国は彼らのものである。

11.　　　わたしのために人々があなたがたをののしり、また迫害し、あなたがたに対し偽って様々の悪口を言う時には、あなたがたは、さいわいである。

12.　　喜び、よろこべ、天においてあなたがたの受ける報いは大きい。あなたがたより前の預言者たちも、同じように迫害されたのである。

창1:22.　하나님이 그들에게 복을 주시며 이르시되 생육하고 번성하여 여러 바닷물에 충만하라 새들도 땅에 번성하라 하시니라

창1:22.　神はそれらのものを祝福して言われた。「産めよ、増えよ、海の水に満ちよ。鳥は地の上に増えよ。」

3.　하나님이 그 일곱째 날을 복되게 하사 거룩하게 하셨으니 이는 하나님이 그 창조하시며 만드시던 모든 일을 마치시고 그

날에 안식하셨음이니라

3.　　この日に神はすべての創造の仕事を離れ、安息なさったので、第七の日を神は祝福し、聖別された。

눅1:42.　큰 소리로 불러 이르되 여자 중에 네가 복이 있으며 네 태중의 아이도 복이 있도다

눅1:42.　　声高らかに言った。「あなたは女の中で祝福された方です。胎内のお子さまも祝福されています

한. 중. 일. 삼국은 한자 복(福)을 그대로 한자 복(福)으로 쓰고 있다.

중국과 일본은 우리보다 기독교와 성경을 먼저 받아 들이고 먼저 번역하였고 그리고 중국과 만주 그리고 일본에서 한글 성경 번역 작업을 하였고 중국어 성경과 일본어 성경을 교본 텍스트로 사용하였다라고 하는 이미 밝혀진 역사적으로 확인되고 확실한 사실이라는 것이기 현재까지도 그 번역은 그대로 남아 있고 그 때에 번역된 성경으로 중국, 일본, 한국의 성경이 사용되고 있다는 사실이다.

12. 한국 성경번역의 미흡함

만주에서 성경 번역을 할 당시 선교사들과 그리고 그 선교사를 돕던 한국의 번역 조력자들의 번역 당시 그들의 신학에 대한 깊이와 능력이 어느 정도인지 그리고 믿음의 깊이와 넓이는 어느 정도인지 가름할 수는 없지만, 시기적으로 시간에 대한 조

급함이 있었던 것이 아닌가 싶다. 그리고 중국 성경을 기본 텍스트로 사용하는 입장에서는 한문을 잘 이해하면서도 또한 한글에 대한 이해도 상당했어야 했던 것이 아닌가 싶다. 당시에는 한글에 대한 여러 가지 문법 및 맞춤법 등이 체계를 갖추지 아니한 상태에 있었으며 한문에 대한 이해가 있다고 할지라도 선교사들의 한문과 한글에 대한 능력이 없었던 상태 였으리라 여겨진다. 그러므로 선교사들의 신학에 능력과 그리고 한문, 한글에 대한 이해 능력, 그리고 조선의 조력자들의 신앙과 믿음의 깊이와 신앙의 경륜 등이 어느 정도 였는지 알 수 없었으며, 또한 조선 조력자들의 외국어 능력과 이해에 대한 검증은 어떠했는지 알 수 없는 부분이었다. 물론 선교사들과 그리고 신앙의 선배들에게 참으로 감사와 존경을 올린다. 그 시대적 상황에서 그들을 사용하신 주님의 놀라우신 은혜에 감사를 올린다. 이제 기독교 신학과 신앙이 100년의 역사가 되었는데 그 동안 어떻게 신학은 발전되었는지 놀라운 발전을 이루었지만 또 다른 한편으로는 아쉽도 남는다. 특히 번역의 아쉬움은 더욱 남는다. 이제도 늦지 않았다. 이제 번역에 대한 사명과 소명을 새롭게 번역이 시작되어야 할 것 같다. 번역은 신학의 문제와 함께 얽혀 있다. 번역, 신학, 신앙은 하나의 문제이다.

3부. 세상적 복의 개념과 복의 유래

전제조건(前提條件)

우선 먼저 전제(前提)는 복(福)이 좋은 것이냐 나쁜 것이냐라는 이분법적(二分法的) 사고(思考)의 개념(槪念)에서 벗어나는 것을 전제(前提)한다. 더욱이는 '결코 좋은 것이 아니다'라고 전제하지 않으며 또한 '나쁜 것이 아니다'라는 것을 전제하지 아니한다. 오직 성경에 근거(根據)할 것임을 전제(前提)하며 우리 인간들에게 좋은 것이며 추구(追求)할 가치임에는 틀림없다. 더욱이 세상적 가치(價値)로서는 더욱 더 그러하다. 그러나 성경은 어떻게 정의(定義)하며, 개인적인 면에서는 어떻게 정의(定意)하는지 알아보고자 한다. 그러나 우리는 성경적 가치와 '하나님예수그리스도성령'(하나로 붙여 썼다. 삼위일체니까)께서의 말씀이 무엇이라고 정의(定義)하는지 정확하게 아는 것이 우선이며 중요하다. 우리 믿음의 개념과 가치는 오직 성경으로만 말해야 하기 때문이다. 그것이 아무리 힘들고 어려워도 이루어질 수 없는 가치일지라도 그분(주,하나님)이 원하시는 것이라면 추구해야 하고 이루어야 할 가치인 것이기 때문이다. 쉽고 그냥 당연히 이루어지는 것이라면 믿음의 가치 또한 별 귀하지 않을 것이다. 그것은 일반 상식이 되는 것이기 때문이다.

그래서 믿음이 필요한 것이다.

그 귀한 가치를 우리는 순종(順從)해야 한다. 그것이 믿음(설득,신용,확신:헬라어, 피스티스, 히브리어로 바가드는 덮다)이다. 순종이 없는 믿음은 없다. 믿음이라는 단어 안에는 순종이라는 개념이 포함되어 있다. 이는 헬라어의 의미로는 인간인 우리에게 믿음이란 있을 수 없기 때문에 끝없이 설득하는 과정이다. 그리고 죄가 없을 수 밖에 없는 인간이기에 알고도 믿기 때문에 덮어 주는 것이다. '의로 여기다'에서 '여기다'는 영어로 'credited'이다. 할 수 없이 여겨주는 것이다. 덮어 주는 것이다. 믿기만 하면. 말하지 않아도 당연히 모두 갈구하고 추구하는 것이라면 믿음이 아닐 것이다. 그것은 상식이며 애쓸 필요도 없을 것이다. 말할 가치도 없을 것이다. 그냥 열심히 일하고 열심히 살면 되는 것이라면 자기 자신이 믿음이요 자기 자신이 그냥 살면 되는 것이다. 그것은 그냥 인본주의이며 무신론자인 것이다. 범신론이며 다원종교이다. 그냥 인문학도 아니다. 교양 과목도 안 된다. 아니면 다른 종교와 같은 것이다. 별로 차이가 없다. 그냥 복을 받는 다른 도구들과 같은 것이며 같은 목적이니 특별히 요할 것도 없다. 그냥 자신이 마음에 생각에 바라면서 살면 될 것이다.

1. 복이란 무엇인가?

새해가 되면 우리 나라 모든 사람들은 '새해에 복 많이 받으세요!'라고 인사한다. 그리고 문자나 카톡, 편지, 엽서 등을 보낸다. 그림으로 사진으로도 보낸다. 교회에 다니는 성도들 간에도, 목사님들도, 그리고 일반 모든 사람들이 서로 '새해 복 많이 받으세요'라고 인사하고 덕담을 나누고 여러 가지 방법과 형태로 인사한다.

그리고 복에 대한 것을 싫어 하는 사람은 없다. 복이 모두에게 가장 좋은 것임에는 틀림없다. 그리고 모든 사람이 구하고 찾는 것이다. 그러므로 복은 아무리 주장하고 추구해도 나쁠 것이 없고 그리고 그 끝이 없을 것이다. 그런데 그 끝이 없다는 것은 깊이 되새겨 보아야 할 것 같다. 그리고 그 복이 어떻게 추구되고 무엇을 위해 추구되어야 할 것인가에 대한 깊은 고뇌가 필요할 것 같다.

모든 것은 과(過)하거나 지나치고 방법이나 방향이 바르지 못할 때는 부족함만 못한 것이 인간사이기 때문이다. 그것이 바로 탐욕(貪慾)이 될 수 있기 때문이다. 그 탐욕(貪慾)은 타락(墮落)을 가져오기 때문이다. 타락(墮落)은 인간을 멸망(滅亡)시키기 때문이다.

일반적이며 상식적이고 일상적인 생활에서의 그의 의미와 개념에서

복의 유래와 복의 기원은 이 복(福)이라는 글과 말이 중국에서 유래된 것임으로 알 수 있을 것이다. 한자가 중국의 언어이며 말이기 때문이다.

그러면 중국에서는 언제부터 이 복이란 말과 글이 사용되기 시작하고 누구에 의해서 어떤 개념으로 시작되고 모든 사람에게 사용되고 적용되며 구하고 찾는 것이 되었을까?

그런데 복(福)하면 우리는 오복(五福)을 보통 말한다.

오복(五福)은 다섯 가지 복(福)을 말한다.

자본주의(資本主義)는 상업주의(商業主義), 모두 물질주의

(物質主義) 유물론(唯物論)이다.

유물론(唯物論) : 인간의 정신(精神)도 물질(物質)이 좌우(左右)한다.

막스 레닌 주의 공산주의 사회주의

인간은 물질로 되어 있다. 죽으면 썩어 물질로 돌아 간다. 인간에게 영혼은 없다. 자본주의나 공산주의 모두 물질의 근본을 주장하는 이념이다.

영과 혼은 없으며 오직 물질 만이 존재한다.

자본주의(資本主義)는 물질주의(物質主義) 돈 중심 사상(思想)이 자본주의

공산주의(共産主義) 사회주의(社會主義)는 인간은 모두 평등(平等)하다.

이는 모두 복(福) 사상이다. 현실주의, 세속주의

나쁜 것이다?   나 뿐 인, 나만 인 것이다.

2. 연보 개혁이 개혁의 핵심,
물질(物質), 돈이 기복교(祈福教)의 핵심 교리

오늘날 한국 신학과 교회 개혁의 가장 중요한 핵심은 연보에 대한 개혁이다.

물질로부터의 자유가 믿음의 핵심의 하나이듯이 연보 헌금에 대한 자유와 해방이 신학과 교회 신앙의 핵심이다. 교회 다니면서 이 연보 헌금 물질에 대한 자유함과 해방된 신앙은 없을 것이다. 한국 교회에서.

그것보다도 더 우선해야 할 것은 연보의 교회에서의 적용으로

해결해야 할 부분이기도 하다. 무명 연보, 비표 연보, 연보자만 아는 비밀명 헌금, 나중에 확인을 위한 비표 연금, 세금 처리를 위한 비표 계정 헌금 제도, 헌금 제공자 본인 만이 알 수 있는 통계 장부 정리, 어느 누구도 개개인의 헌금 내역을 알 수 없고 오직 본인 만이 알 수 있는 헌금 제도를 사용하여야 한다. 그래서 필자는 그 안으로 모든 헌금자들은 자기 본인 만의 비표를 표시하여 헌금을 하고 그 비표대로 교회 장부에 정리하여 두고 열람할 수 있게 하며 헌금에 대해서는 일체 제 3자는 알 수 없게 하는 제도를 도입할 것을 제안한다.

3. 복(福)의 역사(歷史)

사실 복(福)에 대해 가장 먼저 구체적으로 언급한 곳은 기원전 2,100년경의 인물로 중국의 요(堯) 임금 시대로 거슬러 유교의 경전인 사서삼경(四書三經), 또는 사서오경(四書五經)의 하나 중에서 서경(書經)인 상서(尙書) 홍범(洪範)편에 오복(五福)의 기록이 나온다.

그러니까 지금으로부터 4천년전에 중국에서 서경이라는 고전에 기록된 5복이 복에 대한 종류와 그 복에 대한 개념을 설명한 것이 유래되었다.

그 5가지 복은

①수(壽)-오래 사는 것 즉 장수의 복이다.

②부(富)-부귀(富貴)하여 물질적으로 넉넉하고 풍요롭게 사는 것이다.

③강령(康寧)-몸과 마음이 편안하고 안락한 상태의 생활이다.

④유호덕(攸好德)-다른 사람에게 덕을 베풀며 사는 것

⑤고종명(考終命)- 천명을 누리며 편히 살다가 편히 죽는 것

인간이 이러한 소망과 바람으로 인하여 모든 일상 생활에 모든 상황과 여건에 이 오복을 기원하고 바라는 마음으로 사는 것인데 이러한 바람으로 집을 지을 때 대들보 상량문에 '응천상지삼광(應天上之三光)과 비인간지오복(備人間之五福)'이라고 쓰기 시작했다. 이는 '하늘의 삼광(해,달,별)이 응하여 인간 세계에 오복(五福)을 받기를 바란다'는 글귀를 써 넣었다.

복은 유교의 근본이다.

유교의 경전인 사서삼경(四書三經)은 4서는 논어, 맹자, 중용, 대학이며 3경은 시경, 서경, 역경인데 시대의 흐름과 해당 학파에 따라서 경서가 추가되거나 분리되어 각기 별도로 발달되었지만 유교를 통일적으로 파악하려는 경향이 생기면서 송나라 때에는 총괄적으로 13경으로 명명하게 되었다 그러나 일반적으로 사서삼경에 예기와 춘추를 더하여 사서오경을 유교의 경전으로 정하고 칭하고 있다. 즉 사서삼경하면 주자학에서 대학, 논어, 맹자, 중용, 시경, 서경, 주역 순으로 7학습을 한다.

이 오복을 바라는 인간의 모습이 옳지 못한 것은 아니다.

그리고 오복을 구하고 추구하는 것이 바쁜 것은 더욱 아니며 모든 인간의 본능일 것이다. 즉 잘 먹고 건강하고 편안하게 살다가 이 세상을 평안하게 죽고 자손들도 번성하여 대대로 잘 먹고 건강하고 편안하게 살다가 편히 이 세상을 마치고 죽는 것이 모든 인간의 가장 바라는 것임에는 누구도 부정하지 못할

것이다.

이는 모든 어떤 종교나 철학 그리고 사상도 정치도 이것을 추구하고 구하는데는 부정하지 못할 것이고 이를 위해 살고 있다고 할 것이다.

복(福)의 정의(定義) 개념(概念)

'아주 좋은 운수(運數)', '큰 행운(幸運)과 오붓한 행복(幸福)'이란 뜻으로 정의(定義)하고 있다.

운수는 무엇이며, 행운은 어떤 것이며, 행복은 구체적으로 어떤 것들을 말하는 것일까? 그리고 이런 의미들은 어떻게 인간에게 주어지는 것일까?

1. 이 복이라는 것이 미리 운명적으로, 숙명적으로 모두 전적으로 정해져 있는 것인데 인간이 단지 알 수 없는 것인가?

2. 아니면 미리 어떤 것도 정해져 있지 않고 인간의 복에 대한 노력과 마음, 행위로 취득할 수 있는 것인가?

3. 아니면 어떤 것들은 정해져 있고 어떤 것들은 정해져 있지 않아 부분적으로 인간의 노력과 마음과 행위로 가질 수 있는 인위적인 것인가?

4. 사람의 어떤 행위와 노력과 방법으로도 할 수 없는 인간이 범접할 수 없는 완전한 운명과 숙명적인 것인데 특별한 어떤 신분의 사람 즉 신적인 특별한 자격의 존재에 의해서 알 수 있고, 변화될 수 있는 것인가?

5. 위의 4번에서 알 수는 있어도 변화될 수는 없는 것인가?

6. 위의 4번에서 인간 개인 스스로가 어떤 생각과 행위로 인하

여 알 수 있고 변화될 수 있는 영역이 가능한가?

7. 각종 종교, 미신, 무속신앙들은 어느 영역까지를 어떻게 가능하다고 하는 것인가?

이러한 개념과 의미를 앞으로 함께 묵상하며 연구하는 계기가 되기를 소망한다. 인간 자기 개인적이고 세상적인 어떤 편견이나 선입관이 배제되어야 할 것이다. 오직 말씀으로 말미암아 그리스도의 성령의 인도하심으로 영감과 계시로 우리의 심령과 생각과 마음에 역사가 있기를 소망한다.

복의 개설(槪說)

복(福)이 '운수(運數)'나 '행운(幸運)'과 관련된 것으로 풀이하고 있는 것은 복(福)이 인간의 힘을 초월한 천운(天運)에 의해서 저절로 돌아가는 기수(氣數:길흉화복의 운수)로 이해되고 있음을 말하고 있다.

즉 운수, 행운은 우연한 어떤 예상치 못한 좋은 일이나 그 결과를 말할 것이다. 즉 자기 노력이나 열심에 대한 것보다 더 많고 더 좋은 결과에 대한 보상(補償)과 응답(應答)이라고 생각하는 것이다. 그러므로 자기의 노력이나 열심에 비하여 크게 생기는 좋은 결과의 모습 모양 또는 소득 이익일 것이다.

한편으로 복은 '아주 좋다'거나 '오붓하다'는 말에서 풍기고 있는 것처럼 필요한 것이 허실이 없이 두루 넉넉하게 갖추어져 있는 것을 나타내는 말로 이해되고 있음을 말해주고 있다. 즉 이는 만족과 기쁨을 포함하는 말이며 표현이다. 이 말에는 사람의 노력으로 얻어지기 보다는 사람이 할 수 없는 것으로 자연적으로 우연적으로 크게 얻어지는 결과물이라는 의미가 함유되어 있다.

복(福)이란 한자는 원래 '시(示)'와 '복(畐)'의 회의(會意)문자(文子)이다. '시'는 하늘이 사람에게 내려서 나타낸다는 신의(神意)의 상형문자이고, '복'은 복부가 불러 오른 된장, 간장 '단지' 같은 그릇의 상형문자이다. 즉 배부른 사람의 모습과 그 모양, 양태의 상형 형상 문자의 중국의 글, 문자이기 때문이다. 배부른 사람의 모습을 생각 상상해 보면 일상 가운데에서 배가 부르면 사람은 편안과 평안을 느낄 것이다.

밭 전(田)이 맨 밑에 있고 즉 땅이 있고, 그 땅에서 나온 생산된 농산물을 입 구(口), 입으로 먹고 그리고 현안하게 놓는 모습의 글자 형태, 형상, 상형문자이다. 인간의 원초적, 동물적 원초적 만족감과 편안함을 나타내는 모습이다.

즉 복(福)이라는 글자의 한자 상형은 '배부름'이다. 배가 부른 모습이다.

'복(福)'의 한자 어원(語源)도 역시 복(福)의 뜻이 가지는 두 함축, 곧 사람의 힘을 초월(超越)한 운수(運數)라는 뜻과 오붓하고 넉넉하다는 뜻의 함축을 풀이해주고 있는 것으로 볼 수 있다.

그러나 구체적으로 '아주 좋은 운수'가 무엇이며 '큰 행운(幸運)과 오붓한 행복(幸福)'이 무엇을 가리키는 말인지는 사람에 따라, 시대에 따라, 혹은 사회나 문화에 따라 얼마든지 다른 풀이가 나올 수 있다.

분명한 것은 다만 복(福)이란 사람의 삶에 관련된 행복(幸福), 불행(不幸)의 모양을 나타내는 말이라는 것이다. 중국의 고대에는 장수(長壽)를 누림(수(壽), 가멸(부富), 건강하고 마음 편안함(강녕康寧), 심성(心性)의 후덕(厚德)함(유호덕攸好德), 임종(臨終)을 성취(成就)함(고종명考終命)을 다섯 가지 복(오복五福)으로 보았다.[서경(書經)홍범(洪範)구주(九疇)] 그런가 하면 장수(長壽)함, 가멸(부富의 순우리말을 예스럽게 표현)함, 귀(貴)함을 복(福)이라 이르기도 하였다.

−한비자(韓非子)에서−

한편 우리나라의 속설(俗說)에는 '아내를 잘 만나는 것도 복(福)이요, 이가 튼튼한 것도 복(福)'이라 일컫고 있다. 이처럼 복(福)의 개념은 그 외연(外延)적 의미도 일정하지가 않고 내포적 의미도 분명하지만은 않으나, 한국사람들은 스스로 의식하든 의식하지 아니하든 복(福)을 빌면서 살아 왔고 또 살아가고 있다. 사소한 어떤 것들에도 복을 비유하거나 비약하는 것들의 표현도 너무 많다.

중국에서도 한국에서도 일본에서도 동남아 거의 모든 국가에서도 길에서도 절에서도 교회에서도 묘지에서도 장소 불문하고, 살아서도 죽어서도 태어나기 전에서부터 죽은 후에까지도, 선조들로부터 후대에까지도 시공(時空)을 초월하여 한자로 된 복(福)자를 쉽게 아무런 의식 없이 사용하고 표현하고 있는 것들을 보게 된다.

4.복(福)의 수단(手段)과 방법(方法)들

현재도 일상생활에 무수히 많다.

중국 문화권에는 세계 곳곳에 널려 있다.

세상은 온통 복(福) 이다.

복(福)을 예상(豫想)하고 예측(豫測)하며 바라는 종류(種類)들

우리나라에서는 이런 복에 대한 바람으로

관상(觀相), 사주팔자(四柱八字), 주역(周易), 운세(運世),

집터 명당(明堂), 묘지(墓地) 명당(明堂), 토정비결(土亭秘訣), 운세(運世) 점(占), 이사, 결혼 등 일의 대소사의 일자 택일(擇日), 궁합(宮合), 징크스(Jinx),꿈(몽(夢 = dream), 예감(豫感), 느낌(feeling), 날씨(weather)

천재지변(a natural disaster), 동물들의 움직임(the movement of animals)

동물 그리고 나무 등 자연 현상에 대한 이변,

속담(proverb),명언(wise sayings),격언(adage) 등등 생활의 모든 부분과 영역(領域)에서 복(福)을 목적(目的)으로 하는 복(福)의 예상(豫想)과 결과(結果)를 미리 알고 싶어하는 심리(心理)를 이용한 행위와 행태들이 많이 발달되고 진행되고 있다. 현대 과학이 발달할수록 더욱 횡행(橫行)하고 있다.

이는 물질문명에 대한 집착(執着)이 부(富)와 복(福)의 관계(關係)를 더욱 밀접하게 하고 있는 세태(世態)를 반영(反影)하고 있는 현실이다.

위의 단어 말들은 일반적으로 인간의 노력과 인간의 힘과 인간

의 지혜와 능력으로 되는 것이 아니고 사람이 알 수 없는 어떤 다른 것들에 의해서 되는 인간의 불가항력(不可抗力)적인 힘과 능력에 의해서 이루어지는 것을 의미하고 있다는 것이다.

비록 한국 사람들이 실제로 복(福)을 받으며 태어나서 복(福)을 누리며 살고 간다고는 할 수 없다고 하더라도 대부분의 한국 사람들은 복(福)을 비는 가운데 태어나서 복(福)을 비는 마음속에서 자라서 복(福)을 비는 뭇 상징 속에 둘러싸여 복(福)을 빌며 살다가 다시 복(福)은 비는 마음속에서 죽어간다고 할 수 있다. 이처럼 복(福)은 한국인의 삶을 그 밑바닥에서 움직이고 있는 가장 끈질기고 가장 보편적인 동기(動機)이다.

그런데 복(福)은 우리들의 일상생활과 의식에 너무나도 밀착되어 있음으로 해서 거리를 두고 대상화해서 인식하기는 어려웠고, 지금까지 별로 인식하려 하지도 않았던 것이다. 가까이 있기 때문에 보지 못하고 언제나 더불어 있기 때문에 잊어버리고 있는 것이 복(福)을 비는 마음이다.

그러나 조금만 주의해서 되돌아보면 우리들의 일상적인 언어생활에서, 그리고 우리들의 가까운 의식주(衣食住) 생활에서 얼마나 많이 복(福)을 비는 말과 그를 조형화(造形化)한 상징들이 산재(散在)하고 있는지 쉽게 깨닫게 된다.

복(福)이라는 말의 쓰임새에 대하여 알아본다면 낱말로서의 복(福)은 '복(福)이 있다', '복(福)이 달아난다', '복(福)이 찾아온다'의 경우처럼 주어로서도 쓰인다. 하지만 그보다는 '복을 빈다', '복을 구한다', '복을 기원한다', '복을 받는다', '복을 준다' 등 목적어로 쓰이는 경우가 더욱 흔하게 눈에 띈다. 그밖에도 복은 '복스럽게 생겼다', '복이 많게 보인다', 등과 같은 수식형 형용구로도 쓰이고 있다.

복(福)이란 글자가 들어간 한자의 숙어(熟語)는 헤아릴 수 없이 많다. 보기를 들면 다음과 같은 것들이다. 로또복권(福券), 복지(福祉)국가, 영생(永生)복락(福樂), 복상(福相), 복인(服人), 복부인(福婦人) 복덕방(福德房) 등이 있다.

또한 복(福)자가 나중에 오는 숙어(熟語)들의 보기를 들면 먼저 복(福)을 동사(動詞)의 목적어(目的語)로 삼은 기복(祈福), 초복(招服), 발복(發福), 축복(祝福), 음복(飮福), 등이 있고, 다시 복(福)을 수식 형용하는 다복(多福), 만복(萬福), 소복(小福), 박복(薄福), 지복(至福), 등의 숙어도 있다.

그밖에도 복(福)과 같이 붙어 다니는 개념으로서 두 자가 흔히 같이 쓰이고 있는 수복(壽福), 복록(福祿), 복덕(福德), 화복(禍福) 등의 복합어도 있다. 일상적인 언어생활에서 복(福)이란 말의 실용 예(例)를 들어보면 신년(新年) 정초(正初)에 '새해 복(福) 많이 받으십시오'라고 하는 인사말, 그리고 편지를 끝맺을 때에 '댁내에 큰복(大福)이 내리시기를 축원합니다'라고 하는 경구 등이 가장 흔히 눈에 띄는 보기들이다.

그밖에도 좋은 일을 하면 '복(福)이 돌아온다'고 말하고, '웃으면 복(福)이 와요'라는 말과 격언 같은 속담이 있으며, 한때는 코미디 드라마로 온 나라의 국민들에게 최고의 인기 텔레비전 프로그램이 있었다. 궂은 일을 하면 '복(福)이 달아난다'라고 말한다. 생김새가 좋은 사람을 보면 '복(福)스럽게 생겼다', '복(福)이 있어 보인다',라고 말하고, 인상이 좋지 못하거나,

좋지 않아 보이는 사람을 보면 '복(福)이 없게 생겼다'라고도 한다. 발을 떨면 '복(福) 달아난다',라고 하기도 한다.

서양의 문물을 받아들인 개화기 이후에도 복음(福音), 복지(福祉)와 같은 번역어들을 만들어내고 있고 복지사회(福祉社會)와 같은 개념도 널리 쓰이고 있다. 일반 서민생활에서는 복덕방(福德房) 출입이 잦은 '복부인(福婦人)'이라는 말이 1970년대 이후 유행하더니 1980년대에는 주택복권(住宅福券), 올림픽복권(福券), 등의 말이 일상용어 속에 새로 자리잡고 있다. 복(福)의 조형적인 상징은 복자 및 복과 관련된 길상문자(吉祥文字)와 함께 한국인의 전통적인 의식주 생활의 여러 군데에서 숱하게 눈에 띄게된다.

먼저 의생활과 관련된 것부터 살펴보면 아이가 세상에 태어날 때 먼저 그를 싸주는 강보에 흔히 수놓은 글자가 한자로 '福'자이고 갓난아이의 베갯모(베개의 양쪽 마구리의 꾸밈새)에도 '福'자를 수놓은 것을 자주 본다.

사람의 성명 이름에도 얼마나 복(福)자 들어간 이름들이 얼마나 많은가!   복동이, 복남이, 복순이, 복희, 복님이, 복덕이, 삼복이, 대복이, 영복이, 순복, 성복, 일복, 영복, 끝이 없이 많다. 회사 이름에도 복(福)자가 들어간 이름들이 너무 많다. 복자가 없었으면 어찌 되었을까? 말을 할 수 없고 글을 쓸 수가 없었을 수도 있었겠다라는 허무맹랑한 과장을 해본다.

일반사회에서도 아이들의 돌옷, 부녀자의 한복에는 '福'자를 수놓거나 '福'자 무늬의 옷감이 이용되었고, 궁중에서는 왕비나비, 빈의 원삼(圓衫), 공주의 활옷(花衣:화의), 당의(唐衣) 등에 역시 '福'자 무늬를 수놓거나 '福'자 무늬가 든 감을 쓰곤 하였다. 오늘날도 마찬가지로 많이 볼 수 있다.

이는 우리나라만이 아니다. 일본 동남아 등도 모든 생활 가운데, 많은 곳에서 '福'자를 볼 수 있다. 길거리에서도, 관광지에서도 모든 가정의 의식주 생활 가운데에서 일반화, 보편화, 생활화 되어 있다.

오복(五福)을 기원하는 의생활에서의 조형적 상징은 특히 전통사회의 안방에서의 부인네들의 살람 살이 주변에 널리 깔려 있다. 반짇고리. 바늘겨레, 자(斥:척) 등 바느질과 관련된 물건에도 '福'자가 자리 잡고 있고, 특히 장신구에 있어서는 복(福)자나 복(福)을 상징하는 박쥐[편복(蝙蝠):의 한자어가 복(福)과 같은 소리를 낸 데서 유래되는 가장 흔히 쓰이는 장식 주제가 되었다.

이런 현상의 중국에서도 마찬가지로 더욱 심하다. 중국은 숫자 '8', '八'이 '福'과 '8'과 한자 '八'(팔)을 동일시 하여 가장 선호하는 복의 개념으로 생각한다. 사주팔자(四柱八字)는 복은 하늘로부터 주어진다는 개념과 복과 사주팔자는 타고난다는 개념이다.

부인의 관모류에는 화관(花冠)이나 족두리 혹은 전모(氈帽)에 복(福)자와 복(福)과 관련된 길상(吉祥)문자를 수놓기도 하고 붓으로 적기도 하였다. 궁중에서나 반가(班家;양반가(兩班家)에서 길사(吉事)가 있을 때 옷을 정장한 부녀들이 옷고름, 안고름, 허리띠 등에 매단 노리개류에는 복과 관련된 수(壽:장수(長壽), 부(富);부자(富者), 귀(貴):귀인(貴人),의 세 글자 즉

'壽'(수), '富'(부), '貴'(귀), 세 글자를 엷은 구리판에서 오려내어 술(絲線:사선) 세줄에 달고 그 위를 매듭으로 장식한 문자삼작(文字三作), 노리개가 있다.

또 오복(五福)을 기원(祈願)하는 뜻에서 도금(鍍金)한 박쥐를 아래위의 매듭 사이에 꿴 편복삼작(蝙蝠三作) 노리개가 있다. 그밖에도 복(福)주머니가 있고 복(福)자가 그려진 신발이 있으며, 복(福)자무늬의 감으로 지은 여러 갈래, 여러 가지의 옷가지들이 퍼지고 있었다.

요즈음도 새해 또는 설과 명절에 집에 복조리를 달거나 명태를 복이 생기기를 바라며 문지방에 매달기도 하거나 대문에 붙이기도 하는 등 문을 통하여 집 안으로 복이 들어오기를 바라는 풍습이 많이 볼 수 있다.

식생활에 있어서는 음식류. 식기류 등에 '福'자가 새겨지고, 새겨진 식기류 널리 사용되고 있으며 혜경궁 홍씨의 '한중록'을 보면 궁중에서도 왕세자가 수(壽), 복(福)자 박은 것을 골라 잡수시고...' 라는 기록이 있으며, 어린아이들의 백일, 돌, 등에서도 복(福)자가 들어간 선물, 금반지, 숟가락, 젓가락 등을 새기고 있다. 또한 복(福)자가 들어간 복(福)주머니가 있고 복(福)자가 그려진 신발이, 복(福)자무늬의 감으로 지은 열 갈래, 여러 가지의 옷가지들을 만들어 사용되었다.

그러한 다식을 만들기 위해서 복(福)자, 수(壽)자를 새긴 다식판(茶食板)이 남아 있고, 복(福) 떡, 복희병(福喜餅)을 만들기 위해서 복(福)자와 희(喜)자를 새긴 떡살무늬 또한 널리 퍼져 있었다. 지금도 한과나 전통식품에는 복(福)가 새겨진 떡살,

264

식판 등이 일상화되어 있다. 어떤 사람이나 싫어하거나 기피하지 않고 일상화 되어 있다. 정월 대보름날에는 민속에서 김쌈을 먹는데 이것을 복쌈이라고 한다. 복(伏)날에는 들깻잎으로 쌈을 해서 먹는데 그것도 복쌈이라고 일컫는다.

정월 초하룻날에는 쌀을 씻는 조리를 새벽에 파는데, 그것을 사면 한해의 복(福)을 받을 수 있다는 뜻에서 복조리(福笊籬)라고 일컫는다. 복(福)자나 복(福)과 관련된 길상(吉祥)문양을 그리거나 새긴 식기류로는 찬합, 주발대접, 수저, 수저집, 소반, 번상, 전골상, 등 헤아릴 수 없이 많다.

사람이 음식을 먹는 모습을 보고도 복(福)스럽게 먹는다고 칭찬하는가 하면 복(福)이 달아나겠다고 꾸짖기도 한다. 제사를 마치고 제관이 제사에 쓴 술이나 제물을 먹는 것은 음복(飮福)한다고 말한다. 즉 '복(福)을 마신다'라고 한다.

주생활에 있어서는 장롱. 반닫이. 삼층장. 문갑의 가구류, 창문. 벽걸이 등의 장식물에 복(福)자와 복(福)을 상징하는 길상(吉祥)문양 등이 자주 등장한다.

집터를 고를 때도 지덕(地德)이 좋은 복지(福地)를 찾기 위해 풍수지리설을 따르는 것은 복(福)을 많이 누릴 수 있는 복가(福家)를 짓고자 하는 바람에서이다. 그뿐만 아니라 집을 옮길 때에는 다시 방위(方位)를 따지고 이사 날짜를 택일하는 것 역시 복가(福家)를 찾는 마음의 표현이다.

한편 방안 장식용으로 그려진 민화는 관가의 것이건 민가의 것이건 그 중심적인 화제(畫題)가 복(福)을 비는 표상들이다. 십장생도(十長生圖)의 그림이나 길상(吉祥)문자를 채색, 변형

해서 회화화한 병풍 등이 보기이다.

여염집의 기둥이나 대문에 입춘대길(立春大吉)을 비는 춘방(春榜:입춘서)에서 흔히 보게 되는 것이 '소문만복래(笑門萬福來)'라는 복자가 든 글귀이다.

복을 비는 마음은 한국인이 지은 이름에도 나타난다. 사람에 대한 작명(作名)으로는 복동(福童), 만복(萬福), 수복(壽福), 복수(福壽), 현복(賢福),

복실(福實), 복녀(福女), 복희, 복란, 복순 등이 복자가 이름 속에 든 흔히 보는 이름이다.

복(福)바위, 아들바위, 복(福)고개, 복(福)고치, 복(福)샘, 장수샘 등은 자연물에 붙인 기복(祈福)의 명칭이다. 그밖에도 동이이름, 가게이름, 암자이름 등에 역시 복(福)자가 든 이름을 숱하게 보게 된다.

문학작품에서는 궁중문학이나 서민문학에 복(福)이란 말이 많이 등장한다. 한글창제 후 처음으로 나라에서 편찬하여 우리말 노래를 실은 용비어찬가는 그 제1장이 "해동육룡이 나르샤 일마다 천복(天福)이시니"라는 말로 시작된다.

조선조의 궁정기사 작품인 '한중록'을 보면 혜경궁 홍씨가 처음 궐내에 들어가 인원왕후를 뵐 때 왕후는 "아름답고 극진하니 나라의 복(福)이라"고 칭찬했다고 한다.

한편 세자빈으로 책빈된 홍씨의 친정 부친은 "......백면 서생이 일조에 왕실에 척련(戚聯:척속(戚屬)하게 되니, 이것은 복(福)의 징조가 아니라 화(禍)의 기틀이 될까 한다"고 오히려 복(福)을 잃게 될 겄을 두려워하여 "궁중에 들어가면 ....말씀을 더욱 삼가서 집과 나라에 복(福)을 닦으소서.”라고 타이르고 있다.

광해군시대에 인목대비(仁穆大妃)의 나인이 지은 것으로 알려진 ‘계축일기(癸丑日記)’에
“......다행히 그 난에서 벗어나셔서 복(福)이 있으신가 보더라.”, “,,,,사람으로서 살아가면서 어진 일을 하여도 복(福)을 못 얻을까 두려워하는 법인데 하물며 사특한 일을 하여 어찌 복(福)이 올까 믿을 수 있겠습니까 ..... ”하는 등의 대목이 보인다.

숙종시대의 민비폐비사건을 서술한 ‘인현왕후전’에도 “국모는 만민의 복(福)이라....”, “두 분 대비께서 극진히 애중하게 여기시어 국가의 복(福)이라 축수하고.....”등의 복(福)이란 말의 어용이 눈에 띈다. 궁궐 안에서도 복(福)을 비는 마음은 여느 여염집 사람들과 다를 바가 없음을 알 수 있다.

벼슬이 대제학판서에 이르렀던 조선조 숙종대의 양반 문인 김만중이 쓴 ‘사씨남정기’에도 “한림상공은 오복(五服)이 구비한 상이요....”, “이러므로 착한 사람은 복(福)을 받고 ....”하는 따위의 복(福)에 관련된 구절이 눈에 띈다.

서민문학의 경우 가령 판소리 ‘심청전’을 보면 심봉사가 “다만 독녀 딸이라도 오복(五福)을 점지하여......”하며 딸의 복(福)을 비는가 하면, 딸 심청은 삼신상을 차려놓고 “소녀 아비 허물일랑 이 몸으로 대신하고 저의 아비 눈을 밝게 하여 천생연분 짝을 만나 오복(五福)을 갖게 주어.....”하며 아비의 복

(福)을 비는 대목 등 도처에서 복(福)이란 말의 실용 예를 볼 수 있다.

나아가서 서민문학의 작품들에는 막연하게 추상적인 복(福)을 비는 경우보다는 복(福)의 구체적인 내용을 일일이 들어 빌고 있는 표현이 많아서 한국적인 복(福)의 개념(槪念)의 외연과 내포를 이해하는데 길잡이가 된다.

그러한 고전문학작품의 내용을 보면 대부분의 우리나라 사람들이 일상생활에서 마음속으로 희구하고 있는 복(福)의 표상은 중국(中國)의 '서경(書經)'이나 '한비자(韓非子)'에서 거론되고 있는 '오복(五福)'의 복(福)과 반드시 일치하는 것은 아님을 알 수 있다.

복(福)이란 그처럼 어려운 한문 전적을 들추어 볼 수 있는 사람만이 비는 것이 아니다. '유호덕(攸好德)'이나 '수(壽)', '복(福)', '강녕(康寧)'과 같은 한자조차 못 읽는 사람들을 포함해서 무릇 우리나라 사람이라면 다 같이 빌고 있는 것이 복(福)이다.

또 다른 표현으로는 부귀영화(富貴榮華)와 무병장수(無病長壽) 것이다.

부(富)는 부자로 사는 것이며. 귀(貴)는 귀하게 사는 것이며. 영(榮)은 영화(榮華)스럽게 사는 것이며. 화(華)는 호화(豪華)로운 삶을 말하는 것이다.

다시 풀어서 말한다면 부는 부자로 많은 재산을 가지고 사는 것이며 그 재산의 규모는 자손 대대로 물려주고도 남은 것일 것이며 그의 끝과 규모는 한계가 없다.

귀는 귀한 존재가 되는 것인데 부자로 살면 당연히 귀한 존재가 되는 것이지만 부자로 사는 것보다는 벼슬, 관직, 권세를 말 하는 것이다. 그래서 나라의 고관이 되는 것이다.

영(榮)은 영화(榮華)를 누리는 것인데 모든 영광(榮光)을 자기 본인에게 돌아오고 받게 되는 것인데 이는 얼마나 권세(權勢) 부귀가 있어 모든 사람들이 덕분에 잘 되었다고 모든 칭찬을 듣고 받게 된다는 것이다.

화(華)는 호화(豪華)로운 생활이다. 화려(華麗)한 생활이다. 이런 부귀영화(富貴榮華)를 복(福)이라고 할 수 있을 것이다. 이는 모두 자신의 것이 되는 것을 의미한다. 자기가 그렇게 되는 것이 소원이며 그런 목표를 가지고 사는 것이다. 이에 덧붙여서 아무런 질병도 없이 건강하게 오래 오래 죽지 않고 사는 것이라는 그야말로 끝이 없는 인간의 탐욕의 연속이다. 복에는 이러한 인간의 원초적 생리인 탐욕과 교만이 들어 있다. 여기에 덧붙일 수 있는 것은 극락왕생(極樂往生)이라는 윤회(輪回)적인 불교적 복(福)이 추가된다.

즉 인간의 생리적, 원초적 심리, 본능적 마음이라고 할 수 있다.

그러므로 종교적인 것을 초월하여 모든 인간에게 필요한 것이고 동물이며 식물에게도 살아 있는 생명체에게 필요한 것일 수 있다. 이를 싫어하거나 마다할 사람은 없을 것이다. 그렇기에 더욱 필요한 것이 신앙적인 차원에서는 동물적이며 생명체적 본능을 벗어나서 절제와 겸손과 인내와 배려와 섬김 나눔 사랑

인애 등의 보다 더 고차원적 추구할 가치가 우리 신앙적 철학적 이념적 차원의 가치가 필요한 것이다. 이러한 복들만을 것을 추구하려고만 한다면 신앙도 종교도 철학도 이념도 아무런 가치가 되지 않을 것이다. 이러한 복들을 우리 신앙이 추구하는 것이라면 특별히 신앙이 필요할 것이 없을 것이다. 신앙이라고도 할 수 없을 것이다. 우리의 믿음은 나를 위한 것이 아니라 남을 위한 것이기 때문이다. 예수님은 자신을 위한 삶이 아니라 남을 위한 삶을 위해 그리고 그런 남을 위한 삶을 살기를 바라고 그렇게 살 것을 위하여 우리는 구원하시고 우리의 구원은 그런 목적이 있는 것이다. 이러한 예수님의 삶을 따라 하지 아니하는 것은 믿음이라고 할 수 없으며 그렇게 예수님이 원하시는 삶과 생활이 아니라면 그것은 사이비 신앙이며 불신앙이며 샤먼이며 맘몬이며 우상숭배인 것이다.

그러나 이 복(福)의 글자는 중국에서 그 뿌리와 연유(緣由)와 근거(根據)를 가지고 있다. 중국의 문헌과 그리고 중국의 고대 역사, 철학과 이념 가치에는 모두 이 복(福)을 중시하고 강조하여 왔다는 것은 확실하고 명확한 근거들이다.

그것도 어려운 한자 한문으로 되어 있으며 매우 많은 이야기와 스토리 그리고 역사적 사실로 고증하고 있다.

배운 사람과 못 배운 사람의 구별 없이 설날의 새해 인사말로 나누는 '새해 복 많이 받으세요'라는 것이며 사사로운 편지나 메시지 그리고 전화, 요즈음 문자 메시지 등에서도 모두 복을 말하는 것이 가장 일반적이고 일상적인 편한 표현이다.

따라서 복(福)의 한국적인 의미함축을 파악하기 위해서는 그

270

와 같은 일상적인 서민생활의 문맥에서 희구하고 있는 기복(祈福) 내용을 서민문학작품의 경험적인 실용 예에서 추출, 범주화해보는 것이 지름길이 된다.

여기에는 우리나라 어문학의 유산 가운데서도 가장 평민적인 민중예술이라 할 수 있는 판소리 사설에 나타나는 여러 가지 복(福)을 비는 축원문(祝願文) 내용이 복(福)의 표상을 들추어 내주는 구체적인 자료가 된다. 가령 '심청전'을 보면 심봉사가 첫 국밥을 지어 삼신상에 올려놓고 다음과 같이 딸의 복(福)을 빌고 있다.

"....다만 독녀 딸이라도 오복(五服)을 점지(點指)하여 동방삭(東方朔)의 병(炳)을 주고 석숭(石崇)(큰부자)의 복(福)을 내려, 대순증자 효행이며 반희의 재질이며 수복을 .... 잔병 없이 잘 자라나 일취월장 시킵소서."

한편 심청이는 '.....소녀 아비 허물일랑 이 몸으로 대신하고 아비 눈을 밝게 하여 천생연분 짝을 만나 오복(五福)을 갖게 주어 수복(壽福) 다남자(多男子)를 점지(點指)하여 주옵소서....'라고 축원하고 있다.

이와 같은 축원에 이어 주인공이 온갖 고초를 겪다가 마침내는 복(福)을 누리게 되는 해피엔딩의 줄거리를 가지는 판소리 작품에서는 그러한 복(福)의 명세를 나열해 놓고 있어 역시 복(福)의 표상을 밝혀주고 있다.

예컨대 '춘향전'의 경우를 보면

".....이때 이판(吏判). 호판(戶判), 좌우 영상 다 지내고 퇴사 후 정렬부인과 더불어 백년 동락할 새 정렬부인에게 삼남 이녀를 두었으니 개개히 총명하여 그 부친을 압두(壓頭:남을 누르고 첫째 자리를 차지함)하고 계계승승(繼繼承承)하여 직거일품(直擧一品)으로 만세(萬歲)유전(遺傳)하더라....”고 끝을 맺고 있다.

한편 '흥부전'은 다음과 같이 끝을 맺고 있다.“
“......흥부 내외는 부(富)귀(貴)다(多)남(男)히여 향수(享受)를 팔십하고 자손이 번성(繁盛)하여 개개 옥수경지(玉樹瓊枝:옥처럼 아름다운 나뭇가지) 같아서 자산이 대대로 풍족(豊足)하니 그 뒤 사람들이 흥부의 어진 덕(德)을 칭송하여 그 이름 백세에 민멸(泯滅)치 하니하더라”

위의 몇 가지 보기에서 짐작할 수 있는 것처럼 한국인의 전통적인 삶에서 희구(希求)한 복(福)의 구체적인 표상은 수(壽)(동방삭의 명, 백년동락, 향수를 팔십하고), 그를 위한 강녕(康寧)(수복(壽福)을 고로 태여 외 붇듯, 가지 붇듯 잔병 없이, 귀(이판, 호판, 좌우영상 다 지내고, 직거일품으로), 그에 따른 공명(그 이름 백세에), 자식(子息)복(福)(수복 다남자(多男子:많은 아들자식)를 점지하여, 삼남(三男)이녀(二女)를 두었으니 개개(箇箇)히 총명하여, 내외는 부귀 다남하여) 등으로 드러나고 있다. 이를 더욱 크게 묶어서 분류하면 수(壽).부(富).귀(貴).다남(多男)의 네 범주가 전통(傳統)적인 복(福)의 표상임을 알 수 있다.

수(壽)의 복은 오래 산다는 것을 복(福)으로 여긴다. 그러나 오래 사는 것이 복이 아니라 건강하게 오래 사는 것이 복이라는 새로운 건강에 대한 개념이다. 전통적으로 수(壽)는 그 자체가 삶의 성취요 큰 복으로 받아들여지고 있다. 그래서 우리나라에서는 나이가 회갑이 되면 수연(壽筵)이라 하여 오랜 삶을 축하하는 큰 잔치를 베풀어 왔다. 그를 위해 오랜 삶을 축하하는 말=수사(壽詞), 오랜 삶을 축하하는 술=수주(壽酒), 오랜 삶을 축하하는 시=수연시(壽宴詩)가 있었다.

예를 들어 "만수산(萬壽山) 만수봉에 만수정(萬壽亭)이 있더이다/그 물로 빚은 술을 만수주라 하더이다/진실로 이 잔 곧 잡으시면 만수무강(萬壽無疆)하오리다."하는 따위이다.

물론 수(壽)를 누린다는 것은 어디까지나 이 세상에서 오래도록 산다는 것이다. 장수를 비는 마음은 영원히 죽지 않는 '영생'을 기원한다거나 저승에서 '무한'한 삶을 누린다는 생각과는 다르다. 수(壽)라고 하는 개념은 어디까지나 현세적인 개념, 상대적인 시간의 개념이요, 그것을 초월한 '영원'이나 '무한'의 개념 같은 것과는 상관이 없다.

한국적 복(福)의 세목 가운데서 수(壽)가 첫째로 꼽힌다는 것은 수를 위해서는 여느 다른 것들이 희생이 되어도 감내할 수 있다고 하는 속담들에서 드러난다.

가령 '개똥 밭에 굴러도 이승이 좋다', '거꾸로 매달아도 사는 세상이 낫다'는 따위이다. 무슨 일이 있건 어떤 꼴을 당하건, 땡감을 따먹을 만큼 가난해서 '부(富)'를 못해도, 혹은 개똥이나 말똥에 굴러 넘어질 만큼 천(賤)해서 '귀(貴)'를 못해도, 그저 오래오래 이 세상에 살아 '수(壽)'만 하면 된다는 현세

(現世)긍정(肯定)주의(主義)가 이들 속담에는 표백(表白)되고 있다.

또한 한편으로는 다른 측면에서 수(壽)는 오래 살면 언젠가는 좋은 일들이 있을 것이라는 소망(所望)을 가지고 살게 된다는 것일 수도 있다.

'이승'이나 '이 세상'이란 말은 결국 목숨을 지녀 누리는 세계, 현재 살고 있는 생명의 세계라는 말이다. 따라서 수(壽)의 개념에는 현세 긍정주의와 함께 자명한 이치로 생명긍정주의가 전제되고 있다. 살아있는 개가 죽은 정승보다 낫다'느니, '죽은 석숭(石崇)이 선 개만 못하다'느니, 혹은 '소여(小輿). 대여(大輿)에 죽어가는 것이 헌 옷 입고 볕에 앉아있는 것만 못하다'는 호화로운 작은 상여 큰 상여를 타고 장례를 받는 것보다 차라리 살아서 햇볕에 앉아 있는 것이 낫다는 한국의 속담들은 바로 그러한 생명지상주의를 통속적으로 고백하고 있는 보기들이다.

이러한 현실 현세적이며 생명과 목숨을 우선하는 생각이 지배하는 세상과 시대에서 보는 죽음과 사망은 가해자요, 삶은 피해자이다. 죽음은 재해처럼 덮치고, 삶은 죽음을 '당연하다'고 느낀다.

그뿐만 아니라 '시간'조차 목숨의 수(壽)를 깎아먹는 것이기 때문에 '무정한 세월'이라 느끼고, 그래서 '허송세월'할 수 없다는 생각이 사람을 뒤좇고 있는 강박감이 한국인의 사생관(死生觀)과 시간관의 바탕에는 깔려 있는 것으로 보인다. 그래서 여유가 없이 죽기 살기를 달리고 끼어들고 새치기 하고 반칙하며 거짓과 탐욕, 시기 질투 등 죄악의 본성들은 모두 다 동원하고 다나와 한 판의 전쟁을 치르는 인생이다. 죽어도 성공하고 죽어야 한다. 성공하지 못할 거라면 차라리 미리 죽는 것이 낫다는 극단적인 성공주의도 상당하다. 그래서 자살이 유난히 많은 나라와 세상이 되어 가고 있다.특히 앞날이 많이 남아 있는 젊고 어린 학생들에게 더욱 이다. 다른 사람은 죽든 망하든 나만 잘되고 잘 살면 되는 것이다 라는 현실 성공주의가 어디에든 팽배하고 있는 것이다.

5. 부(富)

부자(富者)의 복(福)은 복(福) 중의 복(福)이다.

장수(長壽)를 비는 마음이 그처럼 죽음에 쫓기고 있는 생명이 죽음으로부터 되도록 멀리 떨어져서 오래오래 이승의 삶을 누리려는 소망에서 나온 것이라면 부(富)를 비는 마음도 일차적으로는 가난으로부터 되도록 멀리 벗어나서 푸짐하게 이승의 삶을 누려보자는 소망에서 나온 것으로 풀이된다.

생(生)과 사(死), 수(壽)와 요(夭)가 짝이 되는 것처럼, 부(富)는 빈(貧)과 짝이 된다. 수복(壽福)을 비는 배경에는 유아 사망률이 높고 한국인의 평균수명이 40세도 넘지 못했던 전통사회의 흔한 단명, 요절(夭折)이 있었던 것처럼 부(富)복(福)을 비는 배경에도 역시 '가난 구제는 나라도 못한다.'는 전통사회의 보편적인 빈곤형상이 깔려 있었다.

박지원의 소설 허생전(許生傳)을 보면서 서울의 가난한 선비가 돈 1만금을 빌려서 전국의 과일을 매점해 두었다가 열배 값을 받고 되판다는 얘기가 나온다.

그 작품에서 주인공 허생이 "겨우 1만금으로 나라가 기울었으니 그 알고 깊음을 알 수 있구나"하고 넋두리하고 있는 것처럼, 지난 세기말까지 전통사회의 개인생활이나 국가경제는 빈곤하였던 것이다.

우리나라 뿐만 아니라 모든 세상 어느 나라든 역사적으로 특별한 부류의 극히 일부 계층을 제외하고 항상 매일의 생활이 죽음과 배고픔으로 매일 생명의 끝을 보고 사는 것이 일상인 삶을 살았으니 그것은 전쟁과 질병과 배고픔과 목마름과 노동의 고통 속에서 죽지 못해 사는 생명의 질기고 잔인한 인간의 포악함과 무지막지한 인간의 죄성 속에서 감히 이 시대에 상상할 수 없는 세상을 살아 왔다는 것을 역사는 생생하고 보여주고 있다는 것을 알 수 있다면 우리의 발전이 얼마나 많이 왔는가를 감히 말할 수 있을 것이다.

서민 문학인 판소리의 사설에는 그러한 가난에 대한 한(恨)이 도처에 드러나고 있다. 예컨대 '흥부전'에서 흥부의 아내는 "지빈무(至貧無:지독히 가난함)의 이내 형세, 금옥 같은 애증자식 헐벗기고 굶주리니 그 아니 가련한가, 세상에 답답한 일 가난밖에 또 있는가."하고 넋두리하고 있다.

부(富)의 복(福)을 빈다는 것은 우선 이처럼 가난에 시달리는 사람들이 가난에서 벗어나려는 소극적인 동기에서 나온 소망이다.

'가진 돈이 없으면 망건 꼴이 나쁘다'고 느꼈고, 돈이 없으면 적막강산이요, 돈이 있으면 금수강산이라.'고 느꼈기 때문에 가난을 어떻게든 벗어나 보려고 했던 것이요, '돈만 있으면 귀신도 부릴 수 있다.', '돈만 있으면 개도 멍첨지가 된다.',고 믿었기 때문에 부를 소망했던 것이다.

　부(富)를 비는 마음은 가난에서 벗어나려는 일차적 소극적 동기(動機)에서부터 보다 더 많은 재물을 추구하려는 이차적, 적극적 동기로 발전한다. 현실적으로 보다 더 많은 재물을 바라는 마음은 가난한 사람에게나 부자에게 있어서나 매한가지이다.

　요즈음은 권력을 가진 자들이 더욱 부를 축적하는데 열정이 있다. 그 권력과 부(富)를 유지(維持)할 수 있는 것이 또 더욱 그 부와 권력을 유지하는데 더 좋은 것이 없기 때문이다. 부(富)는 부(富)가 부(富)를 유지시켜 주며, 권력과 명예도 부가 더욱 더 유지시켜 주기 때문에 부와 권력은 서로 상승(相承)(上乘) 효과(効果)를 일으키며 더욱 오래 동안 유지(維持) 발전(發展) 성장(成長) 시킬 수 있는 유일한 방법이기 때문이다. 그것은 역사를 통하여 그렇게 되어 왔고 그 권력(權力)과 부(富)는 서로 부부(夫婦)보다 더한 밀접한 관계를 유지하고 있는 것이 이 세상이며 이 역사의 현실이다.

　아무 것도 가지지 못했기 때문에 처지가 바뀌면 모든 것을 다 가지고 싶어하는 탐욕(貪慾)이 생긴다. 그래서 탐욕(貪慾)이 우리나라 고전문학에서의 부(富)의 정형(定型)화된 묘사에는 모든 것을 선별 없이 다 갖추어대는 일종의 망라주의, 나열주의의 표현이 흔히 눈에 띈다. 현재 한국 경제계의 모습이다. 대기업의 모습이다. 부자들의 모습이다. 정치계도 정의의 배후에 감추어진 은폐된 부귀영화를 추구하며,　모든 문화계의 모습이며 우리 현재 우리나라의 부자들의 자화상이며 부자를 꿈꾸는 자들의 소망이기도 할 것이다.

부(富)의 소망이 추구하는 무선별, 무분별적인 망라주의 백화점 진열적 물질적인 대상에만 국한되지 아니하고 그 도를 넘어 정신병적 도착증을 가져오며 최고의 마약성을 나타내며 신앙적인 차원의 세계로까지 이르며 어떤 신앙도 막지 못하며 신앙적인 최고의 경지에 이른 사람일지라도 이는 거부할 수 없으며 멈출수 없는 지극한 부의 탐욕이 이르면 이 세상을 다 가진 제왕 황제도 멈출 수 없고 거부할 수 없는 것이 부의 탐욕이다.

그리고 자기 스스로가 절대적 우상이 되려고 하며 자기가 하나님이 되려고 하며 창조주의 모습을 흉내 내는 데까지 가고야 만다. 하나님도 사고, 죄도 사고 팔고, 교회도 사고 판다. 그래서 한 때는 하나님은 없다 라든가, 신은 죽었다 라든가, 침묵하시는 하나님이라고 하기도 하였다.

가령 '옹고집전'을 보면 석숭(石崇)의 부자와 도주공(陶朱公)의 성세를 부러워하지 않을 정도의 주인공이 누리는 부(富)를 설명하기 위해서 그의 마당 꾸밈새를 이렇게 적고 있다. "앞뜰에 노적이요 뒤뜰에 잠옥이라, 울 밑에 벌통 놓고 오동 심어 정자삼고, 송백심어 차면하고 사랑 앞에 연못 파고, 연못 위에 석가산을 무어놓고, 석가산 위에 일간 초당을 지었으되 네 귀에 풍경이라....."

또 '춘향전'의 춘향어미가 이도령을 사위로 맞아들일 것을 생각하고 주효를 차려내오는 장면에는 다음과 같은 장광설이 이어진다. '주효를 차릴 적에 안주 등을 볼작시면 굄새도 정결하고 대양판 가리찜, 소양판 제육찜, 풀풀뛰는 숭어찜, 포도동 나는 메추리탕에 동래 울산 대전복, 대모장도 드는 칼로 맹상군의 눈썹 채로 어스비슥 오려놓고, 염통산적 양볶이와 춘치자명 생치다리, 적벽대접 분원기에 냉면조차 비벼놓고, 생밤, 찐밤, 잔송이며 호도, 대추, 석류, 유자, 준시, 앵두, 탕기 같은 청술레를 칫수 있게 괴었는데, 술병치레 불작시면 티끌 없는 백옥병과 벽해수상 산호병과 엽락금정 오동병과 목이 긴 황생병, 자라병, 당화병, 쇄금병, 소상동정 죽절병, 그 가운데 천은 알안자, 적동자, 쇄금자를 차례로 놓았는데 구비함도 갖을시고……" 가장 좋은 것을 빠짐 없이 두루 망라한다는 이러한 부에 대한 소망은 물질적인 부를 추구하고 있다는 점에서 물질주의적인 가치관을 나타내고 있음을 알 수 있다.

이러한 부(富)의 현실적 물질주의적 가치관은 수(壽)의 현세적 시대주의 가치관과 맞물려 한국적인 지나친 탐욕의 가치관의 두 모습이다.

물론 자나친 면도 있지만 또한 그러하지 아니한 면도 많이 있고 있을 수 있다. 그러나 모든 인간에게 당연한 모습일 수 있을 것이다. 인간이기에……한편으로는 그렇지 아니한 부분이나 사람들도 있을 수 있지만 심히 어렵고 힘든 일일 수 밖에 없는 인간과 현실이며 세상이 이러한 것은 당연하다 할 수 있을 것이다. 그래서 믿음과 신앙 그리고 종교가 필요한 것인지도 모른다.

그러나 부의 소망이 추구하는 무선별의 백화점식 망라주의는 물질적인 대상에만 국한되지 아니하고 때로는 그를 넘어 정신적, 신앙적인 차원의 세계에까지 번져가기도 한다.

이는 사회의 병리현상으로 치유하기에 매우 어렵고 힘들다. 지불해야 할 댓가가 심히 많다.

심청전을 보면 심봉사 아내가 일점 혈육 없음을 개탄하고 온갖 재물과 정성을 들여 공들이는 사설이 펼쳐 진다.

"명산 대천 신령당, 고묘 총사 석왕사에 석불보살 미륵님전 노구마지 당 짓기라 칠성불공 나한불고 백일산제 제석불공 가사 지주 연등시주 창호시주 신중 마치다리 적선 길 닦기와 집에 들어 있는 날도 성주, 조왕 터주 제신 가까스로 다 지내니 공 든 탑이 무너지며 힘든 나무 부러지랴."

이렇게 공을 들여 늦게 본 딸이 자라나 이번에는 공양미 삼백 석을 불전에 시주하면 아버지가 눈을 뜨리라는 말을 듣고 그 공양미를 마련하게 해 달라고 다음과 같이 빈다.

"상천일월 성진이며 하지 후토 성왕 사방지신, 제천제물 석가여래 팔금강보살 소소감응 하옵소소....." 불교의 갖가지 불공이며 시주가 무교(巫敎), 무속(巫俗), 우상신앙(偶像信仰), 무당(巫堂) 풍습의 여러 귀신, 잡신, 성황당, 달, 별, 나무, 바위, 돌, 물, 동물, 등의 형상을 섬기기와 자연스럽게 이어지고 나열되고 있다.

이는 교회에서의 모습과 다름 아니다. 이런 모습들이 한국 전통 풍습으로 교회로 장소의 이동만 이루어져서 물질로 해결하는 것이 되었다. 믿음도 신앙도 귀신도 돈으로 사는 세상으로 변했다. 이러한 한국 전통의 풍습과 무속신앙이 그대로 이전되어 교회의 성장을 이루는데 성공했다. 그래서 기독교의 공로로 한국교회가 잘되어 나라가 발전했다고 역사적 평가를 교회 스스로 평가했고 필자도 오래 전부터 그렇게 역사적 평가를 해왔는데 너무 부끄럽고 잘못된 평가라는 것을 뒤늦게 깨닫게 되었다.

이러한 축원 내용은 거기에서 현실적 현세적 삶을 위한 무교와 불교의 융화를 보기도 하고, 혹은 모든 외래의 고등종교를 기복 종교화하는 우리나라의 무속적인 기층문화를 보기도 하는 등 풀이가 가능하다.

그와 함께 그러한 다신론적 내지 범신론적 축원 내용은 좋은 것은 두루 갖추고자 하는 한국적인 부의 추구가 물질적인 대상에서 신앙적인 대상으로 전위된 결과라고 볼 수도 있다.

이는 기독교에서 에큐메니컬 운동으로 변화되어 모든 기독교의 통일 연합으로 세계기독교연합으로 WCC 운동을 이루어져가고 있다. 세계종교연합을 주창하고 있기도 하다.

6. 귀(貴)

우리 민족의 가치 중에서는 귀(貴)의 가치는 한민족의 특색 중 하나이다.

이는 우리 민족이 추고하는 가치 중에서 매우 귀중한 가치 중에 하나이다. 이 또한 복의 하나이다. 예나 지금이나 한국인은 자기 자신을 위해서 그리고 자식과 자손을 위해 귀하게 되기를 소망한다.

'귀골이다', '귀골로 생겼다', '귀태가 있다', '귀티 난다', 등의 말은 누구에게나 매우 듣기 좋고 들었을 때 만족감과 행복감을 갖게 된다.

상대방을 높이는데 매우 높은 찬사가 된다. 편지를 쓸 때 편지봉투의 받는 사람에게 '귀하(貴下)'라고 하여 상대방을 높이는 존칭과 존대의 표시의 예법이다. 상대방을 높이는 인사와 존칭으로 '귀댁(貴宅)', '귀사(貴社)', '귀국(貴國)' 등으로 상대에 대한 존칭과 품위를 높여 주는, 귀하게 존대로 여기는 표현으로 사용된다.

가령 남의 글을 귀간, 귀서, 귀찰, 귀한, 귀함이라 하는 것이 그 보기이다. 사람과 관계없는 물건도 소중한 것은 '귀중품'이라고 하며, 쇠붙이도 비싼 것은 귀금속이라고 일컫는다. 높은 것, 높여야 하는 것, 공경해야 하는 것, 귀한 것, 흔하지 않은 것, 비싼 것, 희귀한 것, 존귀한 것, 고귀한 것을 귀(貴)라는 개념이다.

귀(貴)라고 하는 개념은 형이하학적 가치(價値) 라기 보다는 형이상학적 가치라고 할 수 있다. 내면의 모습과 내면적 품격과 인격 및 인품 그리고 물질이라 할지라도 그 물질 물건이 가지는 가치가 세상적 물질의 가치로 또는 객관적 가치로 계산되고 평가되는 것이라기보다는 주관적이면서도 많은 사람들이 객관적 가치로서의 그의 내면적 진실성과 사실성을 동시에 갖추고 있는 가치의 개념이라고 할 수 있다.

이는 우리가 가지고 있는 가치(價値) 그리고 복(福)의 개념보다는 상위의 가치인 것이다.

그러나 한편으로 귀(貴)란 비록 그에 이르는 길이 쉽지는 않으나, 그 가능성은 **모두에게 열려 있는 보편적 가치개념**이다.

사람도 누구나 노력을 하거나 학식을 쌓고 덕망을 쌓으면, 남의 공경을 받고 높임을 받는 고귀한 인격, 존귀한 인격이 될 수 있다.

이처럼 보편적 개방적인 가치개념으로서의 '귀(貴)'가 한국인의 복의 표상에 있어서는 높은 지위, 높은 벼슬, 곧 관작(官爵)으로 이해되고 있다.

학문과 학식, 그리고 벼슬과 관직으로 나타나는 것이 보통이다.

한국의 고전 문학에 등장하는 주인공들은 대부분 왕조사회의 독자들에게 대리 체험과 대리 만족을 시켜주는 우상이라고 볼 수 있겠으나, 그러한 우상화를 위하여 거의 정형화되고 있는 서술의 하나가 계계승승 높은 벼슬을 하였다는 '명문거족출신형'이다.

조선시대의 가정소설을 보면 '창선감의록', '사씨남정기'를 비롯해서

'숙향전', '옥단춘전', '양산백전', '박씨전', '홍계월전' 등이 모두 등장인물의 벼슬치레에 관한 서술로부터 시작되고 있음을 본다.

심지어 조선조 일대의 기인이요 반항아요, 반역죄로 처형된 허균이 쓴 소설로 금서가 되었던 '홍길동전' 조차도 주인공의 우상화를 위한 위와 같은 정형의 틀에서 벗어나지 못한 채 이렇

게 시작되고 있다.

　"화성 조선국 세종조 시절에 한 재상이 있으니 성운 홍이요
명은 모이라, 대대 명문거족으로 소년등과(少年登科)하여 벼슬
이 이조판서에 이르매 물망이 조야(朝野)에 으뜸이요....." 이처
럼 한국의 전통사회에서는 '귀(貴)'가 높은 벼슬로 이행되고
있었으며, 높은 벼슬을 했다는 것은 사람을 긍정적으로 평가하
는 가치기준으로 일반적인 승인을 얻고 있었던 것이다. 지금 한
민족에게는 이러한 관직에 대한 경험을 '귀(貴)'로 여기는 마
음이 젖어 있다.

　이러한 귀(貴)의 개념은 전통사회의 일반적인 가치관 형성에
도 큰 몫을 한 것으로 보인다. 왜냐하면 수(壽)나 부(富)의 개
념과는 달리 귀(貴)는 여러 가지 주관적인 해석이 가능한 가치
의 개념이기 때문이다. 수(壽)를 하는 데에는 오래 사는 것밖
에 다른 방도가 없다. 부(富)를 하는 데에도 많은 재산을 모으
는 수밖에는 다른 도리가 없다.

　그러나 귀(貴)를 하기 위해 관직(官職)을 차지한다는 것은 여
러 가능성 가운데의 하나에 불과하다. 예나 지금이나, 또는 여
기서나 저기서나 오래 사는 것을 수(壽)라 하지 않을 수 없고,
돈이 많은 것을 부(富)라 하지 않을 수 없는 것과는 달리, 때
에 따라 곳에 따라 혹은 사람에 따라 벼슬을 하는 것을 귀(貴)
로 보지 않을 수는 얼마든지 있다.

　예를 들어 이지함과 같이 "귀(貴)하기는 벼슬하지 않는 것보
다 더 귀(貴)함이 없다."고 볼 수도 있는 것이다. 벼슬 즉 관직

은 백성에 대한 공복(公僕)이라는 것이기에 이는 청렴하게 주인인 백성에 대한 도리를 다하는 복(僕:종)이며 머슴이며, 심부름꾼이며 시키는 일에 목숨을 걸어야 하며, 오직 주인인 백성만을 위하여 사는 것이 종이며 복(僕)이다. 그야말로 복종(僕從)을 해야 하는 것이 벼슬이라는 것이다. 이는 하나님의 종이라고 하는 종은 순수 우리 말 이다. 한자의 의미로는 종 복(僕)을 쓴다. 복종하다의 복(僕)자가 종이라는 순수 우리말인데 믿음의 종, 하나님의 종이라는 목사를 말하기도 하는데, 과연 하나님의 종의 직분을 다하는지 자신이 부끄럽다. 한문으로는 복종(服從)하는 사람을 종복(從僕)이라고도 하며 복종(僕從)이라기도 한다. 종은 주인의 종(鐘)소리에 따라 움직이는 것이 종이다. 다른 사람을 나의 종(종복:從僕)으로 삼아 나의 종(鐘소리)에 따라 움직이게 하는 것은 압제의 교만이요 탐욕의 싹이요 파멸의 전제이다. 믿음의 사람은 모두 하나님의 종이요, 하나님의 일꾼이요, 왕 같은 제사장이요, 말씀을 맡은 예언자(豫言者)이며 예언자(預言者)요 선지자요, 하나님의 사역인 구원의 동역자인 것이다. 오직 말씀에 순종(順從), 복종(服從)하는 僕從(복종)인 것이다. 오직 주님의 종(鐘)소리에 따라 순종하는 종인 것이다. 우리 믿음은 귀(貴)하다. 이 세상과는 비교할 수 없이 귀(貴)하고 귀(貴)하다.

하나님의 말씀을 잘 듣는 귀가 귀(貴)하다. 우리의 귀는 말씀을 들으라는 귀이다. 말씀을 듣지 못하는 귀는 귀(貴)할 수 없 다. 그러므로 귀(貴)의 개념은 말씀을 듣는 귀(貴)이며 '듣는 다'는 의미는 순종의 의미이다.

믿음은 전적으로 순종에서 나오며, 순종은 믿음을 낳는 유일한 오직 하나 뿐인 순도 100%의 순종(純種:딴 계통과 섞이지 않은 순수한 종種)) 어머니인 것이다. 순종은 믿음의 어머니요, 믿음은 순종의 아들인 것이다. 이것이 귀(貴)이며 거룩이며, 경건이요, 사랑이며 구원이며 언약이다. 믿음은 순종의 언약이며 구원의 언약이며 예수 그리스도의 언약이며 사랑과 용서의 언약인 것이다. 바로 오직 예수일 뿐이다. 이 귀(貴)는 누구든지 예수의 십자가의 피의 부활을 순종으로 믿는 자에게는 영원한 구원을 주시는 은혜의 영생인 것이다. 이는 재림으로 영원한 완성을 이루실 것이다. 믿음으로 이 귀의 가치를 누리는 성도가 되시기를 간절히 축원한다.

그런데 세상은 이 귀(貴)를 부(富)로 얻으려고 하는데 문제가 있다. 믿음으로 얻으려고 하기 보다는 부(富)로 귀(貴)를 얻으려고 하지만 부귀(富貴)가 되지 못하고 그 부(富)는 부(富)귀(貴)가 되기보다는 부귀(浮龜:떠돌아다니는 귀신)가 되며 궁극적으로 추구하는 부귀영화(富貴榮華)는 다시 부귀(浮龜)영화(映畫)가 되어 인생이 파멸하는 경우가 많다. 이는 탐욕이 죄를 낳고 그 탐욕의 죄는 파멸과 멸망을 낳고 영화(榮華)도 영화(映畫)도 끝이 난다.

이처럼 본시 다양한 가치관의 전개 가능성을 안고 있는 귀(貴)의 개념이 기복(祈福)의 구체적인 표상에 있어서는 높은 벼슬을 하는 것으로만 일방적으로 이해되어 왔다. 그것은 사람을 그가 차지한, 또는 차지하지 못한 벼슬에 따라 높여 보고 낮추어 보는 인간관을 낳을 수 있다.

그래서 관작의 고하, 또는 관작의 유무가 사람을 평가하는 배타적인 기준이 되게 할 수 있다. 그것은 또 사람이 태어나서 이 세상에서 무엇을 바랄 것인가 하는 뜻을 세우는 데에 있어서도 중요한 기준이 되기도 한다. '입신(立身)이다', '청운의 뜻'이다 하는 말은 모두 벼슬을 해서 이름을 떨쳐보겠다는 뜻이다. 그러나 믿음은 입신(入信)이며 입신(入神)인 하나님 주님 안에 들어가는 것이다.

그 점에서 그것은 출세주의 인생관을 궤도화하여 놓고 있다고도 풀이된다. 뿐만 아니라 그것은 사회조직, 사회질서, 사회생활의 여러 구석에 관존민비(官尊民卑)의 문화의식을 심어 놓기도 하였다. 그 반면에 관작을 하는 것을 귀로 보는 가치관은 한국 사회의 높은 향학열, 교육열을 낳게 한 중요 동기가 되기도 하였다. 관직은 봉사요, 섬김이요 청렴이요 희생이라는 가치 철학이 정립되지 않는 사회에서 속히 되돌아가는 국가와 민족이 되어야 한다. 벼슬 관작은 부의 수단으로 삼는 것은 부정과 부패의 원인이 되는 것이다. 우리 민족은 청렴의 가치를 매우 우선하고 중시했던 역사가 있었다. 이제 상업 자본주의의 현대에 와서 모조리 무너져 버렸다. 국가와 민족의 마지막 보루인 법원과 교육과 국회 등 공복기관이 부의 수단이 되고 부의 도구가 되어 재물에 팔리고 양심과 영혼의 가치도 신앙도 믿음도 모두 졸부 천민자본 상업주의와 재물 맘몬과 황금주의 신상 바알에 모두 다 팔아먹었다.

왜냐하면 전통사회에 있어서 관작을 하려면 공부를 해서 과거에 급제하는 것이 등용문이 되었기 때문이다. '동국세시기'나

'열양세시기'를 보면 정월 초하루에는 '올해는 꼭 과거에 합격하시오', '부디 승진을 하시오' 하는 인사말이 덕담이었다고 기록되고 있다.

7. 자손(子孫)번성(繁盛)/아들의 복(福)

수(壽)가 내 목숨의 복(福)이요, 부(富)가 내 권속의 복(福)이라고 한다면 귀(貴)는 내 가문의 복(福)이다. 귀(貴)를 하겠다는 첫 번째 동기는 그 점에서는 나라의 위해서라기보다도 가문을 위해서라고 볼 수 있다.

한국인의 족보는 이러한 가문의식의 가시적인 표현이라고 볼 수 있다. '나'를 축으로 하는 동심원의 세계가 내 목숨의 복(福)을 비는 '수(壽)', 내 자손 권속의 복(福)을 비는 '부(富)', 내 집안의 복(福)을 비는 '귀(貴)'로 확대되면서 다시 다음 대(代)로 넘어가기 위해서는 자손의 번성(繁盛)함을 비는 기원(祈願)으로 연결된다.

수(壽), 부(富), 귀(貴)의 복(福)에 이어 자손(子孫)의 번성(繁盛)을 빌게 됨으로 복(福)의 표상(表象)은 당대(當代)의 복(福)에서 차대(次代)의 복(福)으로 새로운 차원(次元)을 열게 된다. 자손번성의 기복(祈福)을 통해서 복은 세대(世代)와 세대(世代)를 이어가는 시간의 차원으로 진입해 들어간다.

그뿐만 아니라 사람의 양성(兩性) 가운데서 오직 한쪽의 성(性), 남성(男性)만을 선호하는 이 아들의 희구(希求)는 역설적으로 한국인의 복(福)의 성립(成立)과 완성(完成), 복(福)의 운영(運營)과 수성(守城)을 위해서 여성(女性)을 끌어들이고,

여성들의 참여와 역할(役割)에 큰 비중을 주게 된다.

수(壽)는 처음부터 아무도 대신해 줄 수 없는 당사자만의 복이기 때문에 젖혀놓고 본다면 가족 집단의 공동체적인 복(福)으로서의 부(富)와 귀(貴)는 전통사회에 있어서는 다 같이 남성들의 역할에 그 성취가 책임 지워지고 있었다. 그에 대해서 남자 아이를 낳아야 된다는 득남(得男)의 복(福)은 일차적으로 여성들의 역할에 그 성취(成就)의 책임이 전가(轉嫁)되어 왔다.

부부(夫婦) 사이에 자식이 없다는 것은 진중(鎭重)한 죄(罪)요 억울한 한(恨)이요, 불효삼천(不孝三天)에 무후위대(無後偉大)라 여겨졌던 것이다. 이처럼 아들의 다산(多産)을 복(福)으로 여긴 전통(傳統) 가정(家庭)에 있어서 일차적으로 중요한 것은 아이를 낳은 것이지 부부(夫婦) 사이의 애정(愛情)이 아니었다. 더욱이 옛날의 혼인(婚姻)이 당사자들끼리의 선택(選擇)에 의한 연애(戀愛) 관계(關係)의 결실(結實)이 아니다. 당사자들의 의사(意思)와는 아랑곳없이 부모들의 결정으로 이루어지는 중매(中媒) 결혼(結婚)인 경우, 며느리를 고르는 시(媤)부모(父母)들의 가장 큰 관심사가 아들을 얼마나 많이 낳을 수 있느냐는 것이 관건이 된다는 것이었다.

이러한 풍습(風習)과 전통(傳統)은 동서양을 막론하고 동일하고 당연한 사실이었다. 자식에 대한 모든 결정권이 부모 특히 아버지에게 있었다. 어머니도 아무런 의사 결정권이 없었다. 여성의 권한과 참여권이 전무한 시대가 오랜 세월 동안 계속되었다. 여성의 권리가 주어진 것은 그리 오래 되지 않았다. 이는 종교와 정치를 떠나서 일반화 되어 있었고 당연한 것으로 여겨져 왔었던 사실이다. 요즘의 생각의 기준으로 보며 상상할 수도 없는 사실이었다. 이는 전쟁이라는 일상이 모든 영역에서 적용되었기 때문이다. 생명이라는 것이 아무 것도 아니라는 인권 생명이라는 가치가 나뭇잎 같은 현실 속에서 살았던 시대가 너무 많았기 때문이다. 이는 우리나라, 중국, 일본 등에서 뿐만 아니라 이슬람은 말할 것도 없으며, 세계사적으로 보아도, 기독교사적으로 보아도 중세가 지나서야 겨우 여성에 대한 인권이나 인정이 있었다. 그래도 우리나라의 역사에서는 여성에 대한 인권과 권한이 상당한 수준에 있었다고 하는 것은 역사적 사실이다. 대략적으로 여성의 인권과 참정권 등이 인정된 것이 겨우 100년도 되지 않는다. 여성참정권은 1900년대에 들어서야 겨우 첫 발을 내딛었을 뿐이며, 미국도 1920년에 여성참정권을 인정하지만 그 시행에는 많은 어려움을 겪었다. 미국에서 흑인 남성이 참정권이 주어진 것이 1870년이다.

이러한 현실 때문에 극단적인 도시국가를 운영했던 나라가 바로 스파르타였다. 그래서 낳자마자 아들이든 딸이든 건강하여 전쟁에 나가서 잘 싸울 수 있는지 살펴 보고 약해 보이면 아예 낳자마자 바로 바위 위 낭떠러지에서 던져 죽이는 잔인한 정책을 시행했다. 그래서 펠로폰네소스전쟁이라는 그리스의 도시국가 아테네와 스파르타의 전쟁으로 300명의 군사로 전쟁을 감행하여 승리하는 '300'이라는 영화는 실제 있었던 전설 같은 역사적 사실을 영화화 했던 것이다.

그 작은 수로 대군(大軍)과 전쟁에서 이기는 역사, 위대하지 않은 역사를 만들어 낸 것이다.

그래서 미모(美貌)보다는 아들을 왕성(旺盛)하게 많이 낳을 수 있는 '자왕상(子旺相)'이라는 며느리를 고를 때 중요한 기준이 되기도 하였다.

여자가 시집가서 아들을 낳지 못하면 내침을 당하는 것이 칠거지악(七去之惡) 중 두 번째 조목이었기 때문에 아들을 낳는다는 것은 아내의 절실한 소망이 아닐 수 없었다.

궁중에서도 왕비 중전이 아들을 낳지 못하면 왕의 어머니가 되지 못하며, 후궁(後宮)일지라도 아들을 낳으면 왕의 어머니가 되어 그 왕의 권세를 받고 지내게 됨으로 인하여 복(福) 누리게 된다는 것이다.

아들을 낳는다는 것이 전통사회에서는 여자의 궁극적 소임이요 소망이었다는 것은 위로는 군왕의 비빈에서부터 밑으로는 여염집의 아낙네에 이르기까지 마찬가지였다.

일반적으로 아들을 바라는 마음, 이른바 후사(後嗣)를 잇겠다는 사속(嗣續) 관념(觀念)은 동양에서는 매우 오랜 된 풍습(風習)과 관습(慣習) 전통(傳統)이며 당연한 것이고 또한 보편적인 문화 현상이기도 하였다. 이는 인류 어떤 문화에서도 보편적 공통적인 원시적 원초적 문화였다.

그것은 특히 조상을 공경(恭敬)하고 분향(焚香)하며 제사(祭祀)를 지내는 일을 높이 친 유교(儒敎)의 5복 문화와 근본 숭상(崇尙) 제도에 의해서 더욱 강화되었다. 상속(相續)과 제사(祭祀)의 모든 권한을 아들을 통해서 이루어진다는 유교적 이념에 더욱 공고해졌다. 유교의 오복(五福)문화는 제사를 근본으로 하는데 그 제사의 제사장은 반드시 남자이어야 한다는 근본이념이기 때문이다. 유교는 자손 번성은 가문 중심, 아들 중심, 남자 중심, 제사 중심의 사상 이념인 것이다. 가문의식, 족보제도가 아들을 바라는 아들 선호(選好) 사상을 더욱 부추기게 했던 것이다. 분석적으로 본다면 복(福)에 관한 한국인의 전통적인 표상은 수(壽), 부(富), 귀(貴), 자(子)의 네 범주로 갈라진 듯이 보이나 현실적으로는 그러한 복(福)의 네 눈이 하나의 그물 속에 서로 꼬리는 물고 긴밀하게 연결되어 있는 데에 복(福)의 구조가 가지는 제합성(諸合成)이 있다. 수(壽)를 위해서는 부(富)가, 부(富)를 위해서는 귀(貴)가, 다시 귀(貴)를 위해서는 자(子)가 전제(前提)되어야 하는 점에서 수(壽), 부(富), 귀(貴), 자(子)는 동심원(同心圓)의 원환(圓環)의 수레바퀴를 돌고 또 돌리고 있었다.

혹은 수(壽), 부(富), 귀(貴), 자(子)라고 하는 술어적인 표현을 주어적인 표현으로 바꾸어 자아, 가족, 가문, 후사로 바꾸어 본다면 거기에는 '나'라고 하는 동심원의 축을 중심으로 해서 '집', 가(家)정, 가(家)문이라고 하는 수레바퀴가 나의 아들로 해서 집 가(家)의 대를 잇는 궤도를 달려가는 원환(圓環)의 순환(循環) 구조(構造)를 보게 된다.

그러므로 복(福)의 구심적(求心的)인 핵(核)이 '나'라고 한다면 그의 원심(遠心)적인 궤도(軌道)는 '아들'을 벗어날 수가 없다는 한계를 지닌다.

이제까지 유교의 오복(五福)이 얼마나 좋은 것인가를 알 수 있었다. 이렇게 좋은 복(福)을 추구하는 것을 부정적으로 본다는 것은 과히 인간적인 모습을 포기하는 것이며 세상을 살아보지 못한 사람일 것이며 이 복(福)을 추구(追求)하는 것에 무슨 부정(否定)적인 사고가 있을 수 없다고 할 수 있다. 이것은 매우 비난 받고 저주까지도 받아야 할 생각이라고도 할 수 있을 것이다. 그렇다! 충분이 그렇게 생각할 수 있다. 오히려 적극 지지하고 긍정해야 할 생각이다. 우리 인간이 추구하는 것이 이 외에 어떤 것이 있을 수 있다는 것이냐고 강하게 항변할 수 있고 당연히 해야 한다.

이것은 생리(生理)이고 본능(本能)이다. 이는 죄악의 본성이며 죄악의 생리이다.

여기에 문제가 있다.

그러므로 하나님이 계시고, 하나님인 예수님이 오셔서 말씀하시고 계신다.

그러므로 하나님이신 예수님이 십자가에 돌아가셨다. 그래서 우리의 믿음이 필요하게 되었다. 복의 생리와 본능은 죄의 본성이다. 죄악의 본성을 제(除)하시기 위해 하나님 주님은 우리에게 오셔서 십자가의 피로 돌아가셨다. 이를 회복하시기 위해 부활하셨다. 영원한 회복을 위해 재림으로 오신다.

8. 복(福)의 인과(因果)관계(關係)

한국인들은 복(福)이 정(定)해진 것이라고 하는가?

또는 자기의 행위(行爲)와 마음에 따라 결정(決定)된다고 하는 것인가?

인위(人爲)적 결과인가? 숙명이며 운명이라 미리 정해진 것이기에 어쩔 수 없는 이미 정해진 결과인가? 다시 말해 예정론적인가? 행위론적인가?

전통적인 한국인의 삶은 그 밑바탕에서 움직이고 있는 기본 동기를 이해하기 위해서는 '무엇을' 복(福)으로 보아왔느냐 하는 복(福)의 내포(內包)적, 외연(外緣)적 의미에 못 지 않게 중요한 것이 '어떻게' 복을 누리게 된다고 믿어왔는가를 알아보는 일이다. 그것은 한국인의 심층적인 행동 동기나 한국문화의 본질을 이해하는데 열쇠가 될 수 있기 때문이다.

우선 복이라 말을 일상적으로 사용하고 있는 어용을 살펴보면 '어떻게'를 들추어주는 시사를 얻을 수 있다. 우리는 '복을 빈다'라고 자주 말한다. 즉 제일 많이 사용하는 말이 '축복'이다. 기복, 초복 등의 한자말을 사용하며 발복(發福)한다는 말도 있는데 이는 '운이 틔어 복이 닥친다'는 뜻이다. 운이 좋다는 뜻은 복이 스스로 찾아온다는 뜻이다. 축복이나 기복은 복을 불러들이는 인위적 노력으로 복을 불러 오는 것이다. 발복은 복이 스스로 자발적으로 운으로 오는 것이다는 뜻이다. 운수가 좋다는 표현으로 말할 수도 있다. '행운(幸運)이다', 또는 '다행(多幸)이다'라는 표현도 '운수(運數)가 좋다'는 의미이다. 이 운수(運數)라는 의미도 인간의 어떤 노력이나 힘이나 인위적인 것이 아니며, 그리고 다른 어떤 힘이나 능력을 빌리거나 도움이 받아서 되는 것이 아니고 저절로 우연(偶然)이 되는 것을 의미한다. 일본 성경은 복(福)을 행(幸)으로 표기한다. 이런 우연(偶然)이니 자연(自然)이니 하는 말은 엄격히 비성서적인 의미이다. 스스로 존재하는 분은 오직 하나님 한 분 뿐이시기 때문이다.

　그래서 복(福)은 운(運)이다 라고도 한다. 예를 들어 '그 사람은 운세(運勢)가 좋다, 운세(運勢)가 타고 낳다'라고 한다. 이는 복(福)이 인간 사람이 어떻게 할 수 없는 운명(運命) 또는 숙명(宿命)이라는 운명(運命)과 동의(同義)적 뜻으로 사용된다.

　운(運)이 좋다는 것도 복(福)이 있다는 뜻과 동의어로 쓰인다.

　사람이 기도(祈禱)나 축원(祝願) 축복(祝福)을 함으로써 복(福)을 불러들인다는 것이요, 발복(發福)이나 운명(運命)의 운(運)이 스스로 정해저서 인간의 기도(祈禱)나 원(願)함으로 되는 것이 아니다 라 는 것이다. 더욱이는 인간의 어떤 노력이나 행위 행동으로 되어 지는 것이 아니다 라 는 것이다. 숙명이며 운명이며 이미 예정되어 결정되어 있다는 것이다.

기복(祈福), 축복(祝福), 축원(祝願)이라는 말은 복을 사람이 불러 온다는 복이 목적의 대상이 되는 목적어이며 내가 주어이며 그 목적어는 복이 되는 것이다.

　그러나 발복(發福), 운명(運命), 숙명(宿命)은 복이 스스로 찾아오는 복이 주어로써 목적어가 없는 자동사를 가진다. 복이 스스로 주어가 되어 목적어가 없는 자동사 즉 완전자동사가 되어 1형식 문장이 되는 것이다.

　즉 복은 인위적인 결과가 아니라는 것이고 또 다른 면에서는 복은 불가역(不可逆)적인 것으로 이미 모든 인간에게 정(定)해져 있는 숙명적 운명으로 주어지는 것이라는 개념이며 생각이다.

 우리 말에서 복(福)에 관련된 여러 어용의 실례를 보면 복을
어떻게 누리게 되는 것인가 하는 문제를 풀이해 주는 위와 같
은 인위론과 운명론이 다 같이 무성함을 알 수 있다. 인위론과
운명론이 교차하여 사용되고 있는 것이 한국적 복의 개념이다.
이것은 어느 경계와 한계도 정할 수 없다는 의미이기도 하다.

 먼저 복이 운명론적이며 숙명론적인 것으로써, 인위적으로 어
떤 인간의 노력이나 행위로 결정될 수 없는 것이라는 복(福)
이론(理論)의 말에는 복분(福分), 복상(福相), 복수(福數), 복
운(福運) 등이 있으며 복이란 사람이 세상에 태어나서 인간의
마음대로 할 수 있는 것이 아니라 사람이 세상에 태어날 때부
터 이미 다복(多福)하게 혹은 박복(薄福)하게 타고난다고 믿는
운명론적, 숙명론적 표현이 우리말로 '사람 팔자 알 수 없다.'
라는 말이다. 사주팔자(四柱八字)라는 것이 숙명론과 운명론의
중국 그리고 한국에서의 복에 대한 개념이기도 하다. 점술이니
주역이니 하는 것들은 정해진 미래를 인간이 알 수가 없어 점
술가, 점쟁이, 토정비결, 주역, 신령한 자, 수도자, 등에게 미래
를 몰라서 불안한 심리로 미리 알아보고 싶어하는 욕구에 댓가
를 지불하고 알아보는 것을 복채(卜債)라는 이름으로 하여 장
래의 정해진 복을 예상하는 것이다. 이런 정해진 복을 신령한
사람을 통하여 바꾸려고 하는 욕구 또한 인간의 탐욕의 하나이
다. 신령한 사람도 이런 복이라는 것이 운명적이며 미리 정해졌
다고 하면서도 자기는 변경하고 바꿀 수 있는 능력이 있다고
댓가를 요구하는 기술적, 사술(詐術)과 사술(邪術)적 능력을

보이기도 한다. 이러한 모습은 구약 성경에서도 종종 볼 수 있는 현상들이다. 특히 권력과 부를 소유한 자들이 이용한다. 거래를 하기도 한다.

또한 복이란 사람이 세상에 태어난 뒤에 마음대로 할 수 있는 것이 아니라 사람이 세상에 태어날 때 이미 다복하게 혹은 박복하게 타고난다고 믿는 이러한 운명론의 또 다른 표현이 우리말의 팔자타령이다. 팔자(八字)는 사람이 출생한 연. 월. 일. 시에 해당하는 간지(干支)의 여덟 글자로 바로 사람이 세상에 태어난 순간의 이 간지(干支)팔자 (八字)가 그 사람의 복(福). 화(禍). 생(生). 사(死)를 결정(決定)한다는 생각이다. 중국 문화에서는 숫자 '8팔(八)'이 '복(福)'을 의미(意味)한다. '부모가 반(半) 팔자(八字)', '팔자(八字)도망(逃亡)은 독(장독) 안에 들어도 못 한다',는 속담은 모든 것을 팔자소관(八字所關)으로 돌린다는 팔자타령(八字打鈴) 이다. '쪽박을 쓰고 벼락을 피해', '뒤로 오는 호랑이는 속여도 앞으로 오는 팔자(八字)는 못 속인다' 라는 속담은 팔자도망을 꾀하는 사람에 대해서 다시 그의 불가함을 재강조하는 팔자타령이다.

그러나 복(福)에 관한 어용(語用)이나 구문(句文)에는 복(福)의 운명론(運命論)만이 아니라 인위론(人爲論)을 시사(示唆)하는 실례도 많이 있다. 예컨대 '복선(福善)화음(禍淫)'이라는 말은 착한 사람에게는 복이, 궂은 사람에게는 화가 돌아간다는 말이다.

착한 사람이 되다, 착한 일을 한다는 것은 인위의 영역이라고 본다면, 운명과 의지의 관계는 제로섬의 관계가 아니라 '인사

(人事)가 어느 정도 '천명(天命)'을 좌우(左右)할 수도 있다는 예상(豫想)이 여기에 표현되어 있다.

-잠간 삽입으로 인사(人事)는 어른이나 다른 사람에게 절하는 인사(人事)이며 사람을 쓰는 기업이나 조직에서의 사람을 자리에 쓰는 인사과(人事課)의 인사이다 그래서 인사(人事)가 만사(萬事)다 라는 말은 평소에 사람들에게 인사를 잘하는 것이 만사의 가장 중요한 부분이며 인간관계의 기본이며 사람을 잘 사용하는 것이 만사의 으뜸이라는 의미이다. 모든 일은 사람이 하기 때문이다. -

모사(謀事)는 재인(在人)이요, 성사(成事)는 재천(在天)이라고 하는 속담도 하늘이 복(福)을 내리는 성사(成事)에 사람의 모사(謀事)가 전혀 무관한 것은 아님을 가리키는 말이다.

한국의 전통적인 복의 표상에 있어 일반적인 특징은 복이 설혹 하늘의 뜻에 달려 있다고 할 경우에도 그러한 하늘의 뜻이 맹목은 아닐 것이다. 복을 주고 화를 주는 것이 눈이 어두운 운명의 자의, 무동기의 또는 무상의 조화가 아니라는 것이다. 이는 하늘이라는 토속적 재천사상이지 기독교적 신앙과는 전혀 다른 것이다. 이는 하나님 예수님의 뜻과는 전혀 아니다.

한국적인 복 사상의 밑바탕에는 아무런 까닭도 없이 복을 받는 것이 아니라 사람이 복을 받는 데에는 그럴 만한 까닭이 있을 것이다 라는 보편적 상식적 객관적 사실이 깔려 있는 것처럼 보인다.

'복인(福因)복과(福果)'라는 말이 그러한 원인과 결과를 나타내는 말이다. 여기에서 '복인(福因)'은 좋은 일이 원인이 되어 좋은 결과를 얻는다는 것이 복인복과이다.

아마도 이것은 복(福) 사상에 미친 불교의 영향이라 추측된다.

불교는 중국에서 그 꽃을 피웠다. 그래서 중국의 유교의 오복 사상이 불교와 중국에서 융합하여 복의 개념이 불교에도 유입되어 중국 불교의 근간을 이루었다고 할 수 있다.

이처럼 화복(禍福)을 맹목적인 하늘의 무동기. 무상의 소여(所與:주어진 바)가 아니라 인위의 행실에 대한 인과응보(因果應報)로 보려 했던 믿음은 복의 절대적인 운명론의 지배에서 벗어나 삶에 대한 윤리적, 실천적 동기 부여에 길을 터놓은 것으로 풀이된다.

복이 있고 없음이 비록 팔자소관이요 천정의 운수라고는 하나, 착한 일을 되풀이해서 복인(福因)을 쌓게 되면, 언젠가는 복과(福果)가 돌아와서 이른바 '팔자고침'을 기대해 볼 수 있다는 이러한 생각은 사나운 운수를 어려운 일로 대신해서 면제받는다는 이른바 '팔자땜'이란 말에도 표백되고 있다. 복전(福田). 팔복전(八福田)이란 개념도 복인복과와 같은 맥락에서 나온 말이다.

'복전(福田)'은 불(佛), 법(法), 승(僧)의 삼보(三報)와 부모(父母)를 공양(供養)하고 빈자(貧者)를 불쌍히 여기는 선행(善行)의 결과로 복덕(福德)이 생긴다는 뜻에서 그 복인(福人)이 되는 삼보(三報), 부모(父母), 빈자(貧者) 등을 가리키는 말이다.

불교에서 삼보(三報)는 중생(衆生)이 지은 업(業)으로 인(因)하여 받는 세 가지의 과(果), 보(報), 즉 순현보(順現報), 순생보(順生報), 순후보(順後報)를 말한다.

'팔복전'도 역시 불가에서 나온 말로 복(福)을 심는 팔인(八因)이 있는 밭, 곧 불전(佛田), 성인전(聖人田), 승전(僧田), 화상전(和尙田), 아자리전, 부전(父田), 모전(母田), 병전(病田)의 여덟 가지 밭을 가리키는 말이다.

복인(福因)을 복전(福田)이라고 표현한 것은 부처를 공양하면 밭에서 먹을 것을 거두어들이듯 복(福)을 거두어들일 수 있다는 것을 상징(象徵)화한 것이다. 복을 밭에서 거두어들인다는 이러한 생각은 옛글에 있어 복을 곡식처럼 '심는다', '기른다'는 표현, 또는 곡식처럼 '아낀다'는 표현을 낳고 있다.

복(福)은 전(前)근대적인 농경문화시대에 있어서 한국인의 삶을 동기(動機) 지은 행복관(幸福觀)이다. 그 바탕에 깔린 근본 사상은 '수(壽)'의 생명지상주의. 현세긍정주의, 부(富)의 물질주의 현실주의, 귀(貴)의 출세주의, 입신주의, 양명주의, 자(子)의 가문주의, 대가족주의 등이다. 자기중심의 이기주의 사상 이념이다.

절대적인 빈곤에 묻혀 있던 전통사회에서 이러한 복(福) 사상은 대부분의 사람들을 보편적으로 위협하고 있었던 요(夭), 빈(貧), 천(賤), 무자(無子)의 처지에서 벗어나려는 강한 탈출동기에서 잉태된 것으로 여겨진다.

보다 더 오래 살고, 보다 큰 재산을 모으고, 보다 더 높은 벼슬을 하고, 보다 더 많은 아들을 가지고자 하는 복의 추구는 '양(量)'의 선(善)을 추구(追求)하는 물량주의의 윤리라고 풀이할 수 있다.

그러나 이러한 복을 누리게 되는 것이 단순히 팔자소관이 아니고 적덕(積德), 적선(積善)의 복인(福因)을 쌓은 결과라고 본 데서 복(福) 사상의 도덕적 실천적 계기가 있다. 산업화를 이룩함으로써 절대적 빈곤의 늪에서 벗어나고 민주화를 이룩해서 모든 사람의 평등한 권리가 인정되는 현대 사회에 있어서는 전통적(傳統的)인 복(福)의 개념(槪念)에는 시대에 맞지 않는 요인(要因)도 드러난다.

귀(貴)의 개념 속에 함축된 관존민비(官尊民卑)의 사상과 자(子)의 개념 속에 함축된 남존여비(男尊女卑)의 사상 등 그것이다. 거기다가 소아사망률이 격감하고 오히려 '인구감소'의 우려가 현실적인 문제로 당면해 있고, 자기 자신의 안락과 쾌락을 추구하고 당대 자기 자신의 육신적 쾌락을 즐기고 또한 복지국가의 개념으로 국가가 출생부터 사망까지 책임지고 보호해 주는 시대로까지 부각되고 있는 현대에 있어서는 아들의 복이라는 하나의 시대착오적인 행복관이라고 하지 않을 수 없다.

그뿐만 아니라 단순히 오래 사는 것과 그저 많은 재산을 모으는 것을 복이라고 생각하는 수(壽)와 부(富)의 행복관도 자칫하면 향락주의나 금전만능주의로 전락하고 있는 추세이다.

그에 덧붙여 수(壽). 부(富). 귀(貴). 자(子)가 모두 내 목숨의 복, 내 가족의 복, 내 가문의 복, 내 후손의 복이라는 점에서 복 사상의 바탕에는 개인주의, 가족주의 , 자기중심주의의 일면일 뿐이라는 개념이 있음을 볼 수 있다.

여기에는 '나'라는 자기중심적인 이기주의를 초월하는 '공(共)공(公)의 개념이 열리지 않고 오직 나와 내 가족 중심적이고 타인과 그리고 주변 이웃 그리고 나라와 민족 등 타인과 공공의 이해와 공공의 이익을 무시하고 버리며 오직 '나' 중심적인 이기적인 생각에 몰입되는 사회 병리(病理)현상(現狀)은 결국은 자기 자신까지도 몰락될 수 있는 사회가 될 수 있는 공멸의 위험을 안고 있다.

그러므로 기복(祈福)주의, 축복(祝福)주의는 복(福)을 추구(追求)하고 복(福)을 모든 가치(價値)의 제일(第一)로 하는 것으로 물질(物質)주의, 자기이기(利己)주의, 자기중심적 사고(思考)로 치부(置簿)한다면 인간의 탐욕과 교만의 죄악으로 타락된 모습의 전형(典型)을 이룰 수밖에 없을 것이다.

복(福)의 요소(要素)들 끼리의 연결(連結) 관계성(關係性)은 인간 관계성과 사회 관계성을 훼손하여 자기 자신 뿐만 아니라 공동체(共同體)의 모두가 멸몰(滅沒) 몰락(沒落)하고 파멸(破滅)하며 훼손(毁損)하는 결과를 가져온다는 것은 역사가 이미 많은 증거와 검증을 해온 결실이다. 역사는 거짓이 없다. 역사는 정직하다. 어떤 선도 자기중심적 이기적 가치는 그 가치는 자기 자신을 망치는 가치로 변질 되었다. 우리의 믿음도 신앙도 변질되어 변종 신앙들이, 타락된 믿음과 신앙이 불행한 결과를 가지고 있다. 믿음의 이름으로, 신앙의 이름으로, 하나님의 이름으로, 인하여 죄악이 너무하여 '신은 죽었다', '침묵하시는 하나님', '하나님은 도대체 있기나 하는거야?', '하나님은 무엇하고 계시는거야! ', '결국은 신은 없다' 라는 등 무신론과 범신론과 인본주의 사상과 인문과학이 성행하여 르네상스라는 아름다운 계몽주의 시대의 표현으로 말이 하나님을 부재와 무시와 무지의 시대로 변명되는 시대 역사를 보았다. 물론 이 또한 하나님의 은혜의 역사임에 틀림없다.

교회 성도들이 더 이기적이며 공공 윤리 도덕을 더 지키지 않으며 더 자기중심적, 집단적 이기적이란 비판을 듣게 된다. 교회를 다니게 되는 동기가 가난을 벗어 버리고 물질적 부자가 되기 위해 교회를 다닌 경우가 대부분이다. 그래서 교회에서는 헌금을 복 받기 위해 , 디시 말해 부자 되기 위해 헌금을 하고 헌금을 많이 해야 부자 되는 복을 받는다고 가르친다. 제자 없는 제자훈련, 제자 아닌 제자가 제자 만들기, 탐욕에 고도로 발달한 기교기술목회, 교묘한 분위기와 심리유인적 헌금제도. 성공제일주의적 신앙, 경쟁적 비교신앙, 시기 질투적 경쟁심리 유도 목회 등은 교회와 신앙의 병리 현상으로 일반 세상이 교회를 걱정하는 시대가 될 위험을 안고 있다. 교회에서 탐욕을 가르치고 보고 배우기도 한다. 탐욕의 기도가 얼마나 많은지도 모른다.

헌금을 많이 해야 기도를 들어 주시고, 복을 헌금에 비례해서 받는다고 하기도 한다. 이는 하나님을 성도들이 고용하는 것이며, 헌금 주고 신앙을 사고, 죄도 돈으로 사고, 직분도 돈으로 사는 경우가 되는 것이다. 교회는 복을 파는 수퍼 마켓 이다. 주일에 교회에 복(福) 사러 간다. 내 뜻대로 구하고 내 뜻대로 응답 받는다. 기도에는 능치 못함이 없느니라, 이스라엘의 하나님, 야곱의 하나님, 너의 이름을 이제부터는 이스라엘이라 하라고 해서 하나님과 및 사람과 겨루어 이겼느니라, 천국은 빼앗는 자의 것이다. 라는 말씀에 믿습니다, 아멘 할렐루야, 믿음대로 될 지어다. 라고 하는 데는 모두가 지고 만다. 하나님도 포기하고 만다. 사람도 포기하고 만다. 짜증나서 그냥 그래 될 대로 되라 인가 하는 생각도 든다. 한국 교회의 모습은 그야말로 신비주의 은사주의가 판을 친다. 놀랍다. 바로 바로 치료의 역사가 일어난다. 기적과 이적이, 표적이 일어난다.

병원이 필요 없다. 의사가 필요 없다. 병원에서 병 치료하는 것에는 감사하지 않아도 교회에서 병나면 기적이고 감사가 넘쳐서 집을 팔아서라도 교회에 바쳐야 하고 그런 믿음이 바로 역사와 기적을 이룬다고 한다. 아파서 기도해서 병이 나으면 기도의 능력이라고 한다. 우리 몸은 하나님이 창조하실 때부터 몸 육신에 치유와 치료의 능력을 부어주셨는데, 하나님의 형상을 따라 지으셨는데.... 이 세상에 있는 모든 좋은 것은 무한정으로 주셨는데, 가장 좋은 것은 물, 공기, 햇볕이다. 구원도 공기처럼 주셨다. 아무도 자랑하거나 공로로 여기지 못하게 아무런 댓가도 없게 하기 위해 오직 마음과 입술로 예수 믿으면 구원이다. 누구도 공로로 하지 못하게 하시기 위해 차별이 없고 편애가 없게 하시기 위해 이 세상의 그 어떤 것보다, 공기로 숨을 쉬는 것보다 더 쉽고 간단하게 생각과 마음만으로 구원을 받게 하셨다.

구원 받은 신자는 그리스도를 잉태하고, 예수 그리스도를 임신하여 출산하는 산고를 겪어야 하는 인내의 기쁨을 안고 살아가는 것이다. 예수 그리스도를 출산해야 하는 자들의 신자이다. 성도는 이 땅에서 예수 그리스도가 오실 때까지, 또는 하나님의 나라가 이 땅에서 이루어질 때까지, 또는 이 땅에서 사는 동안까지 예수 그리스도를 출산하는 기쁨의 고통을 살면서 또한 성도는 예수 그리스도를 양육하는 삶이 성도의 삶이 되어야 한다. 이러한 삶의 생활은 그리스도적 성품과 인격이어야 한다. 우리의 믿음은 그리스도적 성품, 하나님의 성품을 닮아가는 과정이며 이를 위한 기도와 말씀으로 훈련되어야 한다. 하나님의 형상과 성품과 인격을 이루기까지, 오직 예수 그리스도의 형상과 인격과 성품을 이루기까지, 장성한 그리스도의 인격과 성품을 이루기까지 그리스도의 출산과 양육의 고난과 기쁨을 맛보며 살아가는 그리스도의 삶의 예배와 전도가 되어야 할 것이다. 예수 그리스도를 임신하지 않고, 예수 그리스도를 출산하지 않고, 예수 그리스도를 양육하지 않는 성도는 진정한 그리스도인이 아닐 것이다. 이는 우리의 믿음은 예수를 출산하고 양육하는 고통 과 기쁨을 함께 하고 있다는 것이다.

9. 한국 교회에서의 모습과 다름 아니다.

'모든 길은 로마로 통한다'에서 이제 교회도 이 세상도 모든 것은 돈으로 통한다.

사랑도 믿음도, 부모도 자녀도, 교회도 신앙도, 부부도 이념도 사상도 철학도 예술도 돈으로 통한다. 교회가 이 명제를 부정하려면 목회자들은 청렴해야 한다. 자녀들 해외 유학을 보내지 말아야 한다. 사례비로만 생활해야 한다.

모든 직장인이 월급 가지고 생활한다. 월급 가지고 교통비하고 자녀 학원비 내고 십일조내고 감사헌금하고 주일헌금 작정헌금 한다. 목회자들은 사례비 외에 사택비, 자녀들 해외유학비, 교육비, 전기, 수도요금, 교통비, 판공비, 접대비, 도서비, 휴가비, 모든 지출을 별도로 교회에서 지급한다. 신자가 못사는 것은 믿음과 기도가 부족해서, 믿음이 없어서 못 산다고 한다. 성도가 교회 다니면서 못 살고, 가난하게 사는 것은 기도가 부족해서 이고, 전도를 하지 않아서 이며, 봉사가 부족하고, 헌금을 많이 내지 않아서라고 한다. 택도 없는 말씀을 너무 많이 한다. 성도를 완전 바보로 안다. 그래도 우리나라 성도들은 순진 무구하다. 너무 순종적이다. 목사가 우상이고, 교회가 우상이다. 예수를 믿기보다 목사와 교회를 믿는다. 그게 그거지 뭐야! 라고 한다.

10. 탐욕이 탐욕을 부른다.

탐욕은 항상 배고프다. 배가 터져도 배고프다. 교만과 탐욕의 본성이다.

위에서의 복에 대한 것들을 읽고 생각할 때 자연 복이란 매우 중요하고 우선 먼저 무엇보다 필요한 것이라는 것을 알 수 있다. 그러므로 누구나 어떤 수단과 방법을 가리지 않고 이를 이루기 위해 어떤 모습이 되어야 한다는 결론에 이르게 된다. 이러한 것들을 추론하면 인간관계와 삶의 모습이 어떻게 되어야 할 것인지 명약관화(明若觀火)하게 된다.

우리의 믿음의 모습은 이런 모습과 비교해 보고 연상해 보자.

예수 그리스도의 모습을 보자. 하나님의 말씀을 적용하고 대비해 보자.

신앙 및 종교가 복을 받는 경쟁적 우월적 능력적 비교 우위에 어느 것인가의 문제인가?

아니면 복을 받는 장소의 제공과 복을 받는 방법의 제공인가, 어떻게 하면 복을 많이 그리고 빨리 신속하고 정확한 복을 받는 장소와 방법에서 어떤 것 즉 어떤 종교를 선택해야 하는 것이 복이라는 목적물의 취득 방법론에 문제인가?

제사(祭祀), 기일(忌日), 생년월일(生年月日), 생일(生日), 백일(百日), 돌, 생시(生時), 결혼(結婚), 이사(移徙), 택일(擇日), 관혼(冠婚), 상제(喪祭) 관상(觀相), 지관(地官), 풍수지리(風水地理), 수맥(水脈), 택지, 묘지, 방향(方向)과 위치(位置), 점(占), 토정비결(土亭秘訣), 사주팔자(四柱八字), 가구, 집기 등 물건을 놓는 위치에서도, 행동(行動)에서도, 습관(習慣)에서도 모두가 복(福)과 연관(聯關) 되어 있는 것이다

우리의 일거수(一擧手) 일투족(一投足)과 모든 언행심사(言行心思)도, 호흡도 복(福)과 관련되고, 생활과 삶과 죽음과 그리고 죽음 이후에까지도 복(福)과 관련이 되어 있다.

4부. 성경의 복(福)이란 무엇인가?

1. 세상(世上)적 복(福)과 다른 것인가? 같은 것인가?

앞 3부에서 세상의 복, 전통적 복, 다른 종교의 복 등에 알아보았다.

그럼 이제 성경에서 복(福)은 어떻게 정의(定義)하고 있는 것이며 성서적 복(福)의 개념(槪念)은 어떻게 정의되고 어떤 개념인지 알아보자.

개혁개정성경을 기준으로 먼저 복(福)이라는 단어가 처음 나오는 데가 어디인가 보자.

창세기 1장 22절 "하나님이 그들에게 복(福)(히:바라크=무릎 꿇다, 송축(頌祝)하다, 찬송(讚頌)하다)을 주시며 이르시되 생육(生育)하고 번성(繁盛)하여 여러 바닷물에 충만(充滿)하라 새들도 땅에 번성(繁盛)하라 하시니라"

이 절에서는 '하나님이 그들에게 복(福)을 주셨다'고 표현하였는데 다시 표현하면 하나님이 그들을 축복(祝福)하셨다는 것이다. 또 다른 표현은 그들은 하나님으로부터 복(福)을 받았다는 것이다. 그러므로 축복(祝福)하다는 말과 복을 받았다는 말은 같은 뜻이다. 받았다는 수동형이며 주셨다는 것은 하나님이 주어가 목적어에게 축복하신 것이다. 주어(主語)가 주어(主語)의 의지(意志)로 목적어(目的語)를 축복(祝福)하신 것이다. 하나님이 그들을 축복(祝福)하신 것이다. 그러므로 그들은 하나님으로부터 복을 받으신 것이다.

그러나 우리말로 축복은 미래를 위한 의미가 포함되어 있어 축복을 언제 받는다는 시기에 문제를 말하지는 않았다. 그러므로 '복을 주었다' 는 표현과 '복을 받았다' 는 표현과 '축복하였 다' 라는 이 세 표현은 각각 좀 다른 뉘앙스를 가지고 있다. '축복한 것' 과 '복을 준 것' 과, '복을 받은 것' 에 대한 시제에 대한 관점을 중요 시 해야 한다. 축복하였지만 그 복을 받을 때까지의 과정 에 많은 변화가 있을 수 있어 그 축복의 효과가 변화되고 변경 될 가능성이 많을 수 있기 때문이다. 그래서 표현 의 정확성을 기해 야 할 것이다. 번역에 대한 중요성이 제기 되 는 대목이다.

축복(祝福)하다는 말은 복(福)을 빌다. 복을 축원(祝願)하다는 뜻이다. 하나님이 그들에게 복을 축원하였다는 것이다. 하나 님께서 그들을 복을 받도록 빌었다는 뜻이다. 이 말은 하나님이 그들의 복을 바랐다는 뜻이지 하나님이 다른 어떤 존재에게 복 을 받거나 주기를 바랐다는 뜻이 아니다. 하나님은 다른 어떤 존재에게도 복을 달라고 빌지 않으시는 분이다. 복을 받기를 다 른 존재에게 부탁할 수 없는 분이시다.

창1:28 "하나님이 그들에게 복(福)을 주시며 하나님이 그들에 게 이르시되 생육하고 번성하여 땅에 충만 하라. 땅을 정복하 라, 바다의 물고기와 하늘의 새와 땅에 움직이는 모든 생물을 다스리라 하시니라"

위의 창1:22과 창1:28에서의 복은 그 대상이 22절은 큰 바다 짐 승과 모든 생물에게 주시는 것인데 28절은 남자와 여자 사람에게 주는 복이 '생육하고 번성하는 복'이다. 창2:3절 "하나님이 그 일 곱째 날을 복되게 하사 거룩하게 하셨으니 이는 하나님이 그 창

조하시며 만드시던 모든 일을 마치 시고 그 날에 안식하셨음이니라
" 이는 안식일을 복되고 거룩한 날로 삼으신 것이다. 이는 하나님께
서 안식하신 날이다. 창5:2 "남자와 여자를 창조하셨고 그들이 창
조되던 날에 하나 님이 그들에게 복을 주시고 그들의 이름을
사람이라 일컬으셨 더라" 이절에서는 창조하신 남자와 여자에게 (
직접) 복을 주셨 다.

 창9:1 "하나님이 노아와 그 아들들에게 복을 주시며 그들에게
이르시되 생육하고 번성하여 땅에 충만하라" 이번에는 노아와
그 아들들에게 복을 주시면서 생육하고 번성하여 땅에 충만하
라고 명령을 내리신다.
지금까지 하나님이 창조하시면서 동시에 생육과 번성과 충만의
복을 땅에 있는 모든 생물들에게 명하셨다. 복을 명하셨다.

 창12:2 "내가 너로 큰 민족을 이루고 네게 복을 주어 네 이름
을 창대하게 하리니 너는 복이 될지라" 앞에서의 복은 일반적
으로 전체적으로 생육과 번성의 복을 주시고 이제는 아브람이
라는 특정된 인물을 지정하여 복을 주신다. 이름을 창대하는 복
을 주시고 아브람 자신이 복이 된다고 하신다.

 창12:3 "너를 축복하는 자에게는 내가 복을 내리고 너를 저주
하는 자에게는 내가 저주하리니 땅의 모든 족속이 너로 말미암
아 복을 얻을 것이라 하신지라" 여기서는 축복이라는 단어가
처음 나오는데 의미로는 '복'과 같은 히브리어 원어 '바라크'
를 사용했다. 복과 축복의 히브리어 '바라크'는 '무릎을 꿇다'
라는 뜻이며, 순종과 복종의 뜻이다. 즉 복은 하나님에 대한 순

종이며 복종이다. 또 다른 의미로는 '(하나님을) 찬양하다', '(하나님을) 송축하다'이다. 3절의 더 정확한 한글 해석은 '너를 복 주는 자에게 복을 주고 너를 저주하는 자에게 저주를 한다'라고 하는 표현이 직설적 표현일 것이다.

'축복'이라는 뜻은 '복을 빌다'라는 뜻이다. 그러니까 '복을 주는 것'과 '복을 비는 것'과는 좀 다르다고 할 수 있다. 하나님은 우리의 복을 빌기보다는 복을 직접 주시는 분이다.

2. 복(福)의 개념과 원어 히브리어 '바라크'의 뜻과 개념

그런데 '복'이라는 표현은 원어에서는 우리가 생각하는 '복(福)'의 개념과는 많은 괴리(乖離)가 있다. 정반대의 개념이다. 복은 세상의 대명사이며 순종은 믿음의 어머니이다. 순종 없는 믿음은 없다. 순종 없는 구원이 없다는 것이다. 순종은 믿음을 낳고 믿음은 구원을 낳기 때문이다. 그런데 어떻게 하나님께 무릎을 꿇는다는 것과 복이라는 것이 같을 수 있는 것인가? 무릎을 꿇는다는 것은 순종과 복종의 의미라는 것은 상식적으로 같은 것이다. 그러므로 우리가 앞장 3장에서 보았듯이 복(福)이라는 개념의 정반대적인 의미가 되는 것이 순종인 바라크이다. 여기서 유추해석을 해서는 안 된다. 그러니까 하나님께 무릎을 꿇으면 즉 순종하면 하나님이 복을 주신다고 하는 해석을 해서는 안된다. 그냥 무릎을 꿇는 것은 순종과 복종을 의미하는 것이므로 다음에 어떻게 된다라고 확정하는 것은 번역이 아니다. 그렇게 될 것이라고 하는 것은 아무도 모른다. 그냥 무릎을 꿇는 것은 무릎을 꿇는 것이고, 복을 받는 것은 복을 받는 것

312

이다. 그리고 언제 어떻게 어느 정도 받느냐는 것과도 전혀 무관하다.

'축복하다'의 영어성경 표현은 'bless'이다. 'bless'의 영어의 의미는 우리식 표현은 '축복하다', '복이 있다', '복을 받는다' 이지만 본래의 영어 어원적 의미는 '피로 정결케 하다'라는 뜻이다. 찬송하다, 칭찬하다, 송축하다, 감사하다, 찬양하다의 의미이기도 하다. 현재의 뜻도 정결케 하다는 뜻이다.

창세기에서도 찬양하다의 히브리어 원어는 '바라크'로 '무릎을 꿇다', '송축하다', '찬양하다'의 '복'과 같은 단어 표현을 사용하고 있다. 영어 'bless'의 어원적 의미는 '피로 정결케 하다', '피로 깨끗케 하다', '피로 죄를 속하다', 즉 '피로 죄사함'을 의미한다. '피로 구원을 받는 것'을 의미한다. 순종함으로 믿음에 이르는 구원을 의미한다.

그리고 하반절에서는 '땅의 모든 족속이 너(아직까지는 아브람)로 말미암아 복을 얻을 것이라'고 하신다. 땅의 모든 족속이 아브람으로 말미암아 복을 얻을 것이라는 것이 복(福)이라는 것이다. 우리는 하나님예수님을 믿으면 복 받는다고 하는 착각을 하게 된다. 그러니까 예수를 믿으면 복을 받는다 라고 전도하는 경우가 많다. 아니 매주 설교 시간에 제일 많이 듣는 소리가 복 받는다는 말이 제일 많다. 무엇 무엇을 하면 복 받는다는 것이다. 복이 아니면 할 말이 없을 정도 이다. 듣는 사람도 복 받는다는 설교를 해야 듣기 좋고 자신들의 믿음의 목적을 이루는 유일한 설교이기에 다른 설교는 졸리고 재미없다. 복은 모든 신앙의 길로 통한다. 모든 믿음의 덕목은 오직 복을 위할 뿐이다. 기독교(基督教)라기 보다는 기복교(祈福敎)에 가깝다. 무당교적인 면이 많다.

구약성경에만 '바라크'라는 단어로 쓰인 횟수가 289회 쓰였다. 창세기에만 62회 사용 되었다.

구약의 중심 단어는 '바라크'이다. '무릎을 꿇다'라는 '순종'이다.

특히 하나님의 창조 기본 이념과 사상은 '바라크'이다.

복(福)이 아니다. 가장 많이 사용된 복(福) 사상(思想)이 아니다.

필자도 과거에 평상시에 '믿음 낳고 복(福) 낳지, 복(福) 낳고 믿음 낳지 않는다'고 자주 말하곤 했다. 그러나 지금은 아니다. 잘못했다.

창14:19 "그가 아브람에게 축복하여 이르되 천지의 주재이시오 지극히 높으신 하나님이여 아브람에게 복을 주옵소서"

멜기세덱이 아브람을 축복하는 장면인데, '축복하다', '복을 주다'라는 영어 표현은 모두 하나로 'bless'라는 동사를 사용하고 있다. 그러나 멜기세덱이 축복한 표현은 'Blessed be Abram by God Most High, Creator of heaven and earth.'이다. 직역하면 지극히 높으신 하나님, 하늘과 땅의 창조자에 의하여 아브람이 복을 받으리라 라는 표현이다. 이 표현 앞에는 멜기세덱이 한 말을 전하는 표현에서는 'and he blessed Abram, saying, 즉 '그리고 그는 아브람을 축복했다는 과거형을 쓰면서 'blessed'로 '복을 주었다' 또는 '축복했다'라고 번역해도 될

314

것이다. 그래서 창세기에서 뿐만 아니라 모든 성경에 나오는 '복(福)'이라는 표현은 거의 영어로는 'bless' 또는 'be blessed' 또는 'blessed'로 표현되었다. 이는 시제(時制)와 동사(動詞)의 태(態)의 변화(變化)로 바뀌어서 사용된 것이다. 그리고 'Blessed'가 문장(文章)의 맨 첫 단어(單語)로 나오는 경우는 도치문(倒置文)의 형태(形態)이다. 주어(主語)의 수식(修飾)구가 길어서 주어(主語)를 뒤에 두고 그 주어를 수식(修飾)하는 관계대명사(關係代名詞)절이 길게 주어를 수식(修飾)하기 위해 주어가 뒤로 간 경우에 'Blessed'로 시작되는 문장이 되는 것이다.

창17:16 "내가 그에게 복(福)을 주어 그가 네게 아들을 낳아주게 하며 내가 그에게 복(福)을 주어 그를 여러 민족의 어머니가 되게 하리니 민족의 여러 왕이 그에게서 나리라"

창세기 17장부터는 아브람의 이름이 아브라함으로 바뀌며, 사래의 이름도 사라로 바뀌는 대목이다. 이 17장을 할례의 언약(言約)장이라고도 할 수 있을 것이다.

"I will bless her and will surely give you a son by her. I will bless her so that she will be the mother of nations; kings of peoples will come from her."

우리는 여기서도 마찬가지로 영어로 'bless'의 영어 개념이 '축복하다'로 생각하고 있다는 것이다. 한국의 영어사전이 모두 그렇게 번역되어 있기 때문에 당연하게 생각하는 것이다. 그런데 이것은 한국 기독교가 들어와서 한 번도 다르게 생각해 본 적이 없기 때문이다. 사전의 일반 국민들이 언제부터 인가 습관

화되고 관념화 된 낱말을 그렇게 알고 사용하기 때문에 사전에
도 그렇게 개념화 되어 버린 것이다. 언어(言語)의 탄생(誕生)
과 발전(發展) 과정(過程)은 그렇게 형성(形成)되고 사용(使
用)되는 것이다.

　그러나 성경의 어원(語源)과 개념(概念)은 그렇지 않다는 것
이다.

복(福)이라고 번역(飜譯)된 역사(歷史)가 몇 백 년이 되어서
보통 명사화 된 것이다. 더욱이 중국에서부터 일반적인 개인 중
심 이기적 개념이 화석화 된지 오래 된 것을 그대로 답습(踏
襲)해서 습관화(習慣化)되고 생활화(生活化)되어 그렇구나 하
고 사용하고 있는 개념(概念)이 되어 버린 것이다. 게다가 일
본도 우리의 이런 복에 대한 개념을 같이하고 있다. 일본도 중
국과 우리나라처럼 한자를 사용하는 한자 문화권이면서 불교를
특히 숭상하고 있는 나라이기에 더욱 그렇다.

　분명 영어의 'bless'는 '피로 정결(淨潔)케 하다', '피로 속죄
(贖罪) 하다', '피로 죄를 사(赦)하다', '피로 깨끗케 하다',
'하나님을 송축(頌祝)하다', '피로 정결(淨潔)케 되어 감사(感
謝)하다', '(하나님을)칭찬(稱讚)하다', '(하나님을)찬양(讚揚)
하다'라는 의미(意味)와 개념(概念)이다.

　히브리어 원어(原語)도 '바라크'라는 의미(意味)가 '(여호와
하나님께)무릎을 꿇다'이다. 무릎을 꿇는 것은 순종이고 복종이
며 하나님을 높이는 것이요, 나를 낮추는 것이며, 하나님을 찬
양하는 것이며 경외하는 것이다. 결론적으로는 순종할 때 '구원
하다'이다. 믿음은 순종에서 오며, 믿음은 구원을 낳는다.

3. 왜 무릎을 꿇는 것일까?

무릎을 꿇는 것은 무슨 의미일까? 누가 누구에게 왜 무릎을 꿇는 것일까?

생각해 볼 필요가 있다. 이는 매우 중요한 의미와 뜻을 안고 있다.

이는 성경의 기본(基本) 사상(思想)이며 가장 중요한 기본 개념(槪念)이며 중심 사상(思想)이다.

그런데 시대를 거쳐 오면서 변질(變質)되고 왜곡(歪曲)되기 시작했다. 언제부터인가?

창17:20 "이스마엘에 대하여는 네 말을 들었나니 내가 그에게 복(福)을 주어 그를 매우 크게 생육하고 번성하게 할지라 그가 열두 두령을 낳으리니 내가 그를 큰 나라가 되게 하려니와"

사라의 여종이던 하갈에게서 난 아들 이스마엘에게도 아브라함의 아들이기에 여호와 하나님께서 복(福)을 주시겠다고 약속하신다. 아브라함으로 인(因)하여 '복(福)'(무릎을 꿇게 하는 것＝순종, 복종＝믿음)을 주실 것을 언약(言約)하신 것이다. 그런데 이 '복(福)'이라고 하는 것은 조건이 붙어 있다. 무조건적인 것이 아니다. 순종(언약)(말씀＝성경, 율법, 순종, 믿음)을 지킬 때 주어지는 것이다.

순종할 때이다. 그 순종이 바로 '바라크'이다. 복이라는 말 그 자체가 순종이라는 말이다. '복(福)'은 '복(福)'이 아니고 '순종'이라는 뜻이다. '순종'할 때 '복'이 주어진다는 것이 아니다. 복은 세상적인 것이다. 바라크의 열매는 믿음이요 구원이다. 바라크는 믿음을 낳고 믿음은 구원을 낳는다. 그냥 그대로 해석하면 "그에게 복을 주어"를 "그에게 바라크(순종)을 주어"라고 해석하면 된다. 바라크는 죄를 정결케 하며, 바라크(복)은 죄를 사하여 주는 것이다. 바라크(복)는 죄를 용서하여 주고 사하여 주어서 구원하여 주는 것이다. 바라크는 믿음을 주는 것이며 영생을 주는 것이다. 아니 복이 아니라 순종 그 자체인 것이다. 구약성경 전체에서 '복'을 모두 '순종'으로 표기해야 한다. 복(福)이 들어가는 단어는 모두 다른 직접적인 의미로 바꾸어야 한다. 신약에서의 복은 마카리오스이다. 이는 구원의 기쁨이다. 최고의 기쁨의 구원이다. 신약에서도 복이라는 단어는 모두 마카리오스로 바꾸어야 한다. 즉 구원의 기쁨으로 바꾸어야 한다.

4. 이 언약은 편무계약이다.

 계약, 약속인데 일방적 약속이다. 하나님의 일방적 약속이다. 서로 이행할 쌍방 약속, 양방 계약이 아니다. 아버지가 아들에게 일방적으로 무엇을 해주겠다고 한 약속이다. 아버지가 아들의 형편과 상관없이 하나님 스스로 알아서 일방적으로 해 주시겠다고 아들에게 통보한 약속이다. 아버지 만의 의무이지 아들에게는 아무 의무가 없다. 아들은 아버지의 약속으로 인하여 기쁨과 자유와 평강이 있을 뿐이다. 언약을 지킬 의무는 아버지만 있기에 스트레스는 아버지만 안고 계신 것이다. 아버지를 믿는 아들은 아버지가 꼭 그렇게 하시리라 믿고 있는 것이다. 아들에 게는 기다림만 있을 뿐이다. 애초부터 아브람은 우상의 집안에 서 태어나서 자랐다. 아브람이 먼저 하나님을 알고 찾지 않았다. 하나님의 일방적인 은혜의 역사하심일 뿐이다.

16절에 있습니다. "이르시되 여호와께서 이르시기를 내가 나를 가리켜 맹세하노니"라고 한 것이다.. 즉 "이르시되"는 여호와의 사자(使者)가 전하면서 한 말이며, "여호와께서 이르시되"하면서 여호와 하나님께서 하나님 자신 스스로에게 맹세하신 말씀을 여호와의 사자가 전하는 말씀은 "내가 나를 가리켜 맹세하노니"라고 여호와 하나님이 하나님 자신 스스로에게 하신 말씀을 간접 화법으로 전하고 있다.

여호와 하나님께서 자기 자신을 가리켜 여호와 하나님이 "맹세하노니"라고 하신 것이다. 여호와 하나님이 스스로 일방적으로 아브라함에게 사자(使者＝천사(天使)가 하나님께서 스스로 말씀하신 것을 아브라함에게 전하여 언약하셨다는 것이다. 아브라함이 기도한 것에 응답한 것도 아닙니다. 일방적으로 어느 날 갑자기 아브라함에게 역사(役事)하신 것이다. 하나님의 무조건(無條件)적인 일방적(一方的) 전적(全的)인 은혜(恩惠)의 언약(言約)이다. 영어 표현은 "and said, "I swear by myself(내가 내 스스로에게 맹세하노니)"라고 했다. 왜냐면 "네가 이같이 행하여 네 아들 네 독자도 아끼지 아니하였은즉(because you have done this and have not whithheld your son, your only son)이라고 이유를 말씀한다.

창22:17~18 "내가 네게 큰 복(福)을 주고(내가 네게 무릎을 꿇게 하고) 네 씨가 크게 번성하여 하늘의 별과 같고 바닷가의 모래와 같게 하리니 네 씨가 그 대적의 성문을 차지하리라, 또 네 씨로 말미암아 천하 만민이 복을 받으리니(네 씨로 말미암아 천하 만민이 여호와 하나님께 무릎을 꿇으리니) 이는 네가 나의 말을 준행하였음이니라 하셨다 하니라"

위의 두 17~18절의 핵심 말씀은 18절 끝 부분의 '말을 준행'이라는 것이다. 이는 하나님의 말씀을 준행하는 것이다. '바라크'가 말씀의 준행, 순종이다.

복(바라크)(福)이 복(福)이 아니라 '준행'이다. '순종'이다. '복종'이다.

"천하 만민이 바라크를 받으리니"에서 복을 받는다는 것이 아니다. '천하만민이 무릎을 꿇으리니'라고 하거나, '천하만민이 순종을 하리니', 또는 '천하만민이 구원(믿음)을 받으리니'라고 해석해야 한다.

18절을 영어성경으로 보면 "and through your offspring all nations on earth will be blessed, because you have obeyed me."

'너의 조상을 통하여(through your offspring) 모든 나라들이 (all nations) 땅에 있는(on earth) 복을 받을 것이다(will be blessed) 왜냐하면(because) 네가 나에게 복종하였기 때문이다 (you have obeyed me) 복종하였다를 현재완료형으로 'have obeyed'라고 했다. 부사절은 현재완료형이고 주절은 미래수동형이다. 여기서 '나에게'(me)는 누구입니까?

'여호와 하나님'입니다.

창24:1 "아브라함이 나이가 많아 늙었고 여호와께서 그에게 범사에 복을 주셨더라"

이 구절도 '여호와께서 아브라함을 범사에 무릎을 꿇게 하셨더

라'라고 번역하거나 '여호와께서 아브라함을 범사에 순종하게
하셨더라'라고 하거나 '여호와께서 아브라함을 범사에 복종케
하셨더라'라고 번역하는 것이 원어에 가깝게 번역하는 것이다.
세상의 복(福)과는 전혀 상관 없다.

"Abraham was now very old , and the Lord had blessed
him in every way."

여기서는 'had blessed'로 과거완료형을 사용하였다. 이미 과거
에 늙기 전에 복을 주셨다(축복하셨다) = 과거에 이미 늙기 전
에 무릎을 꿇게 하셨다라는 뜻이다.

창24:31 "라반이 이르되 여호와께 복을 받은 자여 들어오소서
어찌 밖에 서 있나이까 내가 방과 낙타의 처소를 준비하였나이
다"

사라의 친정 오라버니 라반이 아브라함의 종을 부르기를 '여호
와께 복을 받은 자여"라고 부른다. 사실 사라의 친정은 이방 메
소보다미아 나홀성(바벨론 이라크) 백성이다. 사라도 믿음이 없
었다. 그의 친정도 믿음이 없는 집안이다. 그런데 어떻게 알았
는지 "여호와께 복을 받은 자"라고 알고 있었다. 이는 이렇게
번역을 해야 할 것이다. '여호와께 무릎을 꿇은 자여'라고 하거
나 '여호와께 순종하는 자여'라고 하는 것이 직역이다. 다시 이
는 '하나님을 믿는 자여'라고 하여야 할 것이다. '하나님께 순
종하는 자여'라든지, '하나님의 구원을 받은 자여'라든지 번역
해야 할 것이다.

창23:1 "사라가 백이십칠 세를 살았으니 이것이 사라가 누린
햇수라"

90세에 이삭을 낳았으니 사라가 죽었을 때에 이삭은 37살이었다. 그런데 아직 결혼을 하지 않았을 때에다. 그런데 어머니가 돌아가신 다음에 아버지 아브라함이 이삭을 장가 보내려고 한 것이다.

창22:19 "이에 아브라함이 그의 종들에게로 돌아가서 함께 떠나 브엘세바에 이르러 거기 거주하였더라"

"Then Abraham returned to his servants, and they set off together for Beersheba. And Abraham stayed in Beersheba.

문맥상으로는 'Then' '이에'는 '이삭을 제물로 바치려고 했던 일이 있은 후'의 의미로 봐서 그 후 바로 아브라함은 종들과 함께 헤브론을 떠나 브엘세바(남쪽 네게브 사막 지방)으로 내려와서 살았던 것이다. 사라는 아브라함이 종들을 데리고 헤브론을 떠나므로 홀로 헤브론에서 살았으며 결국은 별거 중에 사라가 헤브론에서 죽은 것이다. 헤브론은 준비해 두었던 장사지 막벨라 묘지와 가까운 곳이다.

그리고 또한 이삭은 브엘라해로이에서 혼자 살았던 것이다.(브엘라해로이는 하갈이 이스마엘을 낳을 것이라고 여호와의 사자로부터 계시를 들은 곳이기도 하다)

창24:62 "그 때에 이삭이 브엘라해로이에서 왔으니 그가 네게브 지역에 거주하였음이라" 브엘라해로이는 네게브 지방인데 맨 남쪽에 있다.

이것으로 미루어 보아 사라가 죽을 당시 그리고 그 후 이삭이 리브가를 맞이할 때는 아브라함, 그리고 사라, 이삭 모두 각각 떨어져 살았다고 여겨진다.

지리적으로는 맨 남쪽 브엘라해로이, 그리고 사해 끝부분의 왼쪽에 아브라함이 브엘세바에 살았고 사라는 본래 살고 있었던 사해 중간 부분쯤 되는 왼쪽의 헤브론에 살았다. 이 세 사람은 왜 각각 떨어져 살았을까?

아브라함은 브엘세바에서 거주하였다. 브엘세바는 남쪽에 있는 네게브지방이며 예루살렘과의 중간 쯤 되는 곳이다. 그리고 이삭은 어머니와 함께

이삭을 제물로 받칠 때 함께 살았던 헤브론에 남아서 어머니와 함께 살고 있었고 아버지 아브라함과는 떨어져 어머니 사라와 함께 살고 있었다.

창23:2 사라는 가나안 땅 헤브론 곧 기럇아르바에서 죽었다.
이는 아브라함과 아내 사라와 떨어져 살았다는 것이며 떨어져 살고 있을 때 사라가 남편이 없는 곳에서 죽었다는 것이다.

창24:35 "여호와께서 나의 주인에게 크게 복(福)을 주시어 창성하게 하시되 소와 양과 은금과 종들과 낙타와 나귀를 그에게 주셨고"
"여호와께서 나의 주인에게 크게 복을 주시어"에서 복을 '바라크'라고 히브리어로 쓰였다. 이는 '순종을 주시어'라든지 '무릎을 꿇게 하시어'라고 하거나, '믿음을 주시어', 또는 '구원을 주시어'라고 번역하여야 하며, '크게'는 히브리어 '메오드'이다. 이 뜻은 '열렬함'이다. 즉 '열렬하게' 또는 함축적인 뜻으로는 '전적으로, 급속히, 최고로'의 뜻이다. 그러므로 '전적으로

순종하게 하시어'라고 번역하는 것이 좋다.

창24:60 "리브가에게 축복(祝福)하여 이르되 우리 누이여 너는 천만일의 어머니가 될지어다 네 씨로 그 원수의 성 문을 얻게 할지어다"
여기서도 "리브가에게 축복하여 '에서 ' 축복하여 '를 히브리어는 '바라크 '이다. 그러므로 ' 리브가(를)에게 하나님께 무릎 꿇게 하여 '라고 번역해야 한다.
또는 '리브가에게 하나님께 경배하게 하여' 라고 번역해야 한다.

창25:11 "아브라함이 죽은 후에 하나님이 그이 아들 이삭에게 복(福)을 주셨고 이삭은 브엘라해로이 근처에 거주하였더라"
브엘라해로이는 남방 지역 리브가와 결혼하지 전부터 아브라함과 그리고 사라가 거주하던 곳과는 다른 곳에 거주하던 곳이다. "하나님이 이삭에게 복을 주셨고"에서 여기도 '복'을 히브리어 '바라크'라고 했다. 그러므로 '하나님이 이삭에게 순종하게 하셨고', 또는 '하나님이 이삭에게 무릎을 꿇게 하시고'라고 하든지, 또는 '하나님이 이삭에게 경배케 하시고'라고 번역해야 한다. 하나님이 이삭에게 경배하게 하셨다는 것은 구원하셨다는 것이며, 자녀 삼으셨다는 것이며, 믿음을 은혜로 주셨다는 것이다.

창26:4 "네 자손을 하늘의 별과 같이 번성하게 하며 이 모든 땅을 네 자손에게 주리니 네 자손으로 말미암아 천하 만민이 복(福)을 받으리라"

"네 자손으로 말미암아 천하 만민이 복을 받으리라"에서의 '복'도 히브리어 '바라크'이다. '네 자손으로 말미암아 천하 만민이 순종하게 되리라', '네 자손으로 말미암아 천하 만민이 무릎을 꿇게 되리라', 또는 '네 자손으로 말미암아 천하 만민이 구원을 받으리라'라고 번역해야 한다. 또는 '천하 만민이 경배하게 되리라'라고 번역해야 한다.

창26:12 "이삭이 그 땅에서 농사하여 그 해에 백 배나 얻었고 여호와께서 복(福)을 주시므로"

창26:24 "그 밤에 여호와께서 그에게 나타나 이르시되 나는 네 아버지 아브라함의 하나님이니 두려워하지 말라 내 종 아브라함을 위하여 내가 너와 함께 있어 네게 복(福)을 주어 네 자손이 번성하게 하리라 하신지라"

창26:29 "너는 우리를 해하지 말라 이는 우리가 너를 범하지 아니하고 선한 일만 네게 행하여 네가 평안히 가게 하였음이니라 이제 너는 여호와께 복(福)을 받은 자니라"

창27:4 "내가 즐기는 별미를 만들어 내게로 가져와서 먹게 하여 내가 죽기 전에 내 마음껏 네게 축복(祝福)하게 하라"

창27:7 "나를 위하여 사냥하여 가져다가 별미를 만들어 내가 먹게 하여 죽기 전에 여호와 앞에서 네게 축복(祝福)하게 하라 하셨으니"

창27:10 "네가 그것을 네 아버지께 가져다 드려서 그가 죽기 전에 네게 축복(祝福)하기 위하여 잡수시게 하라"

창27:12 "아버지께서 나를 만지실진대 내가 아버지의 눈에 속이는 자로 보일지라 복(福)은 고사하고 저주를 받을까 하나이다"

창27:19 "야곱아 아버지에게 대답하되 나는 아버지의 맏아들 에서로소이다 아버지께서 내게 명하신 대로 내가 하였사오니 원하건대 일어나 앉아서 내가 사냥한 고리를 잡수시고 아버지 마음껏 축복(祝福)하소서"

창27:23 "그이 손이 형 에서의 손과 같이 털이 있으므로 분별하지 못하고 축복(祝福)하였더라"

창27:25 "이삭이 이르되 내게로 가져오라 내 아들이 사냥한 고기를 먹고 내 마음껏 네게 축복(祝福)하리라 야곱이 그에게로 가져가매 그가 먹고 또 포도주를 가져가매 그가 마시고"

창27:27 "그가 가까이 가서 그에게 입맞추니 아버지가 그의 옷의 향취를 맡고 그에게 축복(祝福)하여 이르되 내 아들의 향취는 여호와께서 복(福) 주신 밭의 향취로다"

창27:29 "만민이 너를 섬기고 열국이 네게 굴복하리니 네가 형제들의 주가 되고 네 어머니의 아들들이 네게 굴복하며 너를 저주하는 자는 저주를 받고 너를 축복(祝福)하는 자는 복(福)을 받기를 원하노라"

창27:30~31 "이삭이 야곱에게 축복(祝福)하기를 마치매 야곱이 그의 아버지 이삭 앞에서 나가자 곧 그이 형 에서가 사냥하여 돌아온지라, 그가 별미를 만들어 아버지에게로 가지고 가서 이르되 아버지여 일어나서 아들이 사냥한 고리를 잡수시고 마음껏 내게 축복(祝福)하소서"

창27:33 "이삭이 심히 크게 떨며 이르되 그러면 사냥한 고기를 내게 가져온 자가 누구냐 네가 오기 전에 내가 다 먹고 그를 위하여 축복(祝福)하였은즉 그가 반드시 복(福)을 받을 것이니라"

창27:34 "에서가 그의 아버지의 말을 듣고 소리 내어 울며 아버지에게 이르되 내 아버지여 내게 축복(祝福)하소서 내게도 그리하소서"

창27:35~36 "이삭이 이르되 네 아우가 와서 속여 네 복(福)을 빼앗았도다,

에서가 이르되 그의 이름을 야곱이라 함이 합당하지 아니하니이까 그가 나를 속임이 이것이 두 번째니이다 전에는 나의 장자의 명분을 빼앗고 이제는 내 복(福)을 빼앗았나이다 또 이르되 아버지께서 나를 위하여 빌 복(福)을 남기지 아니하셨나이다."

창27:38 "에서가 아버지에게 이르되 내 아버지여 아버지가 빌 복(福)이 하나 뿐이리이까 내 아버지여 내게 축복(祝福)하소서 내게도 그리하소서 하고 소리를 높여 우니"

창27:41 "그의 아버지가 야곱에게 축복(祝福)한 그 축복(祝福)으로 말미암아 에서가 야곱을 미워하여 심중에 이르기를 아버지를 곡할 때가 가까웠은즉 내가 내 아우 야곱을 죽이리라 하였더니"

창28:1 "이삭이 야곱을 불러 그에게 축복(祝福)하고 또 당부하여 이르되 너는 가나안 사람의 딸들 중에서 아내를 맞이하지 말고"

창28:3~4 "전능하신 하나님이 네게 복(福)을 주시어 네가 생육하고 번성하게 하여 네가 여러 족속을 이루게 하시고, 아브라함에게 허락하신 복(福)을 네게 주시되 너와 너와 함께 네 자손에게도 주사 하나님이 아브라함에게 주신 땅 곧 네가 거류하는 땅을 네가 차지하게 하시기를 원하노라"

창28:6 "에서가 본즉 이삭이 야곱에게 축복(祝福)하고 그를 밧단아람으로 보내어 거기서 아내를 맞이하게 하였고 또 그에게 축복(祝福)하고 명하기를 너는 가나안 사람의 딸들 중에서 아내를 맞이하지 말라 하였고"

창28:14 "네 자손이 땅의 티끌 같이 되어 네가 서쪽과 동쪽과 북쪽과 남쪽으로 퍼져 나갈 지며 땅의 모든 족속이 너와 네 자손으로 말미암아 복(福)을 받으리라"

창30:11 "레아가 이르되 복(福)되도다 하고 그의 이름을 갓이라 하였으며"

창30:27 "라반이 그에게 이르되 여호와께서 너로 말미암아 내게 복(福) 주신 줄을 내가 깨달았노니 네가 나를 사랑스럽게 여기거든 그대로 있으라"

창30:30 "내가 오기 전에는 외삼촌의 소유가 적더니 번성하여 떼를 이루었으니 내 발이 이르는 곳마다 여호와께서 외삼촌에게 복을 주셨나이다 그러나 나는 언제나 내 집을 세우리이까"

창31:55 "라반이 아침에 일찍이 일어나 손자들과 딸들에게 입맞추며 그들에게 축복(祝福)하고 떠나 고향으로 돌아갔더라"

창32:26 "그가 이르되 날이 새려하니 나로 가게 하라 야곱이 이르되 당신이 내게 축복(祝福)하지 아니하면 가게 하지 아니하겠나이다."

창32:29 "야곱이 청하여 이르되 당신의 이름을 알려주소서 그 사람이 이르되 어찌하여 내 이름을 묻느냐 하고 거기서 야곱에게 축복(祝福)한지라"

창35:9 "야곱이 밧단아람에서 돌아오매 하나님이 다시 야곱에게 나타나사 그에게 복을 주시고"

창39:5 "그가 요셉에게 자기의 집과 그의 모든 소유물을 주관하게 한 때부터 여호와께서 요셉을 위하여 그 애굽 사람의 집에 복(福)을 내리시므로 여호와의 복(福)이 그의 집과 밭에 있는 모든 소유에 미친지라"

창47:7 "요셉이 자기 아버지 야곱을 인도하여 바로 앞에 서게 하니 야곱이 바로에게 축복(祝福)하매"창47:10 "야곱이 바로에게 축복(祝福)하고 그 앞에서 나오니라"

창48:3 "요셉에게 이르되 이전에 가나안 땅 루스에서 전능하신 하나님이 내게 나타나사 복(福)을 주시며"

창48:9 "요셉이 그의 아버지에게 아뢰되 이는 하나님이 여기서 내게 주신 아들들이니이다 아버지가 이르되 그들을 데리고 내 앞으로 나아오라 내가 그들에게 축복하리라"

창48:15 "그가 요셉을 위하여 축복(祝福)하여 이르되 내 조부 아브라함과 아버지 이삭이 섬기던 하나님, 나의 출생으로부터 지금까지 나를 기르신 하나님"

창48:16 "나를 모든 환난에서 건지신 여호와의 사자께서 이 아이들에게 복(福)을 주시오며 이들로 내 이름과 내 조상 아브라함과 이삭의 이름으로 칭하게 하시오며 이들이 세상에서 번식

되게 하시기를 원하나이다."

창48:20 "그 날에 그들에게 축복(祝福)하여 이르되 이스라엘이 너로 말미암아 축복(祝福)하기를 하나님이 네게 에브라임 같고 므낫세 같게 하시리라 하며 에브라임을 므낫세보다 앞세웠더라"

위의 '복'이나 '축복'은 모두 히브리어 '바라크'이다. 그러므로 앞에서 언급한대로 '(하나님께)무릎을 꿇다', '(하나님께)순종하다', '하나님(을)께 경배하다', '하나님이 구원하시다', '하나님을 송축하다', '하나님을 찬양하다' 등의 의미로 해석하는 것이 하나님의 뜻대로 번역하는 개념인 것이다. 개념의 지나친 비약적인 번역을 해서는 안 된다. (순종의)결과로 나올 수 있는 일부를 결과의 원인으로 대체하는 번역해서는 안 된다. 주객이 전도된 번역이다. 원인과 결과가 뒤바뀐 번역이다. 아니다, 복이 결과도 되지 못 한다. 오히려 반대이다. 무릎을 꿇는 것은 고통이 따른다. 믿음은 고통의 과정을 겪는다. 순종은 시험과 시련과 고난과 유혹이 없이는 오지 못한다. 성경에서 시험, 연단, 시련, 고난, 유혹의 영어 단어는 test, trial, temptation을 서로 통용하여 사용하고 있다. 같은 의미이기 때문이다. 시험이나 연단, 고난 유혹이 없이 믿음이 주어지는 것이 아니다. 처음에는 특히 사탄 마귀의 시험이 따르기 마련이다. 순종은 포기하고 버려야 할 것을 요구한다. 목숨도 버려야 하는 것이 순종이며 바라크이다. 아브라함의 순종의 믿음이 독자 이삭을 포기하는 시험과 연단을 거치는 과정이었다. 차라리 내 목숨이 낫다. 아들을 버리는 것보다 자신의 목숨을 버리는 것이 오히려 낫다. 예수 그리스도의 순종은 참혹한 시험과 고난과 인내의 과정을 보여 주신 것이다. 순종이 믿음이다, 순종이 구원이다. '바라크'이다.

5. 복(福)이 다섯 개/ 오복(五福)

창49:25 "네 아버지의 하나님께로 말미암나니 그가 너를 도우실 것이요 전능자로 말미암나니 그가 네게 복(福)을 주실 것이라 위로 하늘의 복(福)과 아래로 깊은 샘의 복(福)과 젖먹이는 복(福)과 태의 복(福)이리로다"

창49:26 "네 아버지의 축복(祝福)이 내 선조의 축복(祝福)보다 나아서 영원한 산이 한 없음 같이 이 축복(祝福)이 요셉의 머리로 돌아오며 그 형제 중 뛰어난 자의 정수리로 돌아오리로다"

창49:28 "이들은 이스라엘의 열두 지파라 이와 같이 그들의 아버지가 그들에게 말하고 그들에게 축복(祝福)하였으니 곧 그들 각 사람의 분량대로 축복(祝福)하였더라"

창세기에서는 복과 축복이라는 단어를 합하여 총 82회가 나오며 이 중에서 복(福)이라는 단어(單語)는 47회 그리고 축복(祝福)이라는 단어는 35회가 나온다. 특히 창세기 49장 25절 한 절에서만

복이 5회 나오며 창세기 49장 26절에는 축복이 3회 나온다. 그야말로 창세기는 복의 책이다. 성경 전체를 통 털어서 압도적으로 많이 복(福)이라는 단어가 나온다.

창세기에서 복이라는 히브리어는 '바라크'인데 이 '바라크'로

나오는 데는 62회가 나온다. 이 '바라크'라는 히브리어의 뜻은 '무릎 꿇다, 함축적인 뜻으로 하나님을 '송축하다', '하나님을 찬양하다'라는 뜻이다. 더하여 '축복하다', '축하하다'는 뜻이다.

창세기는 '바라크'의 책이다. '순종'의 책이다.

6. '베라카'도 순종이다. '바라크'의 동의어

창12:2~3 "내가 너로 큰 민족을 이루고 네게 (순종)복(福)(바라크)을 주어 네 이름을 창대하게 하리니 너는 **복(福)(베라카)**이 될지라, 너를 축복(祝福)(바라크)(순종)하는 자에게는 내가 (순종)복(福)(바라크)을 내리고 너를 저주하는 자에게는 내가 저주하리니 땅의 모든 족속이 너로 말미암아 순종)복(福)(바라크)을 얻을 것이라 하신지라"

'베라카'는 어원이 바라크에서 나왔다. 같은 어원인 바라크이다. 베리카는 바라크 순종의 동의어이다. 순종인 바라크에서 연유된 하나님의 은혜로운 구원의 믿음이다. '바라크를 주어 베라카가 될지라'라고 하는 말씀은 순종을 주어 순종 그 자체가 될지라 라고 명하시고 있다. 하나님의 뜻과 말씀은 이 세상의 보이는 것들을 규정하지 않으신다. 보이지 아니한 마음과 심령을 말씀하고 계신다. 하나님은 영이시다. 하나님은 우리에게 영혼의 안락, 평안과 화평, 자유와 기쁨을 주시는 분이시다.

2절의 앞에 나오는 '복'은 "바라크'(순종)이며 두 번째 나오는 '복'은 '베라카'이다. 바라크(＝순종)의 원인으로 베라카(순종의 은혜, 구원)의 결과로 된다는 것이다. 바라크하게 하시므로 ' 베라카 ' 되는 은혜를 주신다. 무릎을 꿇게 하시어 무릎을 꿇는 은혜의 역사가 있게 되는 것이다. 그러므로 바라크하게 하셔서 베라카가 되는 것이다. ' 바라크 '와 ' 베라카 '는 비슷한 뜻이다. 우리가 같은 말을 반복하는 것보다 비슷한 말을 같은 의미로 반복하는 것이 좋은 표현 방법인 것과 같은 맥락도 있다. 첫 번째 '바라크'는 '무릎을 꿇다'의 순종의 뜻이고 두 번째의 '베라카'는 앞의 '바라크'의 결과로 '베라카'가 되는 것이다. 즉 '베라카'는 '바라크'의 어원과 같은 의미이지만 '바라크'의 결과로 오는 은혜의 열매인 구원과 믿음이 되는 것이다. 하나님께 순종하면 그 결과로 순종하는 순종의 열매가 되고 순종의 씨가 되는 것이다. 물질이나 재물을 주신다는 뜻이 아니다. '바라크'하여 그 '바라크'의 은혜가 풍성하게 '베라카'로 주신다는 것이다. 그러므로 '베라카'는 순종인 '바라크'로 인하여 한없는 은혜의 '베라카'인 순종의 은혜를 무성하고 풍성하게 쌓을 곳이 없을 정도의 놀라운 용서 관용의 은혜를 부어 주신다는 것이다. 하나님은 세상 것들을 구하는 금송아지를 우상으로 주시지 않으신다.

구약도 신약도, 하나님도 예수님도 모두 순종과 믿음 구원을 우리에게 말씀하고 계신다. 조금도 다름이 없다. 완전한 일치를 이루고 있다. 순종으로부터 오는 믿음이 구원의 기쁨과 자유, 화평과 평강으로 인도하는 결과인 것이다. 여기에 세상적인 복은 하나님과 예수 그리스도의 안중에도 없다. 죄와 사망으로부터 자유하는 기쁨 즉 신약에서의 마태복음 5장의 산상수훈의 헬라어 '마카리오스'이다. 세상적인 복이 전혀 아니다. 성경에서 '복(福)'이라는 글자는 사라져야 한다. 세상적인 복과 번성은 하나님의 뜻이 아니다. 하나님의 의가 아니다. 순종하며 믿음과 구원의 기쁨과 자유와 화평과 평강이 오는 것이지, 어떻게 세상적인 것들인 복, 물질, 번성, 부동산, 돈, 권세, 이런 것들을 주시는 하나님으로만 만드는 것인가? 이는 일만 악의 뿌리인 돈을 경쟁적으로 사랑하고 구하는 믿음으로 전락시키는 결과를 낳게 되는 것이다. 세상적인 물질과 재물은 잠간의 성취감은 있겠지만 잠시 후 바로 죄와 벌의 잉태일 뿐이다. 하나님께 대한 순종은 그 자체가 구원이며 믿음인 것이다. 구약이 순종의 피 언약이라면 신약은 구원(용서)의 피 언약이다. 그러나 신약도 순종의 피 언약인 구원(용서), 믿음의 언약인 것이다. 예수 그리스도의 예표의 어린 양과 예수 그리스도 십자가의 피의 부활 언약인 것이다. 이는 구약 및 신약이 모두 부활과 재림, 살아나심과 다시 오심의 부활과 재림의 믿음인 것이다. 구약과 신약 모두 이 세상의 부귀영화, 명예권세, 무병장수, 자손번성, 만사형통 등을 이루는 도구가 아니라는 것이다. 성경에서 그런 번역과 해석은 사라져야 한다. 번역의 대혁신이 있어야 한다. 성경 번역이 바뀌면 신학도 혁신이 있을 것이다.

이는 해석의 변화도 따르게 될 것이다.

'베라카'의 어원으로 구약에서의 사용은 모두 63회 사용되었다. 창세기에서만 12회 사용되었다. 출애굽기와 레위기에 각각 1회, 신명기에 12회, 여호수아 2회, 사사기 1회, 사무엘상 2회, 사무엘하 1, 열왕기하 2, 느헤미야 2, 욥 1, 시편 9, 잠언 8, 이사야 3, 에스겔 2, 요엘 1,스가랴 1, 말라기 2회 이다.

말라기3:10절에서 십일조에 대한 '복'은 '베라카'이다. 이 '베라카'의 어원도 '바라크'이며, '베라카'의 의미는 바로 바라크의 순종의 열매이며 순종의 결실이다. 바라크가 동사이며, 베라카는 명사이다.

십일조

"만군의 여호와가 이르노라 너희의 온전한 십일조를 창고에 들여 나의 집에 양식이 있게 하고 그것으로 나를 시험하여 내가 하늘 문을 열고 너희에게 복을 쌓을 곳이 없도록 붓지 아니 하나 보라"

הביאו את כל המעשר אל בית האוצר ויהי טרף בביתי ובחנוני נא בזא ת אמר יהוה צבאות אם לא אפתח לכם את ארבות השמים והריקתי לכם ברכה עד בלי די:

여기에서 하나님이 '하나님의 창고에 십일조를 들여(창고에 넣어서)(드리다(바치다)는 뜻이 아니다) 나의 집(하나님의 집)에 양식이 있게 하고'에서 하나님의 창고에 양식이 없겠는가? 하나님께서 우리에게 물질을 요구하시는 하나님이신가? 나의 집을 교회로 생각하고 그렇게 해석하시는 분이 있을 것이다. 그래서 교회에 십일조 헌금을 하라는 해석일 것이다. 그러나 여기서의 베라카의 복(福)은 복(福)이 아니라 '순종'를 의미한다. '너희를 순종하게 하지 아니하나 보라',는 '순종하라'는 말씀이다. 십일조의 십분의 일은 열 번째까지(마지막) 모두 전부를 의미 한다. 처음 하나부터 열 번째까지 각각 모두를 충분히 온전하게 순종하라는 의미이다. '온전한'의 히브리어는 '콜'이다. '콜'이라는 의미는 전체 복수를 나타낸다. '각각 모두 전부 완전하게'의 의미이다. 십이라는 숫자는 순환을 의미한다. 끝이 없음을 의미한다. 계속해서의 의미이다. 창세기의 열 가지 재앙도 재앙의 모든 것이며 끝까지 계속해서 완전한 재앙의 벌을 의미하며 죄악의 끝없는 반복을 상징하고 의미한다. 종말론적 심판을 의미한다. 요한계시록의 일곱 재앙을 상징한다.

십일조는 온전한 순종을 의미하는 것이다. 온전히 순종하라는 하나님의 명령이시다. 하나님이 우리에게 물질을 온전히 바치라고 하시는 분이 아니시다. 하나님은 우리에게 자기 자녀들에게, 자기 백성들에게 오직 온전한 순종만을 바랄 뿐이지 그 어떤 것도 바라지 않으시는 하나님과 주 예수님이심을 다시 한 번 깨닫는 은혜가 있기를 간절히 축원한다.

'쌓을 곳'이라는 히브리어는 '다이'이다. 이는 '충분한, 충분하게'의 의미이며,

'붓지'의 '붓다'라는 동사는 '비우게 하다, 비우다'라는 뜻이다. 그러므로 순종의 '베라카(순종)를 충분히 할 수 있도록 너를 온전히 비우게 하지 않나 보아라'는 뜻으로 쓰인 것이다. '너를 충분히(온전히) 비우게 하여 순종하게 하지 않나 보라'의 번역이어야 한다. 성경을 물질적인 것과 세상적인 복의 개념으로 보기 때문에 처음부터 끝까지 성경의 하나님 말씀을 물질적인 복(福)으로만 번역한 것이 되었다. 말라기 3장 7절은 "너희 조상들의 날로부터 너희가 나의 규례를 떠나 지키지 아니하였도다"라고 말씀하고 있다. 즉 규례를 지키

지 않는다는 것은 순종하지 않았다는 것이다. 또한 말3:12 절에는 "너희 땅이 아름다워지므로 모든 이방인들이 너희를 복되다 하리라 만군의 여호와의 말 이니라"라고 하고 있다. 여기서의 '복되다'는 히브리어 동사 '아샤르'이다. 이 말의 뜻은 '곧다'이다. 함유적으로 '옳다, 평탄하다, 행복하다, 정직하다'의 뜻이다. 7절에서 12절까지의 주제, 키워드는 규례이다. 규례를 지키지 않고 불순종한 너희는 "내게로 돌아오라"이다. 그러므로 12절에서의 '복되다'는 복(福)이 아니라 '곧다, 옳다'의 뜻이다. 구절 전체적인 맥락에서 번역하고 해석하여야 할 것이다.

'바라크'는 구약에서 289회 사용되었다. 구약은 '바라크'의 성경이다.

3절에서 첫 번째 나오는 '축복'은 '바라크'이다. 3절에 2번째 나오는 '복'은 '바라크'이며 맨 끝에 나오는 '복'도 역사 '바라크'이다.

그러나 '바라크'는 우리나라와 중국, 일본 동양에서 말하는 복과는 거리가 멀고 뜻이 전혀 다른 것이다. 이 복은 세상적인, 세속적인 복을 말하는 것이다. 이 히브리어 원어 '베라카'로 창세기에서 사용된 곳은 12곳 밖에 안 된다. 이 '베라카'로 사용된 곳은 창세기에서 창12:2, 창27:12, 창27:35, 27:36,38,41, 28:4, 33:11, 39:5, 49:25, 26, 28 등이다.

특히 창세기 49장 25절은 '복'이 5번 나오는데 첫 번째는 '바라크'로 표현되었고 나머지는 '베라카'로 표현했다.

그리고 창12:3에서는 축복이라는 한글표기에 대해 히브리어는 '복'이라는 축복을 '바라크'로 표기했다. 창14:19에서도 '축복'을 히브리어 '바라크'로 표현했다. 이러한 표기는 창세기에서 여러 곳이 나온다. 창27장 27절, 33절, 등이다. 이로 보아 창세기에서나 그 밖에서도 '축복'을 '바라크'로 표현하여 '복'과 '축복'을 '바라크'로 '베리카'로 혼용해서 사용했다. 같은 뜻이므로 혼용해도 무방하다. 비슷한 말과 개념이 같은 말은 바꾸어 사용할수록 문장의 전체적 표현이 좋은 것이다. 이는 표현의 기법이며 방법일 뿐이다.

7. 여러 가지 '찬양'의 히브리어 '자마르(시61:8), '야다(시43:4)',
'테힐라(시:34:1)', '바라크(창9:26Z)'
이 '바라크'라는 뜻은 '복', '축복'으로만 쓰인 것은 아니다. '찬송하다'라는 뜻으로도 쓰인다. 창9장 26절에서 "하나님 여호와를 찬송하리로다"에서 '찬송하리로다'를 히브리어 '바라크'로 표현했다. "엘로힘 예호바 바라크"이다. 구약에서 여호와 하나님을 찬송하다(찬양하다)의 표현이 어떤 곳에는 '바라크'이다. '바라크'는 '무릎을 꿇다', '찬양하다', '찬송하다', '순종하다', '복종하다', '감사하다'의 뜻과 의미이다.

8. 히브리어 '바라크'는 구약에서 289회 사용되었다.
구약은 바라크(무릎을 꿇다, 순종과 경배)의 (피)언약
바라크(순종)이 언약이지 세상 복이 언약이 아니다.

성경은 바라크의 공증서이다. 바라크는 알파와 오메가이다.

 창세기에서 62회, 출애굽기에서 6회, 레위기에서 2회, 민수기에서11회, 신명기에서 35회, 여호수아서에서 7회, 사사기에서 5회, 룻기에서 5회, 사무엘상에서 10회, 사무엘하에서 13회, 열왕기상에서 12회, 열왕기하에서 2회, 역대상에서 11회, 역대하에서 9회, 에스라서에서 1회, 느헤미야서에서 3회, 욥기에서 8회, 시편에서 68회, 잠언에서 6회, 이사야서에서 6회, 예레미야서에서 4회, 에스겔서에서 1회, 학개에서 1회, 스가랴서에서 1회 총 289회 사용되었다.

시편에서 68회 가장 많이 쓰였으며, 그다음이 창세기로 62회 쓰였다. 이는 창세기와 시편이 순종과 경배, 찬양의 의미가 같은 의미를 안고 있기 때문이라고 할 수 있다. '바라크'라는 의미가 창세기에서 순종의 의미로 '무릎을 꿇다', '순종하다'라는 의미와 시편에서의 '(여호와를)찬양하다', '(여호와께)감사 하다'라는 의미를 안고 있기 때문이다.

 그다음으로 복이 많이 언급된 책은 신명기이다. 신명기에서는 복이 57회 쓰였으며 축복은 6회 사용되었다. 총 63회 복이 쓰였다.

신명기에서는 히브리어 '바라크'로 사용된 곳이 35회이다.

그리고 다음이 시편으로 총61회 사용되었다

다른 책들에서는 그렇게 많이 사용되지 않았다.

출애굽기는 4회, 레위기는 3번, 민수기는 13회, 여호수아서는 9번, 사사기는 5번, 룻기 5회, 사무엘상 5회, 사무엘하 10, 열상

6 , 열하 0, 역상 8회 , 역하 5, 에스라 무 없음, 느헤미야 5 , 에스더 0, 욥기 10, 행복 5회, 잠언 27회, 전도서 복 3, 행복 3회, 아가서 1회, 이사야 14번, 예레미야 23회, 예애 2회, 에스겔 2회, 단 1회, 요엘 1회, 아모스 1회, 요나 0, 미가 1회, 나흠 0, 스바냐 1회, 학개 1회, 스가랴 1회, 말 4회 이다.

구약에서는 축복이라는 단어는 총77회 사용되었다.

신약성경에서의 복(福), 축복, 복음.

신약성경에서는 누가복음에서 복음과 축복과 복을 포함하여 총25회인데 복이 15회, 복음이 7회, 축복이 3회이다.

로마서에서는 복음이라는 단어가 14회로 복음이라는 단어로는 가장 많이 사용되었으며, 복은 6회 축복은 1회로 총 복의 개념이 21회를 사용되었다.

마태복음에서는 20회인데, 복이 14회, 복음이 5회, 축복이 1회이다.

사도행전에서는 복음이 11회, 복이 3번, 총 14번의 복이 사용되었다.

마가복음에서는 복음이 8회 축복이 3회로 복이라는 단일 글자는 사용되지 않았다.

요한복음에서는 복만 2회 사용되었고,

고린도전서에서는 복음이 8회, 복이 2회, 축복이 3회로 총 13회이며,

고린도후서는 복음만 9회 사용되었으며,

갈라디아서는 복음이 10회, 복이 3번이다 총13번 사용되었

고,

에베소서는 복음 6회 복이 1번 사용되었으며,

빌립보서에서는 복음만 8회 쓰였으며,

골로새서는 복음만 8회 쓰였으며,

데살로니가전서에서도 복음만 6회 쓰였으며,

데살로니가후서는 복음만 2회,

디모데전서는 복만 2회,

디모데후서는 복음만 5회,

디도서는 복만 1회,

빌레몬서는 복음만 1회,

히브리서는 복음이 2회, 복이 5회, 축복이 4회로 총11회이며,

야고보서는 복만 3회,

베드로전서는 복음이 4회, 복이 3회이다.

베드로후서에는 없고,

요한계시록은 복이 7회, 복음이 2회 언급되었다.

구약과 신약 전체에서 복, 축복, 복음.

구약 전체에서 복으로 쓰인 단어는 총385회 사용되었으며 축복이란 단어만으로는 총77회 사용되었으며 나머지는 복으로 308회가 사용되었다. 이는 복에 대한 개념으로 쓰인 전체를 말한다.

신약 전체에서는 총 192회 사용되었는데 그 중에서 가장 많이 쓰인 것이 복음이라는 단어이다. 복음이라는 단어가 신약에서만 113회 사용되었다. 신약에서 복이라는 단어는 59번 사용되었다.

그리고 축복이라는 단어는 26회 사용되었는데 복과 축복을 같은 개념으로 볼 때 85회 사용된 것이다.

9. 복(순종,경배)의 히브리어 바라크, 베라카

복이라는 뜻과 축복이라는 뜻의 히브리어는 같은 '바라크'로 같은 단어이다. 이 단어로 구약 전체에서 289회 사용되었다. 특히 창세기에서만 이 '바라크'로 쓰인 복과 축복이 모두 62회를 사용되었다.

이 '바라크' 가장 많이 사용된 성경은 시편으로 68회 사용되었으며 창세기가 62회이며 신명기가 35회이다. 그리고 복이라는 단어의 히브리어로 또 다른 단어는 '베라카'인데 이는 총63회가 구약에서 사용되었으며 창세기에서는 12회 사용되었고 신명기에서도 12회 사용되었고 시편에서는 9회 사용되었다. 뜻과 의미는 '바라크와 비슷한 발음과 같은 의미와 뜻을 가지고 있다. 이 단어의 어원은 '바라크'에서 왔다.

'바라크'와 '베라카' 뜻과 개념

한편 시편 1편 1절의 '복있는 자는 ...'의 '복'은 히브리어 '에세르'이다. 이 뜻은 '행복'의 뜻으로 감탄사형이다. 즉 '얼마나 행복한지,,,'의 뜻이다. 이 '에세르'가 구약에서는 43회 사용되었다. 특히 시편에서만 25회가 사용되었다는 것은 시편이 '복'에 대한 노래로 찬양, 감사, 찬송, 시로 사용되어서 감탄사로 사용되었음을 나타내고 있다. 그리고 잠언에 8회 사용되었다는 것은 시편과 잠언에 주로 사용되었다. 그리고 이사야서에 3

회 사용되었다. 모두 남성 복수명사로 사용된다.

이러한 바라크(복)(순종.경배, 구원, 믿음)의 개념은 '행복', '감사', '기쁨'에 대한 표현이 '찬양', '찬송'인데 중국 성경, 우리 한글 성경, 일본 성경은 모두 '복'으로 표기 했다는 것이다.

'베라카'는 '바라크'의 '무릎을 꿇다'라는 단어의 사용 빈도에 비하면 매우 적은 빈도이다. 구약성경에 '베라카'로 쓰인 횟수는 63회 사용되었는데 289회가 사용된 '바라크'에 대비하면 적은 횟수가 되는 것이다.

그러므로 성경 전체를 관통하는 key word는 '바라크'인 것이다. **순종이다. 경배이다.** 경배는 순종의 표시이다. 믿음은 순종에서 시작되고 순종에서 완성된다. 이는 세상적인 복과는 전혀 관계없는 자기 백성에 대한 일방적인 편무계약인 언약이 순종으로 말미암은 구원의 믿음을 말하는 것이다. 하나님 자기 자녀와 백성 삼으시고 제사장 나라 삼으신 하나님 아버지의 언약적인 순종을 통하여 뜻을 이루시고자 하는 경륜과 섭리가 바로 바라크인 것이다. 우리가 믿음만 소유하고 있다면 어디에 있든지 하나님 나라 백성이며 믿지 않는 자들은 어디에 있든지 이방이며 방언 백성이 되는 것이다. 바라크, 베라카는 세상적인 부동산, 땅, 토지, 부귀영화, 무병장수와는 관계가 없다. 세상적인 복을 추구하는 믿음과 언약이라고 한다면 그것은 사이비 이단이며 기복적 샤머니즘의 무속 무당신학이요 사이비 무속교회인 것이다. 이들은 '교회'라는 간판을 달지 말아야 한다.

물질 만능의 시대, 황금 만능의 시대라는 오늘날 이제는 교회와 믿음의 영역에서도 물질 전능의 시대가 되어 우리가 기도하고 구하는 것, 간구하는 것의 대부분이 물질이며 돈이며 재산이며 이것이 신앙의 능력이요 믿음의 능력이요 믿음의 증거요 표시가 된 세상에 살고 있는 성도들이다. 교회는 복을 파는 곳이요, 신자들은 복을 돈을 가지고 교회에 복을 사러 가는 것이다. 교회는 돈 받고 복을 파는 쇼핑센터가 아니다.

또한 신약에서 쓰인 복과 축복, 그리고 복음에 대한 성경의 원어인 헬라어의 뜻과 어원 그리고 개념을 알아보자.

10. 신약에서 복은 헬라어로 '마카리오스'이다.

이 단어 헬라어 '마카리오스'로 사용된 신약의 복은 총 50회 사용되었는데 누가복음이 14회, 그리고 마태복음이 13회이며, 요한계시록에서 7회로 사용되었다.

신약에서 축복이라는 헬라어는 '율로게오'이다 이 원어 헬라어 '율로게오'는 신약에서 39회 사용되었는데 누가복음에서 12회, 마가복음에서 6회, 히브리서에서 6회 사용되었고, 마태복음에서 5회 사용되었다.

'행복'이라는 한글성경 한글 단어는 성경 전체에서 11번 나왔는데 모두 구약에서만 사용되었다.

신10:13, 신33:29, 스9:12, 욥7:7, 욥20:21, 욥21:13, 욥

21:16, 욥21:25, 전4:8, 전6:3, 전6:6, 그런데 욥기에서만 5회 사용되었다.

이 단어는 히브리어로 '토브'라고 하는데 놀랍게도 이 '토브'가 사용된 횟수는 구약 전체에서 508회나 된다. 창세기에서 '토브'가 39회 사용되었고 출애굽기 5회, 레위기에 4회, 민수기에 7회, 신명기 24회, 여호수아 7회, 사사기에 12회, 룻기에 3회, 사무엘상 33회, 사무엘하 24회, 열왕기상 21회, 열왕기하에 10회이며, 역대상 6회, 역대하 19회, 에스라 6회, 느헤미야 8회, 에스더에 18회이며, 욥기에 10회, 시편에서 67회, 잠언에서 62회, 전도서에서 41회, 아가 3회, 이사야 12회, 예레미야서에서 27회 애가에서 7회로 예레미야서에서는 34회, 에스겔 8회, 다니엘 2회, 호세아 5회, 요엘 1회, 아모스 4회, 요나 2, 미가 4회, 나훔 2회, 스카랴에 4회, 말라기서에 1회 총508회가 사용되었다는 것이다.

그러면 이 '토브'라는 히브리어는 한글 성경에서 무엇이라고 번역되어 쓰였는가? 아주 다양하다. 그러나 대부분의 개념은 '선'이다. '좋은', '좋다', 등 '아름답다, 아름다운, ' 보기에 좋은' 등 좋은 느낌과 보기에 좋은 등의 개념으로 사용되었다.

창세기의 '좋았더라'는 모두 히브리어 '토브'가 원어이다. 이 '토브'의 원어적 의미는 '선하다, 좋다, 좋은'의 뜻이며 '생명나무와 선악을 알게 하는 나무'의 창2:9에서의 '선악'할 때 '선'이 '토브'이다.

창2:12에서의 '순금'이 '토브'이고, 창6:2의 '아름다움'이 '토브'이며 시34:12에서는 '복'의 뜻으로 히브리어 '토브'가 사용되었으며 시73:28에서도 '복'이 토브에서 번역되었다. 이 '토브'는 좋은, 좋다, 선하다. 선, 은택, 나은, 복, 은총, 형통, 훌륭한, 유익, 보배, 등으로 좋은 것에 해당하는 것으로 주로 사용되었지만 전반적으로 '선하다, 좋다, 행복하다. 아름다운, 특히 신명기에서는 '아름다운'이 토브에서 번역되었다. 결론적으로 '토브'는 '선(善)'을 대표적인 의미와 개념으로 사용되었다. 영어로는 'good'으로 번역 되었다. 이는 선하신 하나님, 좋으신 하나님의 개념이며 의미이다. 하나님의 모든 것은 선하시고 좋으신 것을 의미한다. 이는 하나님의 뜻이고 하나님의 의인 것이다.

그리고 신약에서만 사용되었던 '복음'이라는 한글 성경 단어는 118회 사용되었는데 헬라어로는 '유앙겔리온'인데 이 헬라어 '유앙겔리온'으로 사용된 횟수는 신약에서 총 73회이며, 로마서 9회, 마가복음 8회, 고린도후서, 빌립보서가 각각 8회씩 사용되었다. 우리는 '복음'이라는 단어의 의미는 다른 표현의 의미로 바꾸어 말한다면 '예수소식', '구원소식' 등으로, 바꾸어 말하면 더 확실한 의미를 알 수 있을 것이다. 더 확실할 뿐만 아니라 세상적인 의미의 말이 아니라 바로 직접적으로 예수 그리스도의 은혜의 구원이라는 것을 알 수 있을 것이다. 여기서 또한 '그리스도'라는 말도 '구세주'라는 말로 바꾸어 써야 할 것이라고 생각한다. '구세주' 대신에 쓸 수 있는 말은 또 '구원자'라 바꾸어 쓴다면 더욱 예수님의 역할과 그리고 주님의 어떤 분이신가를 쉽고 정확하고 빠르게 알 수 있을 것이다.

그러므로 가능한 원어의 직역으로 된 단어의 의미를 사용하는 것이 진정한 말씀의 의미와 뜻과 개념을 정확하고 쉽고 빠르게 이해하고 다른 뜻으로 어긋나게 해석하거나 애매모호(曖昧模糊)한 뜻으로 해석(解釋)되거나 인식(認識)되고 이해(理解)되는 것을 방지(防止)할 수 있을 것이다. 인간 자신의 목적대로 이용하지 못할 것이다.

예를 들어 "마음이 가난한 자를 복이 있나니"에서 '마음이 가난한 자가 복이 있다'고 하니 가난한 자가 어떻게 세상 부자가 되는 복을 가질 수 있는가? 앞에 있는 조건구절과 뒤에 나오는 결론구절이 전혀 다른 반대되는 해석으로 되어서 매우 난해한 문장이 되어서 어렵고 매우 복잡한 문장으로 이해되어야 하는 것이다.

바로 직역해서 '마음이 가난한 자는 (보혈의)피로 정결케 되나니', '마음이 가난한 자는 구원을 받나니'라고 하면 매우 직접적인 번역으로 조건절과 결론절이 일치되어 어려운 해석이 나올 수 없을 것이다. '마음이 가난한 자는 순종하게 되나니', 또는 '마음이 가난한 자는 무릎을 꿇나니' 또는 마음이 가난한 자는 (하나님으로부터)칭찬을 받나니 ', ' 마음이 가난한 자는 (예수 그리스도의) 피로 정결케 되나니 ',라고 해석한다면 더욱 쉽고 정확한 의미를 알 수 있을 것이다. 구약이나 신약이나 모두 복은 ' 순종 '으로 말미암은 (믿음의)구원이다. 이 개념을 세 상적인 복으로 번역하는 것은 하나님을 경멸하고 모욕하는 것 이다. 하나님과 예수님이 거지인가? 돈이 없으시고 물질이 없으시고 권세가 없으신가? 교회에 와서 맨날 복 타령하며 물질만 주시옵소서라고 해야 하는 신앙인가?

더욱 더 깊이 나아가 보자.

11. 예수님의 복(福)

과연 예수님이 우리에게 말하는 복(福)의 개념은 무엇인가?

가장 먼저 단도직입적으로 산상수훈의 속칭 '팔복'이라는 것을 보기로 하자. 과연 복(福)이라고 한글 성경과 중국 성경, 일본 성경 모두가 복(福)이라고 한 그 복(福)이 우리가 세상적인 복(福), 세속적인 복 또는 문자적인 복(福) 또는 그 복(福)이라고 하는 개념적으로의 복(福), 또는 복(福)이라고 하는 의미적인 복(福)으로 합당한 것인가 살펴 보기로 하자.

마5:3 심령이 가난한 자는 복이 있나니 천국이 그들의 것임이요

Blessed are the poor in spirit, for theirs is the kingdom of heaven,

마5:4 애통하는 자는 복이 있나니 그들이 위로를 받을 것임이요

Blessed are those who mourn, for they will be comforted,

마5:5 온유한 자는 복이 있나니 그들이 땅을 기업으로 받을 것임이요

Blessed are the meek, for they will inherit the earth,

마5:6 의에 주리고 목마른 자는 복이 있나니 그들이 배부를 것임이요

Blessed are those who hunger and thirst for righteousness, for they will be filled,

마5:7 긍휼히 여기는 자는 복이 있나니 그들이 긍휼히 여김을 받을 것임이요

Blessed are the merciful, for they will be shown mercy,

마5:8 마음이 청결한 자는 복이 있나니 그들이 하나님을 보 것임이요

Blessed are the pure in heart, for they will see God

, 마5:9 화평하게 하는 자는 복이 있나니 그들이 하나님의 아들 이 라 일컬음을 받을 것이요

Blessed are the peacemakers, for they will be called sons of God,

마5:10 의를 위하여 박해를 받은 자는 복이 있나니 천국이 그 들의 것임이라

Blessed are those who are persecuted because of righteousness, for theirs is the kingdom of heaven,

마5:11 나로 말미암아 너희를 욕하고 박해하고 거짓으로 너희 를 거슬러 모든 악한 말을 할 때에는 너희에게 복이 있나니

Blessed are you when people insult you, persecute you and falsely say all kinds of evil against you because of me,

마5:12 기뻐하고 즐거워하라 하늘에서 너희의 상이 큼이라 너희 전에 있던 선지자들도 이같이 박해하였느니라

Rejoice and be glad, because great is your reward in heaven, for in the same way they persecuted the prophets who were before you.

12절의 끝부분의 해석이 잘못된 구절이다. 선지자들이 박해를 한 것이 아니고 "너희 전에 있던 선지자들이 박해를 받았느니라"라고 해야 한다. 다시 문장대로 직역하면 '그들이(they가 주어) 목적어(the prophets)를 박해했다(persecuted)'이다.

시편 1편1절의 번역의 비교

Blessed is the man who does not walk in the counsel of the wicked or stand in the way of sinners or sit in the seat of mockers.

"복이 있는 사람은 악인들의 꾀를 따르지 아니하며 죄인들의 길에 서지 아니하며 오만한 자들의 자리에 앉지 아니하고"

문장의 구조적 해석은 '복이 있는 사람은 어찌 어찌 하다'라는 형식의 해석이 아니라 '어떠 어떠한 사람은 복이 있다(복을 받는다)'라고 번역해야 한다.

'악인들의 꾀를 따르지 아니하며 죄인들의 길에 서지 아니하며 오만한 자들의 자리에 앉지 아니한 사람은 복이 있다,'라고 번역해야 한다.

그 말이 그 말이라는 것은 옳지 않다. 'A'는 'B'이다와 'B'는 'A'이다 와는 다르다.

마태복음 5장 3절부터 "심령이 가난한 자는 복(福)이 있나니"에서 "심령이 가난한 자"가 "복(福)이 있나니"에서 앞에 나오는 주어는 '복(福)'이 있는가? 하는 앞의 주어의 형편과 조건으로 보아서 전혀 '복(福)'이라는 것과는 거리가 멀고 앞과 뒤가 전혀 맞지가 않아 글 문맥상으로 매우 난해할 수밖에 없다. 마음이 가난한 사람이 어떻게 세상적인 복이 있을 수 있을까? 그래서 모든 사람들이 이 문장에 대해서 어렵고 힘들어 무슨 뜻이냐고 묻는다. 그래서 해석하는 사람마다 다른 해석이 나올 수밖에 없고 자의적 해석이 많이 나올 수밖에 없다. 누가복음 6장 20절에서는 같은 예수님의 말씀을 "너희 가난한 자는 복이 있나니"라고 하셨다. "마음이 가난한 자"과 그냥 "가난한 자"의 차이인데 큰 의미의 차이가 있는 것인가? 물론 '마음이 가난한 것'과 그냥 '가난한 것'은 차이가 있다. 누가복음의 '가난한 자'는 물질이 '가난한 자'라고 할 수 있을 것이며 마태복음에서는 '마음이 가난한 자'로 되어 있으니까 마태복음에서의 가난한 자는 물질은 가난하지 않고 마음만 가난한 자라고 할 수도 있을지 모르겠다. 그러나 어찌되었든지 '가난한 자'가 '복이 있다'는 것은 앞과 뒤가 일치하지 않다는 것은 누구나 객관적으로 쉽게 이해할 수 있다는 것이다. 즉 '가난한 자가 복이 있다'라고 생각하는 사람은 거의 없을 것이라는 것이 상식일 것이다. 그래서 성경의 원어적 해석이 무엇인지를 알아보아야 할 것이다. 영어 성경은 금방 이해할 수 있게 되어 있다. 왜냐하면 영어는 같은 어원적 체계의 언어이기 때문에 어원적인 의미가 같은 언어이다. 한글 성경에서 번역한 '복이 있다'를 영어는

'blessed'라고 되어 있기 때문이다. 이 영어 'blessed'는 '복이 있다'라는 것이 전혀 세상적인 복을 의미하지 않는다. 'bless'라는 영어의 뜻은 '(피로)정결케 되다'라는 뜻이다. 영어 'blessed'는 수동태형으로 be + blessed 의 수동태형으로 주어가 받는다는 것이다. 이는 수동태형이 be 동사의 주격보어이다. 'bless'라는 단어는 '피로 정결케 하는 것'을 의미한다. 예수 그리스도의 피로(보혈) 정결케 된다는 것이다. '마음이 가난한 자는 정결케 되느니라(피로 죄 속함을 받느니라)' '가난한 자는 정결함을 받느니라(피로 속죄되느니라)'라고 해석하면 앞뒤가 일치하고 맞아서 그냥 이해되고 정확하게 해석되는 의미일 것이다.

마태복음 5장 4절도 "애통하는 자는 복이 있나니"라는 이 문장도 '애통하는 자는 (예수 피로)정결케 되나니' 하면 쉽게 앞과 뒤가 맞고 이해하기 쉽고 신앙적으로 신학적으로도 맞는 말씀이 되는 것이다. '(피로)정결케 된다'는 것은 예수 그리스도의 피의 은혜로 정결케 된다는 의미이므로 '지극한 기쁨'라는 의미이기도 한 헬라어의 '마카리오스'에 해당되는 뜻의 단어와도 일치하는 것이다. 보혈의 은혜로 구원을 받아 '예수 천국'인 것이다. 우리의 믿음의 시작과 완성이다. 처음과 마지막이다. 그래서 '지극한 기쁨'이다 그런데 한글사전도 모두 복(福)자를 넣어서 사전을 만들었기에 그것을 복이 들어간 말의 뜻을 당연히 옳게 여기게 되었다. 한글 사전에 의해서 줄여서 지복(至福)이라고 번역되는 것이다. 형언할 수 없는 지극한 복이다. 환상적인 복이다. 이루 말 할 수 없이 환상적인 기쁨이 마카리오스이다. 예수 구원은 이루 말할 수 없는 최고의 기쁨이며 즐거움이며, 최고의 영원한 자유 이다. 그것이 영생이다.

그리고 히브리어의 '바라크'의 뜻인 '무릎을 꿇다', '순종하다', '예배하다', '찬송하다' 등의 의미와 같은 것이 된다. 산상수훈의 '아홉 은혜'는 구약과 완전한 합치를 이루고 있다. 이제 성경에서 '복(福)'자가 없어져야 한다. 이제 기복교(祈福教)적 신학에서 기독신학으로 대 변혁이 있어야 한다.

그런데 변화될 수 있을까? 이미 기복신학과 기복교가 되어버린 기복교회와 기복신앙이 자기 부정을 할 수 있을까? 기득권을 내려 놓을 수 있을까? 목숨을 내놓을 수는 있어도 기득권을 내려놓을 수는 없을 것이다. 아니다. 그럴 수 없을 것이다. 오히려....

그리고 나아가 영어성경에서는 그 의미들이 어떻게 표기되고 표현되었는지 알아보자.

먼저 NIV 영어성경을 기준으로 'bless'가 얼마나 어떻게 표기되었는지 알아본다.

구약에서는 'bless'를 어간으로 한 표현 즉 'bless', 'blessed', 'blessing' 등의 사용 횟수가 총 379회 사용되었다. 그중에서 창세기에서 65회 사용되었고, 출애굽기 6회 사용되었으며, 레위기 3회, 민수기 11회, 신명기 44회, 여호수아 7회, 사사기 3회, 룻기 4회 사무엘상 6회, 사무엘하 10회, 열왕기상 4회, 역대상 7, 역대하 4회, 느헤이야 2회, 욥기 6회, 시편 68회, 잠언 33회, 전도서 1회, 아가서 1회, 이사야서 10회, 예레미야서

5회, 에스겔서 2회, 다니엘서 1회, 호세아서 1회, 요엘서 1회, 미가 1회, 학개 1회, 스가랴 2회, 말라기 4회 등이다.

신약에서는 'bless'를 사용한 어간의 사용횟수는 다음과 같다. 마태복음에서 15회, 마가복음에서 4회, 누가복음에서 19회, 요한복음 4회, 사도행전 5회, 로마서 10회, 고린도전서 1회, 갈라디아서 3회, 에베소서 1회, 디모데전서 2회, 디도서 1회, 히브리서 8회, 야보고서 3회, 베드로전서 3회, 요한계시록 7회 총79회가 신약에서 사용되었다.

그러면 마태복음에서 먼저 보기로 한다.

12. 한글, 헬라어, 영어, 중국어, 일본어 히브리어 성경에서의 복의 표현(마5:3~12)

그리고 중국어 성경은 어떻게 복에 대한 개념을 표현하고 있는지도 알아보자
일본어 성경은 복을 어떻게 표현하고 있는가?
한글성경
3. 심령이 가난한 자는 복이 있나니 천국이 그들의 것임이요
4. 애통하는 자는 복이 있나니 그들이 위로를 받을 것임이요
5. 온유한 자는 복이 있나니 그들이 땅을 기업으로 받을 것임이요
6. 의에 주리고 목마른 자는 복이 있나니 그들이 배부를 것임

이요

7. 긍휼히 여기는 자는 복이 있나니 그들이 긍휼히 여김을 받을 것임이요

8. 마음이 청결한 자는 복이 있나니 그들이 하나님을 볼 것임이요

9. 화평하게 하는 자는 복이 있나니 그들이 하나님의 아들이라 일컬음을 받을 것임이요

10. 의를 위하여 박해를 받은 자는 복이 있나니 천국이 그들의 것임이라

11. 나로 말미암아 너희를 욕하고 박해하고 거짓으로 너희를 거슬러 모든 악한 말을 할 때에는 너희에게 복이 있나니

12. 기뻐하고 즐거워하라 하늘에서 너희의 상이 큼이라 너희 전에 있던 선지자들도 이같이 박해하였느니라

영어성경 NIV

3. "Blessed are the poor in spirit, for theirs is the kingdom of heaven.

4. Blessed are those who mourn, for they will be comforted.

5. Blessed are the meek, for they will inherit the earth.

6. Blessed are those who hunger and thirst for righteousness, for they will be filled.

7. Blessed are the merciful, for they will be shown mercy.

8. Blessed are the pure in heart, for they will see God.

9. Blessed are the peacemakers, for they will be called sons of God.

10. Blessed are those who are persecuted because of righteousness, for theirs is the kingdom of heaven.

11. "Blessed are you when people insult you, persecute you and falsely say all kinds of evil against you because of me.

12. Rejoice and be glad, because great is your reward in heaven, for in the same way they persecuted the prophets who were before you.

헬라어성경

3. μακαριοι(마카리오스:복) οι πτωχοι(프토코스:거지) τω πνευματι οτι αυτων εστιν η βασιλεια των ουρανων(거지가 복이 있다)

4. μακαριοι οι πενθουντες οτι αυτοι παρακληθησονται

5. μακαριοι οι πραεις οτι αυτοι κληρονομησουσιν την γην

6. μακαριοι οι πεινωντες και διψωντες την δικαιοσυνην οτι αυτοι χορτασθησονται

7. μακαριοι οι ελεημονες οτι αυτοι ελεηθησονται

8. μακαριοι οι καθαροι τη καρδια οτι αυτοι τον θεον οψονται

9. μακαριοι οι ειρηνοποιοι οτι αυτοι υιοι Θεου κληθη
σονται

10. μακαριοι οι δεδιωγμενοι ενεκεν δικαιοσυνης οτι αυ
των εστιν η βασιλεια των ουρανων

11. μακαριοι εστε οταν ονειδισωσιν υμας και διωξωσιν
και ειπωσιν παν πονηρον ρημα καθ υμων ψευδομενοι εν
εκεν εμου

12. χαιρετε και αγαλλιασθε οτι ο μισθος υμων πολυς
εν τοις ουρανοις ουτως γαρ εδιωξαν τους προφητας του
ς προ υμων

중국어성경의 번체의 마태복음 5장 3절부터 12절까지의 산상수
훈이다

[(中)번체]제5장

3. 虛心的人有福了！因爲天國是他們的。

4. 哀慟的人有福了！因爲他們必得安慰。

5. 溫柔的人有福了！因爲他們必承受地土。

6. 飢渴慕義的人有福了！因爲他們必得飽足。

7. 憐恤人的人有福了！因爲他們必蒙憐恤。

8. 淸心的人有福了！因爲他們必得見神。

9. 使人和睦的人有福了！因爲他們必稱爲神的兒子。

10. 爲義受逼迫的人有福了！因爲天國是他們的。

11. 人若因我辱罵你們，逼迫你們，捏造各樣壞話毀謗你們，

你們就有福了！

12.　應當歡喜快樂，因爲你們在天上的賞賜是大的。在你們以前的先知，人也是這樣逼迫他們

일본어성경의 신공동번역의 버전으로 마태복음 5장 3절부터 12절까지의 산상수훈이다.

3.「心の貧しい人々は、幸いである、／天の国はその人たちのものである。

4.　悲しむ人々は、幸いである、／その人たちは慰められる。

5.　　柔和な人々は、幸いである、／その人たちは地を受け継ぐ。

6.　義に飢え渇く人々は、幸いである、／その人たちは満たされる。

7.　憐れみ深い人々は、幸いである、／その人たちは憐れみを受ける。

8.　心の清い人々は、幸いである、／その人たちは神を見る。

9.　　平和を実現する人々は、幸いである、／その人たちは神の子と呼ばれる。

10.　　義のために迫害される人々は、幸いである、／天の国はその人たちのものである。

11.　　わたしのためにののしられ、迫害され、身に覚えのないことであらゆる悪口を浴びせられるとき、あなたがたは幸いである。

12.　　喜びなさい。大いに喜びなさい。天には大きな報いがある。あなたがたより前の預言者たちも、同じように迫害されたのである。」

위의 일본어에서는 '복(福)' 대신에 '행(幸)'을 사용했다. 다행이다, 행복하다의 뜻이다.

이렇게 복이 원어 히브리어와 헬라어의 번역이 올바른 번역이 되었는지 아니면 번역에 문제가 있는 것인지 알아보기로 하자 창1:22.　하나님이 그들에게 복을 주시며 이르시되 생육하고 번성하여 여러 바닷물에 충만하라 새들도 땅에 번성하라 하시니라

ויברך אתם אלהים לאמר פרו ורבו ומלאו את המים בימים והעוף ירב בא רץ: 창1:22

히브리어는 거꾸로 쓴다. 아니 우리가 거꾸로 쓴다.

ויברך אתם אלהים　　"하나님이 그들에게 복을 주시다"는 "하나님이 그들에게 순종(복종)을 주시다", "하나님이 그들에게 무릎 꿇게 하시다"

"하나님이 그들에게 무릎을 꿇게 하시며"라고 번역해야 할 것이다. 어떠한 믿음도 하나님께 순종 없이는 있을 수 없으며, 하나님께 순종하지 않는 것은 모두 죄이다. 아담 한 사람의 불순종으로 모든 인류에게 죄가 온 것처럼, 하나님께 불순종은 모두 죄이다.

ברך 바라크: 무릎을 꿇다. 꿇어 엎드리다. 절하다. 찬양하다.

순종하다는 의미이다. 겸손하라는 의미이다. 하나님만 높이는 찬양이다. 세상적인 것을 구하는 것이 아니다. 세상의 복은 순종할 때 부수적으로 은혜로 주시는 것이다. 바라크는 온전한 은혜이다.

온전한 복종이 믿음이다. 온전한 복종으로 찬양하는 것이 믿음이다.

바라크는 순종과 복종의 예배이다. 예배하는 것이 순종이고 바라크이다. 순종의 영적인 면이 예배이며, 예배는 부르심(소명)의 순종이며, 전도는 보내심(사명)의 순종이다. 예배가 영적 믿음의 양식이라면, 전도는 행위적 믿음의 양식이다.

순종의 예배는 영적 양식이며, 순종의 전도는 육신의 양식이다.

창1:28. 하나님이 그들에게 복을 주시며 하나님이 그들에게 이르시되 생육하고 번성하여 땅에 충만하라, 땅을 정복하라, 바다의 물고기와 하늘의 새와 땅에 움직이는 모든 생물을 다스리라 하시니라 ויברך אתם אלהים ויאמר להם אלהים פרו ורבו ומלאו את הארץ :창1:28

וכבשה ורדו בדגת הים ובעוף השמים

ובכל חיה הרמשת על הארץ:ויברך אתם אלהים

'하나님이 그들에게 무릎 꿇게 하시며.' '하나님이 그들에게 순종을 주시며'이다. 그리고 부수적으로 명령을 하신다. 생육, 번성, 충만, 정복, 다스리라고 명령하신다. 명령에 순종해야 한다. 이는 하나님의 나라를 말하는 것이다. 하나님의 방법으로 명령에 순종해야 한다.

13. "예배, 경배"의 히브리어와 헬라어 의미

한글로 구약과 신약에서 "경배"라는 단어는 개역개정성경 기준으로 107회 나온다. 그리고 한글로 "예배"라는 단어는 구약과 신약을 합하여 40회 나온다. 그런데 히브리어로 "예배, 경배, 절하다, 엎드리다" 등의 동일한 동사 단어 '샤하'로 구약에서 165회 나온다. 이는 동사로 '풀이 죽게하다. 기가 죽어 풀이 죽다. 엎드리다. (공경으로)절하다. 복종하다. 존경하다'의 뜻이다. 그리고 "예배"라는 단어는 신약에서 10번 나오며, "경배"라는 동사 단어는 신약에서 45번 나온다. 이 "경배"라는 동사 단어는 계시록에서만 20회가 나온다. 이 "예배"와 "경배"의 단어는 헬라어로 같은 단어를 사용하고 있다. 헬라어로 '프로스퀴네'인데 이 '프로스퀴네'로 사용된 횟수는 54번 나온다. 이 헬라어 '프로스퀴네'는 '아첨하다, 굽실굽실하다, 절하다. 엎드리다, 부복하다, 등의 뜻이다.

그리고 신약에서 "예배"의 다른 헬라어 '라트레이아'가 사용되었는데 5회 사용되었다. 이는 명사로 '하나님의 사역, 신적 봉사'의 의미로 요16:2, 롬9:4, 롬12:1, 히9:1, 히9:6에서 사용되었다.

보건데 의미적으로 볼 때, 히브리어 '바라크'가 '무릎을 꿇다'의 순종의 의미와 같이 '예배, 경배'의 의미도 히브리어 '샤하'와 헬라어 '프로스퀴네'와 같이 '엎드리다, 절하다, 아첨하다, 굽실굽실하다' 등의 뜻으로 구약에서 '복, 축복'으로 번역된 '바라크, 무릎을 꿇다'의 의미라고 볼 수 있다.

결론적인 한 마디로 경배, 예배, 복, 축복, 무릎을 꿇다, 절하다,

엎드리다, 등의 의미와 개념은 순종이다.

5부. 성경의 원어적 복은 어떤 것인가?

1. 피 b l o o d - b l e e d - b l e s s
복 -blessing-blessed-blessen-blessened

그럼 창세기부터 한글 개역개정 성경을 처음부터 '복', '축복', '행복', '복음', 등 복(福)이라는 뜻으로 된 낱말을 찾아 그 한글 번역으로 된 단어를 구약에서는 히브리어, 신약에서는 헬라어로 어떻게 되어 있는지 모두 확인해 보려고 한다. 그리고 히브리어 '바라크'가 '복(福)' 이외 다른 의미의 한글로 번역된 것은 없나? 알아보아야 할 것이다.

예를 들어 히브리어 '바라크'가 한글성경에서는 '찬양'으로 번역된 것도 있기 때문이다. 이 횟수가 많다고 할 수 있지만 이는 복(福)이 진정한 원어의 구약 히브리어와 신약 헬라어에서의 의미와 뜻 그리고 개념을 정확하게 알고 올바르게 사용하여야 하는 매우 중요한 일이다. 이러한 일을 하지 않고는 성경, 하나님 말씀이 바르게 전해지고 올곧게 적용되어야 한다는 것은 오늘 우리의 신앙 믿음이 더 이상 지체되거나 왜곡되고 비틀어지고 어긋나는 성경 말씀이 되어서는 안 될 것이다. 나라의 법도 잘못된 것은 시급히 바로 잡아야 피해를 당하는 사람이 없어지는 것처럼, 이는 온 우주와 온 세상에 적용되어야 할 매우 중차대한 일이기 때문이고 최우선의 일이다.

성경에서 번역에 부적절한 것들이 많이 있을 수 있지만 그러나 핵심적인 매우 중요한 교리이며 진리의 말씀이 어긋나는 부분은 그냥 두어서는 안 될 것이다. 말씀은 하나님이시다. 신학이라는 영어의 theology(theo = God하나님(신(神), logy = logos 로고스, 말씀)는 하나님의 말씀이라는 의미이다. 신학은 하나님의 말씀이다. 신학은 하나님의 말씀을 배우고 연구하는 학문이다.

'축복하다', 또는 '복이 있다'의 영어 bless라는 의미는 피로 정결케 하다(purify), 피로 깨끗케 하다(＝purify). 피의 제사를 드리다, 피로 죄를 사(赦)하다, 피로 신성(神聖)케 하다, 피로 정(精)하게 하다, 축성(祝聖)하다, 성결, 순결을 기원하다, 순결, 성결을 기도하다, 축복하다, consecrate바치다, 칭찬하다, 찬송하다, 찬양하다 등의 의미이다. 그러면 영어 bless에서 파생된 단어들의 의미를 알아 보는 것도 영어 bless의 어원에 대한 깊이를 더할 수 있다.

영어 blessing이라는 단어는 기본적의 하나님의 은혜의 성화된 상태를 말한다. 전적 은혜이다. 신학적으로는 'a state of sanctification by God'이다. 성례전, 성찬예식, 성찬식과 식사 때의 감사기도를 의미한다.

bliss라는 영어의 뜻은 최고의 행복, 'a state of extreme happiness'이다. 이 영어 단어와 잘 어울리는 헬라어는 바로 '마카리오스' 즉 '지복(至福)' '그 위에 더 없는 복'이라는 단어 이다. **환희**를 말 한다.

이 단어에 포함된 의미들은 consecrate, sanctify dedicate, secred 등의 함유하고 있는 단어 이다.

그러므로 bless는 bliss와 bleed(동사원형), blessen(과거분사형), blessened(과거형)와 함께 파생된 blood의 의미들이다. 즉 이들의 어원들은 하나님께 대한 피(blood)의 제사로 정결 의식의 제사를 뜻하는데서 나온 단어들이다.

세례, 침례의 영어는 'baptize'인데 이 의미는 bless와 같은 의미를 가지고 있다. 즉 (침례)세례는 구원의 의식이다. bless가 내면적 영적 피세례라고 한다면, baptize는 육신적 성례적 물세례라고 할 수 있다.
즉 baptize나 bless는 모두 죄를 정결케 하다는 의미이다.

2. 복(福)이란 히브리어로 "바라크"/무릎을 꿇다, 순종과 경배.
세상적인 복은 먹는 것을 떠나서 생각할 수 없으며, 시간에서 벗어날 수 없다. 생명은 시간으로 구성되어 있기 때문이다. 그리고 우리의 생각과 마음을 벗어날 수 없다. 이런 먹는 것과 시간과 마음의 관계를 결정하는 것이 이 세상의 복이다. 이러한 것들에서 자유하며 해방될 수 있는 것은 무엇일까?
창1:3절에 "하나님이 이르시되 빛이 있으라 하시니 빛이 있었고"
시간에 대하여 말하면 먼저 복의 시간(생명)에 대한 개념이다. 시간은 생명이다. 생명은 시간으로 구성되어 있다. 은혜 중에 은혜인 생명만큼 중요한 것이 없다. 시간만큼 중요한 것이 없다. 생명은 시간으로 이루어져 있으니까. 시간이 없다는 것은 생명이 없다는 것이다. 창세기 1장에서 빛을 창조하신 것은 생명과 시간을 창조하신 것이다. 최초의 은혜이며 가장 큰 은혜이다. 우리는 눈으로 사물을 보는 것 같지만 자기 눈으로 보는 것 이라기보다는 빛으로 보는 것이다. 눈이 있어도 빛이 없으면 볼 수가 없다. 몸의 시간, 육체적, 물리적 시간은 헬라어 크로노스이며, 영혼의 시간, 마음의 시간은 카이로스라고 하는데, 구원 회심은 크로노스적 시간에서 카이로스적 시간으로의 삶의 시간이 변환되고 전환되는 것으로 즉 영생의 시간으로 전환되는 것을 말한다.

한편 인간의 육신의 생명을 유지하고 보존하는 데는 음식 즉 먹는 것이 가장 중요하다. 그러나 이 육신의 시간과 생명은 한계성이 있다. 그리고 영의 생명을 유지하고 보존하는 데는 영의 양식인 말씀이 바로 영의 생명의 양식이 된다. 우리의 영원한 생명 양식은 말씀에 대한 순종이며 이 순종으로 말미암은 은혜의 영원한 생명은 말씀 양식이 된다.

엡5:18의 "술 취하지 말라 이는 방탕한 것이니 오직 성령으로 충만함을 받으라"에서, '취하다'라는 의미는 지배력, 음행, 죄성, 하나님과 관계가 멀어짐이며 방탕과 타락과 음행을 말한다. 최우선의 중요한 것은 하나님 주 예수 그리스도와의 관계성이다. 이는 영원한 생명의 관계성이며, 영생의 관계성이다. 육신의 생명은 하나님과의 관계성의 짧은 시간이지만 그 짧은 시간 동안의 관계성의 여부에 따라서 영원한 영생의 관계를 갖게 되는 것이다. 이 유한한 육신의 관계가 영생의 관계를 만들어 대는 주님의 역사하신 은혜가 있어야 한다.

이는 즉 하나님과의 관계는 아버지와 아들, 자식의 관계를 나타내며, 우리 예수님의 육신으로 이 세상에 오심으로 인하여 하나님과의 관계성이 부부관계성이 되었다. 요즈음은 현실적으로 부부의 관계성에 대한 중요성을 인식하지 못하는 믿음이 되고 있다. 다시 오실 신랑을 맞이할 준비하는 믿음이 점점 연약해지고 있다. 현실적인 인식이 이 세상에 대한 물질적 복을 추구하며 이 세상에서의 물질이 풍부해지면서 절박한 세상이 육신의 쾌락으로 끝나고 있는 현실이다. 음행, 음란이란 표현은 혼인 관계, 아버지와 아들의 관계성, 100% 온전한 사랑, 완전한 사랑이 아니면 음행 음녀, 음란한 상태에 미치지 못함이다. 또한 '미치다' 라는 뜻은 이르다, 다다르다, 도달하다, 정신이 미치다, 마음이 미치다. 머리가 돌다, 머리가 미치다, 이루다의 의미로 to reach, to be crazy의 뜻이다. 음녀의 의미는 로마이며 바벨론이며 여자이다. 타락한 이 세상이며 물질의 탐욕과 물질 지상주의, 황금 만능주의가 바로 적그리스도이다. 또한 적그리스도는 뱀, 유혹, 타락, 죄, 세상, 물질, 탐욕, 거짓의 의미를 가지고 있다.

다음은 음식의 은혜이다. 이 세상에서 잘 먹는다는 것이 얼마나 중요한가?

음식은 기쁨으로 먹는 것이 가장 큰 은혜이다. 그 다음은 감사로 먹는 것이 큰 은혜이다. 우리는 음식을 맛과 영양으로 먹기보다는 기쁨과 즐거움과 감사로 먹는 것이 더욱 중요하다. 기쁨과 감사로 음식을 먹는 것은 하나님이 주신 은혜의 음식이기 때문이다. 음식을 먹는다(사람이)라는 것은 우리 믿음의 자녀들이 믿음으로 음식을 먹는 것은 바로 하나님이 음식을 잡수시는 것이다. 우리가 음식을 먹는 것은 우리가 믿음을 먹는 것이며, 순종의 믿음의 음식을 통하여 우리의 육적 생명을 하나님께 영광의 증거로 드림이 되는 것이다. 이 음식은 생명의 수단이요 방법이며 하나님께 영광을 드리는 도구의 최고인 것이다. 그러므로 모든 음식은 성찬이 되고 성례전이 되는 것이다. 그리스도의 살과 피를 먹는 행위인 성례전이다. 이 음식은 바로 말씀이다. 구원의 진정한 과정과 구원의 확신은 말씀을 통한 말씀 세례이다. 필자는 이 말씀 세례가 가장 확신할 수 있는 세례이며 믿음과 구원의 확신은 말씀 세례를 통한 구원의 확신이라고 믿는다. 물론 성례 세례도 마찬가지라고 할 수 있지만 예수님 시대 와 그 이전 그리고 사도시대에는 성경의 신약이 없었던 시대이기에 성령의 세례가 일반적이었다고 할 수 있다. 신구약이 완성된 이후에는 그리고 지금은 성경 말씀이 신자의 양식이요 믿음의 양식이다. 물론 구약은 아니다 라고 할 수 없다. 구약도 신약과 꼭 같다. 조금도 구별이 없다. 완전한 일치이다. 단지 오실 어린 양의 예표이신 예수 그리스도의 예표와 예정의 오실 메시야를 바라봄으로 인하여 하나님의 은혜로 구원의 믿음이 완성되는 것이다.

요한복음 1장 14절 "말씀이 육신이 되어" 이 땅에 오신 예수 그리스도의 말씀인 성경을 믿는 것은 우리가 말씀을 먹는 것이며 우리가 말씀의 양식을 먹는 것은 우리가 말씀으로 인하여 성화되는 과정인 것이다. 말씀을 듣고 말씀대로 사는 것은 말씀이 우리의 심령이 되고 우리의 육신이 되며 우리의 언행심사가 되는 과정이며 순서인 것이다. 예수 그리스도의 성품과 인격이 되어 가고 닮아 가는 것이다. 그러므로 신자는 말씀에 살고 말씀에 죽는 삶과 생활이 되어 사랑의 겸손한 화목제물이 되고 죄와 사망의 법에서 온전한 자유와 해방이 되는 믿음으로 재림을 앙망하며 생활하는 신자가 되어야 할 것이다.

우리는 하나님의 형상대로 지음을 받은 존귀한 자들이다. 우리가 먹는 모든 음식은 성찬이다. 믿는 자의 모든 음식은 우리 몸인 성찬이다. 믿는 자의 모든 음식은 우리 몸인 성신을 살리고 강건케하는 성식이며 성찬이다. 하나님께 드리는 성식이요 성찬이다. 우리 믿는 자들 뿐만 아니라 생명을 유지하고 살리는 음식은 성물이며 성식이요 성찬이다.

하나님께 드리는 제물이다. 우리가 먹고 하나님의 믿음 안에서 살고 하나님 뜻대로 사는 것이므로 하나님께서 드림이 되는 것이다. 이는 하나님께 드리는 제물을 먹는 것이요 하나님의 물질을 먹는 것이요, 하나님이 직접 잡수시는 식사와 같은 것이요, 하나님의 요리인 것이다. 음식은 모두 하나님의 음식이요 우리가 먹음은 곧 하나님께서 먹음이 되는 것이다. 우리는 하나님의 지음을 받은 하나님의 형상이요, 하나님의 동역자요, 하나님의 일꾼이기도 하기 때문이다.

다음은 인간의 영적인 것이다. 믿음이 없는 상태는 정신적인 것, 즉 마음이다.

하나님의 마음은 믿음이다. 이 믿음의 원천은 순종이다. 즉 히브리어 바라크이다. 이는 하나님의 의(義righteousness)이며, 의(意meaningness)이고, 의지(意志willingness)이며, 하나님의 뜻이다. 믿음은 하나님의 이름이다. 하나님의 이름은 순종이다. 하나님께서 자기 이름을 믿음으로 우리에게 두신 것이다.

"여호와께서 **자기 이름을 두시려고**"에서 자기 이름을 두시려고 하는 그 이름은 '순종'이며 '믿음'이다. 즉 구원이다.

신12:5: "오직 너희의 하나님 여호와께서 **자기의 이름을 두시려고** 너희 모든 지파 중에서 택하신 곳인 그 계실 곳으로 찾아 나아가서"

심12:21: "만일 네 하나님 여호와께서 **자기 이름을 두시려고** 택하신 곳이 네게서 멀거든 내가 네게 명령한 대로 너는 여호와께서 주신 소와 양을 잡아 네 각 성에서 네가 마음에 원하는 모든 것을 먹되"

신16:2: "여호와께서 **자기의 이름을 두시려고** 택하신 곳에서 소와 양으로 네 하나님 여호와께 유월절 제사를 드리되"

신16:11: "너와 네 자녀와 노비와 네 성중에 있는 레위인과 및 너희 중에 있는 객과 고아와 과부가 함께 네 하나님 여호와께서 **자기의 이름을 두시려고** 택하신 곳에서 네 하나님 여호와 앞에서 즐거워할 지니라"

신26:2: "네 하나님 여호와께서 네게 주신 땅에서 그 토지의 모든 소산의 맏물을 거둔 후에 그것을 가져다가 광주리에 담고 네 **하나님 여호와께서 그의 이름을 두시려고** 택하신 곳으로 그것을 가지고 가서"

3. 로마서 4장 하나님의 의는 (순종으로부터의) 믿음

롬4장의 의는 무엇을 의라고 하는가? 의의 개념은 구체적으로 무엇인가?

의라고 하는 개념은 매우 추상적이다. 이를 구체적인 개념화를 하는 것이 중요하다. 우리의 믿음이라는 것도 매우 관념적이며 추상적이다. 이 믿음, 의의 개념을 구체화하는 개념으로 이해하는 것이 중요하다.

하나님의 의(義), 의(意), 의(willingness)는 righteusness, meaningness.

=믿음 faith, 하나님의 전적 주권, 하나님의 절대주권, 전적 창조 주권, 인간의 전적 타락, 인간의 절대 부패.

오직 믿음이 하나님의 의, 믿음만이 하나님의 의. 하나님의 정의는 오직 예수

믿음만이 하나님의 의요 정의, 공의이다. 이 하나님의 의는 순종에서 발원한다. 순종이 믿음을 낳고 믿음만이 하나님의 의인 것이다.

세상적인 의나 공의 정의는 세상적인 인간의 의, 탐욕의 의, 위선의 의, 자기의 의일 뿐이다.

하나님의 의(義)는 구원과 언약뿐이다.

justice 정의(正義) 추상명사

justify 의롭게 하다. ~fy는 ~되게 하다.;동사

(=purify: 깨끗케 하다)

justification 의롭게 함; 명사형

right 정의, 공의. 올바름. 바름, 정확.

righteousness 정의, 공의

righteous 의로운, 옳은, 바른, 올바른 ;형용사

meaning 의미(意味), 뜻,

meaningness 개념, 뜻, 의미

will 의지(意志). 일을 이루려는 마음. 하고자 하는 강한 마음. 신념.

willingness. 의지.

하나님의 뜻대로 하시는 것이 정의요 의요 공의요, 은혜이다.

bless/축복, 복/ 영어의 어원은 피와 관계된 '피로 신성하게 하다' '피로 정결하게 하다'는 뜻이 고대 영어 'bledsian'에서 온 것으로 물론 예수 그리스도의 피의 희생물로부터 온 말로 후대 영어에서는 'blessen'으로 변했고 마침내는 '신성하게 된' '정결케 된' '피로 정하게 된' 피의 제사, 피의 속죄, 피의 제물, 희생제물 등의 뜻이 되었으며 고난 없는 영광은 없다고 하는 것이다. 피의 드림으로 거룩과 경건, 구원과 속죄, 용서와 사함의 뜻으로 거듭남의 의미와 개념이다.

bless의 어원(語源)은 명사 blood(피)가 되고, bliss는 환희, 행복이라는 명사인데 이 bliss도 bless의 명사인데 blood가 피를 나타내는 일반 보통명사이고 bliss는 bless의 추상명사이다. 헬라어 마카리오스에 가장 적합한 해석이 되는 명사형으로 bliss가 된다. bleed는 '피를 흘리다'는 동사(動詞)이다. 구태여 역으로 복이라고 하는 의미에 확대 해석을 하자면 예수 그리스도의 십자가의 피가 복이고 축복이다.

bless는 또 다른 의미는 찬양하다, 칭찬하다는 뜻이다.

축복(祝福)은 복을 빌다는 뜻이다. blessing은 동명사형으로 '축복'이다

bless＝복을 빌다, 축복하다, (하나님을)찬양하다, 찬송하다, (~ 누구 누구를)칭찬하다, 엄격하게 해석하면 이는 올바른 해석이 아니다. 이 bless라는 단어는 원어적 의미에서 볼 때, 하나님의 언어를 인간이 자기 방식인 인간적, 육신적, 세상적, 탐욕적 언어로 치장하고 그럴 듯하게 인간의 위선으로 포장 변역(變譯)한 것이다. 사탄 마귀적 죄의 본성으로, 뱀과 하와의 유혹과 같은 달콤한 말로 복(福)을 포함하고 있는 단어는 모두 인간의 죄의 본성을 안고 있다. 하나님의 본래의 말씀과 뜻을 왜곡한 하와적, 사탄적인 그 죄의 본성은 탐욕, 시기질투, 교만, 거짓, 지배압제, 권위 등의 모든 죄의 본성의 결정체이다.

 bless의 칭찬은 무엇을 잘 해서 칭찬하는 것이 아니다, 앞으로 잘하기를 바라고 칭찬하는 것이다. 믿음이 좋아서 칭찬하고 축복하는 것이 아니라 장차 잘하기를 바라며 믿음이 좋아지기를 바라며 미리 믿고 칭찬하는 것이다. 부모가 어린 자녀들을 칭찬하는 것과 같은 하나님의 심성이다.

 그런데 '축복하다'의 '복을 빌다'에서 복이 문제이다. 복을 이 세상적인 복, 물질 등 앞에 3장에서 세상의 복을 살펴보았듯이 세상의 복을 전혀 뜻하는 것이 아니다. 그러한 세상적 복은 나중에 순종과 복종의 결과로 주어지는 부수적인 은혜로 주어지는 것이지 세상적인 것을 구하라는 것이 아니다. 전혀 역순인 것이다. 순서와 과정을 무시하는 신앙과는 전혀 정반대인 것이다. 우선순위가 잘못된 것이다. 잘못된 우선순위는 모두 죄악이다. 거꾸로 사는 사람이다. 죄악을 짓고 그리고 그 죄악으로 얻은 것으로 바르게 선하게 살겠다고 하는 것과 같은 논리이다.

하나님을 놀리는 것이다. 성령을 훼방하는 것이다.

대부분 성경 말씀 구절도 좋은 결과만을 나타내는 구절은 매우 잘 암송하고 좋아한다. 그것은 믿음의 고난과 순종을 거쳐서 나오는 결과들인 것이다. 우리는 좋은 결과만을 얻기를 바란다. 좋은 말씀, 듣기 좋은 구절에 자기 도취에 빠진다. 십자가는 다른 사람이 대신 지고(예수님만 십자가 지고), 나는 편히 형통하게만 가려고 하는 것이 믿음으로 생각한다.

현재 성경과 찬송가에 나오는 복의 의미와 개념을 모두 바꾸어야 한다. 순종, 정결, 믿음, 구원, 기쁨, 화평, 은혜, 의, 자유 등으로 바꾸어야 한다. 구원 받은 자, 성도에게는 **오직 기쁨과 자유만** 있을 뿐이다. 심판에 어떤 부담도 없다. 사망과 죽음, 질병과 고난에서 완전 자유와 해방이 성도에게 선물로 주어진 것이다. 이 세상 끝 날까지, 주님 다시 오실 때까지 천국을 이 땅에서 살고 있는 것이다. 이런 확신이 믿음인 것이다. 그런데 무슨 헌금, 봉사, 전도, 예배, 기도 등이 십자가로 짐을 지게 하는 것도 없는 자유 함에서 진정으로 드리는 예배, 전도, 사랑, 겸손, 온유, 봉사, 희생, 섬김, 나눔, 연보, 기도, 찬양, 등 주님이 하신 것을 모두 따라하는 것이 자유이며 신실한 믿음인 것이다. 혹자는 '자유'를 구원파적인 교리로 잘못 해석해서는 안 된다. 이 세상에서의 죄의 댓가는 반드시 받는다. 자유의 의미는 종말론적 심판의 자유를 의미한다. 그리고 '자유'를 재세례 파적인 영과 육의 분리를 말하는 것도 매우 위험한 것이다. 물론 의(義)도 세상적인 정의(正義)나 공의(公義)가 아니고 '순종으로부터 오는 믿음'이다. '하나님을 믿음'이며 '하나님께 순종'이며, '하나님의 의(義)'이다. 믿음으로 하지 아니하는 것은 모두 죄이다. 그렇다고 율법인 성경을 가벼이 여기거나 무시하는 것은 더 큰 문제이며 믿음을 올바로 이해하지 못하는 것이 된다. 무조건 말씀에 100% 순종하는 것이 믿음이다. 100%가 되지 못하는 것이 간음(奸淫)이다. 여기에 자유함이 없어서는 안 된다.

즉 자유 안에 100% 순종이 믿음이고 의(義)이다. 자유는 죄가 없다는 의미이다. 영어 free는 없다는 뜻이다. free sugar는 무설탕이다. 이 세상에서도 이 세상의 법(율법)을 평생 동안 어떤 것 하나라도 어기면 바로 죄를 범하게 되는 것이다. 바로 죄인이 되는 것이다. 이는 누구도 이 세상의 모든 율법을 평생 다 지키며 살 수 있는 사람은 없다. 하나님의 법도 마찬가지로 지키며 평생 살 수 있는 사람은 없다. 모두 죄인이다. 그러나 구원 받은 사람은 영원한 자유인이다. 이것이 믿음이요 심판인 것이다. 영원한 죄로부터의 온전한 자유가 믿음이요 구원(救援)이요, 구속(救贖)이다.

본서 4부에서 살펴보았듯이
복이라는 히브리어는 '바라크'이다. 동사로 무릎을 꿇다 숭경의 행위로 순종과 복종의 뜻으로 무릎은 꿇고 경배하는 것이다. 피의 제사, 경배와 예배의 의미이다.

숭배의 의미이다. (하나님을)송축하다는 뜻이다. 히브리어 바라크는 하나님을 찬양하다 라는 의미로도 많이 쓰였다.

축복이라는 말의 헬라어는 '율로기오' ευλογησας 인데 칭찬하다 찬양하다 감사하다는 뜻이다.

막8:7. 또 작은 생선 두어 마리가 있는지라 이에 **축복하시고** 명하사 이것도 나누어 주게 하시니

막8:7. και ειχον ιχθυδια ολιγα και **ευλογησας** ειπεν π αραθειναι και αυτα

또한 복은 헬라어로 '마카리오스'는 최고의 축복, 지극한 복, 행운의, 행복한 의 뜻이다. 즉 구원이 최고의 복이며 구원이 지극한 복이며 구원 이외는 어떤 것도 이것만 못하다는 것이다.

3. 심령이 가난한 자는 복이 있나니 천국이 그들의 것임이요

3. μακαριοι οι πτωχοι τω πνευματι οτι αυτων εστιν η βασιλεια των ουρανων

헬라어 마카리오스 μακαριοι , 환희(歡喜), 최고의 기쁨/ 더 없는 기쁨의 은혜, 지극(至極)한 기쁨이다. 복이라는 말을 사용하지 않아야 한다.

한글의 발달뿐만 아니라 언어의 생성과 발달은 그 문화에 합당한 단어가 없는 상황에서는 차용된 언어를 사용하는 것이 통례이다. 한글의 번역도 영어의 뜻을 그대로 살리는 번역이 되는 것이 대부분이다. 그런 의미에서 복이라는 의미는 모두 좋은 것에는 모두 복이라고 사용한 것이다. 지복이라는 의미는 이 세상에 있는 복 중에서, 인간에게 있을 수 있는 복 중에서 최고의 복이라는 뜻이다. 그러나 하나님이 주시는 은혜의 복은 바로 이 세상에는 없는 복이다. 하나님이 주시는 최고의 은혜를 세상의 복으로 표현한 것은 구원의 은혜를 세상의 것과 혼합하는 것이

다. 구원을 세상 것으로 위장하고 덮는 격이며, 희석하는 것이다. 믿음의 신성함을 세상 것들로 덧칠하는 것이요, 세상적인 천박한 것들로 짜깁기하는 결과를 가져왔다. 물론 본질에 대한 것이 아니라고 할지라도, 표현의 문제라고 할지라도 처음부터 구별된 번역의 표현이 되었어야 했다. 이제라도 늦었지만 바르게 번역하고 해석하고 실천하는 것이 하나님께서 더욱 기뻐하실 줄 믿는다. 실수하고 잘못할 수 있다. 인간이기에 언제나 실수하고 잘못하고 할 수 있다. 몰라서 한 것이니까. 그러나 알았다면 고치는 것은 빠를수록 하나님께서 기뻐하시는 것이며 하나님의 참 진리를 밝히는 것이므로 하나님의 기쁨이요 하나님의 뜻이 되는 것이다. 세상 사람들이, 믿지 않는 사람들이, 심지어는 무당이 쓰는 말을 같이 함께 혼합하여 쓰지 않는 것이 하나님의 말씀이요 하나님의 뜻이다. 그러므로 이제부터는 복이라는 단어가 아예 성경에서 사라지는 역사의 은혜가 있어야 될 줄 믿는다.

영어 blessed는 복은 받는다, 복이 있다 로 bless의 수동태(과거분사형)로 쓰이고 있다. 영어를 Anglo-Sexon족들은 고대로부터 복이라는 말을 30개 이상의 단어로 표현했다고 한다. bloedsian, bledsian, bletsian과 같은 말들이 있는데 이 단어들은 명사 blod, bloedsian에서 온 것이다. 이것이 시간이 지나면서 blest 또는 blessed가 된 것이다. 이 같은 언어학적 연구를 통해볼 때, 그들은 피의 의식으로 하나님께 구별될 때, 복이 된다는 생각을 가졌던 것이다. 그런고로 복이란

consecration-consecrate 즉 '희생하다' '봉헌하다' 또는 '바치다'라는 뜻이다. 즉 '주는 것이 받는 것보다 복이 있다'는 것이다.

그래서 서양 사람들은 하나님께 음식과 자신을 '바치다'라는 뜻으로 식탁 앞에서의 기도를 'blessing'이라고 한다.

그래서 성찬식의 떡과 포도주를 'the blessed sacrament' 즉 '축복된 성례전'이라고 부른다. 하나님께 바쳐진 음식을 먹는 것이다. 이는 육신과 영혼의 성화를 나타내는 의식(儀式)이다. 음식은 영과 혼과 육을 살리는 신성한 재물이다.

라틴어 'benedicere'가 영어로 'blessed'라고 번역된 것이다. 이 라틴어는 헬라어 'Euroyelv에서 번역되었는데 이는 어떤 것, 또는 어떤 사람을 좋게 말하는 것, 칭찬하는 것 특히 하나님을 찬양하는 것을 말한다.

사람이 하나님을 찬양하는 노래를 부를 때 'they bless Him'이라고 표현한다.

우리에게 좋은 말하지 않는 자(핍박하는 자, 저주하는 자)를 향하여 좋은 말하는 자에게 복이 있다.

영어의 bless 또는 blessed는 피로 정결케 하다. 피로 깨끗케 되다. 구약의 어린 양의 피의 제사를 의미한다. 죄에 대한 속죄이다. 이는 하나님을 믿는 자들, 하나님의 자녀들에게는 희열이다. 기쁨이다. 희락이다. 하나님 주시는 은혜이다. 그것은 최고의 축복인 구원이다. 믿음이다. 예수 보혈의 피의 구원, 은혜, 믿음, 영생이다. 천국 영생이다. 이 blessed에 해당되는 헬라어가 마카리오스이며 영어의 다른 표현은 beatitudes이다. 팔복이라고 번역된 영어의 한글 번역은 잘못된 것이다. 팔이라는 숫자의 개념도 이 단어에는 없으며 세상적인 복의 개념도 이 단어에는 없다. 단지 한국 문화적이면서 근현대에 한글 영어 번역으로 올려진 것이다.

언어는 그 시대의 유행도 바로 반영하고 있다. 단지 마태복음 5장의 예수님의 산상수훈을 한국 기독교식의 유행된 문화를 반영해서 올린 것이다. 요즈음 근현대 교회에서 말하는 방언이라는 단어도 한글 사전이나 어디에도 없는 단어의 개념이다. 기도할 때 혼자서 알 수 없는 소리의 말로 기도하는 상황은 성경 어디에도 단 한 번도 없다.

영어로 복이라는 blessed와 연관된 영어 단어가 침례(세례)라는 뜻의 baptize가 있다. 물로 흠빡 적시다(잠기다). 물로 정결케 하다. 물로 깨끗케 하다. 예수님은 피로 정결케 하셨다. 예수님 이후는 물로 깨끗케 하는 세례이다. 구원은 extremely happiness, 환희(歡喜)이며, 즐거움과 기쁨이며 bless 안에 있는 구원의 은혜의 기쁨이며 믿음의 안에서 이루어지는 행복인 것이다.

이것이 승화되어 '봉헌하다, 찬양하다, 행복하다'가 되었다. 'bliss'는 '영적 기쁨과 환희이며 희락이다.

4. 마태복음5장 산상수훈

산상수훈의 8복은 8복이 아니라 9복이다.
아니 아홉 가지 구원과 믿음의 은혜를 말한다.
제자들에게 아홉 가지 은혜에 대하여 말씀하신 것이다. 특별히 제자들에게 말씀하셨다. 신약 성경의 핵심이다. 예수의 최고의 핵심 말씀이다. 이 말씀은 영어성경으로 볼 때 그 뜻이 더욱 잘 드러난다. 영어와 헬라어의 구조가 비슷하다.

영어 구조와 우리 한글 번역은 좀 다르다. 영어 번역이 원뜻에 가깝다. 이와 같은 복에 관한 영어 구조가 같은 것이 많다. 시편 1편 1절과 같은 구조인데 해석은 좀 다르다. 영문 구조적으로 해석하면 시편 1편 1절은 정확도에서 좀 부족한 번역이며 마태복음 5장의 산상수훈의 9복의 번역의 구조는 바른 번역이지만 복이라는 번역에서는 '정결케 되다, 은혜를 받다, 죄 사함을 받다' 등으로 번역이 되어야 한다. 영어 'bless'라는 동사의 뜻은 '피로 정결케 하다;라는 의미이다.

시편도 산상수훈도 성경의 복(福)의 개념이 번역의 문제가 있다.

그러면 다시 복(福)이라는 우리가 아는 복의 개념은 무엇인가?

중국과 그리고 동남아, 일본에서 흔히 볼 수 있는 단어 복(福)은 무슨 개념이며 어떤 뜻을 가지고 있는 것인가? 그리고 영어와 헬라어와 히브리어의 복에 대한 어원과 그리고 그 현재의 뜻은 무엇인가를 이미 살펴보았다.

이는 우리 한글 성경 번역 당시의 번역의 역사와 그 상황을 좀 객관적인 역사들을 살펴보아야 할 것이다.

이는 중국의 한문 성경을 교본 text로 사용한 것에 그 원인이 있었다.

우리나라에는 선교사보다 성경이 먼저 들어왔다. 그리고 한글 성경보다 중국 한문 성경이 먼저 들어왔다. 성경이 번역된 것은 중국 선교사들이 만주에서 그리고 여러 곳에서 한국 사람과 미국 선교사님과 함께 번역되었다는 것이다. 그리고 한국 사람들의 협조에서 불신앙인들의 번역협조가 있었다는 것이다.

 그러므로 중국의 복 사상과 개념이 그대로 성경 번역에 믿음의 모든 요소를 복으로 번역하였다. 중국 동양에서는 복이 무엇인가? 세상적인 것이다. 일본도 마찬가지이다. 일본은 잡신 우상 숭배가 매우 강하며 한편으로는 불교가 지배한 국가이다. 그래서 일본의 성경도 기복 성경으로 번역되었다. 신앙과는 정반대의 것들이다. 물론 복이 죄악적인 것의 전부라고 하는 것은 아니다. 복이 꼭 나쁜 것만은 아니다. 복은 인간에게는 생리이며 생명이라고 해도 과언은 아닐 것이다. 어떤 종교에서나 어떤 샤먼이나 우상을 통해서 복만을 추구하는 것이라면 구태여 아무 종교도 구별할 것이 없는 것이다. 즉 복의 중국 사상은 인간의 탐욕과 죄악의 편승된 개념이다. 부귀영화, 명예권세, 만수무강, 자손번성 등 세상적인 것들의 좋은 것들 뿐이다. 이로인 하여 한글 성경이 자체가 기복적 성경이 되어 버린 것이다. 성경 자체가 기복적이니 신앙이 기복적이요 교회가 기복적 교회가 된 것이다. 물론 우리의 성경, 신학, 교회가 모두 기복적인 것들 뿐 이라고만은 할 수 없다. 그러나 우선순위와 경중에서의 문제이다. 강조점이 다른 것이다. 비중이 다른 것이다. 구심점이 다르다. 구색(具色)으로, 짜 맞추기, 모양 갖추기 식이 많다. 알맹이 없는 허망하고 허탄한 것을 복으로 여기며 믿고 기도하고 바라는 것이 문제다. 탐욕과 교만과 세상적인 것들, 보이는 것들, 자기 과시용, 비인격적인 것들이다. 주님의 성품과 인격에 대한 기도는 없다. 어떤 물질이나 성공도 중요하지만 먼저 그리스도적 성품과 인격이 우선하여 변화되는 것이 질적 믿음의 성장이 되고 삶이 질적으로 변화가 되는 것임을 믿는다. 아무리 오래 믿고 기도하고 열심히 신앙 생활을 해도 옛 성품과 인격은 변화가 없고 천박한 고집과 꼬라지는 변할 줄 모르고 그대로다. 이런 것들은 생각도 없다. 술 마시고 담배 피는 것이 좋은 것은 아니지만 물론 나쁜 것이지만, 그런 것보다는 청렴과 정직을 우선하는 신학과 교회와 성도가 되는 것이 우선이 아닌가?

그러므로 '복(福)'이라고 구약성경의 단어는 모두 '하나님께 무릎을 꿇다', '하나님께 순종하다' '하나님께 경배하다'이다. '복음'은 '예수소식', '하나님 말씀', '구원소식', '구원천국' 등의 뜻이라는 개념의 인식이 되어야 한다..
'구원소식'으로, 그리고 '축복'은 '믿음의 은혜를 기원하다', '믿음을 더욱 소망하다', '믿음을 기도하다'로 해야 한다.
축복 하시옵소서, 복을 주시옵소서, 하는 것이 어법적으로 맞는 표현이지 축복을 주소서, 또 축복을 받았다는 등의 표현은 적절한 표현이 되지 못한다.
중국의 복 사상, 복 개념은 특히 오복에서 나오는 것인데 오복은 수(壽), 목숨 수로 장수를 의미하며 건강하게 오래 사는 것이다. 둘째는 부(富), 재물이 많고 넉넉하며 부자로 부유하게 사는 것이다. 즉 부귀영화를 누리는 것이다.

첫째 무병장수(無病長壽), 둘째 부귀영화(富貴榮華), 셋째 강녕(康寧)이다. 즉 부자로 근심 걱정 없는 마음과 사고나 질병이 없이 평안하고 편안하고 안전하고 안락한 마음과 육체를 유지하며 자손이 번성하고 많은 자손들이 성공하는 것이다. 대단한 복이다. 넷째는 수호(修好)(修好)덕(德), 이웃과 서로 잘 지내는 것이다. 서로 다른 사람과 관계를 잘 하고 지내는 것이다. 관계성을 잘 이루는 것으로 예수님의 이웃 사랑이 바로 하나님 사랑의 마태복음 22장 37~40로 비견될 수 있지만 그렇다고 예수님과 비교한다는 것 큰 오류를 범하기 쉽다. 요즈음 에큐메니컬 운동, 카톨릭 예수회, WCC, 등에서 이슬람과 불교, 힌두교, 등 세계적 종교와의 연합과 통일을 말하는 것을 매우 위험하고 비성경적 오해에서 나온 결과라고 할 수 있다. 서로 덕을 주고 받는 것이나. 서로 돕고 어우러져 사는 것이다. 윤택한 물질로 서로 덕을 베풀며 사는 것이다. 이러한 복은 우리 예수님과 성경이 말하는 이웃 사랑이 가장 중요한 하나님 예수 그리스도의 계명이다. 바라는 것이 같다고 하는 것과 그 근본은 전혀 다르다는 것을 알아야 한다. 모든 것이 하나님 예수 그리스도의 은혜로 받는 것임을 잊어서는 안 된다. 다섯째는 고종명(考終命)은 제 명대로 살다가 편안하게 죽는 것이다. 천수(天壽)를 누리고 편안하게 죽는 것이다.

즉 무병장수(無病長壽), 부귀영화(富貴榮華), 만수무강(萬壽無疆), 명예(名譽) 권세(權勢), 자손(子孫)번성(蕃盛), 수신제가(修身齊家) 치국(治國) 평천하(平天下) 후덕(厚德)이다.

우리는 유교, 불교, 이슬람교, 힌두교 등 여러 종교들이 사회

공동체에 유익한 도덕성, 윤리성, 공익적 번영과 정의와 공의로운 점이 많이 있고, 이 사회에 큰 좋은 영향력을 나타내고 있다고 해서, 한편으로는 현재 한국 교회가 가지고 있는 문제점들과, 과거 카톨릭이 범한 역사적인 여러 과오들에 대한 평가를 통하여 문제가 있었다고 해서 예수 그리스도의 믿음과 신앙에 대한 구별성이 없다면 더욱 심각한 하나님아버지예수그리스도성령님에 대한 평가를 절하하는 중대한 죄를 범하는 결과를 가져올 수 있다. 성경을 연구하고 개념 이해를 하는데 필요한 기초는 인류에 대한 역사와 철학, 언어학 이 세 가지에 대한 기초 학문적 준비가 되어야 개념 이해를 할 수 있다고 생각해 본다. 기원 전 4~3세기 때 아테네에서는 그런 개념의 기초 학문과 이론이 이미 정립되었다. 오늘날보다 더 민주적인 정치제도와 이론, 학문이 있었다. 지금 우리나라에서는 특정 정치지도자를 위하여 십자가를 들고 길거리로 나가는 모습도 있다. 상당한 교회에서 주일 예배에는 합심하여 정치 설교를 하는데 열을 내고 있다. 정치는 정치인에게, 질병은 의사에게, 경제는 경제학자와 기업에 돌려 주자. 모두 다 교회에서 해결하려고 하지 말았으면 참 좋겠다. 의사가 병 고쳤다고 성령 세례 받았다고 하지 않는다. 의사가 병 치료했다고 광고하지도 않고 자랑하지도 않는다. 우리나라는 목사가 모든 문제를 다 해결하는 것 같은 모습을 종종 본다.

축복하다는 헬라어는 '율로게오'이다. 칭찬하다, 축복하다, 감사하다, 찬양하다라는 말이다. 율로는 좋은 이라는 뜻이고, 게오는 로고스 즉 말씀, 말, 언어 라는 뜻이다.

신학이라는 단어의 영어 theology는 헬라어 theo = 신, 하나님의 뜻이며 logy는 로고스의 뜻인 말씀, 언어를 의미하여 신학은 하나님의 말씀을 말한다. 말씀, 신학, 언어학은 상관관계를 가지고 있다. 그런 의미에서 말씀이 아닌 것은 방언이다. 방언은 말씀에 대한 반대 개념이며, 하나님의 백성의 말이 아닌 것을 의미하며, 하나님의 백성이 아닌 이방인을 방언이라는 개념이다. 즉 하나님의 백성인 이스라엘 유대민족의 말 언어에 대한 반대 개념이 방언이다. 철저한 개념의 신학이 정립되어야 한다. 개념 없는 한국 신학과 개념 없는 해석과 개념 없는 적용이 문제이다. 말씀의 한 단어, 한 절에 대한 개념, 문맥에 대한 개념, 성경 전체를 통한 개념이 연구되어 정리되어야 한다.

복음(福音)의 복된 소식, 복된 음성보다는 good news/기쁜 소식 , 좋은 소식이라는 표현이 더 좋다, 그러나 더 정확한 번역은 예수소식, 구원소식, 영생소식, 천국소식, 믿음소식 등으로 번역하는 더 좋고 정확한 번역일 것이다.

복음의 어원은 헬라어는 유앙겔리온으로 로마 황재의 소식 같은 소식으로, 황제의 message, 황제의 좋은 소식이다.

 최고의 말씀은 역시 마태복음 5장 3절~12절 이다.

3 심령이 가난한 자는 복이 있나니(= 무릎을 꿇나니)(순종 = 구원, 경배, 예배) 천국이 그들의 것이요(또는 심령이 가난한 자는 (그리스도의 피로) 정결케 되나니(보혈寶血) = 피로 죄속함을 받나니)

Blessed are the poor in spirit, for theirs is the kingdom of heaven.

4 애통하는 자는 복이 있나니(무릎을 꿇나니) 그들이 위로를 받을 것이요

(애통하는 자는 피로 정결케 되나니＝피로 죄속함을 받나니) ＝ 보혈(寶血)

5 온유한 자는 무릎을 꿇나니 그들이 땅을 기업으로 받을 것이요(온유한 자는 피로 정결케 되나니＝피로 죄속 함을 받나니) ＝ 보혈(寶血)

6 의에 주리고 목마른 자는 무릎을 꿇나니(의에 주리고 목마른 자는 피로 정결케 되나니＝피로 속죄함을 받나니) ＝ 보혈(寶血)

7 긍휼히 여기는 자는 복이 있나니(긍휼히 여기는 자는 피로 정결케 되나니＝피로 속죄함을 받나니)

8 마음이 청결한 자는 복이 있나니(마음이 청결한 자는 (예수 피로) 정결케 되나니＝피로 속죄함을 받나니) ＝ 보혈(寶血)

9 화평하게 하는 자는 복이 있나니(화평하게 하는 자는 피로 정결케 되나니＝화평하게 하는 자는 피로 속죄함을 받나니) ＝ 보혈(寶血)

10 의를 위하여 박해를 받는 자는 복이 있나니(의를 위하여 박해를 받는 자는 피로 정결케 되나니＝ 의를 위하여 박해를 받는 자는 피로 속죄함을 받나니)

11 나로 말미암아 너희를 욕하고 박해하고 거짓으로 너희를 거슬러 이모든 악한 말을 할 때에는 복이 있나니(나로 말미암아 너희를 욕하고 박해하고 거짓으로 너희를 거슬러 이모든 악한 말을 할 때에는 복이 있나니(나로 말미암아 너희를 욕하고 박

해하고 거짓으로 너희를 거슬러 이모든 악한 말을 할 때에는 피로 정결케 되나니＝피로 속죄함을 받나니)＝보혈(寶血)

beatitudes

12 기뻐하고 즐거워하라 하늘에서 너희는 상이 큼이라[상은 보혈(寶血)]

너희 전에 있던 선지자들도 이같이 박해하였느니라(박해를 받았느니라 라고 번역해야 올바름. 선지자들이 누구를 박해한 것이 아니다.) 참고로 번역에서의 애매모호한 번역은 다수가 있다. 특히 지시대명사의 불분명한 점과 앞 뒤 문맥의 어긋남과 번역의 의미와 개념성이 흐린 것들이 다수 있다. 누가복음 16 장에서의 불의한 재물에 대한 번역에도 문제가 있다. 불의한 제물이라기 보다는 세상의 부이다. 부라고 하는 것은 모두 세상적인 것이다. (영어로 worldly wealth.)

즉 결론은 아홉 가지 은혜라고 하는 것들의 사실은 고난과 시험을 상징하는 현상이지만 그런 상황의 고난과 시험을 기뻐하고 즐거워하라는 것이다. 그 다음에는 하나님의 상이 크게 있을 것이다 는 결론이다. 11절까지는 모두 어렵고 힘든 상황들이다. 인간으로써 이 세상에서 살아가는데 어려운 상황들이며 견디기 힘들고 심히 고통스러운 것들이다. 누가 이런 것을 기쁘고 즐겁게 받아들일 수 있겠는가? 이것은 예수님께서 제자들에게만 직접 가르치신 것이다, 일반 대중들에게 설파하신 것이 아니다. 직접 제자들이다. 즉 제자들에 대한 이 가르침을 오늘날 교회에서의 제자훈련을 뒤 돌아 보아야 할 것이다.

그리고 12절의 하반절의 번역이다. "너희 전에 있던 선지자들도 이같이 박해 하였느니라"의 주어가 선지자이다. 선지자들이 누군가를 이같이 박해하였다는 것이다. 그러나 영어성경은 "for in the same way they persecuted the prophets who were before you." 이 영어의 뜻은 " 이러한 방식으로 그들이 선지자들을 박해 하였느니라"로 되어 있다. 다시 말해 그들 they는 일반적이 세상 사람들을 말하고 있다. 그러므로 선지자들은 그들로부터 박해를 받았다는 뜻이다. 이러한 번역은 성경에서 몇 군데 상당히 더 있다. 그리고 지시대명사에 대한 번역이 애매모호한 곳이 꽤 적지 않다. 이러한 번역이 잘못 되어 있고 번역이 헬라어와 히브리어의 원어와 번역이 잘못 되었다고 하여 성경의 무오성을 훼손하여서는 안 될 것이다.

성경의 번역의 잘못 된 것도 물론 문제이지만 그 보다도 해석의 잘못이 더 큰 문제이다,

대부분의 한글 성경들은 마태복음 5장 1~12절까지를 머리에 팔복이라고 붙이고 있는데 이 8복이라는 것도 혹시 중국의 복 사상에서 연유되지 않았나 싶다. 중국은 팔이라는 숫자를 복이라고 생각한다. 그래서 중국 사람들은 8자를 매우 좋아한다. 사전도 결국은 세상의 유행을 담아 사전에 싣는다.

영어 성경에서는 산상수훈의 말씀의 구절 제목을 'beatitudes'라고 제목을 영어로 달고 있다. 이는 어디에도 8이라는 숫자를 나타내고 있지 않다. 한글 영어 사전에도 우리나라의 이 팔복이라는 성경 해석의 영향을 받아 8복이라고 해석하고 있는 것도

잘못 번역된 것이라고 본다. 그리고 성지 순례의 이스라엘에서도 팔복교회라는 이름의 교회가 있는데 그 교회이름도 팔복교회라는 이름은 어디에도 없다. 영문으로 'the church of the beatitudes'라고 쓰여 있을 뿐인데 어디에서 팔이라는 숫자가 나오고 '팔복교회'라고 하는 것인지 우리식의 기복적인 사고로 해석되어 매우 신앙심 좋은 우리나라 성도들과 목회자들의 명명이 그 역사를 만들고 있는 것이 아닌가 싶다.

그러나 8복이 아니고 9복이다. 물론 복(福)자를 그 주개념으로 해석해서는 곤란하다. 성경에서의 복은 예수 그리스도의 피의 속죄, 즉 부활을 믿는 믿음으로의 구원이다. 즉 죄의 사함으로 죄 용서로써의 구원과 그로 인한 정결함으로 번역을 해야 한다. 구약에서는 복(福)이 순종(順從)이다. 복이라는 바라크는 무릎을 꿇는 것이며 찬양이다. 찬양이라는 히브리어도 바라크이다. 믿음은 순종(順從)에서 나온다. 구원(救援)은 순종(順從)이다. 하나님께, 하나님 말씀에 순종(順從)하는 것이 믿음이고 구원(救援)이다. 그러므로 복(福)은 보혈(寶血), 구속(救贖), 속죄(贖罪), 구원(救援), 천국(天國), 영생(永生), 으로 번역이 되어야 한다. 그 외에 다른 것이 들어갔다면 그것은 음란(淫亂)이며 간음(奸淫)이며 간음(姦淫)이다. 다원(多元)주의이며 신사도운동이며 에큐메니칼 운동이며 WCC와 천주교 카톨릭이 이슬람과 불교도 함께하는 세계종교통일주의자들의 주장이다.

그래서 인지, 필자가 확실히 이스라엘의 팔복교회의 이름이 이스라엘 말로 어떻게 쓰여 있는지 모르지만 팔복교회의 이름은 확인해 보고 싶다.

이스라엘 성지 순례의 팔복교회 이름은 영어로 되어 있다. 그 표기는 'The church of beatitudes'이다. 억지 번역하면 지복교회이다.

영어 beatitude는 더없는 행복(지복(至福)이라는 뜻이다. 헬라어 마카리오스와 같은 의미이다. 마태복음 5장의 산상수훈의 팔복에서 나오는 복이라고 할 때의 복을 헬라어로 '마카리오스' 즉 지극(至極)한 복(福)으로 나타내고 있다. 영어로는 supreme happiness이다. 즉 a state of supreme happiness로 최고의 행복한(기쁜, 즐거운)상태이다. 이는 무슨 의미이며 무슨 뜻이냐? 구원 이외에 다른 더 없는 행복이 있는가? 그렇다면 이미 구원은 없다. 세상 것들을 사랑하고 세상 것을 구하는 사람에게 구원이 있을 수 없는 것이다.

지복이란 뜻은 지복(至福)은 지극(至極)한 복(福)이다. 지극(至極)은 끝까지 다다르는 복이다. 이루 상상할 수 없을 정도의 훌륭한 복이라는 뜻이다. 즉 최고의 복이라는 뜻이다. 그것은 바로 구원을 뜻하는 것이다. 그러므로 '구원교회'라는 뜻이다. 이 교회이름을 한국식 이름으로 팔복교회라고 한 것이다.

산상수훈 속칭 팔복이라는 예수님이 제자들에게 직접 말씀하신 것을 단도직입적으로 복을 말씀하신 것의 복은 우리가 생각하는 세상의 부귀영화, 명예권세, 무병장수, 자손번성, 만수무강, 영생복락이라는 세상을 말하는 것이 아니고 우리가 무릎을 끓고 순종으로 인도되는 믿음, 예수 천국인 것이다. 오늘날 교회에서 부자가 되고 세상적으로 성공한 사람들의 예를 들어 신앙생활을 잘 하고, 교회에 잘 나오고, 기도 많이 하고, 헌금(獻

金), 연보(捐補) 많이 하고 하는 것으로 복(福)을 받았다고 하여 추앙하고 광고하고 교회에 직분을 받는 것이 믿음으로 증거로 삼고 하는 것이 모두 세상에서의 세상적으로 성공하였다는 것이 믿음으로 비견되고 증거된다고 하는 것이라면 산상수훈의 예수님 말씀은 전혀 해당이 될 수가 없다. 역설적으로 9가지의 말씀은 참으로 고난이며 어려움이며 시험이며 고통인데 이것이 복(福)이라고 한다는 것은 앞 뒤가 연결이 되지 않고 오히려 혼란만을 가져오며 말씀이 어렵게만 느껴지고 말씀을 잘 이해 못하게 되는 결과를 가져올 수 있을 것이다.

그렇게 되니까 성경이 처음부터 끝까지 얼마나 복을 많이 이야기하고 있는가? 온통 성경은 복으로 시작하여 복으로 끝나고 있다. 그리고 그 복을 받기 위해 얼마나 많이 기도하고 봉사하고 헌금하고 해야 하는가? 무조건 이런 교회에 헌신하는 것이 나쁘다는 것이 아니다. 물론 세상적인 복이 나쁘다고 전적으로 말할 수 없다. 필요하다. 그러나 우선순위의 문제이다. 경중의 문제이다. 그리고 믿음의 본질 문제에 대해서는 전혀 말하지 못하고 접근하지 못하고 있다.

그 결과로 헌금 많이 해야 복 받는다 라든가, 봉사 많이 해야 복 받는다 라든가, 전도 많이 해야 복 받는다 라든가, 누구 누구는 전도 많이 해서 돈을 많이 벌었다, 누구 집사님은 기도 많이 해서 성공했다 라든가, 누구 장로님은 봉사 많이 해서 진급했다 라든가, 누구 누구 권사님은 목사님을 잘 섬겨서 큰 아파트로 이사 갔다 라든가, 누구 누구 성도님은 기도를 많이 해서 아들이 공부를 잘 해서 좋은 대학에 합격 했다 라든가, 하는 식의 온통 교회가 그런 성공한 것들, 잘 된 일들에 대한 사례를 들어 광고하고 부추기고 경쟁심을 유도하고 하여 성도들을 심리적 최면에 빠지게 하는 경향이 거의 모두라고 하는 것이 한국 교회의 현실이라고 아니할 수 없을 것이다.

심지어는 목사에게 잘해야 복 받는다 라고 하며, 교회를 옮기면 큰 일이 일어 나는 것처럼 교묘하게 말하는 기술은 매우 발달했다. 어느 장로님은 지방에서도 주일날 비행기 타고 온다고 하며 그 분의 신앙과 믿음과 주님에 대한 충성이 대단하다 라고 하며 베드로보다 더 큰 믿음이다 라는 식은 좀 곤란하다. 물론 그 믿음이 나쁘다는 것이 아니다. 아니 좋다고 해야 할 것이다. 사실은 대단한 믿음이다.

그렇다면 살면서 성도가 목회자가 고난과 어려움을 당하고 어려움이 있을 때는 모두가 믿음이 부족하고, 기도가 부족하고, 헌금이 부족하고, 봉사가 부족해서 일까요? 그리고 사람이 태어나서 살다가 병이 들 때도 있을 것인데 이는 믿음이 부족하고 봉사가 부족하고 헌금이 부족하고 교회를 잘 섬기지 못하고 목사님을 잘 대접하지 못해서 일까요? 사람이 죽음이 다가와서 죽음을 맞이하는 것도 믿음이 부족하고 기도가 부족하고 봉사가 부족하고 헌금이 부족해서 일까요? 물론 불신앙과 죄악의 결과로 오는 시험과 고난도 있다는 것을 부정하는 것은 아 니다. 믿지 않는 자들이 더 재벌이 많고 믿지 않는 자들이 나라의 위정자가 되는 것들을 모두 다 적용할 수가 없다. 어느 유명 목사님은 매우 큰 목회를 한 것을 매우 성공했다고 하며 추앙하고 그런데 암이 발병하여 투병 중에 고통을 받으며 일찍 소천하였다는 것은 어떻게 설명되어야 하며 자녀들이 훌륭하게 성공하지 못한 것도 모두 믿음의 문제, 교회에 열심이 부족하고 교회에서 봉사가 없어서, 헌금을 하지 못해서 일까요. 병이 든 것도, 그리고 병이 낫지 못한 것도, 모든 것이 믿음의 열심이 부족하고 헌금이 부족하고 목사를 잘 섬기지 못해서 일까요? 물론 이렇게 언급하는 것도 지나친 비약이고 잘못된 설명이라고 할 수 있을 것이다. 너무 과장이고 비약이라고 할 수 있다.

그렇다면 재벌들은 신앙이 거의 없고 다른 신앙인들이 더 많은데 그것은 무엇으로 설명되며 이슬람국가들은 더욱 더 부를 누리며 살고 있는 것은 무엇으로 말할 수 있으며, 어떤 목사님은 동남아의 쓰나미 재앙을 믿음이 없어 그런 재앙이 있었다고 하는 말씀은 과연 신앙적 성경적인가?

긍정적 사고, 적극적 사고, 목적이 이끄는 삶, 등 심리적, 최면적인 신앙과 교양적이며 인문학적 철학적 사고와 신앙이 같이 동화되고 있는 것은 어떻게 보아야 할 것인지 성경의 기준으로 판단되어야 할 것이다. 그리고 서로 그러한 한계가 없어지고 서로 같이 공동적이며 동화적인 신앙이 더욱 인격적이며 인간적이며 학문적이며 과학적이며 합리적인 종교화 되고 있는 우리의 신앙이 현대화와 문명화에 세속화가 되어 가는 것은 아닌가?

하나님께서 두 가지의 나무를 주셨다.

첫째 하나는 아담성의 나무이다. 하나님께서 첫 사람 아담을 창조하실 때 주셨던 하나님의 형상대로 하나님을 닮음 형상과 그 성품인 생명나무 = 사랑 = 예수이다.

둘째는 하와성의 나무이다. 사탄의 유혹과 시험에 빠져 그 죄의 전염성과 유행성, 전이성의 인간의 전적 타락성을 허락하신 인간의 전적 타락과 인간 전적 부패성과 끝없는 죄성 인 율법나무 = 선악을 알게 하는 나무(의 열매)인 율법이다.

첫째 나무는 목적 그 자체인 목적나무이고, 둘째 나무는 목적을 이루는 수단의 나무이다.

하나님의 전적 주권/생명나무

 하와는 타락한 인간의 전적 부패를 상징하며, 지식의 나무이며 선악을 분별할 줄 하는 나무인 율법나무의 열매를 따먹게 하는 불순종을 자신뿐만 아니라 첫 인간이면서 자신의 남편인 자신의 머리되는 아담에게 거짓과 변명으로 불순종의 죄를 짓게 한 죄의 표상이 되었다. 선악을 알게 하는 나무의 열매를 먹어서 죄가 된 것이라기보다는 '먹지 말라'는 명령에 순종하지 않은 것이 죄이다. 모든 인간의 죄는 불순종이다. 하나님 말씀에 대한 불순종이 죄이다. 말씀에 대한 불순종은 어떠한 것이라도 죄이다.

 출애굽시의 열 가지 재앙은 죄의 반복성, 인간의 전적 타락과 죽음 이전에는 없어지지 아니하는 죄의 본성이며, 애굽에 대한 10 가지 재앙 심판은 계시록의 7 재앙과 같은 종말론적 심판을 상징하며 창세기는 요한계시록의 종말론의 예표이다.

5. 심판

계시록의 7재앙과 대비/ 종말론적 심판/ 심판 없이는 인간은 새로워질 수 없는 존재/ 심판을 통하여 새 창조/ 새 하늘과 새 땅의 재창조와 새창조/ 출애굽을 통한 구원/ 인간의 결코 없어지지 않는 죄악과 오만, 독선, 무지, 편견, 시기, 질투, 음란, 탐욕, 거짓, 압제, 폭력, 이러한 죄의 본성들을 위하여, 하나님이 우리에게 복을 주셨다는 것은 이 복은 우리가 생각하는 개념의 복이 아니고 이러한 죄에서 해방과 자유 함을 주시는 죄의 사함, 즉 구속의 구원으로 뜻하는 히브리어 '바라크' 즉 '무릎을 꿇게 하다'로 우리를 순종하게 하여 정죄에서 순종케 하여 정결케 하신다는 영어 'bless'의 '피로 정하게 하다'는 의미로 피의 제사, 피의 예배, 희생 제물의 제사, 속죄의 피의 제물을 드림과 예배를 의미하는 것이다. 그러므로 우리의 믿음과 신앙의 핵심은 제사 예배인데 이는 복으로 번역된 것은 본래 성경이 의미하는 개념에서 벗어나 동양 중국적 복 사상, 즉 인간 중심적 사상, 인간의 세상적인 것만을 추구하고 이 세상에서만을 위한 인간만을 위한 행복을 추구하는, 자기의 행복만을 추구하고 타인에 대한 이타적 사랑을 버리는 사상과 철학에 기반이 되는 인간 탐욕 중심적 사상이다. 세상의 복은 죄성을 낳지 않을 수 없는 구조적 절대적 죄성을 가지고 있다. 재물이 많으면 다른 사람을 압제하고 독선적이며 남을 자기의 발 아래 엎드리게 하려고 하는 죄성, 지배성, 군림성, 남을 자기 아래 복종케 하려는 폭력성 즉 파괴성과 시기 질투의 상승의 고취성을 스스로에게 조장하는 결과로 가인의 죄성이 표출되는 결과를 낳게 되는 것이다.

이는 성경에 나오는 모든 인물들에게 동일하게 나타나는 현상들이다. 이에 해당되지 아니한 분은 오직 예수님 한 분 뿐이다. 요셉도 얼마나 많은 죄성을 가지고 있는지 모른다.

첫째 그는 어려서부터 형들을 고발하고 시기 질투와 안하무인적인 교육을 아버지로부터 가르침을 받고 자랐고 형들을 무시하고 좋은 것은 혼자만 차지하고 즐기는 습관 속에서 죄의 스스로 온전히 입혀져 성장하여 무엇이 죄인지도 모르고 자랐기 때문에 형들로부터 복수심을 자극하게 하고 결국은 형들이 형제를 살인하는 가인의 죄성을 범하게 하는 결과를 가져오게 하였다.

둘째는 총리가 되어서도 고향 부모 형제를 찾지도 아니하고 모른체 하며 지냈다. 13세에 애굽에 들어갔는데 13세의 나이는 모든 것을 기억하고 알고 있는 나이이다. 당시의 요셉은 기억력과 머리가 매우 좋은 아이였다. 그런데 애굽에서 가나안 고향이 멀지도 않았다. 그리고 당시 애굽은 요즈음 미국 같은 세상의 대제국이었다. 중국의 발달한 상품들이 대상들을 통하여 전달 되는 상황이었고 가나안은 그 모든 물류와 유통의 통로였기에 요셉이 마음만 먹으며 얼마든지 알 수도 있고 찾을 수도 있고, 찾아갈 수도 있는 거리와 형편과 상황이었을 것이다. 그러나 요셉의 형제들이 가난 때문에 찾아올 때까지 어떤 마음도 없었다는 것이다. 아니 자기 부모 형제들에 대하여 애굽에서 자기 개인의 정치적 입지를 생각해서 외면하고 모른 체 했을 수 있다. 셋째는 오직 바로만을 위한 정치와 정책을 바로의 권력 즉 절대 독재 왕권을 확립시키는 데만 충성하여 일반 백성들의 모든 재산을 사유화 몰수하였고 7년 풍년과 7년 가뭄을 통하여 이를 기회로 모든 백성들을 노예화 하였고 그 결과로 자기 이스라엘 민족이 애굽에서 노예 살이를 하게 하는 제도로 그 노예제도의 결과를 가져오는 제도를 만들었다는 것을 알 수 있다. 심지어 백성들의 모든 가축까지도 식량을 빌미로 몰수하기까지 하였다. 창세기 47장 23절은 "요셉이 백성에게 이르되 오늘 내가 바로를 위하여 너희 몸과 너희 토지를 샀노라 여기 종자가 있으니 너희는 그 땅에 뿌리라" 그리고 토지를 나누어주고 20%를 받는 지나친 고리대금업을 한다. 그야말로 착취의 악덕고리대금업을 한 것 이다. 지금도 이스라엘 사람들이 유럽에서 비난을 받고 인심을 잃어버린 것이 고리대금업으로, 사설 금융업으로 악덕 고리대금업자로 영국의 세익스피어의 멕베드에 나오는 고리대금업자의 대명사가 되었다. 지금도 세계금융자산과 귀금속을 움직이는 사람들은 이스라엘 민족이다. 그리고 보석업계과 그 보석 가공 세공업계는 이스라엘 민족이 장악하고 있다. 이는 이스라엘 민족의 유랑성 백성, 그리고 디아스포라적 민족이기 때문이다. 언제든지 재산을 가지고 다른 곳으로 이동할 수 있어야 하기에 귀금속, 현금을 선호하는 사업 중심이다. 유목민의 근성이기도 하다. 이는 이스라엘 민족이 유목민족, 디아스포라적 민족이기에 방언 즉 이방언어 외국어에 능통한 유전인자를 가지고 있다. 변화된 환경과 여건에 적응하는데 놀라운 재능이 있다. 다중언어를 사용하는데 세계에서 으뜸이면서도 자기 민족의 정체성을 잃지 않는다는 것도 존재감을 잃지 않고 있는 민족이다. 그 힘의 근본은 신앙과 교육이다.

넷째는 자기 민족의 혈통의 존재성을 상실하였고 그것도 고의적으로 창씨개명으로 샤브넷바네아 라는 애굽이름으로 바꾸고 아스낫 아내도 애굽의 우상의 종교의 제사장 보디베라의 딸과 결혼하였다.

6. 복의 종류와 개념
신약의 헬라어와 구약의 히브리어에서의 복
1) 히브리어 헬렉, 분복, 몫, 분깃

땅이나 분깃을 나누어 주신다는 것이다. 분배하다, 나누어 주다의 뜻이다. 할락에서 나온 말인데 사람들이 추구하는 일반적인 복이다.

전도서2장 10절이다. 무엇이든지 내 눈이 원하는 것을 내가 금하지 아니하며 무엇이든지 내 마음이 즐거워하는 것을 내가 막지 아니하였으니 이는 나의 모든 수고를 내 마음이 기뻐하였음이라 이것이 나의 모든 수고로 말미암아 얻은 분복(分福)(헬렉)이로다.

전도서 5:18~20 사람이 하나님이 주신바 그 일평생에 먹고 마시며 해 아래서 수고하는 모든 수고 중에서 낙(樂)을 누리는 것이 선(善)하고 아름다움을 내가 보았나니 이것이 그의 분복(分福)(헬렉)이로다 어떤 사람에게든지 하나님이 재물(財物)과 부요(富饒)를 주사 능히 누리게 하시며 분복(分福)(헬렉)을 받아 수고함으로 즐거워하게 하신 것은 하나님의 선물이라 저는 그 생명의 날을 깊이 관념치 아니하리니 이는 하나님이 저의 마음의 기뻐하는 것으로 응하심이니라. 수고의 댓가이다.

전도서 9:9 네 헛된 평생의 모든 날 곧 하나님이 해 아래서 네게 주신 모든 헛된 날에 사랑하는 아내와 함께 즐겁게 살찌어다 이는 네가 일평생에 해 아래서 수고하고 얻은 분복(分福)(헬렉)이니라

신18:8 그 사람의 음식은 그들과 같을 것이요 그 상속(할렉) 산업을 판 돈은 이 외에 그에게 속할 것이니라

창14:24 오직 소년들의 먹은 것과 나와 동행한 아넬과 에스골과 마으레의 분깃을 제 할 찌니 그들이 그 분깃을 취 할 것이나

삼상30:24 이 일에 누가 너희를 듣겠느냐 전장에 내려갔던 자의 분깃이나 소유물 곁에 머물렀던 자의 분깃이 동일할지니 같이 분배할 것이니라 하고

느2:20 내가 대답하여 가로되 하늘의 하나님이 우리로 형통케 하시리니 그의 종 우리가 일어나 건축하려니와 오직 너희는 예루살렘에서 아무 기업도 없고 권리도 없고 명록(命祿)도 없다 하였느니라

시16:5 여호와는 나의 산업과 나의 잔의 소득이시니 나의 분깃을 지키시나이다

미2:4 그 때에 너희에게 대하여 풍사를 지으며 슬픈 애가를 불러 이르기를 우리가 온전히 망하게 되었도다 그가 내 백성의 산업을 옮겨 내게서 떠나게 하시며 우리 밭을 나누어 패역자에게 주시는도다 하리니

수14:5 이스라엘 자손이 여호와께서 모세에게 명하신 것과

같이 행하여 그 땅을 나누었더라(할락)

수18:2 이스라엘 자손 중에 그 기업의 분배(할락) 못한 자가 오히려 일곱 지파라

잠17:2 슬기로운 종은 주인의 부끄러움을 끼치는 아들을 다스리겠고 또 그 아들들 중에서 유업을 나눠 얻으리라

2) 유다이모니아(헬)는 행복하다

좋다의 '유' 마귀는 또는 세상 신이란 뜻의 '다이몬'의 합성어로 '세상 신으로부터 오는 좋은 것'

'좋은 귀신들' 쾌락적 행복의 의미로 번역(well-being, '번창'=flourishing)

3) 히브리어 에쉐르(헬라어로는 마카리오스)

시1:1 복(에쉐르) 있는 사람은 (원역＝사람의복이란) 악인의 꾀를 좇지 아니하며 죄인의 길에 서지 아니하며 오만한 자의 자리에 앉지 아니하고----

정직하게 행동(行動) 하다라는 동사 "아솨르"와 같은 어원에서 나옴. '곧다'. '똑바로 가다"란 일차적 의미에서 '번영하다' ' 성공하다'란 파생적 의미들이 포함된 단어이다.

시32:1~2 허물의 사함을 얻고 그 죄의 가리움을 받은 자는 복이 있도다. 마음에 간사가 없고 여호와께 정죄를 당치 않은 자는 복이 있도다

시33:12 여호와로 자기 하나님을 삼은 나라 곧 하나님의 기업

으로 빼신바 된 백성은 복이 있도다

창30:13 기쁘다 레아가 가로되 기쁘도다 모든 딸들이 나를 기쁜 자라 하리로다 하고 그 이름을 아셀이라 하였더라.

4) 헬라어 '마카리오스'

롬4:6~9 (마카리오스) "일한 것이 없이 하나님께 의로 여기심을 받는 사람의 행복에 대하여 다윗의 말한바 그 불법을 사하심을 받고 그 죄를 가리우심을 받는 자는 복이 있고 주께서 그 죄를 인정치 아니하실 사람은 복이 있도다 함과 같으니라 그런즉 이 행복이 할례자에게뇨 혹 무할례자에게도뇨 대저 우리가 말하기를 아브라함에게는 그 믿음을 의로 여기셨다 하노라"

헬라어: 복 = 마카리오스/최고의 기쁨, 최고의 희락

(마5:3~11) 심령이 가난한 자는 복이 있나니 천국이 저희 것임이요, 애통하는 자는 복이 있나니 저희가 위로를 받을 것임이요, 온유한 자는 복이 있나니 저희가 땅을 기업으로 받을 것임이요, 의에 주리고 목마른 자는 복이 있나니 저희가 배부를 것임이요, 긍휼히 여기는 자는 복이 있나니 저희가 긍휼이 여김을 받을 것임이요, 화평케 하는 자는 복이 있나니 저희가 하나님의 아들이라 일컬음을 받을 것임이요, 의를 위하여 핍박을 받은 자는 복이 있나니 천국이 저희 것임이라. 나를 인하여 너희를 욕하고 핍박하고 거짓으로 너희를 거스려 모든 악한 말을 할 때에는 너희에게 복이 있나니

5)헬라어: 율로게오(헬) = 축복하다

'좋은'이라는 (유)와 '말씀'이라는 뜻의 로고스가 합하여 이루어진 말로서 '좋은 말씀'이란 뜻. 남을 위하여 좋은 말씀으로 복을 빌어주는 것(blessing = 성찬기도).

6)히브리어: 베라카는 바라크에서 파생된 비슷한 말이다.

베라카도 (하나님께 무릎을 꿇다. 하나님께 순종하다. 하나님께 경배하다의 뜻이다.

땅과 후손에 대한 약속과 아브라함과 그 후손의 하나님이 되겠다는 약속과 그 후손은 복의 매개체로 그들로 모든 민족이 구원을 얻는다는 언약과 축복 약속을 강조할 때 사용하며, 언약의 성취와 상실 재 성취를 말한다.

이 동사의 주어와 목적어가 사람일 때는 '순종하다'로, 주어가 하나님이고 목적어가 사람일 때는 '구원을 받다, 은혜를 받다', 그리고 주어가 사람이고 목적어가 하나님일 때는 '찬양하다', '송축하다'로 번역한다. 그렇기 때문에 '바라크'의 기본 개념은 사람과 사람, 또는 사람과 하나님 사이의 관계에서 '높이다', '칭찬하다', '찬양하다', '기리다'이다. 필자는 성경에서 가장 핵심 주제 단어를 하나만 선택한다면 바라크이며 순종이다. 이 성경과 인류에게 대한 하나님의 메시지 오직 하나는 순종이다. 바라크이다. 모든 믿음의 덕목은 이 단어 순종에서 출발하여 순종에서 끝난다. 순종의 인간에게 알파와 오메가이다.

402

7) '찬양'의 히브리어도 '바라크'이다. 순종과 경배

그러므로 히브리어 '바라크'는 (하나님께)무릎을 꿇다, 순종하다, 경배하다. 칭찬하다 등의 의미이다.

창2:3 하나님이 일곱째 날을 복 주사 거룩하게 하셨으니 이는 하나님이 그 창조하시며 만드시던 모든 일을 마치시고 이 날에 안식 하셨음이더라

시133:3 헐몬의 이슬이 시온의 산들에 내림 같도다 거기서 여호와께서 복(베라카)을 명하셨나니 곧 영생(하이올람)이로다

요17:3 영생은 곧 유일하신 참 하나님과 그의 보내신 자 예수 그리스도를 아는 것이니이다.

요일5:12 아들이 있는 자에게는 생명이 있고 하나님의 아들이 없는 자에게는 생명이 없느니라

창12:1~3 여호와께서 아브람에게 이르시되 너는 너의 본토 친척 아비 집을 떠나 내가 네게 지시할 땅으로 가라. 내가 너로 큰 민족을 이루고 네게 복을 주어 네 이름을 창대케 하리니 너는 복의 근원이 될찌라(너는 복이 될찌라) 너를 축복하는 자에게는 내가 복을 내리고 너를 저주하는 자에게는 내가 저주하리니 땅의 모든 족속이 너를 인하여 복을 얻을 것이니라 하신 지라 너는 복이되라(5번 강조)

창48:15~20 그가 요셉을 축복하여 가로되 내 조부 아브라함과 아버지 이삭의 섬기던 하나님, 나의 남으로부터 지금까지 나를 기르신 하나님, 나를 모든 환난에서 건지신 사자께서 이 아이에게 복을 주시오며 이들로 내 이름과 내 조부 아브라함과 아버지 이삭의 이름으로 칭하게 하시오며 이들로 세상에서 번

식되게 하시기를 원하나이다. 요셉이 그 아비가 오른손을 에브라임의 머리에 얹은 것을 보고 기뻐 아니하여 아비의 손을 들어 에브라임의 머리에서 므낫세의 머리로 옮기고자 하여 그 아비에게 이르되 아버지여 그리 마옵소서 이는 장자니 오른손을 그 머리에 얹으소서 아비가 허락지 아니하여 가로되 나도 안다 내 아들아 나도 안다 그도 한 족속이 되며 그도 크게 되려니와 그 아우가 그보다 큰 자가 되고 그 자손이 여러 민족을 이루리라 하고 그 날에 그들에게 축복하여 가로되 이스라엘 족속이 너를 축복하기를 하나님이 너로 에브라임 같고 므낫세 같게 하시리라 하리라 하여 에브라임을 므낫세보다 앞세웠더라

신28:1~14 네가 네 하나님 여호와의 말씀을 삼가 듣고 내가 오늘날 네게 명하는 그 모든 명령을 지켜 행하면 네 하나님 여호와께서 너를 세계 모든 민족 위에 뛰어 나게 하실 것이라. 네가 네 하나님 여호와의 말씀을 순종하면 이 모든 복이 네게 임하며 네게 미치리니 성읍에서도 복을 받고 들에서도 복을 받을 것이며 네 몸의 소생과 네 토지의 소산과 네 짐승의 새끼와 우양의 새끼가 복을 받을 것이며 네 광주리와 떡반죽 그릇이 복을 받을 것이며 네가 들어와도 복을 받고 나가도 복을 받을 것이니라. 네 대적들이 일어나 너를 치려하면 여호와께서 그들을 네 앞에서 패하게 하시리니 그들이 한 길로 너를 치러 들어왔으나 네 앞에서 일곱 길로 도망하리라 여호와께서 명하사 네 창고와 네 손으로 하는 모든 일에 복을 내리시고 네 하나님 여호와께서 네게 주시는 땅에서 네게 복을 주실 것이며 네가 네 하나님 여호와의 명령을 지켜 그 길로 행하면 여호와께서 네게

맹세하신 대로 너를 세워 자기의 성민이 되게 하시리니 너를 여호와의 이름으로 일컬음을 세계 만민이 보고 너를 두려워하리라 여호와께서 네게 주리라고 네 열조에게 맹세하신 땅에서 네게 복을 주사 네 몸의 소생과 육축의 새끼와 토지의 소산으로 많게 하시며 여호와께서 너로 머리가 되고 꼬리가 되지 않게 하시며 위에만 있고 아래에 있지 않게 하시리니 오직 너는 내가 오늘날 네게 명하는 네 하나님 여호와의 명령을 듣고 지켜 해아며 내가 오늘날 너희에게 명하는 그 말씀을 떠나 좌로나 우로나 치우치지 아니하고 다른 신을 따라 섬기지 아니하면 이와 같으리라

시73:28 하나님을 가까이 함이 내게 복이라

시1:12 복이 있는 사람은 악인의 꾀를 좇지 아니하며 죄인의 길에 서지 아니하며 오만한 자의 자리에 앉지 아니하고 오직 여호와의 율법을 주야로 묵상하는 자로다.

8) 히브리어 '에쉐르', '아쉬레이' / 복/ 행복＝happiness/기쁨, 즐거움.

헬라어 '마카리오스' /복/ blessed, bless, bliss 환희

헬라어 '율로기오' /축복/아름다운 말, 칭찬, 찬양, 감사.

히브리어 '바라크' /복/ 무릎을 꿇다. 순종하다. 경배하다.

히브리어 '베라카' 무릎을 꿇다. 순종하다. 경배하다.

헬라어 유양겔리온(황제의소식)/복음(福音)/ 복된 소식/예수 구원

bless/피로 정결케하다/피세례⇒축복, 복.

baptize/물로 정결케하다/물세례

7. 구약의 복 그리고 신약의 복/
   히브리어의 복 그리고 헬라어의 복

성경의 번역과 해석에 있어서 히브리어와 헬라어 그리고 아람어 그리고 로마어(신약시대 로마제국시대) 이는 성경과 그리고 실제 당시의 사용언어로서의 공용어였다. 성경의 역사와 인류역사 그리고 기독교 역사, 즉 그 뿌리인 유대교의 생성과 역사에서 이들의 언어와 그리고 그 문화와 문명을 알아야 할 것이다. 이 생성의 역사에 애굽과 그리고 전기 고대 바빌로니아와 고대 바벨론의 역사, 함무라비시대를 고대 희랍, 즉 고대 그리스의 선진 문명과 문화를 무시할 수 없다. 그런 의미와 개념을 이해함에 있어서 언어의 이해는 역사 이해와 개념 이해에 중요하다.

언어의 역사성을 알아야 한다. 언어의 생성과 발전을 알아야 한다.

그리고 오늘날 영어는 어떤 언어이며 어떤 변천과 역사성을 가진 언어인가 알아야 할 필요가 있다. 그리고 성경의 언어, 즉 성경의 언어적 변천을 알아야 할 필요가 있다. 구약이 히브리어로 씌여졌으며 신약은 헬라어로 씌여졌다는 것이며 그리고 신약시대에도 로마시대에 그리고 종교개혁 이전까지도 구교는 로마어로만 씌여졌으며 다른 언어로의 번역이 불가되었으며 지금도 구교 천주교는 로마어로의 미사 예배를 드리고 있다는 것이다.

이렇듯 언어는 우리가 무엇을 이해하고 그 뜻을 깊이 이해하고 정확하게 아는데 매우 중요합니다. 언어는 약속입니다. 모든 사람들의 약속 안에서 이루집니다. 서로 뜻을 알고 이해하고 소통할 수 있는 것은 그 단어와 말이 서로 미리 약속이 되어 있어 말로 그 형상이 이미지 그리고 어떤 생각과 느낌과 보이지 않고 어떤 신비한 것도 이해할 수 있는 언어의 서로 교육되고 훈련된 언어의 약속이 없이는 소통과 이해가 공유될 수 없는 언약인 것이다.

그런 의미에서 성경을 원어인 히브리어나 헬라어(그리스어)로 쓰여졌던 것을 그 개념을 이해하는 것이 성경의 번역과 해석을 바로 할 수 있을 것입니다.

특히 히브리어와 헬라어(그리스어)는 문법상의 구조가 거의 비슷한 역사적인 원인이 있습니다. 오늘날 서양의 언어, 영어, 독일어, 프랑스어, 등 유럽의 언어들은 그리스 헬라의 언어와 로마어의 언어적 문법과 사용법 그리고 그 단어가 매우 흡사한 역사성을 가지고 있습니다. 헬라의 찬란한 고대 문화 문명과 로마제국의 1500년을 세계를 지배하고 다스린 그 역사적 영향을 이루 다 말할 수 없을 것입니다. 모든 법과 제도, 그리고 문명과 문화를 형성하고 영향을 미쳤다는 것은 모두 이해하고 공감할 수 있는 당연하 사실이다.

로마시대에도 로마가 세계를 지배한 당시 상태에서도 로마는 헬라 그리스 문화를 높이 평가하고 있다. 그리스 헬라 시대의 철학 , 예술 학문, 수학 건축, 신학 논리학, 등 모든 분야에서 오늘날까지도 그 기초를 배우고 연구하고 있다는 것이다. 소크

라테스, 플라톤, 아리스토텔레스, 피타고라스, 등 수학 , 철학,
예술, 논리. 수사학, 문학, 시학, 의학, 수학, 기하학, 건축 등 모
든 기초학문을 이르고 그 이름들이 지금도 언어의 대부분을 차
지하고 있는 것이다.

그러므로 모든 서양 언어의 어원은 모두 그리스 헬라어와 로마
어 등에서 연유되고 있다.

그래서 히브리어와 헬라어는 문법상의 구조가 거의 비슷한 역
사적 원인이 된다.

고대 역사적으로 5천 년 전 BC 3000년 경 최초 문명지 였던
메소포타미아 문명의 수메르와 아카디아에서 쐐기 문자와 이집
트 문명의 상형문자의 두 문명의 문자는 나란히 발전하였다.

오늘날 이집트 문자는 사라지고 그 민족의 나라도 사용하고 있
는 않는 역사를 가지고 있지만 어떻든 이집트의 문명과 문화를
전 세계 뿐만 아니라 특히 중동 서양, 특히 이스라엘 민족과는
떨어질 수 없는 역사와 문화를 가지고 있습니다. 이집트의 현재
는 아랍어 이슬람 문화의 언어 사용 국가로 바뀌었지만 ... 다
음은 쐐기 문자와 상형문자가 문명의 관계 속에서 원시 시나이 문
자로 발전하고 많은 민족들이 문자와 언어를 나름대로 발전
시키며 사용했다.

한편 성경에서 하나님에 의한 바벨탑이 무너짐으로 같은 인종
이 서로 다른 언어가 나누어짐으로 수많은 인종 분류가 나누어
지 듯 언어가 새로 발생하여 지방언어인 방언이 생성되었으며
방 언의 시작이며 인간의 탐욕과 그리고 인간의 죄악의 범람과 타
락과 음란의 대폭발로 인간의 무너짐의 상징으로 바벨탑을 무

너짐을 경험하게 된다.

 같은 인종 같은 민족이 서로 다른 언어가 나누어짐으로 수많은 인종의 분류와 분산 해산하는 역사는 언어의 불능을 가져옴으로 인하여 대화 소통의 불능, 언약 말의 약속이 무너짐으로 대화의 단절, 하나님과 대화의 단절 , 인간 끼리의 대화의 단절, 관계의 단절이 가져온다. 하나님과의 관계의 단절, 같은 사람들끼리의 관계의 단절은 전쟁과 불신과 거짓, 살인과 지배와 사망의 역사의 극한 상태와 상황으로로 대 변화를 가져 오는 결과를 가져온다.

 심지어는 같은 말로도 대화의 단절과 마음의 단절로 서로가 서로에게 서로를 알 수 없고 소통과 이해가 되지 않는 시대가 도래된 것이다.

또한 수메르, 아타디아인의 쐐기문자와 이집트 상형문자는 원시 시나이 문자로 발전되어 고대 알파벳의 문자로 발전하게 된다. 알파벳이라는 이름은 헬라어의 첫 글자 영어 A에 해당되는 알파와 영어 B에 해당되는 베타를 따라 알파벳 이라고 부르게 되었다.

 고대 페니키아어, 고대 히브리어, 고대 아람어, 고대 아랍어, 헬라어(그리스어), 라틴어, 고대 유럽어, 근대 유럽어, 영문의 알파벳이 되기까지 한 뿌리 고대 문명권에서 민족이 발원하여 시대와 지역이 누어지듯 각 나라마다 거듭하여 변형 변화되어 사용되어 왔으며

이 문자들은 라틴어 로마어로 이어져 유럽으로 이어지고 오늘날 영문의 알파벳의 기원이 되기 때문이다.

언어학적으로 한글은 주어와 형용사의 언어, 자기 중심적 언어라면 영어 등 히브리어 헬라어 등 서양언어는 동사의 언어, 수동태의 언어, 목적어의 언어이다.

한글은 문법이 주어를 중심으로 먼저 정해진다. 그러나 헬라어 히브리어 영어는 동사를 중심으로 먼저 정해진다. 그리고 명사 하나에 어두와 몸통인 어간 그리고 맨 나중에 붙은 어미 꼬리어 세 부분으로 나뉘어 단어 하나에 거의 모든 문법이 들어가는 형식이 된다. 그러므로 서양언어는 동사의 언어가 되어 있다. 그리고 역사적인 변천과 변화가 많고 지배문화가 많이 바뀌므로 인하여 그 사용 언어들이 변화를 많이 해 왔기 때문에 한 단어가 여러 가지 뜻과 의미를 복합적으로 가지고 있기에 한 단어가 여러 가지 의미와 뜻을 가지고 있으며 전치사와 접미사 접두사의 변화로 수십 개의 뜻을 가진 단어가 많은 것이다. 예를 들어 주어가 아버지가 되면 그 다음 동사가 이어지고 그 아버지에 대한 수식어가 따르고 동사는 맨 나중에 결정된다. 그래서 주어(主語)의 행동인 동사(動詞)가 맨 나중에 결정되는 문법(文法) 구조를 이루고 있다.

그러나 서양 언어는 그 주어(主語)는 생략되는 경우가 많고 동사(動詞)는 수동(受動) 형태로 쓰인다. 주어(主語)는 보통 하나님의 주체이며 그 대상인 인간은 사역(使役)되기 때문이다. 그러므로 주어는 특별한 경우에 주어가 나오며 일반적일 때는 주어는 생략되고 수동형으로 쓰인 것이 대부분이다. 그것은 서양 언어의 종교성이기 때문이기도 하다.

우리는 주어의 행동 동사를 강조하고 있기 때문이다.

그러면 구약 성경에서

1).복이란 뜻을 가진 히브리어 뜻을 가진 단어로는 '바라크'와 '아쉐르'가 있는데 이는 히브리어에서는 같은 어휘로서

2).베라카: 바라크가 어원으로 비슷한 단어이다. 무릎을 꿇다. 순종하다. 경배하다의 의미로 바라크와 같은 의미이다.

3).바라크: '무릎을 꿇다' '순종하다' '복종하다' '찬송하다' '축복하다' '칭찬하다'의 뜻이다

4). 순종의 복(히)바라크와 순종의 복(히)아쉬레이는 우리의 신앙 생활을 지탱하는 두 기둥이 되어야 한다.

5).순종의 복(히)바라크는 창조주 하나님께 절대적 복종 안에서 이루어진다.

6). 선하다(히) 토브는 복(히)바라크를 의미한다. 창세기의 '보시기에 좋았더라'의 보시기에 좋았더라의 의미가 토브이다. 아름답다, 좋다, 선하다의 뜻이다.

7). 같은 어휘의 복(히)아쉐르는 거의 복수 연계형인 복(히) '아쉬레이'로 사용되었다. 시편 1편의 복이다. 기쁨이다. 환희이다. 구원의 기쁨이다. 마태복음 5장의 산상수훈의 복의 헬라어 마카리오스에 해당된다. 최고의 기쁨, 최고의 행복이다. 바로 구원의 기쁨이다. 이 세상에는 없는 기쁨이다. 지극한 행복이다.

8. 기복(祈福)교

성경의 언어인 히브리어와 헬라어를 알기 위해서는 이스라엘의 역사와 문화를 알아야 하고, 헬라의 역사와 문화를 알아야 하는

것과 같이 다시 우리 한글로 번역하는데는 우리나라의 역사와 문화에 가장 영향을 끼친 중국을 알아야 할 것이다. 그러므로 성경은 히브리인의 문화와 헬라와 로마의 역사와 문화를 알아야 할 뿐만 아니라 중국의 역사와 문화를 알아야 성경을 번역하는데 중요한 기본 요소가 된다.

신약성경에서 복이란 뜻을 가진 헬라어 단어로는 복(헬) '마카리오스'이다. 고전 헬라어 문헌의 용법은 그 의미는 '일상적인 염려와 걱정들로부터 놓여, 자유 하는' 것으로 겹은 어휘로 형용사 '마카리오스(헬-최고의 축복 라는 의미)는 '마카르'(헬-행복하다는 의미)에서 유래되었다. 이는 우리의 일상적이며 전통적인 민족적, 동양적, 중국문화적, 역사적인 의미인 복(福)과는 거리가 멀다. 세상적인 복이 전혀 아니다. 성경에서의 하나님의 뜻, 의미(意味), 의(義), 하나님의 생각과 하나님의 마음에서의 개념은 복이라는 의미가 믿음과 구원을 의미하는 것이지 다른 뜻이 아니라는 것이 분명한데, 어찌 세상적인 복을 의미한다고 오직 복만 추구하는 신앙이 되고 말았을까? 심히 안타깝다.

복에 대한 또 다른 헬라어 단어는 명사 축복(헬; 율로기아) 동사로 복을 빌다. 헬/율로게오 이다. 칭찬하다. 찬양하다. 찬송하다. 감사하다. 등의 뜻이다. 감사는 모든 것이 풍족하고 주신 것이, 받은 것이 너무 많아 감사하는 것이 아니라, 무엇을 잘해서 잘 했다고 칭찬하는 것이 아니라, 건강해서 감사하기 보다는, 부족한 것에 감사하고, 없는 것에 감사하며, 연약한 것에 감사하고, 고난에 감사하고, 고통하는 것에 감사하며, 핍박에 감사하며, 병든 몸에 감사하고, 불쌍한 것에 감사하고, 슬픔에 감사하는 것이 '바라크'이다. 이것이 '마카리오스'이며, 이것이 '율로게오'이다. 차고 넘쳐서, 모든 것 풍족하고, 만사형통해서 감사한 것이 아니다. 그것은 이방사람들이 하는 것이다. "낙타가 바늘귀로 들어가는 것보다 부자가 천국에 들어가는 것이 더 어렵다"라고 말씀하셨다.

이제 성경에서 복이라는 말은 사용하지 말아야 한다. 복이라는 단어는 성경에서 **빼야** 한다. 복 받으러 교회 나오지 말아야 한다. 복 받으러 예수 믿으라고 하지 말아야 한다. 복음은 예수 믿고 복 받는 종교가 아니라고 해야 한다. 복음은 '예수 믿으면 복 받는다'라는 것이 아니다 라고 말해야 한다. 지금 한국 교회와 신학은 기복교(祈福敎)이고 기복(祈福)신학이다. 이제 아예 이름을 기복교로 바꾸든지 아니면 '복(福)'자가 성경에서 빠지고 다른 번역으로 해야 한다. 찬양가사도 모두 복이 들어가는 것은 가사도 바꾸어야 한다.

9. 순종의 (히)바라크/ 순종 언약

일방적 편무계약인 언약의 복은 또한 상대에게는 그 무조건적인 복종과 순종의 복이 따른다. 하나님의 절대 주권적 복이며 천부적 복이다. 창조적 복이다. 하나님이 창조하실 때부터 일방적으로 하나님께서 "자기 자신을 위하여 창조하셨기 때문에 무조건적 창조적 의무인 인간에게 부여된 복이다. 하나님이 무조건적인 창조의 은혜의 권리이시다. 하나님의 권능과 은혜의 권리이신 복이다. 하나님의 권리인 복이다. 하나님께서 자신의 권리와 의무로 주어진 복이다. 언약적, 편무적, 일방적 (복)은혜이다.

창1:22 하나님이 그들 물고기 및 모든 생물 새들에게 "복을 주어" 가라사대 생육하고 번성하여 여러 바다 물에 충만하라 새들도 땅에 번성하라 하시니

창1:28 하나님이 그들 (사람-남자와 여자)에게 '복'을 주시며 그들에게 이르시되 생육하고 번성하여 땅에 충만하라 땅을 정복하라 바다의 고기와 공중의 새와 땅에 움직이는 모든 생물을 다르시라 하시니라

창2:3 하나님이 일곱째 날을 '복주사' 거룩하게 하셨으니 이는 하나님이 그 창조하시며 만드시던 모든 일을 마치시고 이날에 안식하셨음이니라

복/히브리어-바라크＝무릎을 꿇다, 축복하다. 복을 주사. 찬양하다, 송축하다 (동사)

복(히브리어)＝바라크＝무릎을 꿇다, 축복하다, 복을 주다, 찬양하다 높이다, 인사하다. 그러나 서로 상반된 저주, 신성모독 하다라는 의미를 동시에 가지고 있다.

성경에서 말씀하시는 하나님의 복(히)인 바라크는 순종으로 인한 믿음의 구원으로 말미암은 영생, 시간, 거룩, 안식, 할례, 예수 그리스도 이다.

이는 피의 제사, 구원 , 예배, 천국, 영생의 은혜를 의미한다.

행위나 율법으로 되는 것이 아니고 일방적인 언약의 은혜이다.

자기 자식, 자기 아들에게 주는 일방적 아버지의 은혜인 것이다.

복이라는 히브리어 바라크를 히브리어 자음으로 분석(分析)하자면

히브리어 자음 세 자음의 합성(合成)된 '바라크'인데

'베이트'라는 자음 단어와 '레쉬'라는 자음 단어와 '카프'라는 자음 단어 세 자음이 모여서 바라크라는 복의 의미를 가진 단어가 되었다. 이는 '베트'라는 뜻은 하나님께서 거하시는 진리의 그 집 뜻이며(베드레헴의 뜻이 빵집이라는 뜻의 처음 자음 베이트는 집이라는 뜻)

'레쉬'라는 자음의 뜻에는 하나님께서 진리가 되게 하시는 그 머리, 시작하다의 의미이다.

'카프'에는 하나님의 것을 우리의 것으로 전환, 손바닥 이다. 베이트, 레쉬, 카프가 합성되어 바라크가 되었는데 그 뜻도 합성되어 '하나님이 거하시며 다스리시는 성전을 우리에게 넘겨 주심'이라는 뜻이다.

복이라는 바라크는 깊은 의미는 창조의 목적을 알지 못하고 세상의 의미의 도구로서 복을 추구하는 것은 하나님을 저주하는 자의 모습이며 저주 받은 상태라는 의미가 바라크에 다 포함되어 있다. 하나님을 알지도 못하고 하나님을 믿지는 더욱 못하여 세상적인 것들을 찾고 구하고 그것들에 기대는 것은 하나님을 저주하는 모습이며 하나님의 본성적 지극한 기쁨이 되는 '바라크'를 무시하고 세상에 기대어 세상 것을 구하여 자기의 의와 자기의 힘으로 세상을 지배하고 하나님을 지배하려는 인간의 하나님에 대한 도전이며 하나님에 대한 반역이며 하나님에 대한 창조에 대한 자기 육신을 창조하신 하나님의 은혜에

대한 배은망덕함이요 하나님에 대한 역적인 것이며 이적이며
이단인 것이다.

 순종의 복 (히)바라크의 개념은 무엇인가? 위에서 바라크의
개념을 살펴보았는데 다시 더 한 바짝 들어가 본다.
태초 창조시 다섯째 날과 여섯째 날과 일곱째 날에 주신 복으
로 시작된 바라크의 복은
 1)먼저 복(바라크)은 오늘 신명기를 비롯하여 파생어까지 415
회 정도 나온다.
 2)복인 순종의 바라크라는 복에서 '바라크'는 '무릎을 꿇다'
라는 뜻이다 이것은 곧 복의 기원을 말한다.
 3)즉 모든 복은 위로부터 임하기를 사모하는 마음으로 겸손히
하나님의 말씀 앞에 무릎을 꿇는 '순종의 상태'에서 비롯된다
는 것이다.
 4)하니님의 말씀대로 사는 자에게는 따로 특별히 복을 구하지
않더라도 하나님의 은혜와 복이 주어질 것임을 보여 주는 구절
이다.
 5)복 바라크 순종은 하나님의 축복을 나타내는 가장 일반적인
단어로 인간의 선행과 관계없이 창조주 하나님께서 그의 큰 긍휼
과 자비를 인하여 인간의 산업과 후손과 육체에 내려주시는 복 을
가리키는 것이다.
 6)그러므로 바라크는 복으로 번역되어서는 안 되는 것이다.
그러나 이 단어가 한글 성경에 '복'으로 되어 있으니까 일단
이단 삼단은 복이라 치고 생각은 바라크, 순종 복종 무릎을 꿇

다 로 하여 순종의 하나님의 일방적 편무적 계약이 의한 일방적 은혜로 주어진 것이기에 오직 순종 복종만 있으며 창조주 토기장이에게 그릇이 감히 무어라 할 수 있는 것은 아무것도 없다. 묻는 것 그 자체가 도전이며 반역(反逆)이고 배은망덕(背恩忘德)이며, 망은(忘恩) 배덕(背德)이다. 이유가 있을 수 없다. 이는 일방적 언약이다. 그러므로 성경의 말씀은 언약 그 자체인 것이다. 하나님의 언약 백성인 것이다. 순종하는 백성에게는 성읍에서도 들에서도 복을 받을 것이며, 네 짐승의 새끼가 복을 받을 것이며, 들어와도 복을 받고 나가도 복을 받을 것이라는 말씀은 복이 이 세상의 우리가 아는 개념의 복이 전혀 아니라는 것이다. 그러므로 현재 한국 등 중국 동남아 일본 등에서 사용하는 언어의 '복'이라고 번역해서는 전혀 말이 되지 아니할 뿐만 아니라 오히려 세상 것은 반(反) 하나님적이며 비(非) 성경적인 것을 구하는 것이 되고 그런 잘못된 오역이 되어 버린다는 것이다.

 7)그러므로 이 성경에서의 복은 복으로 번역되어서는 안 되며 그 번역은 그 자체가 하나님이며 예수 그리스도 인 것이다. 하나님 예수 그리스도 성령 삼위일체가 복이다. 그것은 구원이며 천국 영생이다. 속죄와 죄 사함과 피의 제사, 예배와 찬양과 기도의 하나님을 알아가는 것이 순종이다. 이것이 바라크다 . 앞으로는 복이라는 단어가 성경에서 없어져야 한다. 복은 세상이며 세상은 죄악이며 세상은 맘몬이다. 복은 우상 숭배이다. 세상 숭배이다. 맘몬 숭배이다. 십자가를 금송아지로 착각하고 교회에 나온다. 출애굽한 이스라엘 백성들이 시내 광야에서 모세

가 십계명을 받으러 올라갔을 때 아직 내려오지 아니한 모세가 없을 때, 아론도 백성들과 함께 금송아지를 만들어 놓고 복을 비는 것이 바로 맘몬이다. 지금 한국 교회는 그리고 그 목회자들과 모든 성도들은 십자가가 금송아지로 알고 있는 것 같은 착각 속에 있는 것과 다를 것이 없는 모양세다. 교회에 황금 송아지를 구하는 곳으로 알고 있다. 십자가가 금송아지 역할을 하고 있는 것 같다.

8)이러한 성경에서 복이라는 단어가 없어질 때 그리고 한국교회와 성도들이 복이라는 말을 사용하지 아니할 때 한국교회가 거듭나고 세상적인 것들을 추구하지 아니하며 신학 개혁과 교회 개혁이 자연스럽게 일어날 것이 확실하다.

9)바라크＝무릎 꿇다 라고 하는 것은 하나님께 온전히 순종하는 목적과 이유는 하나님을 온전히 순종함으로 인하여 하나님을 온전히 믿음으로 영원한 구원과 천국을 누림으로 인하여 모든 세상 것으로부터 자유 함과 해방을 얻는 것이다. 오늘날 한국교회에서는 믿음의 자유 함이 없다. 믿음으로 온전한 믿음의 자유를 얻고 회복되어야 할 것이다. 즉 예배의 자유, 헌금의 자유, 기도의 자유, 전도로부터의 자유, 봉사로부터의 자유, 나눔의 자유, 섬김의 자유, 물질의 자유, 관계의 자유, 직분의 자유를 누릴 수 있는 믿음으로 나아가야 성숙하고 성화된 신앙을 이룰 수 있을 것이다.

10)특별히 물질로부터 자유함의 신앙을 이루어야 한다. 교회는 성도들에게 물질, 연보, 헌금의 온전한 자유함을 보장하는 분위기를 만들어야 한다. 그 의무를 철저히 해야 한다. 연보,

헌금 주머니를 돌리는 일은 정말 없어야 한다. 작정 헌금은 없어져야 한다. 교회가 헌금이 부족하면 부족한 대로 더욱 감사해야 한다. 교회가 부족한 것에 더욱 감사해야 한다. 교회가 탐욕을 가르쳐서는 안된다. 탐욕의 기도를 해서는 안된다. 교만의 목회는 해서는 안 된다. '무엇이든지 구하면 능치 못함이 없느니라' '기도가 부족해서 이루어지지 않는다' 등 물론 성경 말씀에 없는 것은 아니다. 그러나 표현에 대한 이해를 해야 한다. 하나님의 뜻과 하나님이 기뻐하시는 뜻대로 기도하는가의 전제를 망각하고 오직 내 뜻대로 내 마음대로 구하는 기도를 기도로 착각하는 기도로 모든 것을 이루겠다는 몸부림을 기도로 착각하는 것은 없는지 돌아보아야 한다. 기도는 하나님의 말씀대로. 하나님의 나라와 의를 구하는 것이 기도임을 분명히 알아야 할 것이다. 기도는 자기의 탐욕을 채우는 기도가 대부분이다. 기도는 하나님의 말씀을 듣는 것이 기도의 우선 순위이다. 하나님의 말씀을 듣는 영성이 먼저 있어야 할 것이다.

11)믿음의 부족은 자유함을 온전히 받지 못하고 누리지 못하게 됨이다. 평강과 화평을 누리지 못함이다. 인내와 기다림과 안식을 이 땅에서 누리지 못함이다. 무릎을 꿇지 못함은 즉 온전한 순종을 이루지 못함은 온전한 사랑과 겸손과 온유함을 이루지 못함이다.

12)바라크 하지 못함으로 인하여 불안함을 인하여 탐욕과 정욕에 빠지는 것이라. 만족함이 없다. 하늘까지 닿도록 쌓아도 부족함으로 인하여 불안해 하는 것이라.

10. 구약에 히브리어 바라크는 총 289회가 나온다. 무릎을 꿇다. 높이다. 송축하다. 인사하다. 저주하다 축복하다. 칭찬하다. 찬양하다.

신약에서 '복'은 헬라어로 '마카리오스'인데 '최고의 축복', '지복(至福)'이라고 한다. '최고의 축복', '지복(至福)'이 무엇인가? 그것은 예수 그리스도의 피로 '구원'받는 것이 최고의 지극한 축복 외에는 없다는 것이다. 최고의 축복, 지극한 축복의 의미로 행복한, 복된 축복된 등 이며 영어로는 'blessed'이다.

물질을 구하는 믿음은 물질 신학이다. 기복(祈福)적인 신앙은 재물 신앙이다.

우상 신앙, 무당신학, 맘몬신학, 금송아지 신앙이다. 돈 신앙이다.

북이스라엘의 산당신앙이다. 에큐메니컬 친교 혼합 신앙이다. 에큐메리컬이라는 명분으로 다원주의 신앙으로 WCC가 카톨릭, 불교와 이슬람, 유대교와 연합한다고 하는 명분이다. 통일신앙, 자유신앙, 캐톨릭신앙이다. 정치 경제 문화적 신앙이다. 바리세인신앙이다. 태양신신앙이다. 그리스다신신앙이다. 토착무당신앙이다. 산굴신앙이다. 기도굴신앙이다.

어떤 고관이나 재력가 사모님들이 연초 새해에 영(靈)하다는 목사한테 돈 들고 찾아간다. 목사가 무당처럼 앞으로의 점괘를 알아내듯 한 해의 길흉을 알려준다는 것이다.

그러나 꼭 교회만 다녀서 되는 것도 아니다. 그렇게 하지 않아도 다른 곳에서도 할 수 있는 것이다. 재벌들 중에 기독교인 아닌 사람들이 더 많다. 그들은 교회에 다니지 않고 기도하지 않아도 더 잘 산다고 한다. 불교에 열심히 심취한 사람들은 불교에 열심이니까 부자로 많은 복을 더 많이 받고 잘 산다고 하며, 어떤 사람은 천주교 성당에 다니니까 더 복을 많이 받고 잘 산다고 하며 천주교를 믿어야 한다고 한다. 아무 것도 믿지 않는 무신론자는 귀찮고 복잡하게 무엇을 믿지 않아도 건강하고 부자로 잘 산다고 한다. 물론 모든 것에 대한 정확한 증거와 확실한 확인과 반증을 다 할 수 없는 것이다. 사교 클럽처럼 관혼상제에 필요해서 교회 다닌다고 해도 좋다. 모두 필요를 위해서, 바라는 것들의 실상을 위해서 교회에 나오는 그 믿음을 인정하고 그것을 하나님은 불쌍하고 긍휼히 여기실 것임을 믿는다. 그러나 이제는 그 초보의 수준을 넘어서 성숙한 믿음의 길로 나가는 한국 교회와 그 신앙을 위해 교회의 진정한 회복의 길로 나아가기를 소망하는 것이다.

물론 주 예수 그리스도 하나님 아버지 보혜사 성령께서는 전능하시고 만능하시며 만사형통하신 분이기에 우리에게도 만사형통한 복도 주시고 물론 가장 기본적인 구원도 주시니까 구원받고 만사형통하면 되는 것이 가장 좋은 것이 아닌가! 그리고 좋은 일하고 남도 돕고 선한 일하면서 편안하고 안락하게 살면 그것이 최고의 인생이고 하나님이 우리에게 부어 주신 축복인데 왜 구태어 그 놀라운 축복을 일부러 거부하고 부정적으로 생각하는냐! 미쳤냐? 할 수 있을 것이다. 옳다. 맞다. 당연하다. 그렇게 된다면 얼마나 좋겠는가? 그렇게 되는 인생이 있을 수 있을까? 그렇게 되는 삶이 있을까? 그런 삶은 없다. 인생은 희락과 기쁨과 평안과 평강과 편안한 것들만이 있을 수 없다. 그런 삶을 살려고 하는 것 자체가 문제요, 그런 것을 추구하는 것이 잘못이요, 탐욕이요, 교만이요, 죄악으로 가득한 생각인 것이다. 인간의 헛된 욕망이요 하나님의 진정한 뜻을 모르며, 하나님의 뜻대로 살려고 하지 않는 것이요 하나님의 은혜와 사랑을 거역하면서 죄악의 길로 스스로 달려가는 인생임을 알아야 할 것이다. 하나님을 모르기에 쾌락과 안락과 평안을 추고 하고, 자기중심적인 삶을 살 때, 다른 이웃과 다른 사람들은 얼마나 많은 고통과 어려움 속에 있다는 것을 알 수도 없고, 알 길도 없고, 보이지도 않고, 볼 수도 없는 생활인 것이다.

11. 기복(祈福)이라는 말은 '복(福)을 빌다(祈:빌 기)'

우리는 물질을 구하는 신앙에서 속히 해방되어야 한다. 이스라엘 백성이 출애굽하여 모세가 시나이 산에서 하나님으로부터 십계명을 받으러 올라갔을 때 모세의 형 아론과 그 백성들이 금송아지로 만들어 놓고 바알 등 우상에게 물질을 구한 것에 다를 바 없다. 물질을 구하는 우상숭배이며 우상과 함께 믿은 혼합주의 신앙인 것이다. 기복 신앙은 물질의 복을 구하고, 비는 미신이다. 무속 신앙이다. 맘몬 신앙이다. 맘몬이라는 헬라어는 물질이 우상인 물질 우상 숭배 무속신앙이다.

12. 물질의 다른 말은 재물이다. 헬라어로 맘몬이다.
 돈은 맘몬이며 바알 이다.

돈이다.

재물이라는 단어가 성경에는 어떻게 얼마나 많이 사용되고 있으며 어떤 것인지 알아보자. 재물(財物)이라는 복(福)이 우리가 추구해야 할 믿음의 덕목인가 아닌가?

 재물이라는 단어는 신구약 전체를 통해서 총 125회가 사용되었다.

이중에서 창세기 10회, 민수기 3회, 신명기 2회, 여호수아 1회, 사무엘상 1회, 역대하 8회, 욥기 5회, 시편 10회, 잠언 24회, 전도서 6회, 이사야 11회, 예레이먀 3회, 에스겔 8회, 다니엘 2회, 호세아 1회, 오바댜 2회, 미가 2회, 스바냐 1회, 스가랴 1회, 사용되었고

 신약에서는 마태복음 4회, 마가복음 4회, 누가복음 8회, 사도행전 1회, 고린도후서 2회, 디모데전서 1회, 히브리서 1회, 야고보서 2회, 요한1서 1회 등이다.

 '재물'이라는 단어는 히브리어로는 '하일'인데 구약에서 하일이라는 히브리어는 총 222회 사용되었고

'재물'이라는 단어는 헬라어로는 '맘모나스'인데 이 말은 아람어에서 유래되었다. 아람어는 신약시대(예수님 시대에는 공용어로 사용되었다) 이 원어로 사용된 횟수는 총 4회 사용되었다.

"돈은 일 만 악의 뿌리이다."

세상은 악이다. 선한 세상은 없다. 세상에는 선한 목자는 없다. 선한 목자는 영원히 예수님 한 분 뿐이시다.

세상에는 악한 목자들만 있을 뿐이다. 모두 삯 꾼일 뿐이다.

13. 누가복음 16장/ 마태복음 6장

누가복음 16장1~13

1또한 제자들에게 이르시되 어떤 부자에게 청지기가 있는데 그가 주인의 소유를 낭비한다는 말이 그 주인에게 들린지라

Jesus told his disciples: "There was s rich man whose manager was accused of washing his possessions.

2주인이 그를 불러 이르되 내가 네게 대하여 들은 이 말이 어찌 됨이냐 네가 보던 일을 셈하라 청지기 직무를 계속하지 못하리라 하니

So he called him in and asked him, 'What is his I hear about you? Give am account of your management, because you cannot be manager any longer.

3청지기가 속으로 이르되 주인이 내 직분을 빼앗으니 내가 무엇을 할까 땅을 파자니 힘이 없고 빌어 먹자니 부끄럽구나

"The manager said to himself, 'What shall I do now? My manager is taking away my job. I'm not strong enoughto dig, and I'm ashamed to beg--

4내가 할 일을 알았도다 이렇게 하면 직분을 빼앗긴 후에 사람들이 나를 자기 집으로 영접하리라 하고

I know what I'll do so that, when I lose my job here, people will welcome me into their houses.

5 주인에게 빚진 자를 일일이 불러다가 먼저 온 자에게 이르되

424

네가 내 주인에게 얼마나 빚졌느냐

"So he called in each one of his master's debtors. He asked the first, `How much do you owe my master? '

6. 말하되 기름 백 말이니이다 이르되 여기 네 증서를 가지고 빨리 앉아 오십이라 쓰라 하고

"`Eight hundred gallons of olive oil,' he replied. "The manager told him, `Take your bill, sit down quickly, and make it four hundred.'

7. 또 다른 이에게 이르되 너는 얼마나 빚졌느냐 이르되 밀 백 석이니이다 이르되 여기 네 증서를 가지고 팔십이라 쓰라 하였는지라

"Then he asked the second, `And how much do you owe? ' "`A thousand bushels of wheat,' he replied. "He told him, `Take your bill and make it eight hundred.'

8. 주인이 이 옳지 않은 청지기가 일을 지혜 있게 하였으므로 칭찬하였으니 이 세대의 아들들이 자기 시대에 있어서는 빛의 아들들보다 더 지혜로움이니라

"The master commended the dishonest manager because he had acted shrewdly. For the people of this world are more shrewd in dealing with their own kind than are the people of the light.

9. 내가 너희에게 말하노니 불의의 재물로 친구를 사귀라 그리하면 그 재물이 없어질 때에 그들이 너희를 영주할 처소로 영접하리라

I tell you, use worldly wealth to gain friends for yourselves, so that when it is gone, you will be welcomed into eternal dwellings.

10. 지극히 작은 것에 충성된 자는 큰 것에도 충성되고 지극히 작은 것에 불의한 자는 큰 것에도 불의하니라

"Whoever can be trusted with very little can also be trusted with much, and whoever is dishonest with very little will also be dishonest with much.

11너희가 만일 불의한 재물에도 충성하지 아니하면 누가 참된 것으로 너희에게 맡기겠느냐

So if you have not been trustworthy in handling worldly wealth, who will trust you with true riches?

12. 너희가 만일 남의 것에 충성하지 아니하면 누가 너희의 것을 너희에게 주겠느냐

And if you have not been trustworthy with someone else's property, who will give you property of your own?

13. 집 하인이 두 주인을 섬길 수 없나니 혹 이를 미워하고 저를 사랑하거나 혹 이를 중히 여기고 저를 경히 여길 것임이니라 너희는 하나님과 재물을 겸하여 섬길 수 없느니라

"No servant can serve two masters. Either he will hate the one and love the other, or he will be devoted to the one and despise the other. You cannot serve both God and Money."(재물)

*9절의 한글성경 '불의의 재물'은 영어성경에서는 'worldly

wealth'(세상적인 부(富))로 번역되어 있다. 헬라어로는 '불의의 재물'은 '아다키아 맘모나스'로 되어있다.

9절"불의의 재물로 충성하라", 11절"불의한 재물에도 충성하지 아니하면 누가 참된 것으로 너희에게 맡기겠느냐!"(불의의 재물에도 충성하면 참된 것으로도 맡기겠다는 역설적 표현).

우리 한글성경의 9절의 '불의의 재물'과 11절의 '불의한 재물'은 원어 헬라어와 영어성경에서는 동일한 단어로 되어 있으나 한글성경에서는 '불의의'와 '불의한'으로 번역을 하였다. '불의의 재물'과 '불의한 재물'에 대한 해석은 같을 수도 있지만 엄격하게 해석할 경우 다를 수도 있다. '불의의'의 '의'는 동격을 나타내기도 하지만 소유와 설명 묘사 형용의 역할을 할 때가 있지만 '불의한'은 다음 명사를 단지 형용사의 역할만을 한다는 것이 다르다. '불의한 재물'이라는 의미는 엄격히 설명하면 불법의 범죄의 이익, 사회 범죄적 수익을 의미하는 것이 더 바른 의미일 것이며, 불의의 재물은 불의와 재물이 동격의 의미일 수도 있고 재물을 수식하는 불의가 될 수도 있다. 여기의 불의의 재물을 말할 때, '의'는 동격의 of이다. 불의한 재물이 아니라 세상의 재물이다. 재물 그 자체가 세상을 말한다. 세상은 불의한 것 그 자체이다.

한글성경의 번역은 헬라어 원문의 해석을 문자적인 해석으로 하여 본래의 의미와 개념에 있어서 오류적 해석을 할 수 있는 여지가 좀 더 있다고 할 수 있으며 오히려 영어의 해석이 하나님의 본래의 의미와 개념을 이해할 수 있다고 할 수 있다. 여기에서의 불의의 재물이라고 할 경우 불법과 탈법, 등 사회적

국가적 범죄로 얻은 수익 재물 재산이라고 할 수 있을 가능성
이 있어 우리가 연보 헌금을 할 때 이 세상에서 불법적으로 번
돈으로 연보 헌금을 하는 것에 대한 생각을 할 수가 있다. 그
러나 이 말씀은 전혀 불법적으로 번 돈을 헌금 연보와 관계가
없는 말씀이다. 재물, 돈 등은 하나님의 바라고 원하시는 것이
아니라 재물이라는 그 자체가 세상적이며, 세상적인 것은 불의
하다는 것이다.   모든 물질 재물은 세상적인 것이므로 하나님
이 구하는 것이 아니므로 구하고 기도하는 것이 못 된다는 것
이다. 그리고 이러한 것에 대한 염려나 근심, 걱정은 해서는 안
된다는 것이다. 이는 믿지 아니하는 이방인들이 하는 것이다 라
는 말씀이다. 이방인들이나 구하는 것을 구하는 것은 이방인과
다름이 없다는 것이다.

9.   καγω υμιν λεγω ποιησατε εαυτοις φιλους εκ του μα
μωνα της αδικιας ινα οταν εκλιπητε δεξωνται υμας εις
τας αιωνιους σκηνας

불의의 재물을 불법과 탈법 또는 잘못된 방법으로 얻은 재산
등을 말하는 것이 아니고 재물이라고 하는 것은 세상적인 것이
며 세상적인 것들은 모두 하나님의 나라와 그의 의에 반하는
죄를 말하는 것으로 의미한다.

*13절에서 한글 '재물'을 영어로는 'money(돈)'으로 번역했
다.

 쉬어가기,
money(돈)는 로마의 최고 여신으로 주피터(Jupiter)의 아내인

주노(Juno)의 별명인 moneta에서 유래했다. moneta의 본래 의미는 '신경을 써서 지켜본다' 또는 '돌봐준다'는 뜻인데, 로마는 제국으로 발전한 후 주노가 눈을 부릅뜨고 국가의 돈이 제대로 관리되는지 감시해줄 것으로 믿고, 화폐를 찍는 기관과 나라의 금고를 주노 여신의 신전, 즉 Juno Moneta(주노 모네타)에 유치했다. 돈을 moneta에서 찍어냈고 보관한다고 해서 money가 돈이 되어 영어로 들어온 것이다. money가 형용사로 바뀌면 monetary가 되는데, 이는 moneta의 원래 스펠링이 되살아난 것으로 볼 수 있다.

'신경을 써서 지켜본다' 또는 '돌봐준다'는 moneta의 본래 의미는 monitor이다. monster(괴물)도 moneta와 유관하다.

마태복음 6장:19~34

19. ○너희를 위하여 보물을 땅에 쌓아 두지 말라 거기는 좀과 동록이 해하며 도둑이 구멍을 뚫고 도둑질하느니라

"Do not store up for yourselves treasures on earth, where moth and rust destroy, and where thieves break in and steal.

20. 오직 너희를 위하여 보물을 하늘에 쌓아 두라 거기는 좀이나 동록이 해하지 못하며 도둑이 구멍을 뚫지도 못하고 도둑질도 못하느니라

But store up for yourselves treasures in heaven, where moth and rust do not destroy, and where thieves do not break in and steal.

21. 네 보물 있는 그 곳에는 네 마음도 있느니라

For where your treasure is, there your heart will be also.

22. 눈은 몸의 등불이니 그러므로 네 눈이 성하면 온 몸이 밝을 것이요

"The eye is the lamp of the body. If your eyes are good, your whole body will be full of light.

23. 눈이 나쁘면 온 몸이 어두울 것이니 그러므로 네게 있는 빛이 어두우면 그 어둠이 얼마나 더하겠느냐

But if your eyes are bad, your whole body will be full of darkness. If then the light within you is darkness, how great is that darkness!

24. 한 사람이 두 주인을 섬기지 못할 것이니 혹 이를 미워하고 저를 사랑하거나 혹 이를 중히 여기고 저를 경히 여김이라 너희가 하나님과 재물을 겸하여 섬기지 못하느니라

"No one can serve two masters. Either he will hate the one and love the other, or he will be devoted to the one and despise the other. You cannot serve both God and Money(재물).

25. 그러므로 내가 너희에게 이르노니 목숨을 위하여 무엇을 먹을까 무엇을 마실까 몸을 위하여 무엇을 입을까 염려하지 말라 목숨이 음식보다 중하지 아니하며 몸이 의복보다 중하지 아니하냐

"Therefore I tell you, do not worry about your life, what you will eat or drink; or about your body, what you will wear. Is not life more important than food, and the body more important than clothes?

26. 공중의 새를 보라 심지도 않고 거두지도 않고 창고에 모아들이지도 아니하되 너희 하늘 아버지께서 기르시나니 너희는 이것들보다 귀하지 아니하냐

Look at the birds of the air; they do not sow or reap or store away in barns, and yet your heavenly Father feeds them. Are you not much more valuable than they?

27. 너희 중에 누가 염려함으로 그 키를 한 자라도 더할 수 있겠느냐

Who of you by worrying can add a single hour to his life?

28. 또 너희가 어찌 의복을 위하여 염려하느냐 들의 백합화가 어떻게 자라는가 생각하여 보라 수고도 아니하고 길쌈도 아니하느니라

"And why do you worry about clothes? See how the lilies of the field grow. They do not labor or spin.

29. 그러나 내가 너희에게 말하노니 솔로몬의 모든 영광으로도 입은 것이 이 꽃 하나만 같지 못하였느니라

Yet I tell you that not even Solomon in all his splendor was dressed like one of these.

30. 오늘 있다가 내일 아궁이에 던져지는 들풀도 하나님이 이렇게 입히시거든 하물며 너희 일까보냐 믿음이 작은 자들아

If that is how God clothes the grass of the field, which is

here today and tomorrow is thrown into the fire, will he not much more clothe you, O you of little faith?

31. 그러므로 염려하여 이르기를 무엇을 먹을까 무엇을 마실까 무엇을 입을까 하지 말라

So do not worry, saying, `What shall we eat? ' or `What shall we drink? ' or `What shall we wear? '

32. 이는 다 이방인들이 구하는 것이라 너희 하늘 아버지께서 이 모든 것이 너희에게 있어야 할 줄을 아시느니라

For the pagans run after all these things, and your heavenly Father knows that you need them.

33. 그런즉 너희는 먼저 그의 나라와 그의 의를 구하라 그리하면 이 모든 것을 너희에게 더하시리라

But seek first his kingdom and his righteousness, and all these things will be given to you as well.

34. 그러므로 내일 일을 위하여 염려하지 말라 내일 일은 내일이 염려할 것이요 한 날의 괴로움은 그 날로 족하니라

Therefore do not worry about tomorrow, for tomorrow will worry about itself. Each day has enough trouble of its own.

성경에는 여러 예수님 말씀이 있습니다. 그러나 예수님 말씀이라 해서, 모두 예수님의 육성이라고 볼 수는 없다. 진정한 예수 말씀이라 볼 수 있는 것은 그중 얼마 안는다. 복음서에서 진정한 예수님 말씀으로 보이는 것 중에, 이 말씀에는 예수님

의 삶과 ethos에토스(진정,기품)가 녹아있기 있기 때문이다. '한 사람이 두 주인을 섬길 수 없다. 한 쪽을 미워하고 다른 쪽을 사랑하든지, 한 쪽을 소중하게 여기고 다른 쪽을 업신여길 것이다. 너희는 하나님과 맘몬(재물)을 (아울러) 섬길 수 없다.'

누가본문에 따르면, "어느 종도 두 주인을 섬길 수 없다"라고 되어 있다. 헌데 마태는 '종'을 '사람'으로 일반화하고 있다. 당대 로마사회가 노예제 사회였음을 감안한다면, 누가의 표현이 진정성이 있어 보인다. 한 종이 두 주인을 모신다는 것은 당시 로마제국의 사회제도의 관행으로 보아 있을 수 없는 일이었다.

본문에 나오는 재물의 뜻은 헬라어 '맘모나스'는 어원이 아람어 맘몬mammon으로 재물을 뜻한다. 사람의 혼과 마음을 사로잡거나 매이게 만드는 일체를 일컫는 총칭어이기도 하다. 재물이 우상이 되는 것을 뜻할 맘몬이다. 모든 재물이 맘몬이지는 아니하다. 그러나 믿음의 세계, 하나님의 나라에서는 물질, 재물은 기본적으로 그 속성이 죄의 속성이며 세상적인 속성인 것이다. 그러므로 그 재물에 대해서 꼭 필요가 따른다 할지라도 그 구함과 누림과 나눔과 쓰임에 있어서 주님의 뜻을 세밀하고 면밀하게 먼저 구하는 음성과 부름을 영성과 계시의 지혜와 영감으로 받아야 한다.

예수의 물질관이 잘 드러나고 있는 본문말씀은 하나님과 맘몬의 기본 관계를 설명해주고 있다. 'both A and B'가 아니라, 'either A or B'의 관계라는 것이다. 하나님과 맘몬은 결코 양립(兩立)할 수 없으며, 어느 편도 좋은 것이고 많을수록 좋은 다다익선(多多益善)은 우리가 세상에서 죄의 파멸과 탐욕의 죄로 멸망의 길 가는 지름길임을 알아야 한다. 마태복음 6장과 마가복음 16장은 재물, 물질, 돈이 선택의 문제이며, 질의 문제이며, 둘 다 모두의 문제가 아니며 분명한 선택의 결단이다. 생명의 갈림길이다. 결단해야 한다.

'불의한 재물'의 '불의한'의 뜻은 헬라어 '아디코스'이다. 이는 '부정한', '사악한', '배반하는' 등으로 특히 '이방인의 부정한 불의'의 뜻이다. 이는 특히 '이방인'을 강조한 의미가 있다. 즉 믿지 아니한 하나님의 백성이 아닌, 비 신앙적인 사람들이라는 뜻이다.

그러므로 하나님의 백성들은 재물을 간구하거나 탐욕으로 구해서는 안 된다는 개념이다. 주 예수 하나님이라고 할 때, 예수 하나님의 신분 즉 아이던터티(identity), 신분, 속성(attribute)을 나타내고 있는 의(義)righteousness와 의(意)의 뜻 meaningness과 의지(意志)willingness와 정의(正義)justice와 공의(公義)fairness를 구할 때, 믿음(faith)의 견인(堅忍)perseverance 안에 거해야 한다. 이는 고난suffering과 시련trial, 시험test, 유혹temptation을 감내하고 감사의 은혜로 승화하는 그리스도적 인격과 성품을 닮아가는 과정의 성화를 이루는 길이 성도의 길이라는 것을 믿음의 소명이요 사명으로 여겨야 할 것이다.

기원전 8세기 북이스라엘에서 활동했던 예언자 아모스는 "오직 정의(正義) = (히브리어 '미쉬파트' = 재판의 판결, 공의(公

434

義)＝율법)을 물 같이 (흐르게 하고) 공의公義＝히브리어 '체다카'＝정직한 도덕성)를 마르지 않는 강 같이 흐르게 할지어다(하나님의 의를 산소처럼 생수처럼 마시게 하라)고 했다.(암 5:24)

히브리어로는 정의는 미슈파트(mishpath)와 공의는 체다카(tzedakah)이다. 미슈파트와 체데카를 북이스라엘 분단 왕국의 통치 이념으로 삼았다. 이 두 개념이 우리 성경에서 '정의'와 '공의'로 번역하였다.

미슈파트는 문자적 해석은 공적 재판에서의 판결을 의미한다. 법률적 공公개념이다. 율법은 공공公共의 가치를 제도화한 것이다. 사私가 끼어들어서는 법이라고 할 수 없다. 무사(無私) 공평(公平), 공정 무사公正無私함이 율법의 생명이다. 율법 앞에서 만인은 평등해야 한다. 이와 달리 체다카는 정직한 도덕성을 의미한다. 정직한 사회를 공의로운 사회의 세상을 말한다. 소외된 자, 연약한 자, 가난한 자, 병든 자, 사회적, 경제적 공公개념이다. 사회적 소수자social minority이나 그 주변인 marginal men도 사람다운 삶을 살 수 있도록, 그들의 인권을 보호하는 것이 체데카 이다. 일종의 경제 정의 개념이라고 볼 수 있다. 미슈파트가 '재판의 공정함'(retributive Justice)이라면, 체다카는 '분배의 공정함'(distributive Justice)을 뜻한다. 오늘날 자유와 정의는 거의 경제적 자유와 경제적 정의를 말할 수 있다. 그만큼 모든 것이 경제로 귀결되는 현실과 세상으로 맘몬화 되었다. 경제 우상, 물질 종교, 재물 종교화 되어만 가고 있다. 그 깊이와 넓이 그리고 그 높이도 더욱 더 증가 가속화가 되어 이제는 모든 종교, 철학, 학문, 과학, 예술, 이념, 사상, 문화, 영, 혼과 육신과 우주를 지배하고 점령해 버린 상황에 까지 이르렀다.

모든 사람이 주님이 말씀하신대로 하나님과 재물을 겸하여 섬길 수 없다 라고 하신 명제에 선택을 하라는 것에 대해 하나님 보다는 재물을 선택할 것이다. 겉으로는 명분으로는 하나님! 하지만 모든 사람이 재물, 돈! 할 것이라는 것이 명약관화(明若觀火)하다. 믿음을 모르는 사람들은 오히려 이 글을 쓰는 것 자체가 무색할 것이다. 읽기는 읽어도 마음속에는 강한 부정이 있을 수 있다.

당장 돈 앞에 예수님도 엎드릴 것이라고 할 것이다. 하나님도 돈이 없이는 아무 것도 할 수 없을 것이라고 할 것이다. 돈으로 영혼도 사고 세상도 사고 사랑도 사는 세상에 무슨 뚱딴지 같은 소리를 하느냐고 면막을 받지 않으면 다행이다.

백성들이 어떤 집단을, 또는 특정인을 국가의 지도자로 또는 치리자로 세운 것은 하나님이 백성들을 대신 사용하시어 그의 뜻을 나타내시는 것이며 위정자, 지도자는 하나님의 뜻을 따라 백성들에게 나타내 보이기를 바라는 것이다. 그러므로 위정자는 먼저 모든 일의 우선(于先) 순위(順位)와 경중(輕重)을 파악(把握)하여 위급하고 시급한 것이 무엇인지 파악하여 하나님의 방법으로 운영하고 경영하여야 한다. 하나님의 방법은 빈부(嬪婦)귀천(貴賤), 남녀노소, 동서남북, 상하좌우, 편견이나 편애를 갖지 아니하고 오직 무사(無私) 공평(公平)과 공의(公義)로 치리(治理)할 것을 바라는 뜻으로 맡기신 것이다.

그러므로 위정자는 겸손하고 낮아진 모습으로 섬기는 마음이 우선이다. 먼저는 위급하고 시급한 일이 무엇인가? 굶주리고, 헐벗고, 병들어 고통하며 신음하는 백성들에게 모든 것을 우선적으로 살피고 도와야 하며, 또한 고통과 슬픔과 괴롬과 먹을 것이 없고 잠잘 곳이 없고, 돌봐줄 사람이 없고, 치료할 형편이 되지 아니한 사람들을 우선적으로 하나님 주님의 심정으로 백성들을 돌보라고 맡기신 권세인 것이다. 이것을 사사로이 개인적인 것으로 또는 어떤 특정하고 여유롭고 넘치고 많은 탐욕자들에게 주어진다는 것은 하나님의 뜻을 거역하는 것이며 배신자의 위정자인 것이다. 이런 맥락에서 교회 지도자들은 더욱 더 청렴하며 물질을 탐하지 아니하며 검소한 생활이 되어야 할 것이다. 대부분의 성도들은 부족한 소득으로 쓸 곳이 많지만 자녀들을 위해 사용할 것들이 얼마나 많지만 믿음으로 각종 연보를 드린다. 참으로 대단한 믿음이다. 이러한 어려운 성도가 대부분이며 지난 세월을 뒤돌아 보면 우리나라의 역사적인 수많은 고난과 가난 속에서도 연보로 교회는 외형적으로 크게 성장하고 목회자들은 그 부를 어떻게 교회 연보가 사유 재산화 될 수가 있나. 목회자의 능력은 가난하게 사는 것이 능력이다. 정결하게 사는 것이 능력이다.

우리 주님은 어떤 모습으로 공생애를 사셨고 어떻게 모본을 보이셨나? 수없이 많은 치료 치유를 베푸시고 연본 헌금 받으셔서 성전 건물 크게 지으셨나? 누구에게 남기셨나? 가지고 가셨나? 어디에 숨기시거나 누군가에게 물려 주셨나? 무엇에 쓰셨나? 제자들에게 주셨나? 부모 형제에게 주셨나? 부동산으로 남기셨나? 어디에 투자하셨나? 그리고 사도들과 제자들은 어떻게 돈을 사용하셨나? 한국 교회의 제자들과 그 제자들의 선생님들은 어떻게 사셨나? 만민이 그런 예수님의 모습으로 살기를 바라시고 이 세상에서 사셨고 삶과 생활의 본을 보이기 위해서 공생애와 부활 후에 삶과 생활을 보이신 것이다. 그냥 부활하고 살다가 능력과 기적 이적 표적을 보이시고 그렇게 이적과 표적을 나타내 보이려고 오신 것이 아니다. 실제 성도에게 생활과 삶을 보이시기 위해 인간의 모습으로 오셔서 생활 하시고 가르치시고 보이신 것이지 믿음의 목자와 신자들에게 형통과 능력, 기적, 이적을 보이고 나타내라고 하신 것이 아님을 한국 신학과 교회가 알아야 할 것이며, 알고도 교만과 탐욕이 눈과 귀를 가리고 마음이 덮혀진 것 일까? 말씀이 육신으로 오신 하나님 예수님이 이 땅에 오심은 이 세상에서 예수님 처럼 사는 백성들이 되기를 바라기 때문에 이 세상에 보내신 것이다. 요한복음 3장 16절 "하나님이 세상을 이처럼 사랑하사…"에서 "이처럼"이 무엇처럼 인가? 모든 인간의 실제 생활 가운데에서 예수처럼 이요, 예수님처럼 인간의 생활 가운데 물질의 필요에 물질을 사용하는 본보기를 보이시기 위한 것과, 억울함과 불의에 대하여 어떻게 대하는 가를 보이시기 위한 것과, 예수님이 십자가에 돌아가시기까지 우리 죄를 사하시기 위해 사랑의 보혈로 돌아가신 것처럼 사랑하신 것을 말하는 것이다. 구약 신명기 1:17, 10:17, 16:19, 삼상16:7, 욥34:19, 신약에 서는 마22:16, 막12:14, 눅20:21, 요7:24, 행10:34, 롬2:11, 고후5:12, 고후10:7, 갈2:6, 엡6:9, 골3:25, 벧전1:17, 벧전3:3 등에서 외모를 말씀하고 있는 이는 편애,편견으로 사람을 외모로 보지 말라, 또는 사람을 외모로 취 하지 말라는 등의 말씀에서 외모는 편애라는 뜻이다. 히브리어 로는 파님으로 얼굴을 뜻하며, 헬라어는 프로소폰으로 또는 옵시스로 얼굴 과시, 외모, 용모, 앞면, 겉 면의 뜻이며, 외모를 영어로는 favoritism 즉 편애를 말한다. 불 공평, 무분별함을 말한다. 이는 예수마음이 아니다.

그러므로 믿음의 형제자매들은 나라가 항상 공의롭고 정의로우며, 온 백성들이 분별력과 판단력, 지혜와 명철이 편견과 오만에 빠지지 않도록 서로 기도하며 어떤 편에도 들지 아니하며 오직 나라와 민족을 하나님의 눈으로, 주님의 생각과 주님의 이념과 사상과 철학으로 십자가의 희생과 화목 제물이 되는 겸손한 사랑의 화평 제물이 되기를 소망하는 마음으로 이웃을 사랑하는 자들이 되어야 할 것이다.

모든 생활에서 정직하며 장사하는 백성들도 재는 자가 굽거나 꺾지 아니하게 하며, 되가 기울지 않게 하며, 청진기과 혈압기가 고장 나지 않게 하며, 사정기관, 검, 경 등 기관도 저울이 기울지 않도록 해야 한다. 총과 포를 녹여서 삽과 괭이, 보습이 되게 하는 평화의 나라와 민족이 되기를 간절히 기도하는 백성이 하나님의 뜻대로 행하는 성도가 되는 것일 것이다. 고도의 교묘한 정치 기술자들이 판을 치며 백성들을 현혹하는 정치 기술자들에 의하여 편에 서는 자들이 없게 되도록 기도하며 과묵하고 우직한 믿음의 성도가 되며 온전한 믿음의 자유 함을 누리는 믿음의 백성이 되기를 간절히 축원한다.

우선(于先)이 무엇인지 경중(敬重)이 시급(時急) 완급(緩急)이 무엇인지 분별(分別)이 있는, 지혜(智慧)와 명철(明哲)이 있는 백성은 그냥 되는 것이 아니다. 철저한 가르침과 훈련이 필요하다. 단순한 외침으로 되는 것이 아니다. 알고 있다고 해서 되는 것이 아니다. 훈련을 통한 습관이 되어야 한다. 그 다음은 결단이 있어야 한다. 희생의 결단이 있어야 한다. 그 댓가를 희생할 각오가 있어야 한다. 결단의 포기가 있어야 한다. 댓가를 포기해야 한다. 이익을 포기해야 한다. 먼저 재물을 포기하고 믿음을 얻을 수 있다고 해야지 재물도 얻고 믿음도 얻을 수 있다고 하는 것이 양립될 수 없다고 주님의 수도 없이 말씀하셨다. "'진실로', '진실로' 내가 말하노니"라고 '진실로', '진실로'를 그렇게 많이 외쳐도 같이 생활하는 제자들은 알아듣지도 못하고 이해하지도 못했다. 예수님이 십자가에 돌아 가셔도 몰랐다. 깨닫지 못했다. 십자가를 지고 돌아가셔도 몰랐다. 오히려 실망과 좌절만 있었다. 부활이 없었다면 제자들도 사도들도 모두 떠나고 돌아오지 않았을 것이다. 부활이 없었다면 교회도 없었을 것이다.

부활이 아니면 안 되었다. 부활이 모든 예수님을 표현하고 나타내시고 보이시고 알게 하신 것이 부활이다. 그러므로 사도 바울은 부활을 믿고 고백할 때 구원을 받는다고 하였다.

로마서에서 구원을 받는 방법에 대해서 언급하신 것들을 보자
롬1:4 성결의 영으로는 죽은 자들 가운데서 부활하사 능력으로 하나님의 아들로 선포되셨으니 곧 우리 주 예수 그리스도시니라

5:10. 곧 우리가 원수 되었을 때에 그의 아들의 죽으심으로

말미암아 하나님과 화목하게 되었은즉 화목하게 된 자로서는 더욱 그의 살아나심으로 말미암아 구원을 받을 것이니라

6:4. 그러므로 우리가 그의 죽으심과 합하여 세례를 받음으로 그와 함께 장사되었나니 이는 아버지의 영광으로 말미암아 그리스도를 죽은 자 가운데서 살리심과 같이 우리로 또한 새 생명 가운데서 행하게 하려 함이라

6:8. 만일 우리가 그리스도와 함께 죽었으면 또한 그와 함께 살 줄을 믿노니

6:9. 이는 그리스도께서 죽은 자 가운데서 살아나셨으매 다시 죽지 아니하시고 사망이 다시 그를 주장하지 못할 줄을 앎이로라

6:10. 그가 죽으심은 죄에 대하여 단번에 죽으심이요 그가 살아 계심은 하나님께 대하여 살아 계심이니

7:4. 그러므로 내 형제들아 너희도 그리스도의 몸으로 말미암아 율법에 대하여 죽임을 당하였으니 이는 다른 이 곧 죽은 자 가운데서 살아나신 이에게 가서 우리가 하나님을 위하여 열매를 맺게 하려 함이라

10:9. 네가 만일 네 입으로 예수를 주로 시인하며 또 하나님께서 그를 죽은 자 가운데서 살리신 것을 네 마음에 믿으면 구원을 받으리라

10:10. 사람이 마음으로 믿어 의에 이르고 입으로 시인하여 구원에 이르느니라

14. 믿음의 핵심은 부활이다.

부활이 교회를 이루었다. 부활이 예수님의 상징이다. 부활이 승리이다.

예수님 말씀하시고 계신다. 하나님과 재물을 겸하여 섬길 수 없다고 하셨다.

하나를 선택하고 하나는 버려야 한다고 말씀하셨다. 부활 후 제자들은 십자가를 선택했다. 재물을 모두 버렸다. 명예 권세, 부귀영화, 자손 번성, 오만과 편견을 버렸다. 정치도 물질도, 재물도, 평안도, 화평도 버렸다. 오직 하나님 나라만을 택했다. 그의 나라와 그의 의를 구했다.

"너희는 먼저 그의 나라와 그의 의를 구하라"를 택하고 구하고 따랐다.

그의 나라는 어떤 나라인가? 그의 의는 무엇인가?

그의 나라와 그의 의를 (위해) '구하라'는 것은 '기도하고 간구하라'는 것이다.

그리고 나면 그 다음에 필요한 것, 있어야 할 것들은 더하신다는 말씀이다.

더 한다는 것은 먼저 있는 것에다 더하기를 하신다는 것이다. 목적을 먼저 이루면 그에 필요한 것들은 당연히 주신다는 것이다.

그러므로 이방인들이 구하고 필요한 것은 먼저 구하지 말고 하나님의 백성으로써 하나님의 나라와 그의 의를 구하는 백성이 되라는 것이다. 이 땅에서 사는 하나님의 백성으로써 이 땅에서 하나님의 나라를 구하는 것이 어떤 것이 될까? 그것은 이 땅이 하나님의 나라가 되는 것일 것이다. 이 땅에서 살면서 하나님의 나라에서 사는 것처럼 사는 것이다. 이 땅이 천국처럼 되는 것이며 이 땅이 천국이 되는 것이다. 장차 올 천국은 이 세상에서의 연장이다. 이 세상의 연속이 하나님 나라, 천국의 연장 선상에 있다. 하나님 나라(천국)은 이 세상과 분리되어 있지 않고 연결되고 연속되어 있다는 말씀이다. 이 땅에서 하나님의 의를 이루면 이 땅에서 하나님 나라에 사는 것이 되는 것이다. 이 땅은 하나님의 나라이다. 하나님이 허락하신 땅, 나라이다. 오는 천국도 이 땅에서 믿음(하나님의 의)으로 살 때, 하나님 나라에서도 같은 생활, 같은 마음, 같은 삶을 살게 되는 것이다. 재림으로 오는 나라도, 이 땅에서의 삶을 마치고 가는 나라도 모두 하나님의 나라이며, 하나님의 백성들이 사는 나라인 것이다.

이 땅에서 믿음이 없이 하나님의 나라와 의를 이루지 못하면 다음 세상, 오는 세상에서, 오는 나라와 올 나라에서도 하나님의 나라에서 살지 못하게 되는 것이다. 그것은 바로 믿음으로 이루어지는 하나님의 의인 것이다. 믿음이 없이는 하나님의 나라와 하나님의 의를 이루지 못한다는 말씀이다. 하나님의 '의'라는 개념(概念)은 '믿음'이다. 의(義)의 뜻은 영어로 'righteousness'는 헬라어로는 '디카이오쉬네'이다. 이는 사회학적인 표현으로는 '공정', '공의', '정의'라고 할 수 있을 것이다. 그러나 성경적인 '의'는 '칭의(稱義)'이다. '의롭다 여기다', '의롭다고 불리다', 의롭지 아니한데 의롭게 여기는 것을 말한다. 우리가 의로운 사람이 아닌데, 우리가 의인이 아닌데 예수 그리스도를 믿음으로 의롭게 여겨 주시는 것이다. 조건은 오직 주 예수 그리스도의 부활을 믿음으로 인하여 입으로 시인하고 마음으로 믿음으로 구원을 받을 때, 의롭다 여김을 받는 것으로 의로 여겨지는 것이다. 의인은 없나니 한 사람도 없다고 하신 것처럼 예수 그리스도 외에는 어느 누구도 의인이 될 수 없다.

15. 헬라어 디카이오쉬네로 쓰인 횟수는 신약에서 총85회 사용되었다.

마태복음에서 7회, 누가복음 1회, 요한복음 2회, 사도행전 4회, 로마서 29회,
고린도전서 1회, 고린도후서 7회, 갈라디아서 4회, 에베소서 3회, 빌립보서 3회, 디모데전서 1회, 디모데후서 3회, 디도서 1회, 히브리서 6회, 야고보서 3회, 베드로전서 2회, 베드로후서 4회, 요한1서 3회, 요한계시록 1회 등 총 85회가 쓰였는데 주목할 만할 것은 로마서에서 29회가 쓰였다는 것이다. 그만큼 로마서는 하나님의 의를 중심적으로 다루었다고 보아야 할 것이다.

아시다 시피 로마서는 그야말로 성경 전체에서 가장 신학적이며 하나님의 말씀에 대한 전체적인 개념과 그리스도의 사상과 철학을 가장 적확하게 설명한 책 중의 책이다. 특히 로마서 3장은 하나님의 의의 장이라고 할 수 있을 것이다. 하나님의 의는 즉 하나님의 정의와 공의는 사회적 의, 세상적인 정의, 국가적 민족적 공의, 등 평화, 전쟁, 경제, 정치, 문화, 사상, 철학,

학문, 종교 등 모든 세상적인 것들의 총체적인 것들보다 더 상위 개념의 의인 것이다. 하나님의 의는 세상과 인간이 생각하는 개념의 정의, 공의, 공평, 평화, 화평, 등의 의가 아니며 하나님이 하시는 모든 것은 의인 것이다. 그 의의 구체적인 핵심, 주된 의는 구원과 믿음인 것이다. 구원과 믿음이 아닌 것은 의가 아닌 것이다. 그러므로 하나님이 하시는 모든 것은 믿음과 구원을 위한 것이며 하나님의 모든 것은 불의가 없으며 부정이 없으며 죄가 없는 것이다. 하나님의 창조주이시기에 오직 의 뿐인 것이다.

로마서 3장을 보기로 한다.

1. 그런즉 유대인의 나음이 무엇이며 할례의 유익이 무엇이냐

What advantage, then, is there in being a Jew, or what value is there in circumcision?

2. 범사에 많으니 우선은 그들이 하나님의 말씀을 맡았음이니라

Much in every way! First of all, they have been entrusted with the very words of God.

3. 어떤 자들이 믿지 아니하였으면 어찌하리요 그 믿지 아니함이 하나님의 미쁘심을 폐하겠느냐

What if some did not have faith? Will their lack of faith nullify God's faithfulness?

4. 그럴 수 없느니라 사람은 다 거짓되되 오직 하나님은 참

되시다 할지어다 기록된 바 주께서 주의 말씀에 의롭다 함을 얻으시고 판단 받으실 때에 이기려 하심이라 함과 같으니라

Not at all! Let God be true, and every man a liar. As it is written: "So that you may be proved right when you speak and prevail when you judge."

5.   그러나 우리 불의가 하나님의 의를 드러나게 하면 무슨 말 하리요 (내가 사람의 말하는 대로 말하노니) 진노를 내리시는 하나님이 불의하시냐

But if our unrighteousness brings out God's righteousness more clearly, what shall we say? That God is unjust in bringing his wrath on us? (I am using a human argument.)

6.   결코 그렇지 아니하니라 만일 그러하면 하나님께서 어찌 세상을 심판하시리요

Certainly not! If that were so, how could God judge the world?

7.   그러나 나의 거짓말로 하나님의 참되심이 더 풍성하여 그의 영광이 되었다면 어찌 내가 죄인처럼 심판을 받으리요

Someone might argue, "If my falsehood enhances God's truthfulness and so increases his glory, why am I still condemned as a sinner? "

8.   또는 그러면 선을 이루기 위하여 악을 행하자 하지 않겠느냐 어떤 이들이 이렇게 비방하여 우리가 이런 말을 한다고 하니 그들은 정죄 받는 것이 마땅하니라

Why not say -- as we are being slanderously reported as saying and as some claim that we say -- "Let us do evil that good may result"? Their condemnation is deserved.

다 죄 아래에 있다

9. ○그러면 어떠하냐 우리는 나으냐 결코 아니라 유대인이나 헬라인이나 다 죄 아래에 있다고 우리가 이미 선언하였느니라

What shall we conclude then? Are we any better? Not at all! We have already made the charge that Jews and Gentiles alike are all under sin.

10. 기록된 바 의인은 없나니 하나도 없으며

As it is written: "There is no one righteous, not even one;

11. 깨닫는 자도 없고 하나님을 찾는 자도 없고

there is no one who understands, no one who seeks God.

12. 다 치우쳐 함께 무익하게 되고 선을 행하는 자는 없나니 하나도 없도다

All have turned away, they have together become worthless; there is no one who does good, not even one."

13. 그들의 목구멍은 열린 무덤이요 그 혀로는 속임을 일삼으며 그 입술에는 독사의 독이 있고

"Their throats are open graves; their tongues practice deceit." "The poison of vipers is on their lips."

14. 그 입에는 저주와 악독이 가득하고

"Their mouths are full of cursing and bitterness."

15. 그 발은 피 흘리는 데 빠른지라

"Their feet are swift to shed blood;

16. 파멸과 고생이 그 길에 있어

ruin and misery mark their ways,

17. 평강의 길을 알지 못하였고

and the way of peace they do not know."

18. 그들의 눈 앞에 하나님을 두려워함이 없느니라 함과 같으니라

"There is no fear of God before their eyes."

16. 하나님의 의

19. ○우리가 알거니와 무릇 율법이 말하는 바는 율법 아래에 있는 자들에게 말하는 것이니 이는 모든 입을 막고 온 세상으로 하나님의 심판 아래에 있게 하려 함이라

Now we know that whatever the law says, it says to those who are under the law, so that every mouth may be silenced and the whole world held accountable to God.

20. 그러므로 율법의 행위로 그의 앞에 의롭다 하심을 얻을 육체가 없나니 율법으로는 죄를 깨달음이니라(율법은 선악을 알게 하는 나무; 창세기 선악과)

Therefore no one will be declared righteous in his sight by observing the law; rather, through the law we become

448

conscious of sin.

21.　이제는 율법 외에 하나님의 한 의가 나타났으니 율법과 선지자들에게 증거를 받은 것이라(예수님, 사랑의 생명나무: 창세기)

But now a righteousness from God, apart from law, has been made known, to which the Law and the Prophets testify.

22.　곧 예수 그리스도를 믿음으로 말미암아 모든 믿는 자에게 미치는 하나님의 의니 차별이 없느니라

This righteousness from God comes through faith in Jesus Christ to all who believe. There is no difference,

23.　모든 사람이 죄를 범하였으매 하나님의 영광에 이르지 못하더니

for all have sinned and fall short of the glory of God,

24.　그리스도 예수 안에 있는 속량으로 말미암아 하나님의 은혜로 값 없이 의롭다 하심을 얻은 자 되었느니라

and are justified freely by his grace through the redemption that came by Christ Jesus.

25.　이 예수를 하나님이 그의 피로써 믿음으로 말미암는 화목제물로 세우셨으니 이는 하나님께서 길이 참으시는 중에 전에 지은 죄를 간과하심으로 자기의 의로우심을 나타내려 하심이니

God presented him as a sacrifice of atonement, through faith in his blood. He did this to demonstrate his justice, because in his forbearance he had left the sins committed beforehand unpunished --

26. 곧 이 때에 자기의 의로우심을 나타내사 자기도 의로우시며 또한 예수 믿는 자를 의롭다 하려 하심이라

he did it to demonstrate his justice at the present time, so as to be just and the one who justifies those who have faith in Jesus.

27. 그런즉 자랑할 데가 어디냐 있을 수가 없느니라 무슨 법으로냐 행위로냐 아니라 오직 믿음의 법으로니라

Where, then, is boasting? It is excluded. On what principle? On that of observing the law? No, but on that of faith.

28. 그러므로 사람이 의롭다 하심을 얻는 것은 율법의 행위에 있지 않고 믿음으로 되는 줄 우리가 인정하노라

For we maintain that a man is justified by faith apart from observing the law.

29. 하나님은 다만 유대인의 하나님이시냐 또한 이방인의 하나님은 아니시냐 진실로 이방인의 하나님도 되시느니라

Is God the God of Jews only? Is he not the God of Gentiles too? Yes, of Gentiles too,

30. 할례자도 믿음으로 말미암아 또한 무할례자도 믿음으로 말미암아 의롭다 하실 하나님은 한 분이시니라

since there is only one God, who will justify the circumcised by faith and the uncircumcised through that same faith.

31. 그런즉 우리가 믿음으로 말미암아 율법을 파기하느냐 그
럴 수 없느니라 도리어 율법을 굳게 세우느니라

Do we, then, nullify the law by th

의의 종

로마서 6장 15~23절

15. ○그런즉 어찌하리요 우리가 법 아래에 있지 아니하고
은혜 아래에 있으니 죄를 지으리요 그럴 수 없느니라

16. 너희 자신을 종으로 내주어 누구에게 순종하든지 그 순
종함을 받는 자의 종이 되는 줄을 너희가 알지 못하느냐 혹은
죄의 종으로 사망에 이르고 혹은 순종의 종으로 의에 이르느니
라

17. 하나님께 감사하리로다 너희가 본래 죄의 종이더니 너희
에게 전하여 준 바 교훈의 본을 마음으로 순종하여

18. 죄로부터 해방되어 의에게 종이 되었느니라

19. 너희 육신이 연약하므로 내가 사람의 예대로 말하노니
전에 너희가 너희 지체를 부정과 불법에 내주어 불법에 이른
것 같이 이제는 너희 지체를 의에게 종으로 내주어 거룩함에
이르라

20. 너희가 죄의 종이 되었을 때에는 의에 대하여 자유로웠
느니라

21. 너희가 그 때에 무슨 열매를 얻었느냐 이제는 너희가 그
일을 부끄러워하나니 이는 그 마지막이 사망임이라

22. 그러나 이제는 너희가 죄로부터 해방되고 하나님께 종이 되어 거룩함에 이르는 열매를 맺었으니 그 마지막은 영생이라

23. 죄의 삯은 사망이요 하나님의 은사는 그리스도 예수 우리 주 안에 있는 영생이니라

로마서 9장

9:14 ○그런즉 우리가 무슨 말을 하리요 하나님께 불의가 있느냐 그럴 수 없느니라

9:15. 모세에게 이르시되 내가 긍휼히 여길 자를 긍휼히 여기고 불쌍히 여길 자를 불쌍히 여기리라 하셨으니

9:16. 그런즉 원하는 자로 말미암음도 아니요 달음박질하는 자로 말미암음도 아니요 오직 긍휼히 여기시는 하나님으로 말미암음이니라

9:19. ○혹 네가 내게 말하기를 그러면 하나님이 어찌하여 허물하시느냐 누가 그 뜻을 대적하느냐 하리니

9:20. 이 사람아 네가 누구이기에 감히 하나님께 반문하느냐 지음을 받은 물건이 지은 자에게 어찌 나를 이같이 만들었느냐 말하겠느냐

9:21. 토기장이가 진흙 한 덩이로 하나는 귀히 쓸 그릇을, 하나는 천히 쓸 그릇을 만들 권한이 없느냐

9:22. 만일 하나님이 그의 진노를 보이시고 그의 능력을 알게 하고자 하사 멸하기로 준비된 진노의 그릇을 오래 참으심으로 관용하시고

9:23. 또한 영광 받기로 예비하신 바 긍휼의 그릇에 대하여 그 영광의 풍성함을 알게 하고자 하셨을지라도 무슨 말을 하리요

9:24. 이 그릇은 우리니 곧 유대인 중에서뿐 아니라 이방인 중에서도 부르신 자니라

9:25. 호세아의 글에도 이르기를 내가 내 백성 아닌 자를 내 백성이라, 사랑하지 아니한 자를 사랑한 자라 부르리라

9:26. 너희는 내 백성이 아니라 한 그 곳에서 그들이 살아 계신 하나님의 아들이라 일컬음을 받으리라 함과 같으니라

9:27. 또 이사야가 이스라엘에 관하여 외치되 이스라엘 자손들의 수가 비록 바다의 모래 같을지라도 남은 자만 구원을 받으리니

9:28. 주께서 땅 위에서 그 말씀을 이루고 속히 시행하시리라 하셨느니라

9:29. 또한 이사야가 미리 말한 바 만일 만군의 주께서 우리에게 씨를 남겨 두지 아니하셨더라면 우리가 소돔과 같이 되고 고모라와 같았으리로다 함과 같으니라.

17. 믿음에서 난 의(롬4:1~25)

1. 그런즉 육신으로 우리 조상인 아브라함이 무엇을 얻었다 하리요

2. 만일 아브라함이 행위로써 의롭다 하심을 받았으면 자랑할 것이 있으려니와 하나님 앞에서는 없느니라

3. 성경이 무엇을 말하느냐 아브라함이 하나님을 믿으매 그것

이 그에게 의로 여겨진 바 되었느니라

4. 일하는 자에게는 그 삯이 은혜로 여겨지지 아니하고 보수로 여겨지거니와

5. 일을 아니할지라도 경건하지 아니한 자를 의롭다 하시는 이를 믿는 자에게는 그의 믿음을 의로 여기시나니

6. 일한 것이 없이 하나님께 의로 여기심을 받는 사람의 복에 대하여 다윗이 말한 바

7. 불법이 사함을 받고 죄가 가리어짐을 받는 사람들은 복이 있고

8. 주께서 그 죄를 인정하지 아니하실 사람은 복이 있도다 함과 같으니라

9. 그런즉 이 복이 할례자에게냐 혹은 무할례자에게도냐 무릇 우리가 말하기를 아브라함에게는 그 믿음이 의로 여겨졌다 하노라

10. 그런즉 그것이 어떻게 여겨졌느냐 할례시냐 무할례시냐 할례시가 아니요 무할례시니라

11. 그가 할례의 표를 받은 것은 무할례시에 믿음으로 된 의를 인친 것이니 이는 무할례자로서 믿는 모든 자의 조상이 되어 그들도 의로 여기심을 얻게 하려 하심이라

12. 또한 할례자의 조상이 되었나니 곧 할례 받을 자에게뿐 아니라 우리 조상 아브라함이 무할례시에 가졌던 믿음의 자취를 따르는 자들에게도 그러하니라

13. 아브라함이나 그 후손에게 세상의 상속자가 되리라고 하신 언약은 율법으로 말미암은 것이 아니요 오직 믿음의 의로

말미암은 것이니라

14. 만일 율법에 속한 자들이 상속자이면 믿음은 헛것이 되고 약속은 파기되었느니라

15. 율법은 진노를 이루게 하나니 율법이 없는 곳에는 범법도 없느니라

16. 그러므로 상속자가 되는 그것이 은혜에 속하기 위하여 믿음으로 되나니 이는 그 약속을 그 모든 후손에게 굳게 하려 하심이라 율법에 속한 자에게뿐만 아니라 아브라함의 믿음에 속한 자에게도 그러하니 아브라함은 우리 모든 사람의 조상이라

17. 기록된 바 내가 너를 많은 민족의 조상으로 세웠다 하심과 같으니 그가 믿은 바 하나님은 죽은 자를 살리시며 없는 것을 있는 것으로 부르시는 이시니라

18. 아브라함이 바랄 수 없는 중에 바라고 믿었으니 이는 네 후손이 이같으리라 하신 말씀대로 많은 민족의 조상이 되게 하려 하심이라

19. 그가 백 세나 되어 자기 몸이 죽은 것 같고 사라의 태가 죽은 것 같음을 알고도 믿음이 약하여지지 아니하고

20. 믿음이 없어 하나님의 약속을 의심하지 않고 믿음으로 견고하여져서 하나님께 영광을 돌리며

21. 약속하신 그것을 또한 능히 이루실 줄을 확신하였으니

22. 그러므로 그것이 그에게 의로 여겨졌느니라

23. 그에게 의로 여겨졌다 기록된 것은 아브라함만 위한 것이 아니요

24. 의로 여기심을 받을 우리도 위함이니 곧 예수 우리 주를

죽은 자 가운데서 살리신 이를 믿는 자니라

25. 예수는 우리가 범죄한 것 때문에 내줌이 되고 또한 우리를 의롭다 하시기 위하여 살아나셨느니라

롬9:30. ○그런즉 우리가 무슨 말을 하리요 의를 따르지 아니한 이방인들이 의를 얻었으니 곧 믿음에서 난 의요

9:31. 의의 법을 따라간 이스라엘은 율법에 이르지 못하였으니

9:32. 어찌 그러하냐 이는 그들이 믿음을 의지하지 않고 행위를 의지함이라 부딪칠 돌에 부딪쳤느니라

9:33. 기록된 바 보라 내가 걸림돌과 거치는 바위를 시온에 두노니 그를 믿는 자는 부끄러움을 당하지 아니하리라 함과 같으니라.

어떤 인간 세상의 사회를 막론(莫論)하고, 법(法)은 공정公正하고 무사無私하게 집행되어야 하고, 사회적 약자들의 인권보호와 정직한 도덕성을 최상의 가치로 삼아야 한다. 법이 사유화되어 사회정의가 실종되면, 사회는 부패하고 비리가 개판 치게 돼 있다. 사회정의를 근간으로 통치하는 것이 이스라엘왕국의 살 길임을 아모스는 제시하고 있다.

 예수는 이러한 하나님의 정의 사상을 받아들이고. 로마제국의 식민지배가 맘몬의 통치와 직결되어 있음을 보았던 것이다. 맘몬이 사적私的 이익을 대변하고 있다면, 하나님은 공적公的 이익의 대변자이다. 기독교는 원래 '공공의 복음'으로 출발했다.

로마의 맘몬주의에 의해서 하나님의 정의가 침탈당하고, 공공公共의 가치가 맘몬세력에 의해서 사유화되고 있는 현실에서, 예수는 "하나님과 맘몬을 겸하여 섬길 수 없다"고 선언했다. 성장과 분배정의는 결코 양립될 수 없다는 의미로 번역이 가능할 것입니다.

성장, 그 자체가 목적이 되어서는 안 될 것입니다. 성장은 정의로운 사회를 만들고 지탱하기 위한 수단이 되기에 어렵다. 헌데, 지금 우리 사회의 현실은 어떤가요? 성장이란 규모의 경제로 매머스(mammoth) 맘모니즘(Mommonism)(초대형 거대 재물우상)이 사회 전반에 침투되어있고, 좌지우지하며 모든 것을 통제하는 조지 오엘의 1884이다. 통제와 감시의 빅브라더이다. 그들은 이미 온 백성의 뇌에 마이크로 칩을 끼워넣고 원격으로 조정하는 시대에 접어 들었다. 모든 백성과 국민들의 사고와 생각 그리고 각각 개인의 건강 정보와 DNA까지도 알고 원격 치료와 건강 변화까지도 알고 있을 시대가 이제 벌써 다가와 있다. 누가 앞으로 구원을 받을 수 있을 것인가 그 뇌에서 마음에서 일어나고 있는 신앙과 믿음까지도 알아볼 수 있고 예상할 수 있는 초능력의 사적 기업의 시대가 되어가고 있다. 대기업이 원격으로 국민정서로 내면화되어 있다. 정부의 지표는 무엇으로 평가되는가? 경제성장이다. 국민소득 증가이다. 교회의 지표는 무엇인가? 출석교인 수, 헌금액수, 교회건물 크기다. 대학에서는 취직률이 큰 비중을 차지한다. 직장에서는 월급액수다. 돈을 숭배하는 맘모니즘이 사회 전체에 깔려 있으니, 부패와 비리가 만연할 수밖에 없다.

정치활동의 목적은 무엇인가? 분배의 공정함을 이루는 데 있다. 사회정의 실현이 일차적인 목표여야 한다. 국가권력은 국민에게서 나온다고 헌법 제1조에 나오지 않았나? 국민이 위임해준 권력이라면, 그것은 국민의 권익보호를 위해 행사되어야 할 것이다. 기업에 의해서 사유화되어버린 국가권력, 공공의 이익이 아닌 기업의 사적 이익을 대변하는 국가권력은 국민에 의해 심판을 받고 폐기처분되어야할 것이다.

기업 활동의 목적은 무엇인가? 이윤의 극대화에서 찾는다면, 부분적으로 맞는 말일 것이다. 그런데 이윤 극대화 자체가 목적이 되어서는 안 될 것이다. 그 다음, 무엇을 할 것인가를 반드시 물어야 합니다. 기업의 윤리 문제입니다.

우리나라의 기업은 특히 대기업은 국민의 희생을 바탕으로 권력과 밀착되고 비호받아 국민의 소득을 양수 받아 이루어졌다. 외국의 자본을 국민의 대표로 기업이 받아서 금융고리 대금소득으로, 부동산 투기로 벌어들이고, 저임금과 불법, 탈법으로 그 규모를 키우는데 급급한 것으로 이루어져 왔다. 그래서 재벌의 탐욕이 끝없이 이어지고 모든 정치 권력까지도 돈으로 매수하는 재벌의 대리정치 권력이 통치를 하고 있는 실정이 현재의 정치과 경제의 현실이다.

어떤 한 사람의 능력으로 오늘의 어떤 상당한 재물이 존재한다고 보는 것은 잘못된 시각입니다. 재물이 존재하기 위해서는 무수히 많은 사람들의 노력과 땀과 피가 있어야 한다.

18. 기독교의 존재이유는?

맘몬(재물)과 하나님은, 결코 겸하여 섬길 수 없다는 예수말씀을 전파하는데서 찾아야 한다. 공공의 가치인 하나님의 정의를 사회화하는데서 찾아야 할 것이다. 헌데 한국 개신교의 경우는 어떤가? 하나님과 맘몬을 아울러 섬기는 것이야말로 구원받은 증거이며 축복이라고 한다. 공공公共의 복음을 사적私的인 복음으로 변질시켜 전하고 있다. 한국교회를 주도하고 있는 축복신학, 번영신학, 맘몬신학과 샤머니즘 바알신앙의 또 다른 가면의 얼굴들이다. 금송아지를 만들어 놓고 출애굽의 잠간도 기다리지 못하고 노예근성의 부동산 신학과 부동산 교회, 이것은 예수 정신에 대한 반역이다. 제자도 아니면서 제자훈련은 얼마나 열정을 가지고 하는지 모른다. 모두 개인적인 욕망과 자기 개인의 제자로 만들기 위해 얼마나 열심인지 모른다. 교회의 도그마가 아니라 역사적 예수의 정신에 근거해서 복음의 정체성을 찾아야 할 때 이다. 이제 한국 교회가 망해야 한다는 항간의 떠도는 소리에 귀를 기울여야 하는데 교회의 모든 비판을 사탄마귀의 역사로 규정하고 있는 것은 어떤 싫은 소리나 비판도 듣지 못하고 들리지도 않는 시대가 되었다. 회개는 모양만 내고 책임을 회피하는 수단으로 보여주기 위한 위선의 일말이다.

하나님인가, 맘몬인가? 공적 가치인가, 사적 가치인가? 이러한 사회적 가치를 결정하는 집단은 누구일까? 이 사회에서 특혜를 누리고 있는 엘리트집단이다. 가진 자이다. 정치 엘리트, 경제 엘리트, 종교 엘리트이다. 소유자들이다.

19. 금송아지 우상, 맘몬 재물 우상 , 바알 우상

"너희를 위하여 보물을 땅에 쌓아 두지 말라 거기는 좀과 동록이 해하며 도적이 구멍을 뚫고 도적질하느니라 오직 너희를 위하여 보물을 하늘에 쌓아 두라 거기는 좀이나 동록이 해하지 못하며 도적이 구멍을 뚫지도 못하고 도적질도 못하느니라 네 보물 있는 그 곳에는 네 마음도 있느니라 눈은 몸의 등불이니 그러므로 네 눈이 성하면 온 몸이 밝을 것이요 눈이 나쁘면 온 몸이 어두울 것이니 그러므로 네게 있는 빛이 어두우면 그 어두움이 얼마나 하겠느뇨 한 사람이 두 주인을 섬기지 못할 것이니 혹 이를 미워하며 저를 사랑하거나 혹 이를 중히 여기며 저를 경히 여김이라 너희가 하나님과 재물을 겸하여 섬기지 못하느니라. "

— 마태복음서 6장,19~24절

신약성서에서 맘몬은 누가 복음서 16장 13절[1]과 마태 복음서 6장 24절에서 한 사람이 두 주인을 섬기지 못할 것이니 혹 이를 미워하며 저를 사랑하거나 혹 이를 중히 여기며 저를 경히 여김이라 너희가 하느님과 재물을 겸하여 섬기지 못하느니라. 일부에선 누가복음서 16장 9절[2]과 11절[3] 또한 맘몬의 의인화로 해석하는 경향이 있다. 그러나 다른 부분에서는 부정한 재물 또는 그와 동등한 것으로 번역한다.

중세 동안에 맘몬은 일반적으로 탐욕과 부유함, 부정직함을 관장하며 두 개의 새 머리, 검은 몸, 발톱을 가진 손발이 있는 모습을 한 악마로서 그려졌다. 천사들의 아홉 계층 가운데 가장 낮은 계급의 천사 출신이라고 한다. 그 이전에는 별로 주목받지 못했는데, 옛날에는 부의 집중화가 별로 이루어지지 않았기 때문이다. 그러나 중세에 이르러 금전욕이 현실적인 문제로 떠올랐다. 악마학자로 알려진 스콧은 맘몬이 에녹서와 관계있는 악마로 '사방의 데몬' 가운데 하나이며, 남쪽을 지배한다고 말했다.

존 밀턴의 실낙원에는 "하늘에서 떨어진 천사 가운데 이처럼 치사한 근성을 가진 자는 없었다."라고 씌어 있는데, 천사로서 하느님을 섬기고 있던 무렵부터 그의 관심사는 금은보석이었다고 한다. 그래서 그는 뭔가 땅에 떨어져 있지 않은지 언제나 고개를 숙이고 걸어다녔다고 한다. 그리고 숨겨진 황금이나 재산을 찾아내는 힘이 있으며, 최초로 사람들에게 땅을 파서 광산 자원을 채굴하는 방법을 가르쳤다. 지옥에 있는 악마들의 호화롭고 웅장한 궁전인 만마전(萬魔殿 : 판데모디움)을 건설한 것도 맘몬이다. 또한, 그는 매우 실리적이어서 하늘에서 떨어졌다는 낙담으로부터 가장 먼저 회복된 것으로 묘사된다.

서양의 맘몬 고리대금업
세익스피어의 베니스 상인 샤일록 고리대금업자
한국의 맘몬 부동산투기
아파트, 땅 부동산투기 치마바람
부동산 맘몬 숭배자의 회개문 가옥에 가옥을 이으며 전토에 전토를 더하여 빈틈이 없도록 하고 이 땅 가운데에서 홀로 거주하려 하는 자들은 화 있을진저(개역개정 사5:8) 집과 땅을 계속 사들여 다른 사람이 살 공간도 남기지 않고 혼자 살려고 하는 사람에게 화가 있을 것이다.

어떤 신자의 신앙고백의 기도입니다.

"주님, 그렇습니다. 저는 위선자입니다. 교회에서는 하나님을 섬기고, 세상에서는 부동산 맘몬을 섬기는, 저주를 받아 마땅한 죄인입니다. 2018년 대한민국은 '부동산 광풍'으로 홍역을 치렀습니다. 서울시에 따르면, 올해 서울 입주 아파트의 시세가 평균 5억원 폭등했다고 합니다. 매월 아파트 가격이 4166만원씩 뛴 셈입니다. 이는 월 평균 소득 563만원(4인가구 기준)에 불과한 도시근로자들에게 상대적 박탈감만 안겨주는 숫자입니다. 부동산 광풍은 하나님이 주신 생명과 가정을 파괴했습니다. 부동산 투기 실패로 자살했다는 뉴스를 심심찮게 볼 수 있었습니다. 이혼하는 가정이 늘어나고, 박탈감을 느낀 청년들은 인생 전체를 포기하는 '전포세대'로 전락했습니다. 이처럼 부동산 광풍은 대한민국을, 사회를, 가정을, 인생을, 미래를 파괴하는 악한 맘몬임에도 불구하고 그 폭풍우에 편승했습니다. 아니 오히려 주도했습니다. 길 건너 아파트가 1000만원 오르면, 질세라 2000만원을 올렸습니다. 정부의 대책과 단속이요? 오히려 호재였습니다. 대책은 곧 '미래의 호가'입니다. 그러기에 더 올릴 수 있습니다. 단속은 '인기 있는 곳'이라는 증명이기에 프리미엄을 더 부를 수 있습니다. "교회 집사가 권사가 장로가 그렇게 하면 되느냐?"는 질책은 없었습니다. 오히려 '부동산 광풍 = 하나님의 축복'이라는 인식이 교회 안에 팽배했습니다. 그래서 구역이나 소그룹 모임 때마다 아파트 가격 상승이 대화의 중심이었습니다. 하나님의 아름다운 덕을 선포해야 할 모임임에도 불구하고 찬송 기도 말씀은 겉절이였습니다. 우리의 온통 관심은, 우리의 주님은 부동산 광풍 맘몬이었습니다. 주님, 당신은 아십니다. 주일예배 때 저의 가장 큰 기도제목은 부동산 가격 상승과 자녀의 일류 대학교 합격이란 걸⋯. 아파트와 알박기로 사놓은 땅값이 오를 때에는 기쁨의 노래가 나오고, 가격 상승이 주춤할 때에는 마치 세상의 모든 시험을 혼자 받는 것처럼 주님을 원망했습니다. 저는 사실 하나님을 믿은 것이 아니라 부동산 맘몬을 믿었습니다. 강단에서 쏟아져 나오는 말씀도 맘몬의 시각으로 받아들였습니다. "서로 사랑하라" "선한 사마리아인이 되어라"는 말씀에는 시큰둥했습니다. 반면 "믿으면 복 받는다"는 설교는 저를 향한 말씀인양 '아멘'으로 반응했습니다. 새벽예배에 참석하라는 권유에 "시간이 없다"며 거절했습니다. 하지만 아파트 모델하우스 오픈 때에는 새벽 4시부터 줄을 서며 기다렸습니다. 농어촌교회 여름사역이나 해외 단기선교도 바쁘다는 핑계로 거부했습니다. 하지만 노른자위 땅을 보러 제주도도 마다하지 않고 날아 다녔습니다. 하나님께 드리는 헌금, 약간 가까웠습니다. 하지만 매달 나가는 부동산 관련 은행 이자는 아깝지 않았습니다. 먼 미래를 위한 투자라고 생각 했으니 깐요. 어려운 이웃을 향한 구제는 인색했습니다. 하지만 세입자에게 받는 월세는 10원까지 꼬박꼬박 받아 냈습니다. 교회에서 성경 통독을 권하고, 말씀암송을 권해도 손사래를 쳤습니다. 하지만 아파트 시세표를 들여다보는 재미에 빠지고, 부동산 뉴스에는 귀가 번쩍였습니다. 그럼에도 불구하고 저는 교회에서 존경받는 교인이었습니다. 돈이 자리를 만들고, 돈이 영향력을 만들었습니다. 저는 그들 앞에서 거룩한 척 행세를 했습니다. 하지만 주님은 아십니다. 저는 저주를 받아 마땅한 인간이라는 것을. 하나님은 레위기 25장 23절에서 "토지는 다 내 것임이니라 너희는 거류민이요 동거하는 자로서 나와 함께 있느니라"고 하셨습니다. 또 이사야 5장 8절 이하에서는 "집들을 있는 대로 사들이고 땅을 독차지하는 너희에게 화가 있으리라…으리으리한 집들, 다 텅텅 비게 될 것이다. 호화롭던 사유지들, 다 폐허가 될 것이다"(메세지성경, 유진 피터슨)고 선언 하셨습니다. 주님. 부동산 투기가 하나님의 축복이라는 사탄의 유혹에 빠지지 않게 하소서. 불로소득으로 취한 불의한 돈을 부끄럽게 여기게 하소서. 반면 사회의 어두운 곳에 시선이 머물고, 예수님의 손과 발이 되어 나누는 자가 되게 하소서."

이스라엘이 바알을 숭배했다면, 현재 한국 기독교인은 부동산이라는 맘몬을 숭배하는 것 같다. 전적으로 동의한다. 바알은 이윤을 극대화하기 위한 신이다. 따라서 바알이나 맘몬은 나는 좋은데 다른 사람은 고통에 빠트리게 한다. 바알숭배가 정점에 달했던 북이스라엘 아합 왕 때 나봇의 포도원 사건이 단적인 예다. 부동산 투기가 똑같다. 나만 좋고 남은 죽인다. 많은 이들이 부동산 투기 때문에 자살하고, 젊은이들은 월세와 전세가 비싸서 고시촌으로 내몰린다.   이런데 기독교인들은 부동산 투기가 하나님의 축복이라고 착각한다. 21세기 판 바알을 섬기고 있다는 것을 모르고 있다. 이스라엘 백성들도 하나님과 바알을 동시에 섬겼다. 우리도 그들과 동일한 이중적인 신앙관을 가지

464

고 있다. 그렇다면 하나님의 법은 무엇인가? ＝하나님의 질서
는 평등과 어울림이다. 하나님의 질서는 천연물은 함께 누리는
것이다. 땅을 비롯한 자연물은 하나님의 것이다. 공기도 마찬가
지다. 함께 쓰라고 주신 것이다. 토지를 비롯해 자연환경은 하
나님이 만드셨고 하나님의 것이다. 우리는 나그네이며, 잠시 누
리고, 사용할 권한만 있다. 반면 투기는 약육강식의 질서다. 투
기는 개인에게 도움이 되지만, 사회 전체에는 좋지 않은 결과를
준다. 시세차익만 남기는 것은 남의 것을 합법적으로 강탈하는
행위다. 한국 기독교는 맘몬을 거부하고 정의로운 토지제도를
구현해야 한다. ＝돈이 있어도 투기는 하지 않겠다는 신앙적 결
단이 필요하다. 그런데 현실적으로 불가능하다. 따라서 제도와
법을 만들어야 한다. 정부가 토지보유세를 강화해서 불로소득을
환수하는 장치를 만들어야 한다. 불로소득 환수 장치가 마련되
면 투기가 사라지고, 시세차익이 나지 않는다. 한국 기독교인들
이 토지보유세 강화와 같은 정의로운 토지제도를 만들라고 정
부를 압박해야 한다. 정부의 제도와 법은 민심을 반영한다. 교
회가 민심을 주도해야 한다. 또한 기성세대의 부동산 투기는 청
년세대를 쥐어짜는 행위다. 이는 세대갈등의 원인이 된다. 따라
서 불로소득을 환수해서 우선적으로 노년층 복지를 확대하고,
청년세대에게는 희망을 줘야 한다. 토지는 하나님의 것임을 선
포하고, 정의로운 토지제도를 만들어야 한다.

　"이에 그들이 동방으로 옮기다가 시날 평지를 만나 거기 거류
하며 서로 말하되 자, 벽돌을 만들어 견고히 굽자 하고 이에
벽돌로 돌을 대신하며 역청으로 진흙을 대신하고, 또 말하되

자, 성읍과 탑을 건설하여 그 탑 꼭대기를 하늘에 닿게 하여 우리 이름을 내고 온 지면에 흩어짐을 면하자 하였더니” (창세기 11장 2절~4절)

당시 가장 강력한 무력을 지닌.. 고대 바빌론의 주신은 마르둑이었다..

이 바벨탑의 가장 꼭대기에는 황금으로 만든 거대 신상을 세웠고.. 용의 모습을 상징으로 사용하였다. 후대로 와서 마르둑 신앙은 바알이라는 이름으로도 계승되었으니 가나안의 7족은 이스라엘 정복 전쟁 당시 철두철미하게 진멸되어야 할 이유가 충분했다. 바빌론 성을 건설한 니므롯은 고대 이스라엘의 정복 전쟁 시 가장 강력한 대적이 되었던 가나안 7족속의 직계 조상인 함의 손자이다. 히브리 노예들이 두려워했던 거인이라는 아낙 자손들 역시 산지에 살았던 함의 후손 아모리 족속이었다. 자신의 능력이 최고치에 달하게 되면 하나님을 대적할 마음이 생기게 되는 것이 바로 죄의 본성이다.

바벨탑은 무지개에 대적하는 상징적인 의미가 매우 크다. 홍수로 진멸하신 하나님께 대항하여 그들은 물이 침범하지 못할 만한 높이의 벽돌로 만든 도시를 높이 쌓았고 마르둑 신앙을 유포하여 창조주 하나님의 권위에 스스로 대항하였다. 무지개는 하나님께서 다시는 물로 진멸하지 않으시겠다는 언약의 상징이었다.

하지만 역설적으로 무지개는 비가 와서 그쳐야만 보인다. 비가 오는 동안은 무지개가 나타나지 않는다. 비가 오는 중에는 아무리 폭우가 쏟아진다 하더라도 무지개가 반드시 나타날 것이라는 보이지 않는 믿음만이 필요했다.

하지만 노아에게 저주받은 함의 아들인 가나안의 후손으로 태어난 이들은 자신들의 믿음만으로는 무엇인가가 부족하다고 여긴 것이다.

고난의 폭우가 맹렬하게 휘몰아치는 현실의 우리에게도 이들처럼 비온 뒤의 무지개를 기다리는 인내심은 없다.

예수님께서는 산상 수훈을 통해 "너희가 하나님과 재물(맘몬)을 동시에 섬길 수 없다"고 선언하셨다. 시리아 아람계 방언으로 '재물'을 뜻하는 단어인 맘몬(mammon)을 인격화 시키셨는데 왜냐하면 맘몬(즉 재물)은 인간이 가장 신뢰할 수 있고 자기중심의 질서를 구축할 수 있는 가장 강력한 지원이 될 수 있기 때문이다.

현대인에게 있어 하나님께 대항하는 새로운 마르둑이며 바벨탑의 자리에 오른 것은 다름 아닌 '맘몬'이다.

"일용할 양식을 주옵시고"라고 기도하라고 가르치신 예수님의 의도에 대항 할 수 있는 강력한 대항마가 바로 '맘몬'이다.

광야에서 매일 같이 단 하루 분량의 '만나' 만을 허락하셨던 하나님의 의도도 일용할 양식을 구하라는 것이셨다. 하지만 맘몬은 내일치의 양식을 둘 수 있다고 선언 한다. 뱀이 하와에게 거짓말로 유혹하듯이...

더 이상 무지개만을 기다리며 맹렬히 쏟아지는 폭우를 고스란히 맞지 말고 바벨탑을 쌓고 마르둑을 경배하자던 니므롯 후손들의 선언과도 같은 것이다.

단순한 재물을 뜻하던 '맘몬'은 이제 더 이상 돈만을 의미하지 않게 되었다.

 현대는 새로운 고대 종교인 '물신'을 새로운 '마르둑'으로 경
배하게 된 것이다. 인간의 역사상 가장 풍요로운 시대가 열린
지금 가장 강력한 우상의 자리는 바로 맘몬이 차지하게 되었다.
 지구라프, 바벨탑, 바벨론, 로마, 바사, 앗시리아, 헬라, 로마제
국, 함무라비, 사라센, 바벨, 암소, 송아지, 황금, 암몬, 맘몬, 신
자가 걸어야 할 길에서 가장 강력한 도전은 이제 더 이상 순교
와 같은 신체적이고 물리적인 박해가 아니다.
신자가 가장 경계해야 할 대상은 다름 아닌 '물질우상주의'이며
하나님의 권위에 예속되기 싫어하는 '자아'라는 사탄이다. 무지
개를 기다리는 순전한 신자의 믿음을 미혹하는 사탄의 속삭임
은 오늘날의 니므롯들에게 강력하게 역사하고 있다.
 성장제일주의와 물신주의에 빠져들게 하는 '번영신학' 같은
거짓 가르침을 경계해야 할 이유가 여기에 있는 것이다.
 또한, 심리학적 접근 방식을 통해 명상이나 마음 수련 등을
통해 '초자아'와 긍정적인 마인드를 강조하는 초월적 영지주의
나 개인의 신념을 신앙으로 윤색하는 긍정 신학 등 새로운 형
태의 선악과로 유혹하는 사탄의 도전이 거세지고 있다. 참으로
혼탁한 영성의 세상을 살아가고 있다.

마라나타~!
우리의 새로운 무지개 주님의 임재가 너무도 절실하나이다.
홍수를 대신 할 마지막 심판의 자리로 속히 오시옵소서! 주

님~!

돈과 쾌락, 그와 비슷한 현세적 사물들을 최고의 선으로 받드는 사람은 우상숭배자이다. 맘모니즘은 부, 돈, 재산, 소유, 재물, 물질을 절대시하거나 그것에 최고의 가치와 의미를 부여하는 태도와 행위를 의미한다.

맘몬은 마몬(Mammon)이라고 발음하는데 부요(富饒)라는 뜻의 아람어 '마모나'에서 유래되었다.

맘몬은 부유한 사람들의 하나님이다.

맘몬은 사람들로 하여금 하나님을 떠나 돈을 섬기도록 유혹한다.

맘몬은 사람들을 철저히 물질에 의존하도록 만든다. 그래서 물질을 믿음의 대상으로까지 올려놓는다.

맘몬은 사람을 얽매어 재물의 법칙에 따라 살지 않을 수 없도록 사람을 예속시킨다.

맘몬은 실재하는 사탄의 존재로서, 하나님을 섬기지 못하도록, 돈을 사랑하며 섬기도록 사람들의 마음에 영향을 미친다.

맘몬은 어느 사이에 현대인들의 거대한 우상으로 탈바꿈했다. 고대는 현인이 이상적 모델이었고, 중세는 성자가 이상적 모델이었지만, 현대는 부자가 이상적 모델이다. 황금은 인생의 지고한 행복의 얼굴이며, 삶의 목표이며, 성공의 심벌로 착각하고 있다.

맘몬은 우상이다. 우리가 하나님께로 회심하려면 돈으로부터 돌아서야 한다.

맘몬은 하나님과 공존할 수 없다.

맘몬은 하나님과 양립할 수 없는 불의한 영적 권세이다.

맘몬은 하나님을 대신하는 자리에까지 올라갈 수 있는 영적 존재이다.

맘몬은 황금우상 또는 물신(物神)이라는 말로 쓰이기도 하며, 이때 맘모니즘은 물질 만능주의, 배금주의, 물신숭배 풍조를 나타내는 용어로 쓰인다.

맘몬을 섬기는 사람은 맘몬의 속성을 닮을 수밖에 없고 불의한 사람, 폭력을 행하는 사람으로 드러난다.

맘몬의 노예가 된 사람은 하나님은 없어도 살지만 돈이 없으면 못살게 된다.

모든 형태의 우상 숭배는 파괴력이 있지만 돈은 형제를 원수로 만들고, 계층 간에 갈등을 유발하며, 국가 간에 전쟁을 초래하는 강력한 힘을 지니고 있다.

물질적 가치관으로 획일화된 문명 속에서 맘몬의 세력은 자연을 파괴할 뿐 아니라, 세계의 인류, 특히 가난한 사람들의 생명을 파괴하고 있다. 이러한 특징들은 정치, 경제, 교육(敎育), 환경, 종교 등 현대사회의 모든 영역으로 파고 들어가 사회전체를 파괴적인 것으로 바꾸어 놓는다.

배금사상 또는 물신주의의 팽배는 오늘의 현실이요, 현대의 황금만능주의는 교회를 위협하는 심각한 도전세력이다.

부와 권력에 대한 숭배는 우상숭배이다.

사람들은 이성의 노예가 되고, 과학의 맹신자가 되고, 경제와 맘몬의 우상 앞에 무릎을 꿇고 있다.

세상에서 돈이라는 우상보다 사람을 더 타락시키는 우상은 없다.

예수님께서 우리에게 경계한 우상은 맘몬이다.

예수님은 맘몬 신으로부터 돌아서서 유일하신 참 하나님을 예배하라고 촉구하셨다.

예수님은 맘몬과 하나님을 동시에 섬길 수 없다고 분명한 선을 그으셨다.

오늘날 가장 심각한 우상은 맘몬 즉 돈이다.

오늘날에는 부가 가장 큰 우상이다. 군중이, 대중 전체가 부를 본능적으로 섬긴다.

육신의 욕망을 충족시키는 삶은 물질을 섬기는 우상숭배다.

인격화되고 신격화된 영적인 권세로서 돈은 하나님에 대립하여 인간에게 충성과 믿음을 요구하는 주인으로 높여졌다.

재물은 우상이며, 명성도 우상이다.

재물을 쌓아 두는 것은 우상숭배이다.

하나님의 원수인 맘몬은 세상을 주관하고 있다.

현대의 맘몬은 돈으로 하나님도 산다. 구원도 돈으로 산다.

맘몬은 돈으로 교회도 산다. 맘몬은 돈으로 목사도 산다.

맘몬은 돈으로 목사도 고용하고 교회도 사고팔고 성도들도 사고판다.

맘몬은 믿음도 사고, 구원도 돈으로 산다.

맘몬이 교회 직분도 사고판다.

맘몬이 생명도 사고 사망도 사고판다.

맘몬이 공중 권세도 사고 지옥 권세도 사고판다.

누가복음 16:1-13

옳지 않은 청지기 비유

"1. 또한 제자들에게 이르시되 어떤 부자에게 청지기가 있는데 그가 주인의 소유를 낭비한다는 말이 그 주인에게 들린지라

2. 주인이 그를 불러 이르되 내가 네게 대하여 들은 이 말이 어찌 됨이냐 네가 보던 일을 셈하라 청지기 직무를 계속하지 못하리라 하니

3. 청지기가 속으로 이르되 주인이 내 직분을 빼앗으니 내가 무엇을 할까 땅을 파자니 힘이 없고 빌어 먹자니 부끄럽구나

4. 내가 할 일을 알았도다 이렇게 하면 직분을 빼앗긴 후에 사람들이 나를 자기 집으로 영접하리라 하고

5. 주인에게 빚진 자를 일일이 불러다가 먼저 온 자에게 이르되 네가 내 주인에게 얼마나 빚졌느냐

6. 말하되 기름 백 말이니이다 이르되 여기 네 증서를 가지고 빨리 앉아 오십이라 쓰라 하고

7. 또 다른 이에게 이르되 너는 얼마나 빚졌느냐 이르되 밀 백 석이니이다 이르되 여기 네 증서를 가지고 팔십이라 쓰라 하였는지라

8. 주인이 이 옳지 않은 청지기가 일을 지혜 있게 하였으므로 칭찬하였으니 이 세대의 아들들이 자기 시대에 있어서는 빛의 아들들보다 더 지혜로움이니라

9. 내가 너희에게 말하노니 불의의 재물로 친구를 사귀라 그리하면 그 재물이 없어질 때에 그들이 너희를 영주할 처소로

영접하리라

10. 지극히 작은 것에 충성된 자는 큰 것에도 충성되고 지극히 작은 것에 불의한 자는 큰 것에도 불의하니라

11. 너희가 만일 불의한 재물에도 충성하지 아니하면 누가 참된 것으로 너희에게 맡기겠느냐

12. 너희가 만일 남의 것에 충성하지 아니하면 누가 너희의 것을 너희에게 주겠느냐

13. 집 하인이 두 주인을 섬길 수 없나니 혹 이를 미워하고 저를 사랑하거나 혹 이를 중히 여기고 저를 경히 여길 것임이니라 너희는 하나님과 재물을 겸하여 섬길 수 없느니라"

[NIV]제16장1~13

"1. Jesus told his disciples: "There was a rich man whose manager was accused of wasting his possessions.

2. So he called him in and asked him, `What is this I hear about you? Give an account of your management, because you cannot be manager any longer.'

3. "The manager said to himself, `What shall I do now? My master is taking away my job. I'm not strong enough to dig, and I'm ashamed to beg --

4. I know what I'll do so that, when I lose my job here, people will welcome me into their houses.'

5. "So he called in each one of his master's debtors. He asked the first, `How much do you owe my master? '

6. "'Eight hundred gallons of olive oil,' he replied. "The manager told him, 'Take your bill, sit down quickly, and make it four hundred.'

7. "Then he asked the second, 'And how much do you owe? ' "'A thousand bushels of wheat,' he replied. "He told him, 'Take your bill and make it eight hundred.'.

8. "The master commended the dishonest manager because he had acted shrewdly. For the people of this world are more shrewd in dealing with their own kind than are the people of the light.

9. I tell you, use worldly wealth to gain friends for yourselves, so that when it is gone, you will be welcomed into eternal dwellings.

10. "Whoever can be trusted with very little can also be trusted with much, and whoever is dishonest with very little will also be dishonest with much.

11. So if you have not been trustworthy in handling worldly wealth, who will trust you with true riches?

12. And if you have not been trustworthy with someone else's property, who will give you property of your own?

13. "No servant can serve two masters. Either he will hate the one and love the other, or he will be devoted to the one and despise the other. You cannot serve both God and Money."

불의의 재물＝worldly wealth＝세상의 부유, 세상적인 재물, 세상의 부＝맘모나스

재물을 통칭함. 맘몬, ＝ 우상, 바알 우상.

낱말풀이

* 부자 : 플루시오스 πλούσιος, 이 낱말은 '플레토 πλήθω 넘치도록 채우다'라는 뜻에서 유래되었다.

* 청지기(여기서는 '마름') : 오이코노모스 οἰκονòμοS, 문자적으로는 '집을 관리하는 자'이다.

* 횡령하다/디아스콜피조 διασκορπίξω, '전치사 διά ~통하여, 스콜피조

 σκορπίξω 골라내다 또는 흩다', 우리말 성서는 '낭비하다'라고 번역했으나   여기서는 비유의 문맥에 따라 '횡령하다'라고 읽는다.

* 고발되었다/디에블레테 διεβλήθη, 이 헬라어 동사는 '디아발로 διαβάλλω   던지다'라는 동사의 '과거수동태형'인데, '전치사 διὰ ~통하여 + βὰλλω 던   지다'로 이루어진 합성어이다.

* 잽싸고 약삭빠르게 사기를 치다 : 프로니모스 φρόνιμος 약삭빠른, 이 낱말   의 어원은 '프레나파테스 φρεναπάτηS 자기양심을 속이는 자'인데, '프렌 φρήν 마음 + 아파테 ἀπάτη 속임'으로 이루어진 합성어이다.

도대체 '경제'가 무엇이기에 우리에게 성장도 가져왔다가 고통의 시간도 안겨주고 있는가? 한자로 경제란 말은 '경세제민(經

世濟民)'에서 유래하였다. 즉 '세상을 잘 경영해서 백성을 고통에서 구제 한다'는 뜻이다. 서양에서는 경제라는 말은 신학에서 유래하였다. 신학용어 중에 '하나님의 경륜(Economy of God)'이라는 말이 있다. 'economy'란 말은 '하나님이 내주시는 생명 세계'라는 뜻을 지닌 'oikos'라는 말과 '법'을 뜻하는 'nomos'란 단어의 합성어이다. 이를 풀어보면, 'economy'는 '생명을 살리는 하나님의 법칙'이란 원래적 의미를 가지고 있다.

이 '생명의 법'이 언젠가부터 약육강식의 정글의 법칙의 지배하에 놓이게 되었다. 그래서 서로를 살리고 돌보는 상부상조의 경제는 설 자리를 잃어버리고 오로지 도박판의 타짜들이 판을 치는 숫자놀음이 되고 말았다. 얼굴 없는 국제금융시장에서 경제윤리와 법칙은 애초에 거추장스러웠고, 생명이니 이웃이니 하는 말들은 영화 '워낭소리'의 소걸음처럼 답답한 소리였다. 그들은 '탐욕'을 '성장'이란 말로 둘러댔고 시장이 성장 하는데 장애가 되는 모든 규제와 윤리를 제거하면 경제는 무한대로 성장 할 수 있고 마침내 온 인류를 구원할 수 있다는 새로운 복음을 전파했다.

세계교회협의회는 아시아 경제위기가 한창이던 1998년 하라레 총회에서 신자유주의 경제세계화에 대응하는 '인간과 지구 중심의 대안적 세계화 (AGAPE)'를 주창하였다. IMF와 세계은행 그리고 다국적 은행과 금융회사들을 향해 이대로 가다간 세계경제가 곧 몰락할 것이라고 경고하였다. 한편 각국 정부들을 향해서는 국제금융투기자본을 규제할 것을 촉구하였다.

어느 날 세계은행의 관계자가 세계교회협의회 경제정의 담당

총무에게 도대체 어떻게 지금의 경제위기를 예측했냐고 물어왔다. 담당자인 경제학자 로카테 무샤나 박사의 대답이 우리에게 큰 경종을 울린다. "우리의 구원은 자신의 생명을 온 인류를 살리기 위해 십자가에 바친 그리스도의 사랑에 있다. 인간의 탐욕은 그 어떤 방법으로 합리화 하여도 인류를 살릴 수 없으며 오히려 죄와 사망의 근원이 된다. 인간이 스스로를 구원할 수 있다고 믿는 것은 하나님에 대한 불신앙이며 도전이다.", "너희 목마른 자들아 물로 나아오라 돈 없는 자도 오라. 너희 는 와서 사먹되 돈 없이, 값없이 와서 포도주와 젖을 사라." 공짜가 없는 세상에, 돈 없이는 그 어디에서도 인간대접을 받 지 못하는 세상에, 하나님은 빈주머니로 와서 마음껏 '값없는 은총'을 먹고 마시라고 우리들을 그분의 품으로 초대하고 있다. 세상에서 참된 가치는 결코 돈으로 따질 수 없다.

또한 돈과 재물에 대한 의미로 시리아의 아람어에서 유래된 이 "맘몬"이라는 영킹 번역에 근거한 우리 말 번역으로서 "재물"의 의미 속에는 돈과 재물을 하나님보다 사랑하는 우상 숭배와 다름없는 탐욕, 욕망으로 가득 들어찬 자들이 득시글거린다는 사실 앞에 이러한 의미에 바탕을 둔 돈과 재물로서의 영킹 "맘몬" 네 구절 번역이며 우리 말 "재물" 번역이라는 사실을 적용할 경우 큰 무리는 없으리라 사려된다.

결론적으로 하나님 보다 "맘몬"(재물)을 사랑할 경우 어떻게 되는 것인가?
디모데전서 6:10절 "돈을 사랑하는 것이 모든 악의 뿌리니, 이것을 욕심내는 어떤 사람들이 믿음에서 떠나 방황하다가 많은 슬픔으로 자신들을 찔렀도다."

결국 이 지경이 된다는 사실 앞에 돈과 재물은 그리스도인 성
도들이든 교인들이든 아니면 세상 마귀자식들이든 살아가는데
없어서는 안되는 존재이지만 그럼에도 탐심, 탐욕으로 마치 우
상 신을 숭배하는 것처럼 휘번덕거리는 두 눈알로 쫓고, 추구하
면서 하나님 앞에서의 믿음과 선한 양심을 갖추지 못한 상태로
자신과 타인들을 기만, 이용, 속이면서 날뛸 때에는 반드시 그
에 대한 댓가를 치르게 될 것임을 각오해야만 한다.

사무엘상 2:7절 "주께서는 가난하게도 하시며, 부하게도 하시
고, 낮추기도 하시며, 높이기도 하시는도다."

이 말씀처럼 하나님을 경외하며 이 세상을 성실히 살아갈 때에
주님께서는 그런 성도들을 얼마든지 부하게 하실 수 있는 주님
이시다.

또한 하나님께서 허락하시는 고난 가운데 초대교회 시대의 바
울 사도형제를 포함한 사도 형제들과 같이 가난, 그런 영광스러
운 청빈의 가난도 허락하실 수 있는 하나님이시다.

잠언 30:8절 "내게서 허황된 것과 거짓을 제해 주시고, 나를
가난하게도 마시고 부하게도 마시며 내게 필요한 양식으로 나
를 먹이소서."

그러니 이 잠언 말씀에 따라 일단 만사 제쳐 놓고 그리스도인
성도들은 이 세상을 살아가야만 하는 것이다.

5분 앞의 그 순간을 알지 못하는 이런 한계성의 인간으로서
세상 모든 인간들인데 그러하니 일단 하나님을 경외하는 믿음
의 실행의 삶을 살아갈 때에 그야말로 일단, 이 말씀도 수용하

478

여 믿고 실행하면서 그리스도인 성도들은 사랑하는 가족들과 함께 오손도손 살아갈 때에 주님께서 그러한 성도의 믿음과 실행을 보시며 부하게도 해주실 수 있는 주님이시라는 사실을 한시라도 망각해서는 안 되겠다.

디모데전서 6:6-7절 "그러나 만족할 줄 아는 경건은 큰 이익이 되느니라.

우리가 세상에 아무것도 가지고 온 것이 없으며 아무것도 가지고 갈 수 없는 것이 분명하니 우리에게 먹을 것과 입을 것이 있으면 이것들로 만족할 것이니라. 그러나 부유하게 되고자 하는 자들은 유혹과 올무와 여러 가지 어리석고 해로운 정욕에 빠지리니, 이는 사람들로 파멸과 멸망에 빠지게 하는 것이라."

그저 감사를 드리며 샬롬...

맘몬(독일어: mammon) 또는 매먼(영어: mammon)은 '마몬'의 다른 이름으로 국어사전에서는 "부(富), 돈, 재물, 소유라는 뜻으로, 하나님과 대립되는 우상 가운데 하나를 이르는 말. 혹은 악마를 이르는 말"로 불리며, 신약성경에서 맘몬(mammon = mammwna'")은 누가복음 16장 13절(mamwna'/재물 mammon)과 마태복음 6장 24절에서 "한 사람이 두 주인을 섬기지 못할 것이니 혹 이를 미워하며 저를 사랑하거나 혹 이를 중히 여기며 저를 경히 여김이라 너희가 하나님과 재물을 겸하여 섬기지 못 하느니라" 또한 누가복음 16장 9절, 11절 또한 맘몬의 의인화로 해석하는 경향이 있다. 그러나 다른 부분에서는 부정한 재물 또는 그와 동등한 것으로 번역하기도 한다. 중세시대에 맘몬은 일반적으로 탐욕과 부유함, 부정직함을 관장하는 악마로서 그려졌다. 천사들의 아홉 계층 가운데 가장 낮은 계급의 천사 출신이라고 한다. 그 이전에는 별로 주목받지 못했는데, 옛날에는 부의 집중화가 별로 이루어지지 않았기 때문이다. 그러나 중세에 이르러 금전욕이 현실적인 문제로 떠올랐다.

악마학자로 알려진 스콧은 맘몬이 에녹서와 관계있는 악마로 '사방의 데몬' 가운데 하나이며, 남쪽을 지배한다고 말하기도 했다. 존 밀턴의 실낙원 제1권 679행에는 "하늘에서 떨어진 천사 가운데 이처럼 치사한 근성을 가진 자는 없었다."라고 씌어 있는데, 천사로서 하나님을 섬기고 있던 무렵부터 그의 관심사는 금은보석이었다고 한다. 그래서 그는 뭔가 땅에 떨어져 있지 않은지 언제나 고개를 숙이고 걸어 다녔다고 한다. 그리고 숨겨진 황금이나 재산을 찾아내는 힘이 있으며, 최초로 사람들에게 땅을 파서 광산 자원을 채굴하는 방법을 가르쳤다. 지옥에 있는 악마들의 호화롭고 웅장한 궁전인 만마전(萬魔殿 : 판데모디움)을 건설한 것도 맘몬이다. 또한, 그는 매우 실리적이어서 하늘에서 떨어졌다는 낙담으로부터 가장 먼저 회복된 것으로 묘사된다.(출처 : 위키백과)

따라서 부를 향한 끝없는 탐욕을 부리는 악마로써 '부요(富饒)'라는 뜻의 아람어 '마모나'에서 유래된 맘몬(Mammon)은 탐욕의 악마이다. 성경은 이 세상에서의 부, 재물을 추구하는 뜻과 '부정한 이익', '뇌물'을 뜻하기도 하며, 그리스도교 문학에서도 부는 인간을 타락시키는 거대한 재물의 권화(權化)로서 널리 쓰이고 있다.(참고 : 두산백과)

우리 기독교뿐만 아니라 대부분의 타 종교들에서도 '부'를 우상숭배 ·탐욕의 화신(化身), 정신을 병들게 하는 악령의 도구로 보기도 한다. 따라서 성경은 탐심은 우상예배와 한가지로 하나님의 진노가 내리는 것을 경고한다(골 3:5-6)

그런데 맘몬주의 라는 말을 너무 가볍게 인식하는 것 같다. 사실 '맘몬'이라 하면 악마의 숭배로 느껴져서 일까? 잘 사용하지 않는다. 왠지 '맘몬'이란 말은 피해가고 싶은 것일까? 물론 독일어, 영어에서도 맘몬이라 하니 틀린 말은 아니라 할 수 있지만 실은 탐욕(貪慾)을 끊임없이 추구하는 지옥(地獄)의 악마(惡魔) 신(神) 마모나(mamwna)을 숭배하는 것이라 한다면 그 느낌의 강도는 확연히 달라 질 수 있다. 따라서 '맘몬주의'라는 말로 이념적 성격으로 지나치기 보다는, 그 어원에 '마몬'이라는 '악마(惡魔)'가 도사리고 있음을 잊지 말아야 한다. 이제 교단마다 총회에서는 교단을 이끌어갈 지도자들을 선출한다. 선출되는 지도자들은 탐욕(貪慾)을 끊임없이 추구하는 지옥(地獄)의 악마(惡魔) 신(神) 마모나(mamwna'/) 숭배하는 지도자가 선출되는 일이 없기를 기대해 본다.

교회와 각 교단, 총회는 스스로 부흥이라는 이름으로 세를 키우고 규모를 키워서 규모의 경제학 이론으로 재정을 확대할 수 있는 인물을 세워서 재물과 재정, 물질에 대한 공로자를 영입하여 매머스(mammoth) 맘몬(mammon)이 되려고 하는 것은 모든 교회, 총회, 교단, 신학교, 회사, 기업, 개인, 기관, 정당, 권력 단체 등 어느 무엇, 어느 누구도 매머스mammoth 맘몬mammon이 되고자 하는 것은 예외가 없을 것이다. 이 세상의 당연한 모습일 것이다. 그러기에 주님은 말씀하고 계신다.

"돈을 사랑함이 일만 악의 뿌리가 되나니 이것을 사모하는 자들이 미혹을 받아 믿음에서 떠나 많은 근심으로써 자기를 찔렀도다"(딤전 6:10).

부에 대한 예수 그리스도의 가르침

"네 보물(돈,재물) 있는 그 곳에는 네 마음도 있느니라"-마태복음 6:21.

*영어의 wealth는 앵글로-색슨어 weal로부터 유래하였다. 이 단어(weal)는 오늘날의 'well-being'을 의미한다.

복음서에는 인간과 이 세상 재물과의 관계에 대하여 예수님께서 가르치신 예(例)가 많이 있다. 즉 예수님은 물질과 소유에 대한 우리의 태도에 관하여 많이 말씀하셨다. 예수님은 돈과 그 문제점에 대해 모든 말씀의 1/5을 할당하셨다. 예수님의 비유 38개 가운데 16개가 재물에 관한 비유이다. 신약성경에서 기도와 믿음에 관한 구절은 약 500구절이지만, 돈과 소유에 대해서 다루는 본문은 약 2,000구절에 이른다. 쉐일러 매튜스(Shailer Matthews)에 따르면, 예수님은 정치학이나 경제학을 가르치는 선생은 아니었으나 경제적인 문제들에 무관심하시지 않았다. 예수님은 경제문제에 대해 다른 어느 사회 문제보다도 많은 말씀을 하셨다.

Martin Hengel에 따르면, "예수님 자신은 현실적 상황에서 재산의 소유를 당연시하였다. 예수님과 그의 제자들은 그를 따르는 부유한 여인들에 의해 섬김을 받았다(눅 8:2이하; 10:38이하 참고)" 탕자에 대한 비유는 재산 소유(사유재산)를 전제로 삼고 있다. 예수님은 원칙적으로 당시의 사유재산제와 소유 증대의 경제 질서를 거부하지 않으셨다. 예수님은 오직 재물이 잘못 쓰이는 것과 싸우셨다.

그러나 '황금'이 하나님과 대립되는 경우가 있다고 가르치셨다(마 6:24). 예수님께서는 그 시대의 물질주의에 대해 선전포고를 내리셨다. 재물을 아람어로 '맘몬'이라고 했는데, 예수님은 맘몬이 적대되는 신이라고 선고했다. 즉 예수님은 '맘몬'을 하나님을 대적하는 '강한 대조적 존재'로, 선택의 대상으로, 그리고 '양립할 수 없는 두 주인'으로 설정하셨다. 한마디로 '맘몬'은 하나의 경쟁 신(a rival god)으로 묘사되었다. 엘룰(J. Ellul)에 따르면, 그것은 하나의 수사학적 어법이 아니라 엄연한 현실을 말씀하시는 것이다.

비교적 단순한 사회에서도 예수님께서 재물의 영적 위험을 크게 강조하셨다면, 지극히 풍요로운 환경 속에서 사는 우리는 그 문제를 더 심각하게 받아들여야 한다.

구약과 신약을 통 털어 가장 복에 가장 적절한 설명이 되는 대목이 있다면 시편 1장이 아닌가 싶다.

복이 있는 사람과 악한 사람에 대한 설명이 가장 정확하게 말씀하고 계신다. 즉 심판이다. 구원과 심판이다. 악인은 심판을 받는다는 것이다. 복이 있는 사람은 심판을 받지 않는다는 것이다. 물론 이 심판은 구원의 천국과 지옥의 심판을 분명하게 말하고 있다. 이것이 복이라는 것이다.

죄인과 악인이 의인과 복인의 모임과 자리에 앉지 못하고 악인과 구원 받지 못한 자들은 망한다는 결론을 말씀하고 계신다.

믿음, 말씀, 율법은 모두 순종을 전제 조건으로 한다.

믿음(신앙)도, 말씀도, 율법도 순종하지 아니하면 아무 것도 아니다.

믿음은 믿을 수 없는 것을 믿는 것인데 이는 순종하지 아니하면 믿음이 생길 수도 없고 있을 수도 없다.

말씀은 구약의 하나님 창조주의 말씀과 신약의 예수 그리스도 구세주의 말씀인데 이는 순종 없이는 아무 것도 아니다. 그냥 세상적인 것으로 밖에 볼 수 없다. 그냥 다른 책들과 같을 뿐이다. 그냥 교양 서적에 불과하고 참고 서적에 불과 할 뿐이다. 하나님과 예수님의 말씀인 성경 구.신약 모두는 율법이며 이 율법은 순종할 때, 나의 믿음이 되고 신앙이 되고, 구원이 되는 것이지 율법에 순종하지 않으면 죄만 될 뿐이다. 이 말씀, 즉 율법에 대한 순종 없이는 이 우주와 이 땅에서의 어떤 질서도 있을 수 없다. 그러므로 이 말씀은 모두 질서(秩序)인 것이다. 질서(秩序)는 섭리(攝理)이며 경륜(經綸)이 되는 것이다

선악을 알게 하는 열매는 먹어서 죄가 되는 것이 아니고 먹지 말라는 명령에 대한 불순종이 그 불순종 그 자체가 죄가 되는 것이다.

불순종은 무조건 죄가 되는 것이다. 하나님의 말씀에 대한 불순종과 도전은 그 말씀이 옳고 그르고의 문제가 아니라 불순종한 것이 죄인 것이다.

그래서 하나님은 그 자체가 의인 것이다. 예수님 그 자체가 의인 것이다.

믿음은 의이다. 구원은 의인 것이다. 순종이 의인 것이다. 순종하지 아니하는 것은 어떤 것도 의가 될 수 없다. 그리스도 예

수는 하나님의 말씀이 인간의 육체로 오신 말씀이다. 그리스도는 말씀이고 진리이다. 진리에는 순종이 의가 되는 것이다. 진리는 예수 그리스도 그 자체인 것이다. 진리는 하나님 그 자체인 것이다.

믿음이 우리에게 있는 것이 아니라 하나님이 우리를 믿어 주는 것이 믿음이다. 믿음은 전적으로 하나님으로부터 나오는 것이다. 믿음은 예수 그리스도로부터 나오는 것이다. 어떤 작은 믿음일지라도 그것은 우리가 믿음으로 나오는 것이 아니라 전적으로 예수 그리스도로부터 나오는 것이다. 예수 그리스도가 우리는 믿어 주시는 것이다. 우리를 의로 여겨 주시는 것이다. '여기다'의 영어 번역은 'credited'이다. 신뢰를 받는 것이다. 신용이 보증을 받는 것이다. 신용카드가 credited 된 것이다. 여김을 받는 것이 믿음인 것이다. '여기다'의 헬라어는 λογιζετ αι '로기조마이'인데 이는 목록을 작성하다, 계산하다의 뜻으로 예수를 믿음으로 천국의 들어가는 자로서의 명단 목록에 작성되었으며, 예수님께서 죄값을 지불하시고 계산하셔서 그 영수증을 우리에게 주시고 가신 것이다. 그런데 영수증을 보관하고 있지 않는 분들이 계신다. 잃어버린 분, 잊어버린 분, 별로 소중하게 여기지 않는 분들은 속히 찾아야 한다. 그러므로 믿음을 착각하지 말아야 한다. 끝까지 이 세상 끝 날까지 우리는 설득하는 과정이 믿음의 과정이다. 믿음이란 단어의 헬라어의 뜻은 πιστις 피스토스라는 말인데 이 말의 뜻은 설득이라는 뜻이다. 그렇다. 믿음이 없고, 믿음이 있을 수 없는 우리를 끝까지 견인하시는 세상 끝 날까지 영원히 우리를 설득하고 계시는 주님이

시다. 한 순간이라도 주님의 눈이 우리를 벗어나면 우리는 죄의 사슬에 묶일 수밖에 없는 존재이다. 사탄 마귀는 주님의 눈길이 우리를 벗어나기만 하면 순간 찰나에 우리를 넘어뜨리고 만다. 우리 인간의 전적인 타락일 수밖에 없으며, 하나님의 전적인 은혜일 수밖에 없는 것이 인간이다.

우리나라의 온 백성도 마찬가지이지만 특히 목회자와 성도님들은 세상의 정치, 이념에 휩쓸려서는 안 된다. 분명한 성경적 분별력과 지혜를 가져야 한다. 좌로나 우로 치우치지 말아야 한다. 남녀노소, 빈부귀천, 동서남북, 상하좌우, 어떤 편으로 치우치지 말아야 한다. 주님의 마음과 심장으로, 오직 성경적 가치로 보아야 한다. 정치논리에 편승해서, 정치인들의 편 가르기에, 그들의 정치기술에 넘어가지 말아야 한다. 좌가 어디 있으며, 우가 어디 있으며, 보수가 어디 있으며, 진보가 어디 있으며, 빨갱이가 어디 있으며, 좌익이니 좌파가 어디 있다 말인가? 우리는 오직 성경 말씀에 근거하여 판단하여야 하며, 오만과 편견에서 벗어나야 한다. 인류 역사를 통해서, 성경의 역사를 통해서 뒤 돌아 보아야 할 것이다.

위정자들이 오직 하나님 아버지의 심정으로 청렴하고 정직하며 겸손하게 섬기는 종의 마음으로 , 백성들을 불쌍히 여기는 마음으로 정치하도록 기도해야 한다. 하나님께서 저들에게 치리를 맡기신 것은 먼저 시급한 것들이 무엇인지 우선 순위가 무엇인지 사안의 경중이 무엇인지 알고 깨닫게 해서, 불쌍하고 가난한 자, 연약한 자, 병든 자, 고난 받는 자, 핍박 받는 자, 굶주린 자, 잘 곳이 없는 자, 먹을 것이 없는 자, 노숙자, 노령자,

병든 자, 버려진 아이들, 공부할 수 없는 학생들, 무직자들, 등 소외되고 불쌍한 자, 외로운 자 등을 돌보라고 하나님이 맡기신 것이니, 그런 하나님의 심장으로 치리하도록 기도해야 할 것이다.

그리고 우리나라의 모든 백성들은 삶의 현장에서 특히 전문인들, 특히 변호사들은 자기의 소득과 법적 승리를 위해 거짓말을 가르쳐서 무조건 법에서 이기는 데 목적으로 온갖 거짓말을 가르치는 것을 버리고 정직하게 변론하기를 바라며, 의사들은 수익보다 치료를 최우선으로 하는 환자를 자기 자식 부모를 치료하는 마음으로 치료해야 할 것이며, 모든 사업과 장사하는 사람들은 정직하게 속이지 않는 저울과 청진기를 , 자를 꺽지 아니하며, 치료는 의사에게 하며, 의사가 치료했다고 하나님의 능력으로 치료했다고 할 수 있는가? 그러면 모두 의사에게 가서 신앙생활을 해야 되는가? 의사에게 하나님의 능력이 임하고 성령의 은사를 받았다고 의사가 목사가 되면 어떻게 되겠는가? 의사가 치료할 수 없고, 세상 의술과 약으로, 식품으로 치료할 수 없을 때, 하나님의 능력을 믿고 의뢰하여 기도할 때, 하나님의 뜻을 기다리며 간구하는 믿음이 필요한 것이다. 물건을 파는 사람은 되를 기울이지 아니하며, 정직과 신용으로, 청렴한 공직자로 모두 하나님을 바라보는 눈과 귀가 되기를 기도하고 분별력을 갖도록 함께 연합하고 합력하는 것이 그리스도의 사람임을 알아야 한다.

다름은 틀림이 아니라 다름은 연합하고 화합하며 더욱 아름답게 이루라는 하나님의 섭리와 경륜을 알고 지혜로운 백성들이다 되도록 기도해야 할 것이다.

 예수님의 삶과 생애 그리고 그의 실생활이 주는삶의 모습과 증거가 진정한 믿음의 본이다. 그 본과 증거는 우리가 따르고 행하는 삶을 살라는 명령이다.

6부. 예수님

1. 복음서 분석을 통한 예수님
결론은 오직 예수님

예수님은 어떤 분이신가? 어떤 분이셨던가? 그분의 정체성 identity는 무엇인가?

그런데 주님이 어떻게 사셨는가? 왜 그렇게 사셨는가? 그렇게 사신 목적과 이유가 무엇인가? 우리는 왜 그분의 삶을 알고 본 받아야 하는가? 신학적 기독론으로 말하기보다는 실제 삶과 생활을 통해서 말하는 것이 오히려 설득이 되는 것이라고 여겨진다.

이는 하나님 예수 그리스도 성령께서 우리에게 말하는 것이다. 생활과 삶으로 말하는 것이다. 본받아 살라는 것이다. 인생들이 본받아 살기를 위하여 인생으로 오셨다는 것을 증명하며 인생으로 하나님이 되셨다는 것을 보여주시기 위해서 사신 것이다.

주님의 출생 아이던티티identity신분은 평범한 가난한 목수의 아들로 태어나셨다. 태어난 장소도 말구유에서 태어나셨다. 따뜻하고 안온한 방에서 안전하게 산부인과 병원에서 태어나고 못하시고, 산후조리원에서 회복의 시간도 보내지 못했다는 것은 형편이 좋지 않았다는 것이다. 그리고 가문은 다윗의 왕의 가문이지만 몰락한 왕가의 후손이었다. 몰락한 왕가의 후손은 핍박의 대상이다. 가까이 하는 사람들도 핍박의 대상이 될 수 있다.

그리고 그 가문의 혈통 중에서 세상에 죄 많은 혈통에서 태어난 것이다. 그러나 동방박사들 같은 하나님의 계시를 알아본 사람들은 멀리서 금 은 보석과 향유를 가지고 경배하러 왔다. 그 시대의 왕이 그의 장래의 왕 같은 권세를 알아채고 죽이려고 하여 애굽으로 피난을 갔다. 다시 자라서 고국으로 돌아왔다. 자기 태어난 나라를 잊지 않았다. 나라와 민족을 잊지 않으셨다. 하나님으로 오신 분이 겸손하게 세례 요한에게 세례를 받으셨다. 사탄에게 시험을 받으셨으나 능력으로 이기셨다. 천사들이 예수님을 수종들었다. 제자들을 택하여 부르시고 사도와 제자를 삼으셨다. 병든 자들을 고치고 치료하셨다. 무료로 치료하셨다. 치료비를 받지 않으셨다.

2 .어떤 분인가?

삼위일체의 삼위 중에 한 분으로 하나님의 아들이면서 하나님이시다. 말씀이 육신으로 오신 하나님이시다. 하나님이 사람의 모습으로 이 세상에 오신 인간 하나님이시다.

겸손한 사랑의 왕이시며. 희생과 섬김의 왕이시다. 치료와 치유의 왕이시며 생명의 왕이시다. 은혜의 왕이시다. 전지전능하신 하나님이시다. 평범한 사람이시며 모든 감정과 이성을 가지신 인생의 한 분이시다.

3. 어떤 삶을 사셨나?

무소유의 삶의 삶으로 "거져 받았으니 거저 주라.", 자기를 "알리지 말라.", 엄히 경고하시며 아무에게도 알리지 말라고 하셨으며, 무권위의 생활, 겸손의 왕, 겸손한 화목제물, 노숙자 예수님은 무저항 비폭력으로 평화와 화평과 평강의 인생으로, 드러내지 아니하고 자랑하지 아니하며 공로를 감추신 분이시며 현재도 살아 계신다. 은밀한 기도, 오른 손이 한 것을 왼 손이 모르게 타인을 위한 삶을 현재도 살고 계시며 일하고 계신다.

　복으로 증거 하지 않으신 예수님이시며, 부자들을 택하지 않으셨고, 권력자를 택하여 제자 삼지 않으시고, 부귀영화 명예권세 자손번성 무병장수로 증거 하지 않으신 예수님이시다.

만왕의 왕이시면서 왕처럼 살지 아니하시고, 노숙자처럼 사신 예수님을 알아보지 못하는 사람들에게도 알리기를 원하시지도 않으신다. 부자나 권력자를 사도로 제자로 삼지 않으시고 가난하고 평범한 서민들을 사도로 제자로 삼으신 예수님이시다. 기복적이지 않으시며, 복을 위해 기도하지 않으신 예수님이시며, 복을 갖지 않으신 예수님이시다. 오복이 없으신 예수님이시며 오복을 기뻐하지 않으시고 즐기지 않으신 예수님!

복을 가르치지 않으셨으며, 복을 멀리하시며 모든 인류를 위해 대신 죄인의 모습으로 십자가에 죽으셨으며, 부활하시어 많은 사람들에게 보이시며, 이제 다시 오실 것을 언약하신 언약의 하나님이신 인생 예수이시다.

4. 사도 12 제자들의 삶과 생활

사도 12제자들의 삶과 생활에 대하여 말하자면 그들은 저주받은　복이 없는 자들이시며 복을 추구하지 않으신 사도와 제자들이였다. 복으로 증거하지 않으신 사도와 제자들은 고난과 핍박으로 순교로 생을 마치신 불행한(?) 삶과 죽음으로 순교하였다. 복은 전혀 없으시고 복 받지 못한 사도와 제자들이었다. 왜 복을 주지 않으셨나? 왜 복을 받지 못했나?

신앙과 믿음이 있는 사람일수록 복을 받지 못하는 것인가?

믿으면(순종?) 복 받는다고 했는데? 왜 복을 위해 예수님도 사도들도 제자들도 기도하고 간구하지 않으셨나? 궁금하다. 이렇게 궁금하게 여기면 믿음이 없는 것인가? 아니면 위선자인가?

5. 예수님의 생활과 활동

먼저 예수님의 생활과 활동에서 어떤 유익을 택하고 얼마나 많은 재산을 모으고 얼마나 많은 부를 가지고 목회에 사용하셨는지?

예수님은 왜 교회 건물을 짓지도 않으시고 부자나 권세 있는 자들을 사도나 제자로 두셨으면 더욱 많은 목회를 하셨을 텐데,.. 왜 그렇게 하셨을까 이해가 되지 않는다. 그리고 그 많을 치료와 치유 불치병들을 고치시고 어떤 댓가도 받지 않으셨을까? 댓가를 받아서 가난하고 무지하고 어려운 사람들을 도와주었다면 더욱 크고 훌륭하고 성공적인 목회를 하시고 더욱 빨리 부흥도 하시고 잡혀서 십자가에 못 박혀 돌아가시지도 않으셨을 텐데. 정말 이해할 수 없고, 알 수 없는 이상한 생활과 삶을 사셨다는 것이다.

위대한 사상가나 유명한 철학자도 명의도 행정가도 주변에는 없었으며 그들을 택하지도 아니하셨고 그들을 가까이도 한 흔적이 없다. 그리고 사도들에게도 제자들에게도 부자가 되기를 바라지 않으셨고 부자가 되어 복 받았음을 증거 하라 고도 하지 않으셨다. 얼마든지 제자들이 부자가 될 수 있게 하실 수도 있으셨을 것이다. 병원을 하셨다면 얼마나 많은 크고 많은 재력으로 더욱 좋은 선한 사업을 해서 크게 제자들 사도들에게도 명분이 되어 예수 믿어 복 받았다고 그것이 증거가 된다고 대서특필하였을 것이며, 소문이 자자하게 퍼져 세계 각국에서 모든 사람들이 몰려 와서 투자하고 큰 돈을 헌금을 하였을 것인데, 그러면 쉽게 열방과 이방과 민족과 백성에게 전파하셨을 텐데 왜 그렇게 바보처럼 목회를 하셨단 말인가? 지혜도 없고 명철도 없는 분이였을까?

한글 성경, 중국어 성경, 일본어 성경의 복(福)은 중국의 한자 복(福)으로 되어 있으며, 기복(祈福)적 성경으로 인하여 기복(祈福) 신앙이 되었다. 중국식 성경 번역으로 인한 기복적인 성경 번역으로 인하여 신학이 기복적 샤머니즘(shamanism)적 치료 치유 은사주의 신앙으로 되었고, 세상 물질 만능의 복 신앙으로 인하여 교회도 기복적 교회로 되었다. 재물(맘몬)적 교회가 되었다.

물론 중국의 유교나 주자학 등도 근본이 기복적이다. 이러한 사상과 철학과 문화와 이념의 영향을 받아서 기복신앙이 된 원인이라고 할 수 있다.
공자의 유교 유학 등은 그리고 불교 등도 개인의 복만 추구하는 기복적이다. 한편으로는 인(仁)과 자비(慈悲)라고 하는 근본이념과 도덕성으로 이타인애의 이념과 사상이기도 하다. 이는 모든 것이 인본주의 신앙이며 문화이며 종교이다.

오늘날 기독교가 타종교보다 더 사회적 국가적 공동체적 덕목을 갖지 못하고 있다는 것으로 인하여 사회적 지탄을 받고 있는 부분이 있다. 그것은 예수 그리스도의 삶과 생활을 본받지 아니하고 오직 자신의 이기적 복만을 위한 탐욕적 신앙생활이 세상으로부터 비난과 지탄을 받고 있다. 그 비난과 지탄도 사탄 마귀의 역사라고 하고 있다. 귀를 막고 듣는 체만 하는 것 같아 보이기도 한다. 이제 다시 참 회개의 믿음으로 그의 삶과 생활을 본 받아야 할 것이다. 약2:22 "믿음이 그의 행함과 함께 일하고 행함으로 믿음이 온전하게 되었느니라"의 말씀처럼 우리의 믿음이 행위의 믿음이 아니지만 그 뿌리의 믿음이 행함의 열매로 인하여 증거 되는 것이다. 특히 목회자와 그 성직자 지도자들이 본을 보여야 할 것이다. 아니 더 기대 가치가 높고 더 많은 기대치에 부합하지 못한 반작용이기도 할 것이다.

갈수록 더욱 더 물질적인 세상의 구조 속에서 더욱 더 기복적인 종교화가 될 가능성은 더욱 넓고 깊어 노골적으로 경제 제일, 물질 제일적 종교관과 신앙관이 극심해질 것이 뻔한데 과연 우리의 신앙은 어디로 갈 것인가? 쿼바디스 노미네! 편견과 오만의 길로 가노라!

6. 기로에 선 우리의 신앙과 믿음.

모 교단에 총회장도 하신 목사님은 가끔 말씀하셨다.
목사가 가난하게 사는 것은 기도가 부족하고 믿음이 없어서 가

494

난하게 사는 것이며, 성도가 10년 이상 동안 신앙 생활하면서
도 가난하게 사는 것은 믿음과 기도의 문제가 있다고 하셨다.
교회 다니면 못 살지 않는다는 것이다. 교회 다니면 다 복 받
고 잘 살게 되는데 가난에서 벗어나지 못 한다면 그의 신앙은
문제가 있고 기도를 하지 않아서 그런 것이라고 하셨다.

맞는 말씀일까? 그럴 수도 있을까? 그럴 수도 있다. 그러나
그렇지 않을 수도 있다. 성경은 그 어디에도 그렇게 말씀하고
있지 않다.

우리는 자기 자신의 경험을 또는 어떤 인간적인 경험을 성경
말씀처럼 강단에서 말해서는 안 된다. 이는 하나님에 대한 모독
이다. 성경에 대한 몰이해이며 몰지각이다. 성 삼위일체에 대한
모욕이다. 예수님에 대한 도전이다. 성령을 훼방하는 것이다. 그
렇다면 예수 안 믿고, 교회 안 다니는 사람들이 부자로 잘 사
는 것은 무엇인가?

재벌들 중에 예수 믿는 사람이 많을까? 예수 믿지 않는 사람
이 많을까?

권세 있는 사람들 중에 예수 믿는 사람들이 많을까? 예수 안
믿은 사람이 많을까?

아니 더욱 더 확실한 질문으로, 예수 안 믿는 사람이 잘 사는
것은 무슨 이유에서, 원인이 무엇이어서 잘 사는 것일까? 예수
안 믿는 사람이 잘 살면, 예수 안 믿는 것이 잘 살게 되는 것
일까? 더욱 더한 논리로 말하자면, 예수 안 믿는 사람이 건강
하게 오래 살면, 예수 안 믿는 것이 건강하게 오래 사는 것의
비결이 되는 것일까?

어떤 사람은 예수 안 믿어도 부자로 살게 되니까 예수 믿는 것과 부자로 사는 것은 전혀 무관하다고 생각하고, 불교 믿고 절에 다니는 사람은 불교 믿고 절에 다니니까 부자로 잘 살고 있다고 하면서 절에 다니라고 전파합니다. 전혀 무종교인 사람은 무종교니까 너무 편하다고 하는 사람도 많이 있다. 천주교 성당에 다니는 사람은 천주교 성당이 최고 좋다고 하면서 꼭 천주교 성당에 다니라고 전파한다. 그래야 복 받고 잘 산다고 한다. 중동 이슬람권 사람들은 왕도 있고 모두 부자로 잘 사고 있다. 그들은 저주 받아 모두 잘 살고 있을까? 성경 어디에도 이런 말씀은 없다.

제발 예수 믿으면 복 받는다는 말은 삼가야 한다.

예수 믿고 천국 간다는 것은 성경 말씀의 핵심 중에 핵심이다.

오직 예수, 천국이다.

그 이상도 그 이하도 아니다. 제발 복이라는 개념이 이제 우리의 성경과 신앙 믿음에서 사라져야 한다. 최근까지만 해도 필자는 가끔 하는 말 중에, '믿음 낳고 복 낳지, 복 낳고 믿음 낳지 않는다'고 말하곤 했다. 이 말도 성경적인 말은 아니다. 확실한 것은 구원이다. 그러나 세상적인 복과의 관계에서는 물론 확률과 가능성은 높다고 개인적으로 말 할 수 있지만 설교로써의 강단용으로는 좀 적절하지 못 하다.

이제 성경이 개역, 번역을 바로 해야 한다. 번역을 새로 해야

한다.

성경에서 복(福)이라는 글자가 들어간 단어는 모두 바꾸어야 한다. 성경에서 복(福)이라는 글자가 없어야 한다. 찬송가도 마찬가지이다.

그리고 해석도 바로 해야 한다. 제발 해석을 바로 해야 한다. 기도할 때, 복을 달라고 기도하지 말아야 한다. 복을 빌지 않아야 하고, 축복한다는 말도 해서는 안 된다. 주님의 사랑과 은혜와 성품과 인격을 위해 기도하고 기원해야 한다. 성령의 열매를 바라고 기도해야 한다. 말씀을 바르게 옳게 알게 해 주시를 기도해야 한다. 모든 것은 말씀인 성경에 있다. 성경에 대한 공부를 깊이해야 한다.

해석할 때, 복이라는 개념을 이해하고 해석을 해야 된다.

적용을 바로 해야 한다. 적용할 때 복(福)을 적용해서는 안 된다.

세상적인 복(福)과의 상관관계를 너무 지나치게 적용해서는 안된다.

믿음은 고난과 인내와 기다림과 시험과 희생이 제물이 되는 것이다.

믿음은 사랑, 화평, 희락, 평강, 겸손, 온유, 절제, 나눔, 섬김을 위한 기도를 먹고 자란다.

십자가는 돈 버는 도구와 수단이 아니다.

십자가는 병을 치료하는 만병통치의 의료 기구가 아니다.

십자가는 자녀들 일류대학 들어가는 학원이 아니다.

십자가는 결혼할 사람 만나는 곳이 아니다.

십자가는 기도하는 대로 이루어지는 곳이 아니다.

십자가는 사업하는 곳이 아니다.

십자가는 이웃을 자기보다 사랑한다.

십자가는 자기 고통이다.

십자가는 자기 희생이다.

십자가는 인내이다.

십자가는 고통스러운 기다림이다.

십자가는 온유한 결단이다.

십자가는 자기 겸손입니다. 남이 나보다 낫다.

십자가는 자기 자신을 남을 위해 드리는 것이다.

십자가는 자기 자신을 남을 위해 희생하는 희생 제물이다.

내가 복 받고 잘 살고 부귀, 영화, 명예, 무병장수, 자손번성을 이루는 도구가 아니다.

 그런 것을 원하시면 예수를 믿지 마세요라고 이제 한국 교회가 외쳐야 한다.

복 받기 원한다면 다른 종교를 믿으세요! 하고 외쳐야 한다.

'예수 믿으면 복 받는다'고 하면 예수님을 위선자로 만드는 것이 아니라면, 예수 믿으면 복 받는다고 하는 당신이 위선자이다.

 예수 그리스도 하나님 말씀의 번역을 잘못하고,

 예수 그리스도 하나님 말씀의 해석을 잘못하고,

예수 그리스도 하나님 말씀의 적용을 잘못해서 문제가 된다.

그러므로
첫째 원인은 번역의 문제요,
둘째는 해석의 문제요,
셋째는 적용의 문제다.

성경에 나오는 '복(福)'에 대한 번역을 바로 잡아야 한다.

다음은 '믿음'이라는 단어이다.
믿음은 어떻게 생기며 어떻게 우리 마음과 생각에 일어나는 것일까?
사도신경 가운데에서 일반 상식적으로 믿을 수 있는 부분이 얼마나 있을까?
믿을 수 없는 것들을 믿으라고 하는 것이다. 믿음은 무엇이 전제 되어야 할까?
그것은 순종이다. 순종은 은혜로만이 가능한 것이다. 성경 전체의 핵심 한 단어를 들라하면 '순종'이다. 모든 것은 순종에서 나오고 발생한다. 순종에서 믿음이 나오며, 그 믿음에서 구원이 나온다. 사랑도 순종에서 나온다. 이 순종은 하나님의 은혜의 언약에서 나온다. 이 순종은 하나님의 은혜의 언약이다.
모든 율법도 순종이 없으면 모두 불법이다. 불순종이다.
불순종은 모두 죄이다.
아담과 하와의 원죄가 선악(지식과 지혜, 분별력)의 열매를 먹어서 '죄'가 되기보다는 '먹지 말라'는 명령에 대한 불순종이 원죄가 되는 것이다. 순종 없이는 믿음은 없다. 은혜(언약) 없이 순종 없고, 순종 없이 믿음 없다. 믿음 없이 구원 없고, 구원 없이 천국 없다. 순종 없이는 어떤 믿음도 생길 수 없다.

'믿음'이라는 한글성경의 뜻이 헬라어로는 '피스티스'인데 이는 '설득'이라는 뜻이다. 인간은 믿음을 갖기가 어렵다. 그래서 주님께서는 우리 인간을

믿음을 갖게 하기 위해 끝까지 설득하는 설득의 과정이다. 그래서 믿음은 피스티스, 설득이라는 뜻이다. 그러기 때문에 순종해야 한다. 순종하면 설득이 필요 없다. 순종하지 못하거나, 순종하지 않기 때문에 끝까지 자기 자신 스스로를 설득을 하는 것이 믿음이다. 순종할 때까지 자기 자신을 쳐서 순종시키며 설득해야 하는 것이 믿음이다. 하나님과 내가 합력하여 나 자신을 설득하여 믿음의 온전함에 이르게 하는 것이 구원이다.

거의 모든 사람이 돈과 구원을 둘 중 하나를 택하라고 하면 구원 보다 돈을 택할 것이다. 만약에 돈이 많다면 더욱 확실하게 더할 것이다.

돈은 우리를 구원할 수 있어도, 구원은 우리에게 돈을 주지 못한다고 생각할 것이다. 이것은 사탄이다. 마귀이다. 우상이다. 맘몬이다. 바알이다.

돈이 사람을 구원한다고 생각하기 때문에 교회 다니는 것은 돈을 위한 수단으로 다니는 것이다. 돈은 바로 복(福)이다. 돈 없는 복은 있을 수 없다.

돈이 없으면 복은 없다. 돈은 돈다. 돈은 사람을 돌게 한다. 돈이라는 단어는 돌다(돈다)의 불완전 명사이다. circulate, circulation 유통, 통화이다. 세상적인 복돈은 잠간 보였다가 사라지는 신기루에 불과하다. 이것을 인생동안 잠간 보이는 신기루(蜃氣樓)같은 무지개에 불과한 헛것이며 허탄한 것이다. 참빛의 진리가 비치면 곧장 사라지는 것이 돈이며 복이다. 오히려 모든 분쟁 싸움 전쟁과 걱정 근심 불안과 시기 질투와 고민과 고통, 비난 폭력 살인 등 모든 악의 출발이며 근원이 될 뿐이다. 그러므로 참 빛이며 진리이신 예수님의 빛이신 말씀을 통한 성령을 받아야 한다. 먼저 말씀이다. 오직 말씀이 먼저다 우선순위가 중요하다. 그 우선순위에 따라 집중력과 지구력을 갖는 것이 중요하다. 이것이 하나님이 주신 믿음의 지혜요 명철임을 믿는다.

7. 부활을 믿어 구원을 이루는 부활신앙이다.

부활은 구원이며 언약(믿음＝구원)을 이루시기 위함

롬4장 전체(롬4:1~25) 믿음의 언약을 이루시기 위해 부활

롬4:1. 그런즉 육신으로 우리 조상인 아브라함이 무엇을 얻었다 하리요

2. 만일 아브라함이 행위로써 의롭다 하심을 받았으면 자랑할 것이 있으려니와 하나님 앞에서는 없느니라

3. 성경이 무엇을 말하느냐 아브라함이 하나님을 믿으매 그것이 그에게 의로 여겨진 바 되었느니라

4. 일하는 자에게는 그 삯이 은혜로 여겨지지 아니하

고 보수로 여겨지거니와

5. 일을 아니할지라도 경건하지 아니한 자를 의롭다 하시는 이를 믿는 자에게는 그의 믿음을 의로 여기시나니

6. 일한 것이 없이 하나님께 의로 여기심을 받는 사람의 복에 대하여 다윗이 말한 바

7. 불법이 사함을 받고 죄가 가리어짐을 받는 사람들은 복이 있고

8. 주께서 그 죄를 인정하지 아니하실 사람은 복이 있도다 함과 같으니라

9. 그런즉 이 복이 할례자에게냐 혹은 무할례자에게 도냐 무릇 우리가 말하기를 아브라함에게는 그 믿음이 의로 여겨졌다 하노라

10. 그런즉 그것이 어떻게 여겨졌느냐 할례시냐 무할례시냐 할례시가 아니요 무할례 시 니라

11. 그가 할례의 표를 받은 것은 무할례시에 믿음으로 된 의를 인친 것이니 이는 무할례자로서 믿는 모든 자의 조상이 되어 그들도 의로 여기심을 얻게 하려 하심이라

12. 또한 할례자의 조상이 되었나니 곧 할례 받을 자에게뿐 아니라 우리 조상 아브라함이 무할례시에 가졌던 믿음의 자취를 따르는 자들에게도 그러하니라

13. 아브라함이나 그 후손에게 세상의 상속자가 되리라고 하신 언약은 율법으로 말미암은 것이 아니요 오직 믿음의 의로 말미암은 것이니라

14. 만일 율법에 속한 자들이 상속자이면 믿음은 헛것

이 되고 약속은 파기되었느니라

15.　율법은 진노를 이루게 하나니 율법이 없는 곳에는 범법도 없느니라

16.　그러므로 상속자가 되는 그것이 은혜에 속하기 위하여 믿음으로 되나니 이는 그 약속을 그 모든 후손에게 굳게 하려 하심이라 율법에 속한 자에게 뿐만 아니라 아브라함의 믿음에 속한 자에게도 그러하니 아브라함은 우리 모든 사람의 조상이라

17.　기록된 바 내가 너를 많은 민족의 조상으로 세웠다 하심과 같으니 그가 믿은 바 하나님은 죽은 자를 살리시며 없는 것을 있는 것으로 부르시는 이시니라

18.　아브라함이 바랄 수 없는 중에 바라고 믿었으니 이는 네 후손이 이 같으리라 하신 말씀대로 많은 민족의 조상이 되게 하려 하심이라

19.　그가 백세나 되어 자기 몸이 죽은 것 같고 사라의 태가 죽은 것 같음을 알고도 믿음이 약하여지지 아니하고

20.　믿음이 없어 하나님의 약속을 의심하지 않고 믿음으로 견고하여져서 하나님께 영광을 돌리며

21.　약속하신 그것을 또한 능히 이루실 줄을 확신하였으니

22.　그러므로 그것이 그에게 의로 여겨졌느니라

23.　그에게 의로 여겨졌다 기록된 것은 아브라함만 위한 것이 아니요

24.　의로 여기심을 받을 우리도 위함이니 곧 예수 우리 주를 죽은 자 가운데서 살리신 이를 믿는 자니라

25.   예수는 우리가 범죄한 것 때문에 내줌이 되고 또한 우리를 의롭다 하시기 위하여 살아나셨느니라

*믿음 πιστις 피스티스/설득, 신용, (믿음의)확신, (예수를)신뢰 faith
믿음은 하나님이 우리를 끝까지 놓지 않으시고 언약을 지키시기 위해 설득하여 견인하시는 과정이다. 우리가 믿는 것이 아니라 하나님이 우리를 믿어 주시는 것으로 믿음으로 여겨 주시는 것이다.

*의(義)   δικαιοσυνην/디카이오쉬네/공정,공의,공평,정의 righteousness
의인은 예수님 외는 하나도 없다. 의인이신 예수님을 믿음으로 인하여 의로 여겨 주시는 것이다. 그러므로 믿음을 의이며 의로 여겨 주시는 것이다. 오직 믿음 만이 하나님이 의로 여기시는 것이다. 의는 곧 믿음이다. 믿음이 의이다.

*여기다 λογιζεται/로기조마이/목록을 작성하다, 계산하다, 떠맡기다 credited 여기다의 헬라어 로기조마이는 목록을 작성하다인데 이는 구원 받은 신자의 목록을 주님이 작성해 놓고 계신다. 주님을 믿는 자는 죄 없으신 주님이 보혈의 피로 우리의 죄를 다 갚으시고 계산하시고 영수증을 우리에게 주시고 넘겨 주시고. 믿는 자가 영수증 가지고 천국으로 오기를 기다리고 계신다. 다른 한편으로는 재림 하실 때, 이 영수증을 어떻게 잘 보관하고 관리하고 있는가 보시고 판단하실 것이다.

*언약 επαγγελια/에팡겔리아/통고,   소식,   약속(επαγγελια)

promise 언약, 약속은 구원의 약속이다. 언약을 복 주시겠다는 언약 약속이 아니고 우리를 구원하시겠다는 약속이 언약이다. 하나님의 성경의 모든 언약 약속은 모두 구원 믿음의 언약을 말한다. 복을 주시겠다는 언약이 아니다. 이제는 복의 언약이라는 생각은 잊어야 한다. 성경에 나오는 모든 언약, 약속은 구원, 믿음에 대한 언약이다. 구약은 순종의 언약이며, 신약은 용서의 언약이다. 구약은 오실 예수의 언약이며, 신약은 다시 오실 예수의 언약이다.

살아나다 ηγερθ/에게이로/(죽음,병,잠)살아나다, 깨우다. 일으키다. 일어나다.라는 에게이로 헬라어의 뜻은 죽음의 사망에서 다시 살아나는 부활의 언약으로 구원을 받는 것이다.

벧전1:3 우리 주 예수 그리스도의 아버지 하나님을 찬송하리로다 그의 많으신 긍휼대로 예수 그리스도를 죽은 자 가운데서 부활하게 하심으로 말미암아 우리를 거듭나게 하사 산 소망이 있게 하시며

롬5:10 곧 우리가 원수 되었을 때에 그의 아들의 죽으심으로 말미암아 하나님과 화목하게 되었은즉 화목하게 된 자로서는 더욱 그의 살아나심으로 말미암아 구원을 받을 것이니라

롬6:4 그러므로 우리가 그의 죽으심과 합하여 세례를 받음으로 그와 함께 장사되었나니 이는 아버지의 영광으로 말미암아 그리스도를 죽은 자 가운데서 살리심과 같이 우리로 또한 새 생명 가운데서 행하게 하려 함이라

롬6:9 이는 그리스도께서 죽은 자 가운데서 살아나셨으매 다시 죽지 아니 하시고 사망이 다시 그를 주장하지 못할 줄을 앎 이로라

롬7:4 그러므로 내 형제들아 너희도 그리스도의 몸으로 말미암아 율법에 대하여 죽임을 당하였으니 이는 다른 이 곧 죽은 자 가운데서 살아나신 이에게 가서 우리가 하나님을 위하여 열매를 맺게 하려 함이라

롬8:11 예수를 죽은 자 가운데서 살리신 이의 영이 너희 안에 거하시면 그리스도 예수를 죽은 자 가운데세 살리신 이가 너희 안에 거하시는 그의 영으로 말미암아 너희 죽을 몸도 살리시리라

롬8:34. 누가 정죄하리요 죽으실 뿐 아니라 다시 살아나신 이는 그리스도 예수시니 그는 하나님 우편에 계신 자요 우리를 위하여 간구하시는 자시니라

롬10:9. 네가 만일 네 입으로 예수를 주로 시인하며 또 하나님께서 그를 죽은 자 가운데서 살리신 것을 네 마음에 믿으면 구원을 받으리라

롬11:15. 그들을 버리는 것이 세상의 화목이 되거든 그 받아들이는 것이 죽은 자 가운데서 살아나는 것이 아니면 무엇이리요

벧전1:21. 너희는 그를 죽은 자 가운데서 살리시고 영광을 주신 하나님을 그리스도로 말미암아 믿는 자니 너희 믿음과 소망이 하나님께 있게 하셨느니라

벧전3:21. 물은 예수 그리스도께서 부활하심으로 말미암

아 이제 너희를 구원하는 표니 곧 세례라 이는 육체의 더러운 것을 제하여 버림이 아니요 하나님을 향한 선한 양심의 간구니라

요5:29. 선한 일을 행한 자는 생명의 부활로, 악한 일을 행한 자는 심판의 부활로 나오리라

롬5:10. 곧 우리가 원수 되었을 때에 그의 아들의 죽으심으로 말미암아 하나님과 화목하게 되었은즉 화목하게 된 자로서는 더욱 그의 살아나심으로 말미암아 구원을 받을 것 이니라

롬6:4. 그러므로 우리가 그의 죽으심과 합하여 세례를 받음으로 그와 함께 장사 되었나니 이는 아버지의 영광으로 말미암아 그리스도를 죽은 자 가운데서 살리심과 같이 우리로 또한 새 생명 가운데서 행하게 하려 함이라

롬6:5. 만일 우리가 그의 죽으심과 같은 모양으로 연합한 자가 되었으면 또한 그의 부활과 같은 모양으로 연합한 자도 되리라

롬6:9. 이는 그리스도께서 죽은 자 가운데서 살아나셨으매 다시 죽지 아니하시고 사망이 다시 그를 주장하지 못할 줄을 앎이로라

롬6:10. 그가 죽으심은 죄에 대하여 단번에 죽으심이요 그가 살아 계심은 하나님께 대하여 살아 계심이니

롬6:11. 이와 같이 너희도 너희 자신을 죄에 대하여는 죽은 자요 그리스도 예수 안에서 하나님께 대하여는 살아 있

는 자로 여길지어다

롬6:12.　그러므로 너희는 죄가 너희 죽을 몸을 지배하지 못하게 하여 몸의 사욕에 순종하지 말고

롬6:13.　또한 너희 지체를 불의의 무기로 죄에게 내주지 말고 오직 너희 자신을 죽은 자 가운데서 다시 살아난 자 같이 하나님께 드리며 너희 지체를 의의 무기로 하나님께 드리라

롬6:14.　죄가 너희를 주장하지 못하리니 이는 너희가 법 아래에 있지 아니하고 은혜 아래에 있음이라

롬8:11.　예수를 죽은 자 가운데서 살리신 이의 영이 너희 안에 거하시면 그리스도 예수를 죽은 자 가운데서 살리신 이가 너희 안에 거하시는 그의 영으로 말미암아 너희 죽을 몸도 살리시리라

롬10:9.　네가 만일 네 입으로 예수를 주로 시인하며 또 하나님께서 그를 죽은 자 가운데서 살리신 것을 네 마음에 믿으면 구원을 받으리라

롬11:15.　그들을 버리는 것이 세상의 화목이 되거든 그 받아들이는 것이 죽은 자 가운데서 살아나는 것이 아니면 무엇이리요

롬14:8.　우리가 살아도 주를 위하여 살고 죽어도 주를 위하여 죽나니 그러므로 사나 죽으나 우리가 주의 것이로다

롬14:9.　이를 위하여 그리스도께서 죽었다가 다시 살아나셨으니 곧 죽은 자와 산 자의 주가 되려 하심이라

7부. 번역, 신학, 교회의 문제들

그리고 개혁의 대상들

1.기복(祈福)신학의 원인, 기복(祈福)교는 번역이 기복(祈福)

하나님의 말씀인 원어 성경의 번역의 문제를 위에서 살펴보았듯이 잘못 번역된 성경을 근거로 신학을 배우고 그 신학으로 목회를 하고 성도들을 교육하므로 신학교도 목회자도 교회 성도들도 모두 기복신앙이 될 수 밖에 없는 것이다. 이러한 하나님 말씀의 원어에 대한 번역의 오류는 신학의 근본적인 문제가 제기될 수밖에 없으며 신학의 근본적 문제는 다시 신앙의 근본적 문제가 되는 것이며 이는 다시 교회의 목회에 근본이 되는 문제이며 모든 성도 뿐만 아니라 믿지 않는 사람들에게도 교회와 성도의 모습이 바르게 보여질 수 없을 것이다.

번역으로 인한 잘못된 신학으로 해석의 문제까지 중첩되어 있는 현실에 처해 있다. 목회의 현장에서 목회자들의 성경의 해석의 문제도 심각하다고 본다.

지나치게 기복적이며, 성경에도 없는 목회자의 권위를 세우기 위해 위협적 벌을 강조하는 설교와 모든 치료와 치유를 목회자의 기도와 안수로 이루겠다고 하는 과장된 적용도 문제가 심각 하다. 지나친 치료와 치유 은사주의 목회 현실이 심각한 문제로 여겨진다. 목회자를 잘 섬기고 잘 대접하면 복을 많이 받는다 고 하는 것도 교리화 되어 있다. 물론 목회자에게 잘 하지 말라는 것으로 오해하지 않기를 바란다. 목회자와의 좋은 관계는 신앙 생활에서 가장 우선이 되는 요소이다. 또한 기도를 많이 해서 부자가 되고 사업이 성공하고, 자녀들이 잘 되었다고 하는 과장된 해석은 성경에 전혀 과장된 해석을 하는 경우가 많다. 물론 기도의 질과 양이 우리의 신앙을 좌우하고 그리스도적 성품과 인격을 이루는 데 매우 중요하다. 신앙의 질적 품격과 능력은 기도에 우선해서 말씀에 대한 공부로 개념과 이해가 우선되어서 하나님의 뜻과 의를 알고 기도하는 것이 우선이다. 목회자의 사명과 소명을 치료와 치유에만 적용하려고 하는 것은 지나친 은사주의 목회인 것이다. 오직 목회는 말씀 중심으로 해야 한다. 말씀 선포가 사역의 근본이 되고 중심이 되어야 한다.

번역과 해석의 문제에 더욱 더 적용에 문제도 크다. 근본 뿌리인 성경에 대한 번역과 해석으로 인하여 생긴 결과는 당연히 적용에도 문제가 될 수밖에 없는 구조적 문제들로 이루어져 있는 것이 한국 신학과 교회와 그 목회 사역이다.

한국 교회의 문제는 바로 성경 번역(飜譯)의 문제이므로 번역을 다시 해야 할 것이며 매번 번역을 한다고 해서 개역(改譯) 즉 번역을 다시 새롭게 한다고 한 개역인데 개역을 잘하지 못하고 있는 현실이다. 번역작업에 대한 교단끼리의 주도권 문제와 이해관계와 재정에 대한 문제 즉 돈 문제인 것이다.
현재 성경 번역에서 대표적인 번역의 문제로 제기될 수 있는 곳은 마태복음 5장 3절에서 12절까지의 주님의 산상수훈일 것이다. 물론 성경 전체에서의 복에 대한 개념이다. 복은 복이 아니라 보혈(寶血)의 정결이다. 영어 blessed의 의미이다.

그리고 시편 1편과 같은 구조의 문장과 마태복음의 산상수훈의 문장 구조는 같은 문장 구조인데 번역은 다르다. 주어와 서술이 바뀐 것이 시편1편의 번역이다. 주어와 서술이 다르면 번역은 원인과 결과가 다르게 번역이 된다는 것이다.

그리고 다음이 누가복음 16장의 불의한 재물에 대한 부분이다. "불의한 재물로 친구를 삼으라"에서 불의한 재물이 아니다. 그냥 재물 그 자체가 불의하다는 것이 아니다. 여기서 '불의한'이 아니라 그냥 '세상적'이다 라는 뜻이다. 그래서 영어번역은 worldly라고 번역되었다. 재물은 그 자체가 세상적인 것이다라는 개념이다. 재물을 헬라어로는 mommom이다 맘몬 즉 우상이라는 뜻이다. 영어 성경에서는 worldly wealth, 세상적 부(富)라고 번역했다. 불의한 재물이라고 하면 무슨 훔진 돈이나 불법으로 번 돈 같은 생각의 재물이 아니다. 모든 재물은 그 자체가 세상적이다. '불의한'이라는 말과 뜻은 없다. 그러나 영어로 worldly라고 되어 있는 단어를 '불의한'이라고 번역한 것이다.

8.   주인이 이 옳지 않은 청지기가 일을 지혜 있게 하였으므로 칭찬하였으니 이 세대의 아들들이 자기 시대에 있어서는 빛의 아들들보다 더 지혜로움이니라

8.   "The master commended the dishonest manager because he had acted shrewdly. For the people of this

world are more shrewd in dealing with their own kind than
are the people of the light.

8. και επηνεσεν ο κυριος τον οικονομον της αδικιας ο
τι φρονιμως εποιησεν οτι οι υιοι του αιωνος τουτου φρ
ονιμωτεροι υπερ τους υιους του φωτος εις την γενεαν ε
αυτων εισιν

8절에서 '옳지 않은 청지기가 일을 지혜 있게 하여 칭찬하였
다'는 것은 다음에 이어지는 하반절에서 설명을 하고 있다. 즉
'이 세대의 아들들이 자기 시대에 있어서는 빛의 아들들보다
더 지혜로움이니라'라고 한 것은 청지기가 믿지 않는 이 세대
의 사람들처럼 불의한 세상 일을 하듯이 하여서 지혜롭다고 칭
찬한 것이다.

 옳지 않은 ; dishonest 정직하지 않은 아디키아 αδικιας
(법적, 도덕적)불의, 불법, 사악함, 불법행위
 청지기 :manager 관리자, 집사, 국고대리인, 복음설교자, 시종
 αδικιας 오이코노모 청지기; 집사, 관리자. 전문고용인, 국고
지기, 복음의 시종, 설교자

눅16:9. 내가 너희에게 말하노니 불의의 재물로 친구를 사귀
라 그리하면 그 재물이 없어질 때에 그들이 너희를 영주할 처
소로 영접하리라

눅16:9.   I tell you, use worldly wealth to gain friends for yourselves, so that when it is gone, you will be welcomed into eternal dwellings.

눅16:9.   καγω υμιν λεγω ποιησατε εαυτοις φιλους εκ το υ **μαμωνα της αδικιας** ινα οταν εκλιπητε δεξωνται υμας εις τας αιωνιους σκηνας

불의의 재물 μαμωνα της αδικιας
μαμωνα της 맘모나스: 재물: wealth
맘모나스: 아람어에서 유래된 신성화된 허욕, 돈
αδικιας 아디키아: (법적으로, 도덕적으로, 사악함. 불법) 불의
의: worldly 세상의, 세속적인

'불의의 재물로 친구를 사귀라'에서 친구를 사귀라는 '이웃을 사랑하라'라는 의미이다. 재물이 있을 때는 믿음이 약해지나, 재물이 다 없어지면 다시 믿음으로 돌아가서 믿음의 친구들이 주님께 인도한다는 것이다.

마태복음 6장24절에서는
24.   한 사람이 두 주인을 섬기지 못할 것이니 혹 이를 미워하고 저를 사랑하거나 혹 이를 중히 여기고 저를 경히 여김이라 **너희가 하나님과 재물을 겸하여 섬기지 못하느니라**

24. "No one can serve two masters. Either he will hate the one and love the other, or he will be devoted to the one and despise the other. You cannot serve both God and Money.

24. ουδεις δυναται δυσι κυριοις δουλευειν η γαρ τον ε να μισησει και τον ετερον αγαπησει η ενος ανθεξεται και του ετερου καταφρονησει ου δυνασθε θεω δουλευει ν και μαμμωνα

너희가 하나님과 **재물**을 겸하여 섬기지 못하느니라
You cannot serve both God and **Money. (재물)**
ου δυνασθε θεω δουλευειν και **μαμμωνα**

옳지 않은 (청지기) : 아디키아 αδικιας
불의한 (재물) : 아디키아 αδικιας
헬라어 원어성경에서는 '옳지 않은 청지기'에서의 '옳지 않은'
이 '아디키아' 즉 법적으로나 도덕적으로 불법하고 불의한 것
을 나타내고 있다.
또한 '불의한 재물'에서 '불의한'의 헬라어도 '아디키아'로 법
적으로나 도덕적으로 불법하고 불의한 것을 나타내고 있다. 그
러므로 청지기가 불법하고 불의하므로 그 불법하고 불의한 청
지기이다는 것이다. 또한 재물이라는 것도 재물 자체가 세상적
이며 세속적인 것으로 불의한 것이며, 또한 재물이라는 것도 그
자체가 모두 세속적인 것으로 맘몬인 것인데 하나님과는 정반

대적인 개념이다.

두 가지의 대립된 개념으로 분명한 2분법의 형식이다.

부자 (주님)   :   청지기(1절; 방탕한 청지기)

청지기(신자)   : 빚진 자(죄인, 믿음이 없는 자)

충성(하나님 나라)   :   불의(세상 나라)

주인 (주님)   :   하인(청지기, 믿는 자)

하나님   :   재물(맘몬, 우상, 세상, 돈)

친구(주님)   : 영접(9절)

세상 물질 있을 때, 살아 있을 때, 그 때 그 재물과 직분이 있을 때 예수 친구 삼으라

사랑   : 미움

빚의 아들   : 이 세대의 아들(자기 시대), 믿지 않는 자들이 이 세상에서는 믿는 자들보다 세상적인 면에서는 더 지혜롭다.

참된 것(하나님, 주님)   : 불의한 재물(세상의 재물)

세상에서 참된 자가 하나님의 참 된 것도 맡는다.(11절)

세상에서 재물, 권세를 가진 자는 하나님의 참 된 것을 맡지 못한다.

한 하인(한 청지기, 한 신자)   : 두 주인(하나님과 재물)

한국 교회에서는 둘 다 가능한 것이 현실이다. 혼합 신앙이기 때문에 둘 다 가능하다. 한국 교회의 능력이다. 언제까지 일까? 그러나 진리는 하나님 주 예수 그리스도는 우리를 설득하

고 인내하신다. 바르게 돌아 올 때까지. 늦지 않아야 한다.

물론 여러 부분에서 오역이 꽤 상당하게 있지만 모두 다 지적할 수는 없다.

이러한 번역의 문제가 해석을 매우 어렵게 하여 제 각각의 해석을 하게 되는 원인을 제공하게 된다. 성경의 번역을 한국성서공회에만 의존할 수 없는 현실적 형편이다. 누군가가 소명과 사명을 받은 사람이나 단체가 맡아야 할 문제인 것 같다.

그리고 신학과 교회에 대한 개혁(改革)에 대해 교회들은 자기교회는 개혁교회이며 개혁할 것이 없다고 한다. 그리고 다른교회들이 개혁되어야 한다고 말한다. 때로는 성도가 개혁되어야한다고 한다. 문제는 신학과 지도자들이다.

밑으로부터의 개혁은 몸부림치고 있으나 위로부터의 개혁은 철저하게 외면되고 있다. 기득권의 문제도 있다. 신자들은 문제의 해결을 교단이나 총회 또는 사회의 법에 호소해도 약자일 수밖에 없어서 신자들은 피해와 상처만 받고 만다. 그리고 교회를 옮기면 다른 교회에서도 감시를 받고 많은 부담을 안고 교회 믿음 생활을 하게 되는 경우가 많다. 그러니 나홀로 교회에 다니는 것이다. 교회를 옮기면 벌을 받는 것처럼 교묘한 설교를 하고 어떤 사례를 들어 설교하고 말하는 교회 풍토가 있다. 말씀에 깊지 못하고 신앙이 연약한 신자는 그런 줄 안다. 이제 한국의 교회의 풍습과 관습이랄까 풍토가 비성경적인 부분이 많아졌다. 그런 면에서 물론 기존 교회의 신자들과 열심히 교회 생활하는 신자들께는 도움이 되지 못하는 글과 책이 될 것이다.

이 책과 글도 심각한 도전에 직면할 것이다. 그러나 지금은 어렵고 힘들지만 먼 훗날 하나님의 참 뜻과 참 말씀은 올바로 밝히 드러나게 될 것이다. 제발 오만과 편견을 버리고 열린 귀과 마음으로 좀 더 깊이 성경 말씀과 하나님의 참 진리의 뜻을 깊이 성찰하는 기회가 되기를 간절히 소망한다.

 한편 성경 말씀에 대한 해석에 대한 문제들이다. 성경의 해석은 제 각각 자기 식으로 해석하여 신자들에게 선포하는 것이 문제다. 물론 해석이 다를 수 있다. 여러 해석이 가능한 부분이 많다. 그러나 좀 지나친 해석들이 문제다. 여러 가지 해석은 매우 바람직한 측면도 있다. 그러나 핵심은 하나님의 말씀과 뜻에 매우 어긋난 것들이 문제다.
 그 다음이 적용에 대한 문제인데 이는 더욱 더 어렵다.
현실이 더욱 더 어려워지고 있다. 세상은 더욱 더 물질 생명주의, 황금만능주의가 깊고 넓게 높게 쌓여가고 있기 때문이다.
 개척하면 부흥하던 시절이 지났다. 이제는 부흥이 어렵다. 10년~20년 후에는 원로 성도들만 남아 교회는 소천하실 성도님들만 남게 될 것이다. 물론 하나님이 알아서 하실 일이지만, 통일을 이루어 목회자들의 수요가 폭발적으로 필요한 시대가 곧 올 수도 있을 것이다. 통일이 되면 북한에 대한 목회자의 수요가 폭발적으로 필요하기도 하지만 옛날 만주지역이었던 중국의 한민족지역인 흑룡강성, 요녕성 등에도 폭발적 목회자가 필요한 시대가 올 수 있다. 이 성령의 바람이 전 중국으로 산불처럼 불어 올 수 있을 것이다. 지금도 물론 중국에 전도의, 성령의 물결이 불고 있지만 중국 정부의 핍박에 억눌려 있어도 성령 폭발의 시대가 곧 올 것이다. 어떤 억압도 막을 수 없는 새 생명의 폭발이 있을 것이다.

물질에 대한 필요가 더욱 더 절박하다. 옛날에는 정말 먹고 살기 어려운 가운데에서도 물질적이지 않았던 시절이었지만 이제는 물질이 모든 것의 우선이 되고 물질이 생명보다 더 귀하게 여겨지는 시대가 되었다. 물질 때문에 목숨을 버리는 경우가 허다하며 물질 때문에 자식이 부모를, 부모가 자식을 버리고, 젊은 청년들이 결혼도 하지 못하며, 결혼도 하지 않는다. 결혼 그 자체가 얼마나 소중하며 인생에서 큰 성공인가를 모른다. 자식을 낳는 고통도 크다고 하겠지만 그 고통 후의 자식을 기르는 것도 힘이 들지만 자식은 그 자체가 얼마나 크고 놀라운 하나님의 은혜이며 기쁨인가! 요즈음 청년 결혼 문제가 교회와 한국 신학이 신학적인 하나님의 창조 섭리와 하나님의 뜻의 차원에서 청년들에게 결혼을 권면하는 운동이 있어야 할 것이다. 물론 국가적인 차원에서도 기도해야 할 것이다. 그것은 물질이 모든 사랑 위에 군림하기 때문이다. 우선 먼저 물질이 있어야 다른 것들도 있다는 것이다. 물질이 있어야 사랑이 있고 물질이 있어야 인생이 있고 삶이 있고 생활이 있다고 하는 것이다. 물질이 있어야 자식도 있고 자녀도 키울 수 있다고 하는 물질 우선주의와 물질 최고주의에 매몰되어 있기 때문에 어떤 것도 물질이 없이는 할 수 없다는 물질 전체주의적 사고가 이제 그 뿌리를 깊이깊이 내리고 있다. 갈수록 그 물질주의적 가치와 사상이 어떤 믿음과 종교와 철학 신념과 이념에서도 최우선 주의적이어서 이제는 신앙도 그 물질적인 것이 신앙이다. 교회가 그 추종 세력이 되고 그 중추적 역할을 하고 있는 시대가 되어 가고 있다. 사랑이 있다면 그 사랑 안에서 물질은 아무것도 아닌데, 이렇게 말하면 시대착오적인 좀 부족하고 멍청한 바보 같은 소리라고 할 것이다.

요즘 젊은이들의 세태에서도, 사랑과 결혼 그 자체가 그리고 그 사랑 안에서의 다음에 오는 자식은 모든 인간에게는 위대한 성공이며 승리인데 한국 교회가 이점에 대해서 하나님의 섭리에 젊은 청년이 믿음과 사랑 안에서 결혼하고 자식을 낳고 하는 것이 얼마나 크고 놀라운 인생의 성공이며 하나님의 위대한 사랑이며 은혜이며, 가장 놀랍고 아름다운 은혜인가를 아무리 강조하고 강조해도 지나치지 않을 텐데 교회도 방치하고 이 시대와 세대를 따라가고 방관하고 있는 교회는 과연 성경의 말씀을 제대로 알고 가르치고 있는 것 이기나 한 것인가? 헌금이 얼마나 많이 나올 것인가에 대한 대책과 아이디어 연구에 골몰하기는 해도 이런 시대적 고민에 교회가 얼마나 말씀 중심으로 메시지를 전하고 있는가 생각해 보아야 할 것이다. 목회자들에게 잘 순종하고 잘 대접하는 것도 중요하고 훌륭한 일이지만 우선은 가정이 무엇보다 먼저요 가장 중요하고 아내들이 남편에게 먼저 잘 섬기고 잘 서로 사랑하는 것이 우선이며 , 자녀들이 부모에게 순종하고 부모를 잘 섬기는 것이 십계명의 큰 덕목이라는 것을 강조하지 않고 우선 목사의 말에 순종하고 목사를 잘 섬기는 것이 복을 많이 받는다고 많은 실화들 들어 그리고 성경의 구절들을 들어 강조한다. 그래서는 성경을 모욕하고 모독하는 것이며 하나님의 빛을 가리는 것이다. 가정을 살려야 한다. 목사는 살고 가정은 죽는다. 남편은 죽고 아내는 사는 세상이 되어 여성 중심적 사회, 모계사회가 되어 가고 있다. 이는 비성경적이며, 하나님의 창조 섭리에 어긋나는 것이다. 필자도 여성의 인권과 여권의 문제를 심각하게 제기한다. 특정 교단은 아직도 여목사 제도와 여자 강사와 교수를 차별하고 있있는 현실에 안타깝다. 목사의 권위는 중요하고 가정에서 아버지의 권위와 남편의 권위는 중요하지 않다는 것은 아니지만 상대적으로 중심과 집중력이 약해지고 있는 현실이다. 물론 자녀들과 아내들이 중시되지 않아도 된다는 것이 아니다. 요즘은 가정이 무너지는 소리가 사회 여러 곳에서 들리고 있다. 아버지가 무너지는 세상은 가정이 무너지는 세상이다. 그러나 너무 지나치게 자녀 중심적이거나 자녀의 교육이 중요하지만 부부가 떨어져서 교육을 하고 있다는 현실의 지나친 점들에 대해서는 성경 중심적으로 보아야 할 필요가 있다. 모든 답과 해결은 성경이다. 시대를 초월하여 영원한 해답은, 모든 해결책은 성경에 있다 라는 현실적 절박함을 알아야 할 것이다. 이런 물질적 가치 우선의 시대일수록 더욱 성경의 말씀에 대한 원리, 창조 섭리와 하나님의 경륜에 절실한 시대가 되었다.

　모든 것을 재물 중심적으로 생각하다 보니, 자녀들에 대한 미래를 돈 중심으로 계산하다 보니 앞날이 불안하여 낳아도 돈이 없으면 자녀들의 인생이 불행해지는 것에 대한 것 때문에 자녀들이 돈이 없어 불행해지기 보다는 차라리 없으면 그런 불행한 모습을 보지 않아도 되니 그런 방향으로 가는 것이 아닌가 싶다. 우선 나만 행복하게 잘 살면 되지 라는 생각이 앞선 것이다. 어떻게 보면 현명하고 지혜로운 방법 같아 보일 수 있다. 그러나 하나님의 방법과 믿음과 말씀 중심적으로 본다면 과연 그럴까? 우리 인간의 미래가 그렇게 우리가 생각하는 대로 된다면 얼마나 좋을까? 인간의 미래와 우리의 장래와 인생이 생각대로 된다면 참 좋을 것 같다. 낳고 살고 죽고 하는 것이 어떻게 우리 마음대로 될 수 있는 것이 있는가? 자식이 없는 나라가 되어 인구 감소로 백성의 수가 급감하여 나라는 점점 없어지는 경우가 될 지도 모른다. 백성이 없으면 나라가 없어지는 것이다. 인구 절벽이 되는 현실이 닥아 오고 있다. 기복주의 성경 번역으로 성경이 기복적인 점. 찬송가에도 기복적인 가사가 너무 많다. 복이 아니면 기도할게 없는 것이 한국교회의 기도이다. 물질을 구하는 것이 모두 기도이다. 모든 기도는 물질을 구하고 사업 성공하고, 출세하고, 자손 자식 번성하고 건강하게 부자로 잘 살고 모든 일이 잘되는 것이며, 좋은 학교좋은 직장에 합격하게 될 것을 기도하는 것이다. 성경과 찬송가와 그리고 모든 찬양에, 모든 기도에 복이라는 단어를 바꾸어야 한다. (보혈의) 정결로, 순종과 믿음과 구원, 사랑과 은혜와 은총으로 변역하고, 말씀, 천국, 화평과 평강, 성품과 인격, 인내, 기다림, 희생, 온유, 성실, 섬김, 나눔, 지성, 영성, 청렴, 정직, 분별력, 평화, 평안, 희락, 기쁨, 감사, 절제, 겸손에 대한 기도와 찬양, 말씀으로 변화되어야 한다. 그리스도적 성품과 인격이 어떤 것이며, 성경적이며 그리스도적 가치와 사상과 이념과 개념이 무엇인지 정확하게 알고 그러한 인격과 성품을 위해 기도

하고 찬양하고 말씀을 통해 습관이 되고 전통이 되는 역사가 있어야 할 것이다.

　하나님의 창조 시대부터 전 인류의 역사 속에서, 그리고 신.구역 전 교회사를 통하여 하나님의 인간 그리고 인류에 대한 구속사와 그리고 국가의 형태와 통치에 대한 백성을 다스리시는 체제와 이념과 사상이 어떻게 발전되어 왔으며 하나님은 어떤 정치 체제와 세계사적 국가의 체제를 발전시켜 왔는가를 보아야 할 것이다. 하나님이 기뻐하시는 이념과 사상 그리고 국가의 통치 체제에 대해서 성경 중심적으로 보고 분별력을 가져야 할 것이다.

모세는 애굽의 바로에게 충성하여 국가적 재난을 극복하는데 일등 공신으로 총리가 되었지만 그리고 자기 부모 형제를 구원하고 백성을 구원하는데 하나님의 은혜를 받았지만 또 다른 면에서는 이스라엘 민족의 400년 노예 생활의 원인이 되는 결과를 가져왔으며, 다른 모든 백성이 모든 사유 재산을 국유화하고, 전 백성이 바로의 노예 같은 소작농이 되게 한 결과를 가져온 충성스런 신하일지는 몰라도 하나님과 백성들이 보시기에는 그리 기뻐하시는 결과는 아니었다. 일시적으로 재난을 극복하는 지혜를 주셔서 많은 백성을 구한 지혜도 하나님이 주신 것이지만 자기의 출세와 이익에 그 지혜를 사용하지 않았나 싶기도 하다. 그러므로 우리는 성경의 모든 부분을 하나님이 주신 영성과 계시 영감을 잘 받아서 성경에 대한 해석과 적용을 오직 하나님의 의와 영광을 위해 적용하는 영성과 지성이 있어야 할 것이다.

그리고 요셉의 성장 과정을 유추해 볼 때도, 요즘 시대에 비유해 본다면, 한국의 전쟁 고아가 미국으로 입양되어 미국의 대통령이 되었는데 그 부모 형제는 한국에 모두 살아 있는데 매우 가난하고 못 살고 있는 것을 여러 정보를 통하여 잘 알고 있으면서도 모른 체 하고 대통령으로 지내고 있는 것을 요셉과 같다고 할 수도 있을 것이다. 왜냐하면 요셉이 14살에 형제들의 의해서 애굽으로 팔려 가는 신세가 되었지만 14세라면 그는 모든 것을 기억하며 그 때의 형편을 잘 알고 있는 지혜롭고 총명한 소년이었을 것이다. 그런 그가 총리가 된 후에도 멀지도 아니한 자기 고향의 부모 형제에 대한 상황과 처지를 누구보다 잘 알고 있었을 것이다. 그 당시 애굽은 동양 뿐만 아니라 세상의 모든 물류와 정보가 애굽으로 몰리고 있었기 때문에 잘 알 수 있는 세계의 제국이었다면 그 총리가 모를 리가 없었을 것이다. 그 거리도 멀지 않은 곳이다. 걸어서도 몇 일 길도 되지 않는 곳이었다. 그러나 요셉은 전혀 모른 체하며 지냈다. 자기 부모 형제들이 양식이 없어 죽을 처지가 될 때까지는. 형제들이 올 때까지 마음이 풀리지 않고 있었을 것이 분명해 보인다. 그리고 그는 형제들이 이복형제들이기에 관심도 없었다. 오직 베냐민에게만 관심이 있었다. 그는 편애로 인한 성격이 모가 나 있었을 것이다. 원만한 성품이 되지 못한 것으로 보인다. 요셉에 대해서 성경의 인물인데 너무 부정적인 면만 보는 것이라고 할 수도 있다. 하나님의 영광과 의를 가리는 것이라고 할 수도 있을 것이다. 이제까지 모두 아들을 낳으면 요셉이라고 이름을 짓고 했는데, 특히 목사님 장로님 권사님 아들들 이름이 많은데....

이런 해석의 문제는 성경 전체에서 참으로 많다. 관점의 문제이다.

어떻게 하면 하나님의 눈과 마음으로 성경을 볼 것인가? 많은 기도와 말씀 공부를 통하여 성령의 영성과 지성의 문제다. 계시와 영감의 문제이다.

교회가 부동산 투자에 앞서고 교회를 땅값이 많이 오를 곳으로 이전하고 성도들에게도 땅값이나 아파트가격이나 집값이나 부동산에 투기에 대한 모습을 보여주고 앞서가는 교회의 모습에서 한국 교회 성도들이 보는 모습은 무엇인가? 교회의 사유화와 그리고 세습화와 재정의 떳떳함이 없어 감추는 재정과 회계처리 등은 무엇이 무섭고 두려워서, 무슨 비난이나 비판이 두려워서 감추는 것인가? 물론 부정적인 면이 있다. 그러나 교회는 일반 세상과 달라야 한다. 일반 기업도 공개하고 투명하게 하는데 교회가 그것을 감추고 심지어 자기 교회 교인 성도들에게까지도 감추고 모르게 하는 것은 무엇 때문인가? 다른 교회와 교단에서 알면 안 되는 비밀인가? 아니면 무슨 비밀이 많은가? 왜 비밀로 해야 하는가? 알지만 말할 수 없는 사정이 있다. 그 이유도 모른다. 심지어는 교회 안에 비밀 사조직을 두는 경우도 있으며, 중국 공산당의 원로 정치회의 같은 곳에서 인사를 담당하고 추천하는 것 같은 조직이 교회와 총회에서 행해지고 있으며, 공식적으로 정치회의 같은 기구에서 모든 중요 의사가 결정되는 것이 현실이기도 하다. 실제 권한은 보이지 않는 곳에서 이루어지고 공식적인 기구는 형식적인 모양만 나타내며 실제는 어떤 보이지 않는 실세가 움직이는 교회도 있다.

524

철저한 사유화와 세습화까지도 있다. 일반 기업도 그렇게 하고 있는 않으며 하지 못한다. 개인의 사유화는 선진국에서 기업도 어떤 단체도 조직도 있을 수 없는 것이 현대 사회의 발전 모습이다. 기복신앙으로 모든 교회의 예배와 전도, 봉사, 헌신 등이 복과 관련지어 결국은 헌금을 위한 목회와 복을 위한 예배와 기도, 헌금, 봉사, 헌신이 된다. 계급주의적 조직과 교회론은 신학교를 나오면 육사 장교출신과 같고 교회 귀족이 되는 것이다. 장로는 주임상사이며, 안수집사, 권사는 선임하사 같은 군대 조직 같은 모습은 십자군 같은 조직이다. 물론 우리는 영적 하나님의 군사 이다. 교회문화와 조직이 군대보다 더 엄격하고 권위적이다. 이는 부패와 부정을 감추고 덮어 방어하기에는 좋지만 썩고 병들어가는 것을 알지 못하고 있는 현실이다. 오래된 권력과 권위주의는 병들고 썩고 노쇠하여 죽음을 가져오고 파멸을 가져온다. 루터의 종교개혁은 엄청난 위대한 사건이었다. 그러나 단지 성경에 대한 출판으로 성경이 대중 시민들에게 읽혀진 것인데 이는 루터가 이룬 것이 아니고 하나님이 이루신 것이며, 쿠텐베르크의 인쇄술이 없었다면 이루어지지 못했을 것이다. 주님이 이룬 것이다. 교황체제는 목사체제로 바뀌었을 뿐이다. 총회는 집단이기주의적인 사설 상인조합, 동업자협회와 같은 것이며 그 이상 이하도 아니다. 성도들의 억울한 것을 교단에 제기하면 목사만 옳고 일반 성도들이 잘못된 것으로 판결과 결론이 난다. 국가 현실 법정에서도 교회 문제가 제일 어렵고 골치 아프다는 판사, 변호사, 검사들의 생각이며 의견이라는 것이다.

목사의 교황적 절대적 권한과 권위는 개혁되어야 한다. 목사를 잘 섬기고 대우하지 않으면 벌을 받는다 라고 한다든지, 목사의 말에 순종하지 않으면 벌을 받기도 하고, 복을 받지 못 한다 라고 한다든지, 다니는 교회를 다른 교회로 옮기면 벌을 받는다든지, 멀리서 교회에 오면 믿음이 매우 좋다라든지, 예배나 기도회에 빠지면 복을 받지 못하고 벌을 받는다 라든지 온갖 협박과 위협적 설교를 하는 것이 만연한 상태에 있다. 교회에 오래 다니면서 부자로 잘 살지 못 한다면 믿음의 문제가 있다고 한다든지, 기도가 부족해서 그렇다고 한다든지, 새벽 기도에 나오지 않으면 좋은 학교에 합격하지 못 한다든지, 목사가 부자로 살지 못 한다면 목사가 문제가 있다 라든지 하는 것은 참으로 기복교적인 발상이며 비성경적인 표현인 것이다. 목사는 청렴하고 청빈해야 하는 것이 오히려 예수님의 삶의 모습에 가깝다. 예수님과 사도들은 개인을 위해 자신의 가정을 위해 사사로이 재물을 챙기지 않았다. 제자 훈련하면서 제자되지 못한 선생이 제자를 가르치는 경우와 별 차이가 없는 경우가 많을 것이다. 성경에 무지한 성도들에게는 그럴듯한 성경의 인용은 얼마든지 할 수 있을 것이다. 모든 것을 아전인수격으로 적용하는 성경이 되어서는 안 될 것이다. 성도들에게 같은 말을 반복적으로 최면 같은 쇠뇌적이며 심리적이고 압박적인 메시지는 지양되어야 한다. 믿음은 자유와 해방이라는 것을 말하고 있는 것이다. 구원은 우리에게 영원한 구원과 죄와 사망 죽음으로부터 온전한 화평과 평강을 허락하셨으며, 죄와 사망의 법에서 해방하고 자유하게 하셨다는 것을 알아야 한다. 예수 그리스도의 십자가 보혈의 능력과 주 예수 그리스도의 부활의 능력과 보혜사 성령의 능력으로 죄와 사망의 법과 율법의 법에서 온전히 자유하고 해방하는 은혜로 겸손한 사랑의 화목 제물로 삼으신 것이다.

2. 예배에서의 재림

예수 천국 영생이며, 구원 받은 자는 지금 살고 있는 이 세상이 천국이요, 예배는 천국 백성의 모습이요, 천상의 삶을 체험하고 연습하는 성도인 것이며, 이 세상에서 천국 같은 삶을 살다가 죽어서도 천국에서 영원한 삶을 사는 것이 이 땅에서의 믿음의 성도들의 삶이며 생활인 것이다. 이것이 재림 신앙인 것이다. 그러므로 화평과 평강, 자유와 해방, 평화, 온유와 인내의 덕목 안에서는 천국을 누리며 사는 것이다. 재림을 기다리며 현실 속에서 구원은 바로 재림을 앙망하며 이 땅에서 재림을 기다리는 믿음이 천국을 사는 모습이다. 재림이 현실 도피가 아니고 현실 속에서 성실과 정직으로 근면과 신실로 말씀대로 순종하는 믿음의 삶이 천국이요 재림의 삶이요, 재림을 믿는 믿음이 영생이다.

실제 주님이 오실지라도 그냥 오늘 기도하고 예배 드릴 때처럼 그렇게 일상적으로 살면 그 때 그 모습이 재림이며 주님이 알아서 하실 것이므로 그냥 평범한 일상 속에서 맞이하는 것이 이웃을 만나듯이 만나는 주님의 재림이다. 무슨 난리가 나고 시끄럽고 떠들썩하고 어수선한 모습이 없이 그냥 반가운 목사님을 만나듯, 반갑게 아들을 만나듯, 아버지를 만나듯, 어머니를 반갑게 만나듯 재림의 주님을 만나면 되는 것이다. 그러면 주님은 우리를 영원한 천국으로 인도하실 것이다. 죽었던 성도들은 부활하여 영원한 천국으로 예수님과 함께 올라 갈 것이며 이 땅에 사는 성도들도 함께 올라갈 것이며, 믿지 않는 자들은 영원한 지옥으로 갈 것이며, 믿지 않고 죽었던 자들은 부활하여 영원한 지옥으로 갈 것이다. 우리는 믿음으로 주님이 오실 때까지 이 땅에서 영원한 천국 같은 모습으로 영원한 평강과 화평을 누리며 살게 되는 것이다. 우리가 현실 속에서 살면서 때때로 여러 가지 시험을 만나지만 그것은 잠간이요 점점 더 성화되어 가는 과정으로 결국은 각자의 모습은 조금씩 다르지만 우리의 믿음의 질과 양에 따라서 결국은 이 땅에서의 천국 같은 삶을 살다가 영원한 천국에서 살게 되는 것이다. 이 땅에서의 삶과 생활은 영원한 천국에서의 연습이며 훈련이며 그 과정의 짧은 기간이다. 어떤 사람은 말씀대로 잘 순종하고 말씀의 깊이와 넓이 높이를 잘 알아 진짜 천국 같이 살고 있는 사람도 있을 것이다. 그러므로 말씀을 잘 알아야 한다.

성도들에게 올바른 말씀을 가르치지 않고 성경을 자기 생각대로 짜맞추는 메시지는 그야말로 성도들을 눈먼 봉사로 만드는 것이다. 성도는 모두 하나님의 일꾼이요 목사도 성도와 함께 하나님의 사역의 동역자이다. 동등한 신자의 한 사람이다. 대단한 권력자가 아니다. 기업의 오너가 아니다. 구원 받은 자는 모두 왕 같은 제사장이요, 선지자요, 그리스도의 3중직의 소유된 자인 것이다.

이는 성경에 대한 공부가 되어 있지 않기 때문이다. 종교개혁 이전에 성직자들에게만 성경을 볼 수 있게 되었던 시대에는 가능할 수 있겠지만 이제는 성도들에게 성경을 깊이 있게 잘 공부하게 해야 한다. 성경을 깊이 있게 공부하는 것이 믿음의 올바른 길이며 이 성경 말씀대로 삶에 적용하여 생활하는 것이 믿음의 질이며 삶의 질이 되는 것임을 알아가는 성도와 한국 교회가 되어야 할 것이다. 말씀에 대한 이해와 연구 없이 무조건적으로 성령 만을 강조하고 성령이 모든 것을 해결하고 답하고 결정하는 것으로 생각하는 성령세례주의 성령 체험적 신앙과 신학이 문제가 될 수 있다. 신비주의와 권위주의는 야합한다. 삼위일체 주님은 너무 신비하다. 삼위일체 주님이 신비하다고 그 신비를 자기가 신비하게 위장해서는 안 될 것이다. 성령도 보이지 않는다고 자기에게만 있다고 해서는 안 될 것이다. 그렇다고 성령을 무시하거나 성령을 가볍게 여기는 것이 아니다. 성령도 하나님이며, 예수님이며, 말씀이다. 성령도 성경을 이해하고 알아가는 중요한 부분이다. 기도도 성령의 인도하심으로 하지만 말씀을 근거로 말씀을 따라서 기도하는 것이 더욱 중요하다. 말씀을 기준으로 묵상하고 기도하고 말씀을 기준으로 예배하고 말씀을 따라서 전도하고 말씀을 따라서 생각하고 말씀을 따라서 말하고 말씀을 따라서 판단하고 말씀을 따라서 마음과 정신을 가져야 한다. 말씀이 육신이 되어 오신 주님처럼 우리 믿음의 성도도 말씀이 우리의 육신과 영혼이 되어야 할 줄 믿는다. 말씀이 우리 신자의 언행(言行)심사(心思)가 되어야 할 것이다.이것이 성화에 점직적으로 이르는 길이며 하나님의 견인하시는 은혜이다. 우리 믿음의 성도(聖徒, 도徒＝무리)는 누구든지, 목사님일지라도 그 위에 있는 자가 아니라 모두 성도의 모습으로 겸손히 말씀의 적용을 받는 것이다. 나는 하나님의 대리자요, 하나님의 종이니까 나의 말은 하나님의 권능이 있으므로 따라야 하고 순종해야 한다고 하는 것은 이단으로 가는 좋은 길이다. 성경에 대한 올바른 이해가 부족한 것이다. 오히려 성도는 일상 생활을 세상에서 믿지 않는 사람들과 함께 얽히고 설켜서 살아가는 세상 삶 가운데에서 더 어렵고 힘드게 믿음을 적용하며 실천하려고 하는 피나는 믿음의 투쟁 속에서 먹고 사는 생존의 처첨한 전쟁 같은 매일 매일의 생활과 삶 속에서 목회자가 이해할 수 없는 부문이 많을 것이다. 물론 경험하고 잘 아는 목회자도 있지만 실제 당하고 겪고 있지 않을 때는 망각할 수 밖에 없는 것이 또한 인간의 모습이다. 목회자도 인간이기에 처 자식에 대한 사랑이 너무 많아 무조건적으로 많이 하고 싶은 것들은 모두 하게 해 주는 참으로 인자하고 인정 많은 목회자이다.

성도는 이렇게 어렵게 살아가면서도 얻은 물질을 쓸 곳이 많은데도, 자식들에게 해주지 못하고 안타까운 것들이 너무 많은데도 십일조하고 각종 교회 헌금 연보하면서 열심히 신앙 생활하는 성도는 참으로 위대한 믿음의 실천자들이다. 하나님이 기뻐하시는 참 십자가 군사이며 믿음을 위해 순교자적 삶을 살아가는 성도인 것이다. 여기저기에서 각종 행사에 사례비와 사적 사례비들, 각종 해외 세미나, 판공비 등을 받으니까. 교회 목회월 사례비는 고스란히 남아 저축하고 있는 목회자와는 다르게 일반 성도는 받은 월급으로 자녀 교육비도 감당할 수 없을 정도이다. 우리나라 성도는 참으로 순하고 착하고 헌신적이며 대단히 존경할 만한 성도이다.

헌금 위주의 목회. 돈 벌어 잘 먹고 잘 살고, 자식들 해외 유학 보내려고 목사님들이 대부분이라는 사실은 참으로 한국교회의 목회자의 소명과 사명이 과연 있는가라는 의문이 드는 대목이다.

이러한 여러 가지 사적인 영역에서의 문제와 성품과 인격에서의 문제들 즉 영성, 지성의 문제도 있으면 탐욕과 교만한 권위주의적인 목회 또한 그 개혁의 대상들이 있지만 더욱이 중요한 부문들은 신학적이며 목회적인 성경적인 해석과 적용의 문제들이다.

3. 잘못된 방언 성령 세례
은사주의와 신비주의를 이용한 목회와 헌금

역대상 16장 22절 "나의 기름 부은 자에게 손을 대지 말며 나의 선지자를 해하지 말라"까지 하는 지나친 성경을 적용하려고 한다. 이는 목회자의 권위주의를 강화하기 위하여 신비주의와 은사주의를 접목하여 오직 권능이 있어 보이게 하기 위한 제스처에 불과하다. 성도를 자기 개인의 우상화에 한 방편으로 삼으려고 하는 경향이 있다.

이는 인간의 부족함을 하나님 주님의 전능하심을 이용하여 바벨탑을 쌓는 모습과 다름이 없다. 목회자를 잘 섬기면 복을 받는다라고 하는 것들과 연보 헌금의 액수와 복은 비례한다든가 하는 것이다. 교회를 옮기면 벌을 받거나 화가 있다는 암시적인 여러 뉴앙스를 주는 것들이 모두 은사주의로 권위주의를 강화하는 기술이다. 질병이 있는 어떤 신자를 위해 기도했는데 낳았다고 한다든지, 누구에게 안수했는데 어떤 변화가 있었다든지, 누가 목사를 위해 기도했는데 어떤 복을 받았다든지, 새벽기도를 얼마를 했는데 어떤 복이 있었다든지, 하는 수 많은 예들을 들어 설교 시간 내내 말하는 것은 무두 복을 받게 하는 것으로 관심이 높다. 그래서 복을 받아야 겠다는 강한 복에 대한 집착을 하게 되고 헌금에 대한 금액을 높이고 기회를 자주 만들기도 한다. 물론 좋지 않다고 할 수도 있다. 오히려 좋은 목회의 방법일 수도 있다. 이렇게 한국 교회와 성도들은 부흥과 복을 받았다고 할 수도 있을지 모른다. 그러나 이는 하나님 주님이 기뻐하시는 모습의 신앙은 아니다. 왜곡된 믿음이다. 이름하여 기복교가 되고 좀 유식한 말로는 샤마니즘교가 되는 것인데 그 마약같은 목회와 믿음에 빠져서 이단보다 더 이단스러운 신앙이 된 것이 한국교회와 그 신학이 된 것이다.

4. 성령 체험과 은사주의

은사주의나 기복주의는 성령 체험이나 기적이 없이는 복음 전도도 효과가 없다고 주장하기까지 한다. 그들은 표적과 기사가 뒤따르지 않으면 복음의 메시지도 약화되거나 무가치해진다고 주장한다. 이 운동은 '표적과 기사' 운동으로 은사주의의 오랜 주장을 조금 변형시킨 것에 불과한 이 새로운 운동은 이전에는 오순절 교파 및 은사주의의 영향력을 경계했던 주류 교파의 많은 복음주의자까지 사로잡고 있다.

'은사 체험도 없이 은사주의의 성령 체험을 해석하려는 시도는 중생의 경험과는 별개로 '기독교 윤리'를 적용하려는 것만큼이나 비현실적이다....영적 진리에 대한 이해는 영적 체험을 전제로 한다. 성령은 열심 없는 이들에게는 영적인 비밀을 계시하시지 않는다. 그리고 솔직히 말해서 오순절 은사 체험은 전적인 열심에 의한 체험이다'라고 주장한다.

그러나 경험은 성경적 진리의 판단 기준이 아니다. 오히려 성경적 진리가 경험에 대한 최종적 판단 기준이다. 이 책은 다른 어떤 주제보다도 바로 이 사실을 다루고 있는 책이다.

은사주의 운동은 1900년경에 미국을 중심으로 시작된 오순절주의 교파다. 1959년에 이르러 캘리포니아주 밴 누이스에 소재한 세인트 마크 감독 교회의 교구 사제 대니스 베넷이 성령 세례와 방언의 은사를 경험했다고 주장하면서 오순절주의는 교파의 경계선을 넘게 되었다. 그 이후 은사주의 운동은 감독교회, 감리교회, 장로교회, 침례교회, 루터교회로 확산되었다. 그뿐 아니라 가톨릭 신자들과 신학적 자유주의자들, 심지어 사이비 가독교 집단에까지 확산되었다.

그러므로 은사주의 운동에 속한 모든 사람이 찬성하는 어떤 교리나 가르침으로 은사주의 운동을 정의하기란 매우 어렵다. 그러나 은사주의자들이 공통적으로 신봉하는 것은 하나의 체험, 즉 그들이 믿는 성령 세례다. 대부분의 은사주의자는 성령 세례를 구원 뒤에 오는 축복 체험이 따른다고 한다. 그것은 그리스도인들이 구원을 받을 때 경험하는 것과는 다른 그 이후의 어떤 중요한 체험이다. 성령 세례에는 보통 방언이나 그 밖의 은사주의에서 말하는 은사들을 받은 증거가 함께 나타난다고 그들은 믿는다. 그들은 삶 속에서 신적이고 기적적인 능력의 충만

함을 맛보기를 원하는 그리스도인이면 누구에게나 그런 체험이
필수적이라고 생각한다.

은사주의자들은 천국여행, 육체이탈, 신비체험, 치료이적, 암치
료, 최면 간증 등이 대부분이다.

예배 설교 시간에 기도 중에 아픈 곳이 나았다고 하며, 지금
중보 기도 중에 병이 치료 되었다고 하며, 허리 통증이 사라졌
다고 하며, 아파서 걷지도 못했는데 지금 바로 걸었다고 하며,
그리고 간증을 하게 하며, 정신병 질환이 있었는데 목사님 기도
로 깨끗하게 나았다고 하는 등등....

5. 베드로의 은사

사도 중에서 은사 체험을 가장 많은 제자는 베드로이다. 베
드로의 요점은 그토록 많은 은사주의자가 이해하지 못하고 있
는 바로 그 문제, 즉 모든 체험을 보다 확실한 성경 말씀으로
검증되어야 한다는 점이었다. 신앙생활과 교리에 대한 진리를
추구할 때는 누군가의 경험에만 의존해선 안 된다. 계시된 하나
님의 말씀을 모든 가르침의 바탕으로 삼아야 한다. 은사주의 운
동의 주된 결점은 무엇이 참인지를 규정하기 위해 하나님의 말
씀보다 체험을 요구한다는 점이다.

대부분의 은사주의자는 신앙생활의 진보란 보다 많고 보다 낮
고 보다 자극적인 체험을 하는 것이라고 생각한다. 열심을 무조
건적으로 강조한다. 열심히 성령 체험을 해야 한다 라고 여기는
것이다. 성령 체험을 해야 믿음이 성장한다고 하는 것이다.

성경은 그리스도에 대해 이렇게 말한다. "예수를 너희가 보지

못하였으나 사랑하는도다 이제도 보지 못하나 믿고 말할 수 없는 영광스러운 즐거움으로 기뻐하니"(벧전1:8). 분명히 베드로는 그의 편지를 읽은 1세기의 신자들에게 예수님을 보는 것을 가능한 일이라고 믿지도 않았고 그런 환상이 믿음, 소망, 사랑 혹은 기쁨을 위해 필요하다고 느끼지도 않았다. 그런데도 우리에게 충분한 믿음만 믿으면 우리도 예수 그리스도의 육체적인 임재를 체험할 수 있다고 결론지은 은사주의자들이 한 둘이 아니다.

무지하고 미성숙한 은사주의자들만 그런 체험을 상상하는 것은 아니다. 필자도 가끔은 기도한다. 신비한 체험을 하게 해 주시길 간절히 기도할 때가 있었다. 나의 기도가 능력과 권능이 있어 기도하는 것마다 다 이루어지는 능력이 있게 하시옵소서...라고. 안수 기도할 때 치료와 치유의 역사가 있게 해 주시옵소서. 하고...

우리는 이런 체험을 하고 싶은 욕구가 있다. 이는 우리의 믿음의 탐욕이요 교만이다. 내가 예수님이 되고 싶고 하나님이 되고 싶어 하는 어리석은 우스운 기도인 것이다.

그토록 많은 은사주의자가 예수님의 환상과 천국 여행, 그리고 이적과 표적들을 사모하고 그 성령 체험에 열정을 바치는 것은 말씀에 대한 이해가 되지 않고 말씀에 대한 공부가 되어 있지 않으며, 말씀에 대해 어려워하기 때문이며, 쉽게 부흥과 능력을 이루게 하기 위한 조급함과 성공주의적인 보여 주기 목회를 원하기 때문일 것이다.

신자들에게 무엇인가 능력을 보여주어 그들을 붙잡아 두거나 그들에게 자기의 인간적인 권위를 나타내 보이기를 원하기 때문이며, 성도들이 말씀에 집중할 수 없고 말씀에 대한 메시지의 내용이 부족하기에 이를 대체할 가장 좋은 수단과 방법으로 은사주의적 체험과 신유은사와 치료 치유 은사를 보이고 경험하게 하기 위한 방법이다. 또한 말씀에 무지와 메시지에 대한 선포의 능력이 없어 하나님의 신비를 신비주의로 위장하여 자신의 권위주의로 포장하여 능력이 있는 것처럼 보이기 위한 변장에 불과한 경우가 대부분이다. 그러므로 신비주의와 은사주의는 권위주의자들에게는 매우 좋은 레시피가 되는 것이다. 그래서 하나님의 신비와 하나님의 능력과 하나님의 은사를 개인적인 능력으로 치부하는 것이다.

대부분의 은사주의자들은 믿음에 대한 열정과 신실함으로 성령 충만함을 나타내 보인다. 바울은 "내가 증언하노니 그들이 하나님께 열심히 있으나 올바른 지식을 따른 것이 아니니라"(롬10:2). 이단들도 열심은 있으나 올바른 말씀의 지식에 따르지 못한다.

말씀과 영적 무지에 은사주의 체험으로 자기 교만과 오만과 탐욕의 정점에 서 있다.

온갖 술수와 위선과 거짓의 사술에 사로잡혀 있다. 은사주의는 신비주의와 권위주의 합작품이다. 치료와 치유에 목숨을 건다. 오직 성령 체험에 몰두한다. 말씀은 위장이며 포장이다. 신자는 모두 동역자요 하나님의 사역의 합력하여 주의 뜻을 이루는 믿음의 동지요 그리스도의 피의 형제 자매이다. 목회자는 교회라는 회사의 이익단체의 사장이 아니다. 사유 단체가 아니다. 요즘은 회사도 개인 사유 재산으로 취급되지 못한다. 받은 월급만으로 모든 개인 생활과 가정 생활을 해야 한다, 사적으로 사용하면 횡령이요 배임이다.

하나님의 계시 전체는 우리의 인식, 사고, 지식, 이해를 위한 것이다. 그것이 바로 은사 문제에 대한 핵심적 본문인 고린도전서 14장에서 바울이 말한 요점이다. 바울은 이 위대한 장을 다음과 같은 말로 결론 짓는다. "그러나 교회에서 네가 남을 가르치기 위하여 깨달은 마음으로 다섯 마디 말을 하는 것이 일만 마디 방언으로 말하는 것보다 나으니라"(고전14:19). 그리스도를 아는 우리는 우리의 지성을 사용해서 하나님의 진리를 파악하여 영성에 이르는 도구로 사용해야 한다. 성경은 우리에게 우리 자신의 감정에 의존하거나 우리 자신의 체험에서 진리를 추론하려 애쓰라고 가르치지 않는다.

하나님은 당신의 말씀만으로 충분하다고 다음의 시편 19편 7~14절 말씀과 딤후 3장 15~17절에서 말씀하신다.

시편19편 7~14절은

"7. ○여호와의 율법은 완전하여 영혼을 소성시키며 여호와의 증거는 확실하여   우둔한 자를 지혜롭게 하며

8.   여호와의 교훈은 정직하여 마음을 기쁘게 하고 여호와의 계명은 순결하여 눈   을 밝게 하시도다

9.   여호와를 경외하는 도는 정결하여 영원까지 이르고 여호와의 법도 진실하여   다 의로우니

10. 금 곧 많은 순금보다 더 사모할 것이며 꿀과 송이꿀보

다 더 달도다

11. 또 주의 종이 이것으로 경고를 받고 이것을 지킴으로 상이 크니이다

12. 자기 허물을 능히 깨달을 자 누구리요 나를 숨은 허물에서 벗어나게 하소서

13. 또 주의 종에게 고의로 죄를 짓지 말게 하사 그 죄가 나를 주장하지 못하게   하소서 그리하면 내가 정직하여 큰 죄과에서 벗어나겠나이다

14. 나의 반석이시요 나의 구속자이신 여호와여 내 입의 말과 마음의 묵상이 주   님 앞에 열납 되기를 원하나이다. "라고 말씀하고 있으며

딤후3장 15~17절은

"15.또 어려서부터 성경을 알았나니 성경은 능히 너로 하여금 그리스도 예수 안에   있는 믿음으로 말미암아 구원에 이르는 지혜가 있게 하느니라

16.모든 성경은 하나님의 감동으로 된 것으로 교훈과 책망과 바르게 함과 의로 교   육하기에 유익하니

17.이는 하나님의 사람으로 온전하게 하며 모든 선한 일을 행할 능력을 갖추게 하   려 함이라. "라고 말씀하고 있다

은사주의 목회자들은 빌립과 같은 생각을 가지고 있을 수 있을 것이다.

요한복음 14장 6~9에 등장하는 빌립과 똑같은 식의 생각으로

538

잘못을 범하고 있을 수도 있다. 예수님은 제자들과 마지막 만찬을 하시면서 말씀하시기를, "내가 곧 길이요 진리요 생명이니 나로 말미암지 않고는 아버지께로 올 자가 없느니라 너희가 나를 알았더라면 내 아버지도 알았으리로다 이제부터는 너희가 그를 알았고 또 보았느니라" 예수님은 조금 전에 제자들에게 곧 그들 곁을 떠나실 것이라고 하셨다. 그런데 지금 예수님은 제자들에게 염려하지 말라고 제자들을 위로하신다. 제자들은 예수님으로부터 아버지를 보았고 알았으며 예수님과의 동행하는 생활을 통하여 하나님을 알았다. 그런데 무슨 어떤 것도 문제될 것이 없었다.

그런데 빌립은 만족하지 못 했다. 빌립은 예수님 말씀을 듣는 것만으로는 불만이었다. "주여 아버지를 우리에게 보여 주옵소서 그리하면 족하겠나이다"(요14:8)라고 말한 것을 보면 빌립은 말씀 이상의 무언가의 글자, 그림, 환상, 이적, 기적, 표징 등을 원한 것이다. 빌립은 예수님께 이렇게 말씀하고 싶었던 것이 아닌가 싶다. "주님이 행하시고 말씀하신 것만으로는 확신이 들지 않으며 믿을 수 없어요. 주님의 약속만으로는 다른 사람들에게 증거하지 못 합니다. 확실하게 증명해 그림을 보여 주세요. 우릴 위해 한 가지만 더 확실한 그림이나 공증을 보여 주시든지 확실한 체험을 하게 하시든지, 하나님을 직접 보여 주시든지 지금 하나님을 만나게 해 주세요 확증이 필요합니다." 이런 것이다.

 예수님을 믿지 못한 빌립이다. 예수님은 빌립의 요구에 마음이 상하신 것은 아닐까. 그 정도로 마음이 상하실 예수님은 아니시지만 믿음의 영성으로 보면 좀 지나치지 않았나 싶다. 그래서 슬픈 모습으로 이렇게 말씀하신다. "빌립아 내가 이렇게 오래 너희와 함께 있으되 네가 나를 알지 못하느냐? 나를 본 자는 아버지를 보았거늘"(14:9), 예수님의 말씀은 이런 뜻이다. '빌립아 나만으로 충분하지 않느냐? 너는 나를 보았고 내가 하는 일도 보았고 내 말도 들었다. 네가 나와 같이 생활한 시간이 얼마인데, 얼마나 많은 것을 가리치고 말하고 보여 주었는데 무엇이 그렇게 아직도 더 필요한 것이냐?' 라고.

빌립의 말은 성자 하나님께는 일종의 모독이었고 배신이다. 애처롭게도 오늘날 많은 사람이 말씀 이상의 그 무엇을 추구함으로써 빌립과 똑같이 주님을 모독하는 일을 반복하고 있다. 그들은 성경 속에 자신을 충분히 계시 하신 하나님을 모독하고 있는 것이 아닌가?

6. 말씀을 폐하는 은사주의와 체험적 성령 세례

아무도 하나님의 말씀보다 체험을 추구해서는 안 된다. 왜냐하면 말씀을 주셨는데 말씀보다 더 중요한 것이 있다면 모두 말씀을 중하게 여기지 않고 체험을 중히 여김으로 말씀이 폐하여지는 결과를 가져 오게 될 것이 명약관화하다. 이를 하나님이 기뻐하시고 원하시겠는가? 모든 체험은 성경의 확인과 검증을 받아야 한다. 성경을 벗어난 어떤 종류의 체험도 다 위험하다. 엠마오로 가는 길에 주님과 동행했던 의롭고 상심한 두 제자를 기억하는가? (눅24:13~35)

그들이 길을 걸을 때, 예수님은 그들에게 성경을 풀어 설명해

540

주셨다. 모세와 선지자들의 글부터 시작해서 그들에게 예수님 자신에 대한 진리를 가르쳐 주셨다. 그 후 두 제자는 이렇게 말했다. "길에서 우리에게 말씀하시고 우리에게 성경을 풀어 주실 때에 우리 속에서 마음이 뜨겁지 아니하더냐?"(눅24:32)

7. 말씀 먼저의 우선순위

두 제자는 은사 체험을 했다. 그들의 마음은 불처럼 성령의 은사로 타올랐다. 그러나 그보다 먼저 주님이 그들에게 성경을 풀어 주셨다. 먼저 성경 말씀을 이해한 후에 성령의 은사를 받은 것이다. 기도도 말씀을 이해하고 말씀을 잘 알아야 하나님의 뜻대로 기도하고 구할 수 있는 것이지 내 뜻대로 기도하고 내 육신의 생각대로 기도하고 구하는 자기의 의를 구하는 기도와 삶과 생활이 되기 쉽다. 성경 말씀을 알지 못하고 기도하여 성령 받았다고 하는 것은 이단이 되기 쉽고 마귀의 역사가 있어 이상한 말과 행동으로 다른 사람들을 황당하게 하고 현혹하는 경우가 있다. 성령 은사주의적인 신앙은 말씀이 들어갈 틈이 없다. 성령 충만이 가득 채워 막고 있어서 들어갈 수 없다. 비워야 한다. 말씀이 들어갈 수 있도록 비워야 한다. . 성경은 거듭 거듭 기쁨, 축복, 체험에 대해 말한다.(시34:8, 말3:10) 그러나 그런 모든 체험은 (최소한 건전한 체험이라면) 하나님이 성경에 계시하신 계획에 전적으로 일치하며, 하나님이 우리에게 계시하신 것 이상의 그 무엇을 찾음으로써 얻어지는 것이 아니라 하나님의 말씀을 연구하고 순종하는 데서 나오는 것이다.

❶성경의 번역과 해석과 적용 문제.
❷신학교육의 문제
❸성도들의 신학적 신앙과 말씀의 이해 부재

　한 마디로 우리 믿음의 성도가 하는 기도방언은 성경 어디에도 나오지 않는 상황이다. 기도하는 가운데 알 수 없는 소리로 기도하는 경우와 장소가 어디에도 없다. 창세기부터 요한 계시록까지 방언은 똑 같은 한 단어로만 사용되어 있다. 히브리어로는 라숀이라고 하는데 혀, 말의 뜻이며 신약에서는 헬라어로 글롯사라고 하는데 자연적으로 되지 않은 말, 언어를 말한다고 한다. 즉 저절로 되는 것이 아니라 훈련과 연습, 학습이 되어야 하는 약속 이다. 서로 약속된 문자와 음성 언어를 말하는 것으로 훈련과 약속이 미리 정해지지 않으면 말이 될 수가 없다. 즉 방언이라는 개념은 이런 철저한 훈련과 약속이 같이 커뮤니티에서 소통의 수단으로 사용되는 지방말, 사투리, 외국어의 뜻이며 성경 전체에서의 개념은 하나님의 백성이 아닌 이방인의 의미이며 그 이방인들의 말을 방언이라고 한다. 그러므로 이스라엘 민족의 언어, 말이 아닌 것을 의미한다. 방언의 폐해, 천박한 은사주의는 무당신학의 전형이며 주문 주술 같은 기도는 신앙의 질적 저하와 품위와 품격의 저하로 타락된 모습이다. 세상의 비난이 되며 조선 시대에서도 타부 시 되었던 무속화 된 종교가 되었다. 산 속에 들어가서 기도 중에 성령 받았다고 하면서 이상한 소리를 내며, 능력 받았다고 하면서 어떤 불치병이나 암도 낳게 한다고 하는 모습, 자기 기도와 안수를 받으면 치료된다고 하는 능력의 안수 기도 등을 이적과 표적이라고 한다. 물론 예수님의 사역 중에 많이 나오는 부분이 치료와 치유이지만 그러나 예수님은 자신이 치료하였다고 하지 않으셨으며 "너의 믿음이 네가 구원을 받았다"고 하시면서 아무에게도 알리지 말 것을 명하시고 경고까지 하셨다. 물론 은사를 받아 치료와 치유를 할 수 있는 것은 믿음의 당연한 하나의 은사이다. 다양한 은사는 우리의 얼굴이 제각각 다른 것처럼, 얼굴이 다르다(differrent)고 틀리게(wrong) 생겼다고 할 수 없는 것 같이 우리 모두에게 각각 다른 은사를 주신 것은 합력하여 주님의 뜻과 선을 이루라는 것이 은사인 것이다. 은사는 주님의 영광을 위한 화평과 품위와 질서를 위해 주신 것이다.

8. 품위과 질서의 하나님

고전14장 40절에서 사도 바울은 "모든 것을 품위 있게 하고 질서 있게 하라"고 말씀하고 계신다.

직분 판매적 임직도 한국 교회의 문이다.

탐욕적 목회, 외향적 건물적 목회, 부동산 목회와

마케팅적인 목회와 이벤트식 목회

말씀 없는 성령 체험 중심, 은사주의 신앙과 방언 기도, 은사주의와 신비주의를 권위주의적 목회로 접목하는 목회,

설교 중에도 재미와 흥미 있는 예배를 위한다며 음담 폐설 같은 농담, 성 희롱적 유머들, 비인격적인 반말 섞어 가며 성도들을 무시하고 비하하며, 어르신들에게도 인사하지 않고 오히려

인사를 받으려고 하며 부모 같으신 분들에게도 예의보다는 권위를 우선하는 목회자들의 계급적 권위주의적 모습이다.

예언자적 선지자적 설교보다는 제사장적 설교를 추구하는 예배도 개혁되어야 한다. 말씀이 예언이다, 성경으로만 설교하는 것이 선지자적 설교이다. 만인제사장이요 구원 받은 자 모두 하나님의 일꾼이요 주님의 동역자라는 겸손한 목회의 현장이 교회인 것이다. 예배는 천상의 생활과 삶을 예비하는 시간이며 장소이다. 그런데 무슨 TV의 정치 경제 사회 온갖 소식을 설교 시간에 극단적 정치 이념을 말하고 경제를 말하는 등 세상의 모든 관심사는 다 쏟아낸다.

한편으로는 다른 곳의 경우나 예를 들어 성도를, 어디 어디에 누구누구 장로, 권사, 집사 등을 예를 들어 자기 성도의 직분자들을 무안하게 하는 설교 등이 너무 많다. 목사의 경우를 예를 들지는 않는다. 교회를 예를 들지는 않는다. 물론 자기 얼굴에 침 뱉기의 모습이니까 또한 교회와 목회자들의 부정적 모습을 말하는 것은 올바른 모습이 아니다. 교회든 목회자이든 성도이든 예를 들어 말하는 것은 가능한 피하는 것이 좋지만 그러나 성경에서도 모든 경우가 믿음의 인간의 모습들을 말하는 것이기에 피할 수도 없는 것이다. 성경도 역사도 삶도 생활도 모든 것은 인간인 사람의 모습이기에 당연하다고 할 수 있다. 그러나 정도와 여건과 상황을 잘 파악하고 이해하여 지혜와 명철과 분별력이 있는 메시지가 되어야 할 것이다. 예를 들어도 성경에서 들어야 한다. 성경 안에 모든 실질적인 예문이 다 들어 있다. 그리고 설교 강단이나 사적인 자리에서도 목회자든 성도는 할

544

수만 있다면 정치, 이념, 학벌, 지역, 종교적, 경제적인 사회 일반에 대한 대화에 가능한 분별력이 있어야 할 것이다. 오직 성경으로 말하고 성경으로 풀어야 할 것이다.

9. 성경번역개역과 신학개혁과 교회개혁(적용)

  성경에서 복(福)이라는 단어를 개역해서 사용하지 말아야 한다. 복음이란 무엇인가? "예수 믿으면 복 받는다" 이것이 복음인가? 이것은 복음이 아니다. 복 받으러 교회 나오라고 전도하는가? 과연 교회 나오면 복을 받는 것인가? 먼저 믿음은 고난이 먼저 올 수도 있다는 것을 전제 되어야 한다.

  기복적인 성경 번역과 해석, 그리고 적용을 하지 말아야 한다. 연보, 헌금에 대한 성경 해석을 바로 해야 한다. 심지어 한국 최대 교단이라고 할 수 있는 교회의 단일 교회로는 세계 최대 교회라는 교회의 목사님은 헌금 많이 해야 복을 많이 받는다고 노골적으로 헌금과 복을 비례하는 헌금 위주를 강조하고 있다는 사실은 거의 이단적인 요소인 것이다. 매 예배마다 누가 누가 무슨 병 어떤 병이 낳았다 고 광고하고 기도 중에 광고하는 것은 너무 은사주의적 예배에 습관화 된 것은 아닌가?
  연보의 방법과 사용 및 회계의 공정성과 투명성을 철저히 관리해야 한다. 교단 총회에서의 회의 모습은 초등학교 선거보다 못하고 세상 정치 선거나 사설 단체나 계모임보다 못한 선거를 하고 있다는 것은 슬픈 한국 교단의 모습이다. 돈이 난무하는 선거이다. 교회가 체인점화 되거나 지배구조와 순환출자가 대기업보다 더 잘되었다는 말까지 나온다. 복지재단 같은 단체를 세계 여러 곳에 두어 학교, 병원, 선교회, 교회, 등과 함께 부동산 투자도 상당하다는 것이다.

　연보에 대한 자유와 해방을 온전한 믿음의 자유와 해방의 신앙을 갖게 해야 한다. 연보는 자신의 육신을 드리고 마음을 드리고 시간을 드리고 공간을 드리고 물질을 드리고 생각을 드리고 모든 것을 희생 제물로 십자가에 드리는 상징이며 표시이며 그렇게 살겠다고 다짐의 표시이다. 드리는 방법에서는 완전한 자유와 해방이 있어야 한다. 어떤 드림에 율법적 암시나 스트레스가 있어서는 안 된다. 그리고 사용에 대한 투명성과 그리고 사용에 대하여 주님의 뜻과 기쁨에 맞게 사용되어야 한다. 연보는 복 받기 위해 드리는 것이 아니라 나의 몸과 마음, 영혼, 시간, 공간, 물질을 사랑의 겸손한 희생 화목제물로 드림의 표시이다. 드리고 생색 내지 말아야 한다. 드리고 교만하거나 자랑하지 않아야 한다. 강물에 띄워 보내야 한다. 기억하지 말아야 한다. 마음에 적어 두지 말아야 한다. 십일조를 내야 세례 교인으로 인정해서는 안 된다. 십일조 교인만 투표권을 주어서는 안 된다. 십일조를 해야 교회에서는 모든 공동의회나 결의 사항에서 선거권과 피선거권을 주어서는 안 된다. 연보는 내는 자신만 알아야 한다. 모두 각자의 비표를 적어 내야 한다. 그 비표대로 기록해 두었다가 그 비표에 대한 증빙을 요구 할 때만 그 증빙서를 발급하면 될 것이다. 그러므로 아무도 누가 얼마를 연보하였는지 알 수 없도록 관리하여야 한다.

10. 정치화된 교회와 목사

　하나님은 국가주의나 민족주의를 원하지 않으시며 그렇다고 잘못된 국가나 민족을 좋아하지 않으신다. 성도는 어느 곳 있어도 이방인이 아니다. 성도는 하나님 나라의 백성이므로 어느 곳, 어느 나라에 있어도 이방인이 아니다. 이 세상은 하나님의 소유이며 나라이다. 예수님 안에 있으면 형제자매요 하나님의 동역자요 예수님의 일꾼이다.

　하나님의 원리는 성경에 있다. 하나님은 민주주의와 자유주의를 원하신다. 민주주의도 사실은 위험한 부분이 많다. 적용을 민주주의 원리 원칙대로 하면 소수의 피해와 억압이 많을 수밖에 없다. 자유주의도 마찬가지로 매우 많은 위험을 안고 있다. 자유주의의 원칙은 모든 것을 자기 자유에 맡긴다고 하면 힘이 없는 약자는 강자의 자유에 모두 핍박과 예속 될 수밖에 없다. 자유민주주의도 마찬가지로 위험을 안고 있다. 그러므로 모든 이념과 사상은 좋은 점과 장점을 가지고 있는 반면 나쁜 점과 단점을 고루 가지고 있다. 모든 인간이 장점과 단점을 가진 것처럼 어두운 면과 밝고 아름다운 면이 있을 수 있으며 오직 주님께서 은혜로 역사 하실 때, 그리고 믿음 안에 신실하고 충성된 신자로 살아갈 때 우리는 그 아름다운 믿음의 꽃과 열매를 맺을 수 있을 것이다.

　그러므로 오직 하나님의 원리와 섭리와 경륜에 인정과 순종을 따르는 것이 하나님의 의요, 하나님의 공의와 하나님의 정의인 것이다. 믿음이 의인 것이다. 하나님의 말씀에 순종하는 것이 믿음이요 의인 것이다. 의는 righteousness이면서, 하나님의

willingness이면서 동시에 하나님의 meaningness인 것이다. 하나님의 willingness가 justice이며 정의와 공의이며 그것은 faith인 것이다. 우리가 하나님을 믿음은 하나님이 우리를 믿는 것이다. 하나님이 우리는 믿는다는 것은 우리의 말씀과 뜻에 순종하는 것이 믿음이며 이를 통하여 하나님의 언약과 일방적인 언약의 성취를 이루어 끝까지 우리를 설득하는 것이 믿음이다. 헬라어로 믿음은 '피스토스'로 '설득'이라는 의미이다. 끝까지 견인하시는 하나님 이시다는 것이며, 하나님이 우리를 끝까지 설득하면서 견인하시는 것이다. 생명나무이신 예수 그리스도의 말씀이 되시어 육신의 모습으로 오신 예수 그리스도의 말씀인 율법인 선악을 알게 하는 나무, 지혜와 명철의 나무를 먹고 순종하고 따르는 것이 믿음이다. 선악을 알게 하는 지혜와 명철의 나무를 바라보고 사랑하고 지켜 보호하는 것이어야 하며, 하나님의 말씀는 그 과실을 먹지 말라고 하셨는데 먹으므로 인하여 불순종으로 죄가 우리 안에 들어온 불순종은 모든 죄의 근본이며 믿음의 상실인 것이다. 말씀에 대한 순종이 믿음이며 의이며 정의와 공의가 되는 것이다. 자기의 의를 지키고 이루려고 하거나 자기의 의에 이르려고 하는 것은 모두 죄악이 되는 것이다. 인간의 정의와 공의와 철저히 구분되어야 한다. 구분과 구별이 되지 않는 것은 질서를 파괴하고 혼돈과 혼란, 파멸을 가져오게 된다. 결국은 인간이 인간 스스로를 파멸하는 길이 되는 것이다. 질그릇이 토기장이에게 따지고 항변하는 꼴이 되는 것이다. 로마서 9장 19절~23절은 "19.혹 네가 내게 말하기를 그러면 하나님이 어찌하여 허물하시느냐 누가 그 뜻을 대적하느냐 하리니 20.이 사람아 네가 누구이기에 감히 하나님께 반문하느냐 지음을 받은 물건이 지은 자에게 어찌 나를 이같이 만들었느냐 말하겠느냐 21.토기장이가 진흙 한 덩이로 하나는 귀히 쓸 그릇을, 하나는 천히 쓸 그릇을 만들 권한이 없느냐 22.만일 하나님이 그의 진노를 보이시고 그의 능력을 알게 하고자 하사 멸하기로 준비된 진노의 그릇을 오래 참으심으로 관용하시고 23.또한 영광 받기로 예비 하신 바 긍휼의 그릇에 대하여 그 영광의 풍성함을 알게 하고자 하셨을지라도 무슨 말을 하리요."

11. 직분의 계급화와 공로주의, 직분판매

직분에 대한 민주적 방법을 적용되어야 한다. 민주적인 것을 비성경적이라는 해석을 바르게 해야 한다. 민주적인 것이 성경적이라는 것을 알아야 한다. 민주적인 것을 비신본주의, 반신본주의 라고 해서는 안 된다. 이는 천주교의 교황적 권력을 목회자가 독점하려는 방편으로 해석하는 것이다. 사사기의 사사시대를 보아도 백성들은 선지자와 제사장들이 부패하여 하나님께 왕을 요청하였지만 하나님께서는 왕이 백성을 압제하고 핍박하고 세금을 걷어가는 더 악해질 것이라고 거부하셨으나 백성들의 요청을 들어 주셨다. 하나님의 이제까지 쉬지 않고 개혁하고 계신다.

직분을 사거나 파는 면죄부 등 직분 판매나 공로직으로 돼서는 안 된다.

직분의 임기제를 해야 한다.

교회 밖에도 구원이 있을 수 있다. 오직 예수를 통하여 구원이 있으므로 꼭 교회 안에서만 구원이 있다고 성경을 말하고 있지 않다. 그러나 교회 밖에서는 매우 어렵다. 교회 밖에는 구원이 없다고 성경은 말하고 있지 않다. 교회는 그리스도의 몸이다. 그러므로 교회를 떠난 구원은 매우 우려스럽다. 위험한 구원론이다.

구원을 잃어버릴 수도 있나? 실제로 살다가 치매 또는 개종 또는 무신, 부정, 교회 불출석 등으로 신앙의 길을 가지 아니한 경우 구원을 잃어버린 경우가 있다. 과연 어떻게 한 번 구원은 영원한 구원이라는 대 명제는 옳은 신학인가? 또한 제한 속죄론은 어느 것이 옳은가? 이것은 옳고 그름의 문제에서 하나님께서 인정하지 않은 부분이라는 것은 바로 이단일까? 아님 둘다 옳은가? 칼빈주의와 알미안주의의 충돌. 매우 중요한 구원에 대한 핵심 교리의 충돌이다. 이는 가장 중요한 교리의 문제로 이 보다 더 중요한 교리의 충돌을 없다. 이단이냐 아니냐의 문제일 수도 있다. 가장 중요한 구원의 문제이기 때문이다. 필자는 칼빈주의 신학 이론을 주장하지만 솔직히 한 번 구원은 영원한 구원 천국이라는 칼빈주의 신학에 동의하면서도 현실적으로 이교하거나 단교하거나 망교할 수도 있고 무교할 수도 있는 것이 현실 목회 현장에서 종종 경험하고 있다. 그러나 내가 보는 것이 옳다고 할 수 없다. 나는 매우 유한하고 미련하다. 무한하신 주님을 어떻게 인간이 규정할 수 있고 단정할 수 있을까? 하나님의 영역으로 남겨 둘 수 있는 부분이 너무 많다. 그래서 신묘막측(神妙莫測) 하신 하나님의 영역까지도 판단하지 말아야 할 것이다. 이를 논쟁할 수 있지만 너무 지나치게 논쟁하는 것은 하나님의 영역에 대한 도전이고 침범이다.

또 하나의 중요한 문제는 생명 윤리가 그 대표적이다. 창조 섭리까지 도전하는 현대 과학은 매우 위험하다. 재앙을 자초하고 있는 부분이 생명 공학이다. 하나님의 역린을 건드리고 침범하는 현대 의학과 생명 공학은 절제와 겸손으로 창조 섭리를 인간의 영역으로 삼으려는 것은 인간의 바벨탑이다. 탐욕이요 오만이요 재앙의 수순이다.

12. 십계명

십계명이 없는 예배가 많다. 십계명을 강조해야 한다. 철저한 십계명의 준수를 강조해야 한다. 십계명은 성경 전체를 요약한 것이다. 모세가 하나님으로부터 시내산에서 두 돌 판에 받은 말씀이다. 모든 말씀의 기초이며 전체 성경의 핵심이며 요약이다. 왜곡하거나 지워지지 않게 영원히 지켜야 할 법이며 계시이며 명령이며 믿는 자이거나 믿지 않는 자거나 지켜야 할 인간의 필수 율법이며 하나님이 하나님이심을 가장 잘 나타내고 있는 말씀이다. 인류 역사가 가진 가장 위대한 율법이다. 항상 잊지 말고 어긋나게 하거나 비틀지 못하게 하기 위하여 돌판에 새겨 분명한 언어로 말씀하신 것이다. 시대를 초월하여 변명하거나 이유를 대거나 멈추어서도 안 되는 가장 중요한 말씀 중에 말씀이다. 이는 반드시 예배 중에 낭독하거나 교독하거나 봉독하여야 한다.

예배에서 반드시 있어야 할 순서에 십계명 다음으로 주님이 가르치신 기도, 주기도가 있어야 한다. 대표 기도보다 더 중시하는 순서로 주기도가 있어야 한다. 이 주기도는 우리의 기도의 본이며 우리가 평상시 기도할 때, 어떤 상황에서 형편과 처지에서도 꼭 기도는 이 주님의 기도로 기도해야 한다. 이 기도가 기도의 본이며 기도의 내용과 구성을 잘 알려주시고 있는 것이다.

그리고 사도신경도 신앙고백으로써 성경 전체를 요약한 핵심 교리이므로 신학적으로 그리고 성경적으로 철저하게 공부하고 이해되어야 하며, 형식적으로 아무 의미도 모르게 무지막지하게 빨리 암송하기만 하는데 천천히 묵상하면서 큰소리로 암송해야 할 것이다. 십계명, 사도신경, 주기도는 예배의 3요소이다. 설교도 중요하지만 설교보다 더 중요한 것이 십계명이요, 신앙고백서인 사도신경이요, 기도 중에 기도인 주님의 기도인 것이다. 이것만 우리가 잊지 않고 일상 가운데 기억하고 있어도 우리의 믿음의 확신은 생활과 삶에 꼭 적용되지 않을 수 없을 것이다. 십계명과 사도신경 신앙고백, 주기도를 아무런 개념과 이해도 없이 입술로만 따라서 무엇을 입으로 말했는지 조차도 모르고 따라하는 습관적 무감각적인 예배는 그냥 예배를 드렸으니 하는 오직 하나님에 대한 어떤 의무를 다한 것처럼 하는 예배가 되어서는 안 될 것이다. 그야말로 예배는 오직 구원 받은 성도의 특권이며 구원 받은 자만이 드릴 수 있으며 구원 받은 자들의 예배만을 받으시는 하나님의 예배이다. 이 예배를 통하여 우리의 영혼과 몸과 육신과 시간과 물질과 공간과 그리고 나의 모든 것을 기뻐 즐겁게 드리는 것이 예배이다. 예배의 핵심 근본적인 개념은 기쁨과 영광이다. 그리고 자유와 해방이다. 이 세상에서의 천국 예배이다. 천상의 예배를 드리는 것이 예배이다. 이 세상에서의 천국 생활의 예표이며 하나님이 가장 기뻐하시고 즐거워하는 것이 예배이다. 예배할 때 성도는 천국을 경험하며 천국 같은 삶을 이 세상에서 살게 되는 것이다. 이 세상이 가장 천국 같은 곳이 있다면 그곳은 성령 충만한 가정과 진리와 성령의 교회 예배 시 일 것이다.

은사주의와 신비주의 목회를 지양해야 한다.(병 치료 중심적 목회)

물론 기독교는 신비의 종교이다. 신비한 점들이 너무 많은 것은 사실이다. 신비롭게 하는 것과 신비한 것은 구별되어야 한다. 신비한 것은 하나님이시며 신비한 것은 하나님의 영역으로 범접해서는 안 되며 하나님의 영역은 우리 피조물이 감히 알 수도 없고 침범해서는 안 된다. 인간이 하나님이 되려는 것이다. 탐욕과 교만이 지나쳐서 거짓이 되고 속이는 것이 되며 이단이 되고 사람이 사탄 마귀에서 붙잡히는 결과를 가져오며 주술적이며 무당적인 종교가 되는 것이다. 누가 그렇게 해서 목회에 성공했다고 하니까 너도 나도 따라서 치료 치유 은사주의적 신학을 하고 치료 치유 은사주의적 목회는 지양되어야 한다. 은근히 아니 노골적으로 자기의 능력을 치료 치유 은사적인 면을 강조하려고 하는 설교가 상당히 많다. 그리고 그런 은사적 능력이 있다고 광고하기까지 하는 경우가 많다. 이는 성경에 대한 이적과 표적에 대한 지나친 과정이라고 할 수 있다. 예수님의 활동 중에 이런 부분 만을 과장되게 설교하는 것은 일부를 전체로 호도하는 것일 수 있다.

알아들을 수 없는 주술적 기도를 금하고 미신적 신앙을 지양해야 한다.
말씀 세례를 강조하고 알아들을 수 없는 말에 대해 '방언'이라고 해서는 안 되며 이를 성령 세례라고 해서는 안 된다. 성령 세례에 대해 인정하고 당연한 진리이지만 꼭 성령 세례만이 구원을 받는다 라고 하는 것은 지나치다. 로마서의 구원을 잘 이해해야 한다.
성경 중심적, 말씀 중심적 목회와 신앙을 갖도록 해야 한다
안수기도 해서 치료했다는 치료 치유 은사주의 목회가 지양되어야 하며 오직 말씀 중심 사역이 되어야 한다
물론 안수기도 치료의 역사가 있을 수 있다. 그러나 이러한 치료는 안수기도의 능력이 아니라 받는 사람은 믿음으로 치료되는 역사가 있는 것이며 그리고 치료가 되었다 해도 알리거나 선전해서는 안 된다는 것을 성경을 통해서 알아야 한다. 예수님이 그렇게 하셨으니까. 예수님이 경고도 하시고 원하시지 않으셨다. 우리는 예수님을 본받아야 하고 따라야 한다. 그것을 무시하면 내가 예수가 되겠다는 것이다. 내가 예수보다 더 능력이 있다고 하는 것이다. 물론 예수님도 자신 보다 더 능력이 있을 것이다 라는 취지로 말씀도 하셨다. 이는 겸손의 표현이다. 물론 그렇게만 보는 것도 무리이다. 우리가 더 훌륭한 일을 할 수 있다는 것을 문자 그대로 해석하는 것이 문제가 될 수 있

다. 문자적 해석은 성경을 오해하는 경우가 매우 많다. 표현이 역설적이라든지, 은유적이라든지, 비유적이라든지, 함축적이라든지, 또는 여러 가지 표현의 방법과 기술적인 면이 있을 수 있는 것을 잘 이해해야 할 것이다.

자기 자신을 사랑의 겸손한 희생 제물로 드리려고 믿음을 사용해야 한다.

믿음은 고난에서 시작 한다. 고난과 시험 시련을 통하여 믿음은 점점 성숙해 가며 가운데 표적이 나타나며 증거할 수 있는 능력이 나타나며 고난과 시험 시련 연단을 통과하면 하나님이 세상이 감당할 수 없는 은혜의 은총을 허락하신다. 그것을 축복이라고 한다면 축복일 수 있지만 그것은 세상적인 축복이 아니고 이 세상이 알 수 없는 화평과 평강과 영적 신비로운 안식과 안락을 허락하신다. 그것이 일부는 세상적 축복으로 보일 수 있지만 그것을 세상에 대해서 증거하는 것으로 세상적 물질이나 부귀영화 권세 즉 보이는 것으로 하여 증거가 되었다고 하는 것은 조심해야 한다. 물론 믿음은 실제이다. 믿음은 보이는 것의 실상이요 보이지 않는 증거라고 한 것에서 보이지 않는 증거는 빼버리기 일 수 이다. 항상 우리는 보이는 것의 실상이라는 것에 중심을 둔다. 그러나 성경과 신앙 믿음은 보이지 않는 증거이다. 보이지 않는 증거를 우리는 무시하고 온통 보이는 것의 실상만을 강조하는 믿음으로 변모했다. 그래서 교회에서도 돈 많은 사람을 앞세우고, 성공한 사람을 앞 세워서 이 사람을 보라 믿음이 좋아서 교회에 충성해서 목사님 말씀 잘 듣고 목사님을 잘 섬기고 예배와 헌금에 많은 열심과 충성을 해서 이렇게 큰 복을 받았다. 그러므로 열심히 충성하고 헌금 많이 해야 큰 복을 받고 성공하여 하나님께 영광을 돌리고 증거가 되고 전도의 좋은 본보기와 증거의 예(例)가 된다고 선전 광고 한다. 박수치고 환호하여 귀감이 되게 한다. 그렇다 맞다. 옳다. 그러나 전적으로 옳고 전적으로 옳은 것은 아니다. 교회 다니지 않고 이단도, 천주교도 불교에 열심인 사람도 재벌 중에 많이 있고 오히려 재벌 큰 부자는 오히려 신앙에 열심이지 않는다. 돈 벌기에 세상 일에 바빠서 교회에 올 시간도 없고 성경 볼 시간도 없다. 감옥에라도 가면 그 때 인생이란 무엇일까 하면서 성경이나 볼까, 볼 게 없고 시간은 많고, 하면서 성경책 옆에 끼고 나온다. 그리고 많은 것을 배웠다고 한다. 회개 했다고 한다. 그러나 회개 했다고 하는 말은 후회 했다는 말이다. 회개의 의미와 개념을 제대로 알았다면 대단한 하나님의 은혜를 받은 것이다.

맞다. 인생이란 이런 것이다. 고난 받은 자가 가장 하나님과 가까이 간다. 그러므로 고난 받고 시험 받고 시련 속에 있는 성도가 가장 하나님의 은혜를 많이 받고 있다고 해야 할 것이다. 이 때 우리 성도는 그 분을 두 번 죽이는 경우가 많다. 목사님 말씀에 순종하지 않아서 벌 받고 있다고, 교회 헌금 많이 하지 않고 주일날 예배에 빠져서 벌 받았다고 하고, 교회를 옮겨서 벌 받았다고 하면서, 우리 교회를 떠나면 벌 받는다 하고, 십일조 떼 먹어서 벌 받았다고 하고, 전도 안해서 벌 받았다고 하고, 봉사 안 해서 벌 받았다고 하고.... 한국 교회 성도들도 목사를 그대로 닮아 간다. 무지한 목사 밑에 무지한 성도가 대부분이다. 좀 깨어 있는 성도는 따돌림 당하고 결국은 교회에서 상처 받고 떠난다. 한국 교회에서는 교회에서 상처 받은 성도가 무지 많다. 상처 안 받은 성도 없을 것이다. 그래도 열심히 다니는 것 보면 대단한 믿음이다. 참으로 고귀한 믿음이다 라고 평가 할 수 있지만 반대다. 그래서 더 교회가 개혁되지 못하고 변하지 못하고 변하지 않는 것이다. 좋은 교회도 많다. 작은 교회가 더 좋은 교회 많다. 작은 교회가 더 좋은 경우가 많다. 꼭 그런 것은 아니지만, 가능하면 개척교회 신선한 개혁 교회들이 많다. 오히려 요즘은 성경과 신학 공부 많이 하신 젊은 신선한 목회자들이 찾아 보면 꽤 많다. 그러나 시대가 이제 젊은 이들이 세상에 어려움이 없으니 구태여 신앙을 찾을 이유가 없어진 시대가 되었다. 먹고 사는 일에 고민과 어려움도 없으니 구태여 왜 스스로 고난의 길 십자가의 길을 가겠는가. 무슨 특별한 영적 야심이 있는 것도 아닌데.. 그리고 요즘은 보이는 세상 것을 찾는 비주얼 세상에서 보이지 않는 영적인 것들을 추고하는 세상을 찾는 젊은 청년이 드물다.

 고난 받을 때 하나님을 찾는다. 그러므로 돈 많은 사람이 재벌이 돈 쓰고 돈 벌기에 바쁘지 성경 보고 찬양하고 기도할 시간이 없다. 돈 쓸 일에 바빠고 고민하고 만나는 사람들이 이 세상 외국에서도 줄 서고 유명한 대통령들과 권세가들이 온 세상 재벌들이 만나자고 줄 서서 기다리고 있는데 어떻게 하나님의 말씀에 귀 기우일 시간과 기회가 있겠는가. 수 십년 간, 수백 년간 왕위 귀족 신분 재물 직분 등 등을 계승한 사람들이 얼마나 많은가. 교회도 자식들에게 물려주는 세습과 정치도 세습하는 모양들이 많다. 아버지의 이름을 팔아 정치하는 사람들이 얼마나 많은가. 대중들이 분별력이 없으니, 성도도 분별력이 없으니, 목회자도 분별력이 없어서, 엄청난 재산을 물려 받고 수 백년 간, 수 십년 간 잘 살고 있는 사람들이 얼마나 많은가? 교회 다니지 않는 사람은 교회 다니지 않아도 복을 받는다 하고, 불교 믿은 사람은 불교 믿어서 복을 많이 받는다 하고, 이슬람 무슬림은 알라를 믿어서 복을 받고 잘 산다고 하며, 인도의 힌두교인들은 그들의 자기 나름대로 우상 신들을 믿어 잘 산다고 하며, 일본의 잡종 각종 우상을 섬기고도 잘 산다고 한다. 그러므로 복이라는 것에다 우리의 신앙 믿음을 팔아 먹고 그 세상적인 복이 될 수도 없고 되어서도 안 되는 천박한 세상에 우리의 신앙을 뒤집어 씌우는 일은 더 이상 없어야 한다. 복이라는 것은 세상이다. 우상이다, 바알이고 맘몬이다. 복은 돈이다 양면성이 강이 강하며 사용과 쓰임에 있어서도 양면성과 있으며 유혹과 시험과 사탄 마귀의 역사가 따를 수밖에 없는 존재이다. 소유에는 더 더욱 사탄 마귀의 역사가 강하며 교만과 탐욕을 더욱 배가 하며 사람들이 가만히 놓아 두지를 않는 속성이 있다. 그래서 성경은 돈을 사랑함은 일만 악의 뿌리라고 말하고 있다. 돈은 세상적인 것의 대명사이다. 세상적인 사탄 마귀의 목적어이다. 이제는 천박한 세상 복에 우리의 신성한 하나님의 영광을 팔아먹어서는 안 된다. 제발 기독교 신학자들과 목회자들이여, 올바른 신학과 성경에 대한 올바른 개념과 이해를 하여 제발 성경을 기복적 미신적 샤마니즘적 종교로 변종케 하시지 말아야 할 것이다.

　'이제 나를 버리고 나를 십자가에 못 박고 나를 세상과 남을 위해 희생 제물로 드리게 하소서, 구원의 겸손한 희생 제물로 사용되게 하소서'라고 기도하고 예배하는 삶과 생활의 증거되는 신앙이 되며 질적 성장과 성숙을 이루는 믿음의 성도가 되어야 하며, 의의 진리와 참 진리를 위해서는 교회가 부흥이 안 되어도 좋고, 교회가 망해도 좋다 라고 하며 오직 올바른 진리만을 선포할 수 있다면 이제 이 주신 자유와 해방을 만끽하는 참 기쁨과 진리의 말씀 선포가 있는 교회와 신학이 되기를 간절히 소망하는 목회가 되는 한국 신학과 교회가 되어야 할 것이다. 구원 구속은 해방과 자유이다. 믿을수록 율법의 매여서 자유라고는 전혀 없는 교회의 목사의 노예 같은 믿음이 되어서는 안 된다.교회라는 건물과 장소에 억메이는 신앙과 믿음이 되어서는 안 된다. 이제는 숫자에 연연하지 말아야 한다. 내용이 컨테츠가 중요하다. 이제 그만 장사는 하지 말아야 한다. 이제 말씀을 잘 모르면 떠나야 한다. 스스로 떠나야 한다. 물러날 줄을 알아야 한다. 성도는 물질에 대한 기도를 할 수 있지만 교회는 세상적인 기복적인 기도를 해서는 안 되며 가르쳐서는 안 된다. 수험생 학생에 대한 합격 기도를 지양하며, 송구영신 예배 때, 촛불을 켜고 예배드리는 이벤트를 지양하고, 새해 예배 때는 성구 뽑기 등 제비 뽑기식 이벤트로 한 해를 위해 주신 하나님이 주신 말씀이라고 하는 것은 지양해야 한다. 교회가 부흥하지 않아도 참 성경의 가치와 존귀와 영광을 위한다면 부흥을 포기할 지라도 어렵고 힘든 목회일지라도 참고 오직 주님의 영광을 위한 참 진리를 지키는 교회로 남아 있어야 한다. 고난 받고 핍박 받았던 초대 교회보다 그래도 더 좋은 여건과 환경 안에서 목회하는 것이다. 다시 초대 교회, 그리고 예수님의 고난에 참여된 교회의 모습이 되어야 하며, 예수님의 모습의 교회가 되어야 한다. 오직 말씀으로만 승부하는 교회가 되어야 할 것이다.

우리 몸이 잠간 숨을 멈추면 죽음이 되는 것처럼 구원의 예수, 생명의 예수를 생각과 마음에서 잊어버리고 떠나 있으면 바로 그 자리에 사탄 마귀가 자리하게 된다. 육신과 세상이 들어와 앉아 있다.

성령의 햇볕이 내 심령에 비추면 내 안에 얼마나 많은 죄의 크고 작은 수많은 셀 수 없이 많은 죄의 더럽고 악취가 내 안에 있는지 ,미세 먼지가 얼마나 많이 매일 싸이고 있는지 매일 매일 씻어도 또 씻어도 쌓이고 쌓인다.

천국 국적 한 번 받으면 영원히 천국 시민, 천국 백성이다. 한 번 구원 받으면 영원한 천국 시민 백성이다. 부모가 천국 시민이라고 해서 그 부모의 자식도 천국 시민 하나님 나라의 백성이 되는 것은 아니다. 믿음의 선택은 자기 자유 의지에 달려 있다. 그 선택의 자유의지는 주님이 허락하신 전적인 하나님의 은총이요 은혜인 것이다. 내가 믿는 것이 아니라 하나님께서 믿게 하신 은혜의 선물이다. 나의 자유 의지가 노력할 때, 하나님 주 성령 보혜사께서 도우신다.

13. 교회 직분제도의 개혁

출신성분제도 계급주의 ,장교와 하사관. 신학대 출신은 육사출신 장교. 담임목사, 부목사, 강도사, 전도사 등은 귀족출신, 장로, 권사, 안수집사, 서리집사 등은 하사관, 졸병이다. 민 밑바닥 계급이다. 시키는 대로 해야 하는 종, 노예계급이다. 목사들은 하나님의 종이라고 하지만 하나님의 종이니까 최고 높은 계급이라는 것이다. 하나님의 대리인이라고 하는 것이 하나님의 종이라고 하는 계급이다. 천사 보다 높다. 물론 구원 받은 자는 천사보다 높다. 그러나 구원 받은 자는 모두 하나님의 동역자요 왕 같은 제사장이요, 하나님의 선지자인 것이다. 구원 받은 자는 모두 하나님의 3중직을 가진 자이며, 모두 가 각각 개별 독립된 교회요 하나님의 성전인 것이다. 모두 구원 받은 자가 각각 독립된 하나님의 성전인 것이다. 모두가 구원 받은 자는 동역자요 몸 된 교회의 가지인 것이다. 한국 교회가 세습적 계급주의 직분론까지 만들어 내고 있다. 교회를 사적인 것으로 모든 권력과 권위와 재정과 물질과 교회의 건물까지도 세습의 도구로 생각하고 있다. 청렴을 모른다. 일반 사람들과 모든 성도들은 월급 받으면 그 월급에서 세금 내고, 그 월급에서 십일조 내고, 자녀들 교육비 쓰고, 생활비 쓰고, 모든 생활의 한다. 목사는 모든 지출은 월급에서 쓰지 않고 별도로 또 다른 교회 재정에서 쓰고 있다. 자녀들 해외 유학비와 사택 경비이며, 도서비, 자녀들 교육비, 자동차 운영비, 소득세는 내지 않으며 성도와는 전혀 별개의 재정을 사용하고 있다. 판공비, 접대비, 각종 경조사비도 목사와 교회의 이름으로 지출한다. 그리고 목사의 개인적인 관혼상제 때는 모두 자기 개인의 소득이 된다. 교회의 이름으로 지출하고 받는 것은 자기 개인의 소득으로 한다. 관혼상제를 주제하면서도 개별로 사례비를 받는다. 우리는 이러한 것들에 대해 말하는 것이 매우 부덕하며 적절하지 못하다고 생각할 수도 있다. 너무 교회와 목회자들에 대한 부정적 시각을 조장하며 교회를 세상으로부터 부정적으로 생각하는 사탄 마귀의 역사함으로 규정할 수도 있다. 그러나 그런 시각에서 벗어나야 하고 작은 것에서부터 성경적인 해석과 판단을 구해야 하며, 이런 작은 것들을 관행화하고 습관화하는 것은 바람직하지 않을 것이다. 개혁은 작은 것부터, 쉬운 것부터, 가까운 곳에서부터, 나부터, 지금부터, 이곳에서부터, 보이지 않는 것부터, 알 수 없는 것부터, 말하지 않아도 되는 것부터 개혁은 해야 할 것이다. 개혁은 큰 것을 하는 것이 개혁이 아니라 작은 것을 하는 것이 개혁이다. 작은 것을 개혁하는 사람은 큰 것을 개혁을 할 수 있을 것이다.

개혁은 예배에서도 적용되어야 한다. 한국교회에서는 십계명이 없다. 아예 예배 순서에서 십계명이 빠져있다. 당연한 것을 할 필요가 없다고 하는 것일까? 당연할 것일수록 해야 되는 것 아닌가? 당연한 기본을 하지 못하거나 안 하는 것은 기본을 하지 않거나 못하고, 당연한 것이나 기본을 하지 않거나 못하는 것은 다른 것도 무시하거나 안하는 것을 당연하다고 할 것이다. 개별 교회주의의 문제점과 신학적 고찰, 신학적 문제의 현실 적용에서의 문제. 재림신앙에 대하여 적용되어야 한다. 교회들이 재림 신앙을 피하기 때문에 이단들이 담대하게 파고들고 교회를 교란하는 것이다. 성도들이 말씀에 대한 무장이 되어 있지 않기 때문에 도둑들이 와서 훔쳐가는 것이다.

훔쳐 가는데 재미를 붙여 자주 와서 도둑이 되었다가 이제는 강도로 변하였다. 이단이 좀도둑에서 이제 강도로 변하였다. 그리고 교회마다 말씀으로 무장하여 가르칠 생각을 하지 않고 피하는 방법만 가르치고 도둑한테 출입금지라고 써 붙여 놓고 오지 말라고 한다. 도둑은 이러한 안내에 좋아한다. 들어오는 방법을 더 잘 알려주는 것이나 마찬가지이다. 성도들에게 어린 양으로 계속 남아있어 앞을 보지 못하게 하고 성경을 가르치지 않고 자기 목사 말에 만 순종하게만 만들기 위해 말씀을 가르치지 않기 때문에 이단들이 강하게 나가면 감당이 되지 못하는 것이다.   교회 신자들을 성경 문맹으로 만들어 놓고 자기 말만 들으라고 하는 것은 신자의 자기 소유화이다. 요즘은 이단이 물질적인 공세로 나가면 정말로 감당할 수가 없다. 왜냐하면 교회가 물질적인 기복주의로 되어 있기 때문에 기복주의적인 이단에게 약하고 물질에 약하여 감당할 수 없는 것이다,

14. 주님의 기도

 필자도 어떤 때는 어렵고 힘이 들 때는 유혹이 많다. 기복적인 기도를 할 때도 있고 기복적 기도를 하고 싶은 유혹이 생긴다. 인간이기에 세상의 것들을 구하게 되고 필요를 느낄 때가 있다. 그러나 필요하다고 해서 다 할 수 있고 이룰 수 있는 것이 아니다. 우선 먼저 감사와 기쁨과 기도이다. 갈라디아서 5장에서 "항상 기뻐하라 쉬지 말고 기도하라 범사에 감사하라 이

는 예수 그리스도 안에서 너희를 향하신 하나님의 뜻이니라"는 말씀을 잊지 않고 기억한다.

그리고 기도의 능력이 있게 해 주시기를 바라는 기도를 할 때가 있다. 이 세상이 온통 돈인데 그 돈이 다 어디에 주시고, 많이 주시면 오직 주님의 영광을 위하여, 주님의 나라를 위하여, 죽어가는 영혼을 구하는데 사용할 것인데 그렇게 저를 믿지 못하시나요? 언제까지나 저를 믿어 주시렵니까. 저는 주님을 확실하게 믿는데 주님은 나를 그렇게 믿지 못하십니까? 어느 때까지 입니까? 나에 대한 믿음이 없으신 주님은 나를 믿지 못하면서 왜 저를 종으로 삼으셨습니까? 재물에 대한 어려움으로 인하여, 교회 부흥을 위하여 필요한 재정을 바라는 기도를 할 때도 있다. 나의 기도가 모두 다 이루어지고 응답되기를 기도할 때도 있다. 내가 안수 기도할 때, 치료와 치유 기도를 할 때, 즉시 치료의 역사가 나타나게 되길 바라는 기도를 할 때가 있다. 또는 전도할 때, 대상자가 바로 권유를 받고 즉시로 모든 것을 버리고 따라 나서는 그런 능력이 있기를 은근히 바라는 마음이 일어날 때가 있다. 재정이 많으면 교회를 크게 짓고 많은 성도들이 몰려 올 텐데... 심히 안타까워서 로또 복권에라도 사 볼까하는 마음도 생긴다. 아니 사실 그런 마음으로 로또복권을 사 보기도 했다. 허황된 기도를 할 때도 있다. 목사도 인간이다. 모든 것은 전적 하나님의 은혜이며 인간은 전적으로 타락된 자들이다 라는 성경의 원리를 믿는다. 기도 중에도 죄를 짓는 경우도 있다. 잘못된 기도인 줄 알면서도 탐욕과 교만의 죄를 짓는 경우도 종종 있다. 기도하면 다 이루어지고 응답 받는 은혜와 권능이 있기를 기도할 때도 있다. 그리고 회개한다. 용서를 빈다. 그리고 얼마나 감사한지 현재의 주신 은혜의 형편이 얼마나 감사한지 찬양한다. 이 은혜의 감사를 찬양한다.

　그리고 목사는 신자들에게 하나님의 보았다라고 말하고 싶은 마음이 들 때도 있다. 꿈에 하나님의 말씀을 들었다라고 한다든지, 그리고 때로는 실제로 오늘 밤 잠 잘 때, '꿈속에서 예수님을 만났으면 좋겠다' 라고 하는 생각을 할 때도 있다. 그런데 왜 예수님은 꿈에 한 번도 나타나지 않으실까? 하나님은 꿈에 한 번도 나타나지 않으실까? 꿈에 무슨 말씀도 하시고 보이시기도 하고 예수님도 좀 어떤 계시를 보여주시고 하시지 왜 그리도 인색하실까? 라고 생각할 때도 있다. 참으로 주님은 안 계신 것인가? 내가 그렇게 기도하고 찬양하고 열심히 열정적으로 말씀도 공부하고 연구하고 참으로 시간만 나면 길을 걸을 때도 차를 타고 갈 때도 사람을 만날 때도, 일을 할 때도, 식사를 하고 음식을 먹을 때도, 차를 마시고 커피를 마실 때도 기도하고 하나님께 감사를 하며, 얼마나 건강을 주셔서, 음식을 맛있게 먹을 수 있게 해주셔서 감사 찬양을 하는데 한 번도 보여 주시지 않으시고 말씀도 직접 하여 주시지 않으신지 이해할 수 없구나! 라고 할 수 있다. 다른 사람들은 천국에 갔다 왔다고 하는데 나는 왜 천국에 갔다 오지 못하나? 라고 자신을 한탄하기도 할 수 있다. 이러한 은사주의는 배척되어야 한다. 꿈에도 생각하지 말아야 한다. 그렇다고 각 개인에게 특별한 계시와 은사가 없다고도 할 수 없다. 언제나 특별 계시가 각 사람에게 있을 수 있다. 하나님은 신묘막측 하시며 인간의 모든 생각과 상상을 초월 하실 수 있는 분이시기 때문이다. 예수님의 사도와 제자들 그리고 예수님을 따르는 무리들 중에는 상당한 수가 세례 요한을 따르는 무리였을 것이라는 합리적인 추측이 가능하다. 세례 요한도 자기 제자들을 예수님을 따르도록 권하기까지 했으니까. 그리고 사실 상당한 제자들은 안드레를 비롯해 처음은 세례 요한을 따르는 제자들이었다. 이들은 각각 누구에게 세례를 받고 어떤 세례를 받았는지 성경에서 모두 알 수는 없다. 그리고 그 세례가 주는 결과는 어떠했는지 형식이 중요하지 않다고 할 수 없지만 더욱 우선하고 중요한 것은 과정과 내용 그리고 결론이다. 그리고 세례 요한은 어디에서 누구에게서 어떤 세례를 받았을까? 그리고 왜 그렇게 했을까?

15. 은사주의

그러나 그렇다고 그런 특별한 은사나 계시를 사모하는 것은 결코 좋은 것이라고 할 수 없다. 그렇다고 하나님의 절대 주권과 권능 인정하지 않는 것은 있어서는 안 될 것이다. 신앙과 믿음은 체험적일 수도 있다. 꼭 그런 것은 모두 아니다. 물론 그렇다. 그렇다고 체험이 없다고 믿음이 없으며, 체험이 없다고 믿음이 약하고 부족한 것이다 라고 하는 것은 위험한 믿음이다. 성령으로 구원을 받을 수도 있고, 성령 세례를 받을 수도 있고, 말씀으로 구원을 받을 수도 있다. 건강한 믿음, 건정한 신앙은 성경 중심, 교회 중심, 은혜 중심, 예배 중심, 전도 중심의 믿음이 되어야 할 것이다.
　성경 말씀에 의한 구원을 말씀 세례라고 할 수 있을 것이다.

필자는 개인적으로 이 말씀에 의한 구원 특히 로마서 10장 9~10절에 의한 은혜를 '말씀세례'라고 한다. 예수님 이후 신구약이 완성된 이후 이제는 말씀의 시대이다. 예수님이 오신 이후부터 신약성경이 있기 전까지는 모두가 다는 아니지만 성령세례가 있었을 것이다. 예수님 자신이 말씀이기 때문이다. 말씀이 육신이 되어 오신 분이다. 그러나 제자와 사도들이 신약성경을 써서 신약성경이 완성된 이후는 말씀으로 구원을 받는 '말씀세례'의 시대가 된 것이라고 할 수 있다. 아니 언제나 말씀의 시대였다. 말씀으로 천지를 창조하셨다는 것은 말씀이 하나님이요 말씀이 육신이 되어 인간으로 오신 말씀이 예수님이기 때문에 언제나 늘 말씀의 역사이다. 말씀이 역사하는 은혜가 늘 항상 있었다. 다만 말씀의 버전과 형식이, 파일의 종류가 다르게 역사하시는 것이다. 어떤 경우와 어떤 때는 직접 사람을 통하여 역사하시며, 어떤 경우는 음성파일로 역사하는 하나님이시며, 어떤 때는 문자파일로 역사하시는 하나님이시며, 어떤 때는 영상파일로 역사하시며, 어떤 경우는 변환파일로 역사하시며, 어떤 경우는 압축파일로 전하시며, 선지자를 통하여 역사하시기도 하시면, 직접 환상으로 역사하시며, 천하 만물을 통하여 역사하시며, 재앙을 통하여 말씀을 전하시며, 녹화 영상 파일로 말씀을 전하시기도 하신다. 시대와 상황과 여건을 통하여 변화무쌍하고 천차만별하게 역사하시는 하나님이시다. 구약의 시대는 음성 파일의 말씀이 많았으며, 이제 신.구약 성서가 완성된 이후는 신약 성서 이후는 사도들의 예수님에 대한 말씀을 직접 듣고, 예수님과 함께 생활하였던 사도들의 성경 중심의 문자 파일의 말씀의 시대가 되었다. 영원히 말씀의 시대이다. 더불어 언제나 계시(啓示)도 함께 있다. 하나님과 예수님은 치료와 치유 의 하나님이시다. 예수님의 사역도 치료의 사역이셨다. 그러나 오늘날 의사가 치료하는 못하는 것은 하나님의 몫이다. 세상이 치료하지 못하는 것은 교회와 믿음의 몫이다. 그러나 목사가 모 든 병을 치료하는 의사나 교회가 병원이 되겠다고 나서는 것은 교회의 사명을 다하는 것이 아니라 교회가 병원이 되려고 하는 것이며, 목사가 의사가 되려고 하는 것이다.

롬12:3 "내게 주신 은혜로 말미암아 너희 각 사람에게 말하노니 마땅히 생각할 그 이상의 생각을 품지 말고 오직 하나님께서 각 사람에게 나누어 주신 믿음의 분량대로 지혜롭게 생각하라

4. 우리가 한 몸에 많은 지체를 가졌으나 모든 지체가 같은 기능을 가진 것이 아니니

5. 이와 같이 우리 많은 사람이 그리스도 안에서 한 몸이 되어 서로 지체가 되었느니라" 아멘!

[참고문헌 및 참고자료]

1. 유교이야기 배요한 IVP
2. 불국사에서 만난 예수 최상한 돌배개
3. 다시 쓰는 초대 한국교회사 옥성득 새물결플러스
4. 이야기 동양철학사 살림출판사
5. 중국사상의 뿌리 장현근 살림출판사
6. 중국오천년사 김영진 대광서림
7. 유학의 변신은 무죄 강신주 김영사
8. 100가지 주제로 본 중국의 역사 김지환 고려대학교출판부
9. 손에 잡히는 성경지도 폴 라이트 부흥과개혁사
10. 성경 번역의 역사 래리 스톤 포이에마
11. 청교도의 소망 이안 머리 부흥과개혁사
12. 청교도사상 제임스 패커 CLC
13. 하룻밤에 읽는 세계사 미야자키 마사카츠 렌덤하우스
14. 무질서한 은사주의 존 맥아더 부흥과개혁사
15. 개역개정성경
16. NIV 한영해설성경 개역개정
17. 스터디 바이블 개역개정 부흥과개혁사

서명:기복교인가, 기독교인가?

ISBN 979-11-967434-0-6

발행일 : 2019년 7월 10일

저   자 : 김 현 길 목 사

출   판 : (사)크리스천출판교육선교회

고유증: 129-82-91491

주소: 서울시 송파구 오금로64길 17
전화: 070-7817-3217

010-3876-1091

팩스:02-403-3217

emai：johnkim3217@gmail.com

후원계좌: 100-033-724880 신한은행
        (사)크리스천출판교육선교회